Langenscheidt

Alles für Deutsch

Grammatik und Verben –
schnell nachschlagen und trainieren

Langenscheidt

München · Wien

Impressum

Langenscheidt Kurzgrammatik Deutsch
von Sarah Fleer
Lektorat: Georgette Liedtke

Langenscheidt Grammatiktraining Deutsch
von Grazyna Werner

Langenscheidt Verbtabellen Deutsch
von Sarah Fleer

www.langenscheidt.de

© 2017 Langenscheidt GmbH & Co. KG, München
Herausgegeben von der Langenscheidt-Redaktion

Layout: Ute Weber
Umschlaggestaltung: Guter Punkt, München
Satz: Franzis print & media GmbH, München
Druck und Bindung: Druckerei C. H. Beck, Nördlingen

ISBN 978-3-468-35041-2

Inhaltsverzeichnis

Abkürzungen	5
Terminologie	6
Grammatische Fachausdrücke	7
Tipps & Tricks	10

Kurzgrammatik Deutsch 19

Alle Regeln nachschlagen und das Wichtigste zu jedem
Thema auf einer Übersichtsseite zusammengefasst.

Grammatiktraining Deutsch 157

Über 150 Übungen in drei Schwierigkeitsstufen zum
Trainieren aller Grammatikregeln.

Verbtabellen Deutsch 283

Auf einer Doppelseite pro Verb alle Zeitformen im Überblick
sowie Beispielsätze, Redewendungen, Regeln und Tipps.

Abkürzungen

Adj.	Adjektiv	*jmds.*	jemandes
Adv.	Adverb	*Konj.*	Konjunktiv
Akk.	Akkusativ	*m.*	Maskulinum
bzw.	beziehungsweise	*n.*	Neutrum
Dat.	Dativ	*Nom.*	Nominativ
d. h.	das heißt	*Part.*	Partizip
etc.	et cetera	*Pers.*	Person
etw.	etwas	*Pl.*	Plural
f.	Femininum	*Pron.*	Pronomen
Gen.	Genitiv	*Sing.*	Singular
Inf.	Infinitiv	*Subst.*	Substantiv
jmd.	jemand	*umgs.*	umgangssprachlich
jmdm.	jemandem	*usw.*	und so weiter
jmdn.	jemanden	*z. B.*	zum Beispiel

Terminologie

Fachbegriff	Erklärung
Ablaut	Stammvokal eines Verbs
Adjektiv	Eigenschaftswort
Akkusativ	4. Fall
Aktiv	Tätigkeitsform
Dativ	3. Fall
Futur	Zukunft
Genitiv	2. Fall
Genus	grammatikalisches Geschlecht
Hilfsverb	haben, werden, sein
Imperativ	Befehlsform
Indikativ	Wirklichkeitsform
Infinitiv	Grundform
intransitives Verb	Verb ohne zwingendes Akkusativobjekt
Konjugation	Beugung des Verbs
Konjunktiv	Möglichkeitsform
Modalverb	Zeitwort der Art und Weise
Modus	Aussageweise
Negation	Verneinung
Nominativ	1. Fall
Numerus	grammatische Kategorisierung nach Menge, Person
Partizip	Mittelwort
Passiv	Leideform
Perfekt	vollendete Vergangenheit
Personalpronomen	persönliches Fürwort
Plural	Mehrzahl
Plusquamperfekt	Vorvergangenheit
Präposition	Verhältniswort
Prädikat	Satzaussage
Präfix	vorn angefügtes, unselbstständiges Wortbildungsmittel
Präsens	Gegenwart
Präteritum	erste Vergangenheit
reflexives Verb	rückbezügliches Verb
Singular	Einzahl
Suffix	hinten angefügtes, unselbstständiges Wortbildungsmittel
Tempus	Zeit(form)
transitives Verb	Verb mit zwingendem Akkusativobjekt
Verb	Zeitwort

Grammatische Fachausdrücke

Fachausdruck	Beispiel
das Adjektiv	das rote Kleid
das Adverb	Er kommt morgen an.
der Akkusativ	Kennst du meinen Bruder?
der Artikel	der Mann, die Frau, ein Kind, die Wohnungen
der Aussagesatz	Wir machen Urlaub in Italien.
der bestimmte Artikel	der Mann, die Frau, das Kind, die Häuser
der Dativ	Die Eltern schenken ihrer Tochter eine Uhr.
das Demonstrativpronomen	dieses Buch, dieser, jenes
das Femininum	die Frau, die Tochter, die Mutter, die Sonne
der Fragesatz	Wie spät ist es? Arbeitet Christian an der Universität?
der Genitiv	Die Bücher des Lehrers liegen im Regal.
das Hilfsverb	Sie hat heute sehr gut gekocht. Wann bist du in Berlin angekommen?
der Imperativ	Schließ bitte die Tür ab! Ergänzen Sie den Satz.
der Infinitiv	gehen, fahren, fliegen
der Komparativ	Gabi ist intelligenter als Georg.
die Konjunktion	Wann und wo treffen wir uns? Du kannst vorbeikommen, wenn du Zeit hast.
das Maskulinum	der Mann, der Hund, der Tisch
das Modalverb	Ich muss einkaufen gehen. Können Sie mir bitte sagen, wo ich eine Apotheke finden kann?
das Neutrum	das Kind, das Mädchen, das Haus
der Nominativ	Dieses Haus ist sehr alt.

Grammatische Fachausdrücke

Fachausdruck	Beispiel
das Partizip II	Ich habe Michael seit langem nicht mehr gesehen.
das Perfekt	Hast du Helmut schon angerufen?
das Personalpronomen	ich, wir, es, mir, dir, dich, uns …
der Plural (Abk. Plur.)	die Häuser, die Wohnungen, die Katzen
das Possessivpronomen	mein Buch, deine Wohnung, meines
die Präposition	Ich wohne in Köln seit 1998.
das Präsens	Heute fahre ich mit dem Auto.
das Präteritum	Gestern fuhr ich mit dem Fahrrad.
das Reflexivpronomen	Er wäscht sich.
das Relativpronomen	Wo ist das Buch, das ich gestern gekauft habe?
der Singular (Abk. Sing.)	ein Haus, eine Wohnung, die Katze
das Substantiv	der Tisch, eine Übung, ein Buch, eine Dame
der Superlativ	der schönste Garten, am besten
das trennbare Verb	Ich rufe dich an.
der unbestimmte Artikel	ein Mann, eine Frau, ein Kind
die Verneinung	Ich finde meinen Autoschlüssel nicht. Wir haben keinen Urlaub mehr.
das Verb	Ich lese sehr gern. Was machst du heute?
das Zahlwort	eins, zwei, der zweite

Tipps & Tricks

Tipps & Tricks zum Konjugationstraining

Um Verben richtig konjugieren zu können, muss man nicht zwingend stoisch ganze Verbkonjugationen, Zeitformen und Endungen auswendig lernen oder gar hundertmal das gleiche Konjugationsschema abschreiben. Nein, Verben konjugieren kann Spaß machen und auf unterhaltsame Weise erlernt werden. Um Ihnen den Umgang mit deutschen Verben leicht zu machen, verraten wir Ihnen hier einige praktische Tipps & Tricks zum Konjugationstraining.

L! Pioniergeist ist gefragt

Versuchen Sie, die Andersartigkeit der Fremdsprache und ihrer Konjugationsmuster nachzuvollziehen. Sehen Sie das Erlernen der verschiedenen Zeiten, Formen und Verben einer Fremdsprache als Chance, Ihren eigenen Erfahrungsschatz zu erweitern, als Einblick in Denkweisen, die Ihnen nicht vertraut sind, die für andere Menschen, die diese Sprache täglich sprechen, aber ganz selbstverständlich sind. Zeigen Sie Pioniergeist! Lassen Sie Ihrer Freude am sprachlich Neuen, Fremden und Andersartigen freien Lauf!

L! Das Gesetz der Regelmäßigkeit

Konjugationstraining ist wie Krafttraining fürs Gehirn. Wer nur einmal alle Jubeljahre trainiert, wird wohl kein Fitnessgenie. Es ist sinnvoller, regelmäßig ein wenig als unregelmäßig viel zu lernen. Setzen Sie einen bestimmten Zeitpunkt fest, zu dem Sie sich ungestört dem Konjugationstraining widmen können, z. B. täglich eine Viertelstunde vor dem Einschlafen oder drei Mal wöchentlich in der Mittagspause. Wie immer Sie sich entscheiden: Lernen Sie kontinuierlich, denn nur so trainieren Sie auch Ihr Langzeitgedächtnis.

Tipps & Tricks

L! Aufwärmen lohnt sich
Gelernten Stoff zu wiederholen, ist wie leichtes Joggen: Laufen Sie sich warm mit Altbekanntem, bevor Sie sich an Neues wagen. Auch wenn Sie noch nicht alle Konjugationsmuster einer Sprache kennen und noch viel Neues vor sich haben, darf das bereits Erlernte nicht vernachlässigt werden. Wiederholen Sie auch Konjugationen, die Sie schon gut können, das macht Spaß und hält fit.

L! Eigenlob stinkt nicht immer
Schauen Sie auf das, was Sie bereits erreicht haben. Loben Sie sich für Ihre Fortschritte oder belohnen Sie sich für gute Leistungen. Lob motiviert und Motivation ist eine grundlegende Voraussetzung fürs Lernen.

L! Schluss mit dem Fachchinesisch
Wenn Sie etwas Neues lernen, kommen immer auch neue Fachbegriffe auf Sie zu, die Sie kennen sollten. Wählen Sie gezielt nach und nach einzelne Grammatikbegriffe aus (▶ Terminologie, S. 6) und machen Sie sich mit ihrer Bedeutung vertraut. Sie werden sehen, dass es Ihnen im Laufe der Zeit leichterfallen wird, die unterschiedlichen Konjugationsmuster und Zeitformen einer Fremdsprache nachzuvollziehen, wenn für Sie die Fachterminologie nicht mehr Fachchinesisch ist.

L! Haben Sie einen Typ?
Finden Sie heraus, welcher Lerntyp Sie sind. Behalten Sie eine Verbform schon im Gedächtnis, wenn Sie sie gehört haben *(Hörtyp)* oder müssen Sie sie gleichzeitig sehen *(Seh-/Lesetyp)* und dann aufschreiben *(Schreibtyp)*? Macht es Ihnen Spaß, verschiedene Konjugationen und Zeitformen in kleinen Rollenspielen auszuprobieren *(Handlungs-*

Tipps & Tricks

typ)? Die meisten Menschen tendieren zum einen oder anderen Lerntyp. Reine Typen kommen nur sehr selten vor. Sie sollten daher sowohl Ihren Typ ermitteln als auch Ihre Lerngewohnheiten Ihren Vorlieben anpassen. Halten Sie also Augen und Ohren offen und lernen Sie ruhig mit Händen und Füßen, wenn Sie der Typ dafür sind.

!! Beispielsätze gegen Trockenfutter

Trockenfutter ist schwer verdaulich. Die verschiedenen Konjugationsmuster trocken aufzunehmen ebenso. Überlegen Sie sich zu jedem Verb einen Beispielsatz und konjugieren Sie diesen durch die verschiedenen Zeiten und Modi. Fortgeschrittene können in Originaltexten (Zeitungen, Büchern, Filmen, Songtexten) nach konkreten Anwendungsbeispielen suchen. So werden die Konjugationen leicht bekömmlich.

!! Führen Sie Selbstgespräche

Wählen Sie besonders schwierige Verbformen aus, schreiben Sie dazu einzelne Beispielsätze auf und sprechen Sie diese laut vor sich hin, z. B. unter der Dusche, beim Spazierengehen oder während langer Autofahrten. Reden Sie mit sich selbst in der Fremdsprache, so prägen Sie sich auch komplizierte Verbformen problemlos ein.

!! Grammatik à la Karte

Wie beim Vokabellernen im Allgemeinen lässt sich auch für Verben im Besonderen eine Art Karteikasten mit einzelnen Karten anlegen. Schreiben Sie die Verben – auch in konjugierter Form oder mit Beispielsätzen – auf die eine Seite und die Übersetzungen dazu auf die andere. Schauen Sie sich die Karten regelmäßig an und sortieren Sie die, die Ihnen vertraut sind, allmählich aus.

Tipps & Tricks

! Gegensätze ziehen sich an

Merken Sie sich Verben paarweise, indem Sie sich immer auch ein Verb, das das Gegenteil bedeutet (Antonym), einprägen oder ein weiteres Verb mit der gleichen Bedeutung (Synonym). Das hilft Ihnen, nicht „sprachlos" zu sein, wenn Ihnen ein Verb mal nicht gleich einfällt oder Sie sich nicht sicher sind, wie es konjugiert wird. Indem Sie Antonyme und Synonyme mit dazulernen, bauen Sie sich einen breit gefächerten Wortschatz auf und können aus dem Vollen schöpfen.

! Vor-/nach-/raus-/rein-/runter-/rüber- …gehen

Manche Verben können durch eine Vorsilbe eine andere Bedeutung annehmen. In der Regel verändert sich dabei jedoch nicht das Konjugationsmuster. Das ist sehr praktisch, denn auf diese Weise müssen Sie nur das Konjugationsmuster eines Verbs lernen und beherrschen gleich automatisch die Konjugation zahlreicher Ableitungen des Verbs.

! Haben Sie einen Plan?

Schreiben Sie Verben, die das gleiche Konjugationsmuster haben, auf einen großen Bogen Papier, eventuell mit Zeichnungen, Verweisen oder kurzen Beispielen, überschaubar zusammen und erstellen Sie Ihren persönlichen Lageplan. Mithilfe sogenannter *mind maps* können Sie sich schon durch das bloße Erstellen des Plans rasch einen Gesamtüberblick über die verschiedenen Konjugationsmuster verschaffen. Ob Sie dieses Papier dann auch irgendwo hinhängen oder nicht, ist nicht ausschlaggebend, denn Sie haben den Plan ja schon im Kopf.

Tipps & Tricks

L! Machen Sie Witze?

Merken Sie sich Witze, in denen ein bestimmtes Verb, das Sie lernen wollen, vorkommt. Indem Sie sich den Witz in der Fremdsprache einprägen und sich an ihn erinnern, prägen Sie sich auch die Verbform und ihre Bedeutung mit ein. Das funktioniert gleichermaßen mit Sprichwörtern und Redewendungen. Aber denken Sie daran, dass sich feste Wendungen nicht immer wörtlich von einer Sprache in die andere übertragen lassen!

L! Gretchenfrage: Und wie steht's mit der Muttersprache?

Denken Sie über Ihre eigenen Sprechgewohnheiten nach und schauen Sie sich die Regeln Ihrer Muttersprache an. Die Gesetze der Fremdsprache sind viel einfacher nachvollziehbar, wenn man die Unterschiede zur eigenen Muttersprache kennt. Welche Zeitformen verwenden Sie wann, wie werden sie gebildet etc.? Indem Sie die Fremdsprache mit Ihrer Muttersprache vergleichen, machen Sie sich Parallelen und Unterschiede bewusster und prägen sich diese gleich viel besser ein.

L! Lieber hin und weg als auf und davon

Lernen Sie die Verben in Verbindung mit verschiedenen Präpositionen. Sie werden zum einen merken, dass Sie damit Ihren Wortschatz wie nebenbei erweitern können, da die Verben je nach Präposition zumeist auch unterschiedliche Bedeutungen haben. Zum anderen werden Sie feststellen, dass in der Fremdsprache häufig ganz andere Präpositionen mit dem Verb verwendet werden als in Ihrer Muttersprache.

Tipps & Tricks

L! Gebrauchsanweisung
Wenn Sie sich ein Verb und sein Konjugationsmuster einprägen, dann achten Sie auch darauf, den richtigen Gebrauch des Verbs mitzulernen. Denn nur so können Sie das Gelernte auch in der Praxis erfolgreich zur Anwendung bringen.

L! Wer liest, ist im Vorteil
Wagen Sie sich langsam an fremdsprachige Lektüre heran, sei es in vereinfachter Form mit Übersetzungshilfen, sei es in Form leichter Originaltexte. Schauen Sie sich insbesondere die verwendeten Verbformen immer wieder bewusst an. Es zählt nicht, wie viel Sie lesen, sondern dass Sie einzelne Zeit- und Verbformen im Kontext nachvollziehen können und verstehen, was ausgedrückt werden soll.

L! Haben Sie O-Töne?
Lernen Sie multimedial. Schauen Sie DVDs oder Kinofilme im Originalton und wenn möglich mit Originaluntertitel an, also z. B. einen deutschen Film mit deutschen Untertiteln. Sie werden sehen, dass Sie durch das Mitlesen das Gesprochene wesentlich besser verstehen als ohne die Texthilfe. Halten Sie die DVD gelegentlich an und schreiben Sie sich interessante Verben, auch in Verbindung mit verschiedenen Präpositionen oder als ganze Redewendung, auf.

Tipps & Tricks

! Verben – ab in den Koffer!

Das Spiel „Ich packe in meinen Koffer …" kennt vermutlich jeder. Falls nicht, hier die ultimative Variante zum Konjugationstraining zu zweit: Setzen Sie sich mit Ihrem Mitlerner zusammen und beginnen Sie, indem Sie eine Verbform laut sagen. Ihr Mitlerner muss diese wiederholen und eine andere Verbform hinzufügen. Dann sind wieder Sie an der Reihe mit der nächsten Verbform usw. Der Vorteil bei dieser Trainingsform ist, dass Sie nicht nur Verbkonjugationen und Vokabeln gleichzeitig lernen, sondern auch Ihr Gedächtnis in Schwung halten – und das auf spielerische und unterhaltsame Art und Weise.

! Kofferpacken für Fortgeschrittene

Wenn Sie Spaß am spielerischen Lernen gefunden haben, dann gefällt Ihnen sicher auch „Kofferpacken für Fortgeschrittene". Wenn Sie ein Verb „in den Koffer packen", muss Ihr Mitspieler ein Verb dazupacken, das mit dem nächsten Buchstaben des Alphabets beginnt usw. Sie sind auf jeden Fall im Vorteil, denn Sie können sich ja mit den Alphabetischen Verblisten am Ende des Buches bestens auf das verbale Duell vorbereiten. Wenn Ihnen das noch nicht reicht, gibt es noch die ultimativ spaßige Verben-in den-Koffer-pack-Variante: Sie vereinbaren mit Ihrem Mitspieler im Vorfeld zwei Handzeichen. Daumen nach oben heißt, dass die Verben, wie oben beschrieben, in alphabetisch aufsteigender Reihenfolge gepackt werden müssen. Daumen nach unten heißt, dass das nächste Verb mit einem Anfangsbuchstaben in alphabetisch absteigender Richtung beginnen muss. Das geht so lange weiter, bis es zum nächsten Richtungswechsel kommt. Sie werden sehen, das Lachen ist programmiert und der Lerneffekt auch.

Tipps & Tricks

L! Verb-Memo für Einzelkämpfer zur Pärchenbildung

Um Ihrem neu entdeckten Spieltrieb keinen Abbruch zu tun, hier noch ein Spieltipp, den Sie auch alleine umsetzen können. Schreiben Sie sich die gleiche konjugierte Verbform jeweils auf zwei Kärtchen. Insgesamt sollten Sie ca. 20 bis 30 Kärtchen erstellen, die Sie dann umdrehen und mischen. Dann decken Sie ein Kärtchen auf und versuchen unter den umgedrehten Kärtchen das Pendant zu Ihrem Kärtchen zu finden. Werden Sie nicht auf Anhieb fündig, so müssen Sie die Karte wieder zurückdrehen. Merken Sie sich gut, auf welcher Karte sich welche Verbform befindet, und verwechseln Sie sehr ähnlich aussehende Formen nicht! Wenn Sie ein Pärchen haben, dürfen Sie dieses aus dem Spiel nehmen. Das geht so lange, bis keine Karten mehr im Spiel sind. Auch hier trainieren Sie nicht nur die Konjugationen, sondern Ihr Gedächtnis und manchmal auch Ihre Geduld.

L! Learning by doing in freier Wildbahn

Zu guter Letzt, wenden Sie die gelernten Verben und Konjugationen aktiv an. Genießen Sie es, mit Menschen in der Fremdsprache zu sprechen, die Sie gerade lernen oder dann auch schon können. Freuen Sie sich über die Anerkennung, die Sie dafür bekommen, und die Kontakte, die Sie dabei knüpfen können – weil Sprachen verbinden …

Viel Spaß und Erfolg beim Konjugieren wünscht Ihnen
Ihre Langenscheidt-Redaktion

Langenscheidt Kurzgrammatik
Deutsch

von Sarah Fleer

Langenscheidt

München · Wien

Vorwort

Mit unserer Kurzgrammatik Deutsch bieten wir Ihnen ein Rundum-sorglos-Paket für den schnellen Überblick: Der Niveaustufentest zu Beginn, klar strukturierte Kapitel und unsere Schnell-Lern-Methode bringen Sie leicht und schnell ans Ziel!

Eingangs zeigt Ihnen der **Niveaustufentest**, auf welcher Stufe Sie stehen. Am Ende können Sie ihn wiederholen, um Ihren Fortschritt zu überprüfen. Mit den Lösungen erhalten Sie auch Empfehlungen zur Verbesserung Ihrer Sprachkenntnisse. Um Ihnen von Anfang an den Zugang zur deutschen Grammatik zu erleichtern, verraten wir Ihnen anschließend **Tipps & Tricks** zum Grammatiklernen.

Der **Kapitel-Aufbau** folgt einer klaren Struktur: Zunächst werden die Formen präsentiert, dann wird ihr Gebrauch erörtert und durch Beispiele mit Übersetzung veranschaulicht. Die farbige Gestaltung und viele selbsterklärende Symbole tragen dazu bei, dass Sie sich innerhalb der Kapitel gut zurechtfinden.

Nutzen Sie die Schnell-Lern-Methode, um sich einen Überblick zu verschaffen und sich das Wichtigste noch leichter einzuprägen: Nach abgeschlossenen Themenschwerpunkten präsentieren die blauen Seiten **Auf einen Blick** 🔍 die wichtigsten Regeln, weitere Beispiele und Stolpersteine.

Niveaustufenangaben (A1 , A2 , B1 , B2) begleiten Sie durch das Buch. Diese verraten Ihnen, welche Grammatikthemen und welche Regeln für Ihr Lernniveau relevant sind. Die Niveaustufen beziehen sich nicht nur auf das jeweilige Grammatikkapitel, sondern auch auf das in den

Vorwort

Beispielsätzen verwendete Vokabular. So wissen Sie auch genau, dass Ihnen dieser Wortschatz bekannt sein sollte.

In der Praxis heißt das: Ist ein Grammatikkapitel beispielsweise der Niveaustufe **A1** zugeordnet, so sind alle verwendeten Vokabeln A1, es sei denn, sie sind mit einer anderen Niveaustufe, z. B. **A2** (direkt vor dem jeweiligen Wort oder Satz), versehen. Alle in diesem Kapitel enthaltenen Grammatikregeln sollten Sie dann beherrschen, es sei denn, eine Niveaustufenangabe am Rand weist Sie darauf hin, dass diese Regel für ein höheres Niveau, z. B. **B1**, bestimmt ist.

Hier eine kurze Erläuterung, welche Kenntnisse auf diese Niveaustufen des Europäischen Referenzrahmens zutreffen:

A1/A2: *Elementare Sprachverwendung*, d. h.
A1: Sie können einzelne Wörter und ganz einfache Sätze verstehen und fomulieren.
A2: Sie können die Gesprächssituationen des Alltags bewältigen und kurze Texte verstehen oder selbst verfassen.

B1/B2: *Selbstständige Sprachverwendung*, d. h.
B1: Sie können sich in den Bereichen Alltag, Reise und Beruf schriftlich und mündlich gut verständigen.
B2: Sie verfügen aktiv über ein großes Repertoire an grammatikalischen Strukturen und Redewendungen und können im Gespräch mit Muttersprachlern bereits stilistische Nuancen erfassen.

Damit Sie Ihren Lernerfolg abschließend noch besser überprüfen können, finden Sie am Ende des Buches einen **Test** zu jedem einzelnen Grammatikkapitel. So können

Vorwort

Sie zum einen ganz genau feststellen, wo Sie noch Schwachstellen haben und welches Grammatikkapitel Sie sich demnach noch mal ansehen sollten, und zum anderen, wo Sie schon richtig fit sind.

Nun wünschen wir Ihnen viel Spaß und Erfolg beim Deutschlernen!

Ihre Langenscheidt-Redaktion

Symbole

- ❶ Infos über Spracheigenheiten des Deutschen
- 💡 Merksatz
- ⇌ stellt den mündlichen Sprachgebrauch dem geschriebenen Deutsch gegenüber
- ⚡ Achtung, Stolpersteine!
- ⓘ Hier handelt es sich um eine Ausnahme!
- L! Lerntipp
- ➕ Kleine Hilfestellung
- Ⓖ Grundregel
- ▷ verweist auf zusammenhängende Grammatikthemen

Inhaltsverzeichnis

Niveaustufentests 28

① Der Artikel **37**
    1.1   Der bestimmte Artikel 37
    1.2   Der unbestimmte Artikel 39

② Das Substantiv **40**
    2.1   Das Genus 40
    2.2   Der Plural 43
    2.3   Der Kasus 44
    2.3.1 Die N-Deklination 45
    2.3.2 Der Genitiv mit von 46
    2.3.3 Die Deklination von Eigennamen 46
    2.3.4 Kasus-Signale 46

🔍 **Auf einen Blick: ① – ②** **47**

③ Das Adjektiv **49**
    3.1   Das prädikative und das adverbiale Adjektiv 49
    3.2   Das attributive Adjektiv 49
    3.3   Substantivierte Adjektive 52
    3.4   Attributive Partizipien 53

④ Das Adverb **54**

⑤ Der Vergleich **55**
    5.1   Der Komparativ 55
    5.2   Der Superlativ 56

🔍 **Auf einen Blick: ③ – ⑤** **59**

⑥ Das Pronomen **61**
    6.1   Das Personalpronomen 61
    6.2   Das Pronomen es 62
    6.3   Pronominaladverbien 64
    6.4   Das Possessivpronomen 65

6.5	Das Demonstrativpronomen	67
6.6	Das Relativpronomen	69
6.7	Das Indefinitpronomen	71
6.8	Das Interrogativpronomen	74
6.9	Das Reflexivpronomen	76

Auf einen Blick: 6 .... **77**

7 Das Verb **79**

7.1	Die Konjugationen	79
7.1.1	Die Personalendungen	80
7.1.2	Schwache, starke und gemischte Verben	81
7.2	Das Hilfsverb	83
7.3	Das Modalverb	85
7.4	Trennbare und nicht-trennbare Verben	86

Auf einen Blick: 7 .... **88**

8 Der Indikativ **90**

8.1	Das Präsens	90
8.2	Die Vergangenheit	91
8.2.1	Das Perfekt	91
8.2.2	Das Präteritum	93
8.2.3	Das Plusquamperfekt	94
8.3	Das Futur	95
8.3.1	Das Futur I	95
8.3.2	Das Futur II	96

Auf einen Blick: 8 .... **97**

9 Der Konjunktiv **99**

9.1	Der Konjunktiv II	99
9.2	Der Konjunktiv I	101

Auf einen Blick: 9 .... **103**

10 Der Imperativ **105**

Inhaltsverzeichnis

11 Der Infinitiv **106**
    11.1   Der reine Infinitiv 106
    11.2   Der Infinitiv mit zu 107

🔍 **Auf einen Blick: 10 – 11** **109**

12 Das Partizip **111**
    12.1   Das Partizip I 111
    12.2   Das Partizip II 112

13 Das Passiv **114**

🔍 **Auf einen Blick: 12 – 13** **116**

14 Die Konjunktion **118**
    14.1   Die nebenordnende Konjunktion 118
    14.2   Die subordinierende Konjunktion 118
    14.3   Die Konjunktionaladverbien 120

🔍 **Auf einen Blick: 14** **121**

15 Der Satz **123**
    15.1   Das Prädikat 123
    15.2   Das Subjekt 123
    15.3   Das Objekt 123
    15.4   Das Adverbial 125
    15.5   Das Attribut 125
    15.6   Die Valenz der Verben 126

16 Die Wortstellung im Satz **127**
    16.1   Die einzelnen Felder 127
    16.1.1 Das Vorfeld 127
    16.1.2 Das Mittelfeld 128
    16.1.3 Das Nachfeld 128
    16.2   Der Aussagesatz 129
    16.3   Der Fragesatz 130

🔍 **Auf einen Blick: 15 – 16** **132**

Inhaltsverzeichnis

17 Die Verneinung **134**
18 Die indirekte Rede **135**
Tests 136
Lösungen 149
Lösungen der Niveaustufentests............................. 153

Niveaustufentest A1

Tragen Sie für jede richtige Antwort einen Punkt in das Kästchen am Ende der Zeile ein und addieren Sie die Punkte zum Schluss. Im Anhang finden Sie die Auswertung und Empfehlungen zur Verbesserung.

1 Der Artikel
Setzen Sie den richtigen Artikel ein:
der, das, die, den.

a. Sie müssen noch .... Formular ausfüllen. ☐

b. Heute ist .... Chef im Urlaub. ☐

c. Mir gefällt .... Musik überhaupt nicht. ☐

d. Gibst du mir bitte .... Käse? ☐

2 Das Substantiv
Schreiben Sie die Pluralformen der Substantive.

a. der Garten .... ☐

b. das Glas .... ☐

c. die Sprache .... ☐

3 Das Personalpronomen
Setzen Sie das passende Personalpronomen ein.

a. Wo ist Sabine? Hast du .... gesehen? ☐

b. Hallo Klaus. Ich muss .... was fragen. ☐

c. Ruth und Hans, ich rufe .... morgen an. ☐

Niveaustufentest

4 Das Präsens
Ergänzen Sie die Verben in der richtigen Form.

a. Herr Joop ……………… 41 Jahre alt. (sein)
b. Oh, du ……………… ja eine neue Brille! (haben)
c. Welche Zeitung ……………… Claudia? (lesen)
d. ……………… du mit dem Auto? (fahren)

5 Die Modalverben
Wählen Sie das richtige Modalverb aus.

a. Musst/Möchtest du noch etwas Fleisch?
b. Ich bin krank. Ich darf/muss zum Arzt gehen.
c. Soll/Darf man hier rauchen?
d. Frau Pauli, Sie können/möchten hier warten.

6 Das Perfekt
Schreiben Sie die Sätze im Perfekt.

a. Heute arbeitet Herr Kreist bis 20 Uhr.
   Gestern ……………………………………
b. Heute essen wir Schweinebraten mit Sauerkraut.
   Gestern ……………………………………
c. Heute überweise ich die Miete.
   Gestern ……………………………………

Gesamtpunktzahl

Niveaustufentest A2

1 **Der Possessivartikel**
Ergänzen Sie die Possessivartikel im Dativ.

a. Karl zeigt ……….. (seine) Kollegin das Café.

b. Die Musik gefällt ……….. (mein) Sohn sehr.

c. Ich kann ……….. (Ihr) Mann diese Salbe empfehlen.

d. Er hat ……….. (sein) Frau nicht zugehört.

2 **Das Adjektiv**
Ergänzen Sie die richtigen Adjektivendungen.

a. Wo hat sie die schön……….. Blumen gekauft?

b. In der Küche steht ein rund……….. Esstisch.

c. Wie finden Sie den neu……….. Wagen?

d. Ich suche ein wertvol……….. Geschenk.

3 **Der Vergleich**
Bilden Sie Vergleichssätze mit Komparativ und als.

a. Berlin (3 Mio. Einwohner) – Hamburg (1,8 Mio. Einwohner)

………………………………………………………………………

b. der Rhein (1233 km) – der Main (569 km)

………………………………………………………………………

c. Mont Blanc (4810 m) – die Zugspitze (2962 m)

………………………………………………………………………

Niveaustufentest

4 Das Reflexivpronomen
Ergänzen Sie die richtigen Reflexivpronomen.

a. Ich muss ……….. um die Blumen meiner Nachbarin kümmern.

b. Hast du ……….. schon bei ihr entschuldigt?

c. Ihr müsst ……….. beeilen. Der Zug fährt gleich ab.

d. Hannes unterhält ……….. noch mit Kollegen.

5 Das Präteritum
Ergänzen Sie folgende Verben im Präteritum:
sein, haben, können, müssen.

a. Letzten Sommer ……………… wir in Rom.

b. ……………… ihr viel für die Reise bezahlen?

c. Nein, wir ……………… ein sehr günstiges Hotel.

d. Ich ……………… leider keinen Urlaub machen.

6 Die Konjunktion
Verbinden Sie die Satzhälften sinnvoll miteinander.

1. Das Essen in der Kantine ist schlecht,
2. Wir gehen in der Firmenkantine essen,
3. Wir gehen mittags gern in ein Restaurant,

a. … weil das Essen dort besser schmeckt.

b. … wenn wir nicht genug Zeit haben.

c. … obwohl das Essen nicht billig ist.

Gesamtpunktzahl

31

Niveaustufentest

Niveaustufentest B1

1 Der Genitiv
Ergänzen Sie die Sätze mit dem Genitiv.

a. Dies ist das Zimmer .... (mein Sohn). ☐

b. Frau Schulz sucht das Halsband ....
(ihre Katze). ☐

c. Sie müssen mir die Vorteile ....
(die Produkte) unbedingt erklären. ☐

d. Der Garten .... (unsere Nachbarin)
ist sehr gepflegt. ☐

2 Das Relativpronomen
Wählen Sie das richtige Relativpronomen.

a. Zala ist ein Restaurant, in dem/das man gut
essen kann. ☐

b. Das ist Frau Ort, von dem/der ich dir schon
erzählt habe. ☐

c. Die Kinder, den/denen wir Nachhilfe gegeben
haben, haben gute Noten bekommen. ☐

3 Das Futur
Schreiben Sie die Sätze im Futur.

a. Ich denke über das Angebot nach.

.... ☐

b. Wir machen in zwei Jahren eine Weltreise.

.... ☐

c. Er vergisst ihre Worte nie.

   ....

④ Das Plusquamperfekt
Ergänzen Sie die Verben im Plusquamperfekt.

a. Vorher .... er einen Termin .... (**vereinbaren**).

b. Sie aß erst, nachdem sie .... (**duschen**).

c. Zuerst .... er ins falsche Gebäude .... (**gehen**).

⑤ Das Passiv
Was wird dort gemacht? Ergänzen Sie die Sätze im Passiv: **Filme drehen**, **tanzen**, **Patienten behandeln**.

a. Beim Arzt ....

b. Im Studio ....

c. In der Disco ....

⑥ Der indirekte Fragesatz
Ergänzen Sie die Sätze mit dem richtigen Fragewort: **ob**, **wann**, **wer**.

a. Er will wissen, ... der Bus kommt.

b. Sie hat gefragt, ... du gerade arbeitest.

c. Darf ich fragen, ... hier zuständig ist?

Gesamtpunktzahl

Niveaustufentest B2

1 **Das attributive Partizip**
Ergänzen Sie Partizip I oder Partizip II.

a. Man kann schon die ……………… Affen hören (schreien).

b. Die Lotion hat eine ……………… Funktion (schützen).

c. Die Firma hat Anträge mit falsch ……………… Beträgen geschickt (berechnen).

d. Sie brachten uns eine aus Holz ……………… Figur mit (schnitzen).

2 **Das Futur II**
Schreiben Sie die Sätze im Futur II.

a. Er ist sicher schon losgefahren.
……………………………………………………

b. Was ist da wohl passiert?
……………………………………………………

c. Bis morgen haben Sie den Bericht fertig geschrieben!
……………………………………………………

3 **Die indirekte Rede**
Ergänzen Sie die indirekte Rede.

a. „Ich habe mit der Affäre nichts zu tun."
Der Manager versichert, ……………………………… .

Niveaustufentest

b. „Ich bin ein ausgezeichneter Koch."

   Christoph meint, ...

c. „Es wird keine Entlassungen geben."

   Der Chef sagte, ...

4 Das Passiv
Bilden Sie das Passiv in der richtigen Zeitform.

a. Wir werden das Gebäude nächstes Jahr restaurieren.

   ....

b. Man sprach nie über die Vergangenheit.

   ....

c. Man hatte die Mitglieder vorher nicht eingeweiht.

   ....

5 Das Konjunktionaladverb
Ergänzen Sie die Sätze mit folgenden Adverbien:
folglich, jedoch, andernfalls.

a. Der Minister wird teilnehmen, ... erst am zweiten Tag anreisen.

b. Sie müssen sich sofort melden, ... wird ihr Platz vergeben.

c. Er kam oft zu spät, ... wurde ihm gekündigt.

Gesamtpunktzahl

Der Artikel

1 Der Artikel

💡 Der Artikel richtet sich in Genus, Numerus und Kasus nach dem Substantiv, das er begleitet. Das Substantiv steht entweder mit dem bestimmten Artikel (**der**, **das**, **die**), dem unbestimmten Artikel (**ein**, **ein**, **eine**) oder *ohne* Artikel.

1.1 Der bestimmte Artikel

Formen

	Maskulinum	Neutrum	Femininum	Plural
Nom.	d**er** Stuhl	d**as** Kind	d**ie** Katze	d**ie** Kinder
Akk.	d**en** Stuhl	d**as** Kind	d**ie** Katze	d**ie** Kinder
Dat.	d**em** Stuhl	d**em** Kind	d**er** Katze	d**en** Kindern
Gen.	d**es** Stuhls	d**es** Kindes	d**er** Katze	d**er** Kinder

💡 Der bestimmte Artikel kann in einigen Fällen mit einer Präposition verschmelzen: **am**, **im**, **zum**, **beim**, **vom** (an dem, in dem, zu dem, bei dem, von dem), **ins** (in das), **zur** (zu der).

➡ In der gesprochenen Sprache gibt es noch weitere Formen: **ans** (an das), **aufs** (auf das), **fürs** (für das), **hinterm** (hinter dem), **überm** (über dem) etc.

Die Verschmelzung von Artikel und Präposition tritt vor allem auf:
- bei Zeitangaben: **am** Dienstag, **im** Juli
- bei identifizierten Gegenständen oder Orten: **im** Allgäu, **ins** Bett gehen
- bei substantivierten Infinitiven: **zum** Essen kommen
- in festen Verbindungen: **zur** Verfügung stellen, **zur** Kenntnis nehmen, **im** Stich lassen

Der Artikel

Gebrauch
Der bestimmte Artikel steht vor einem Substantiv, das
- allgemein bekannt ist:
  Die Erde ⒶⒷ dreht sich um **die** Sonne.
- aus der Situation heraus bekannt ist:
  Der Zug kommt gleich.
- schon vorher im Text genannt wurde oder über das bereits gesprochen wurde:
  Ich kaufe ein Auto. **Das** Auto ist zwei Jahre alt.

⚡ Kein Artikel steht im Allgemeinen
- bei Ortsbezeichnungen und Ländernamen:
  Er wohnt in Berlin. Ich komme aus Europa.
  ⚡ Der bestimmte Artikel steht jedoch bei folgenden geografischen Namen:
    - Ländernamen auf **-ei**: **die** Türkei, **die** Slowakei, **die** Mongolei (❗ Substantive auf **-ei** sind immer feminin!)
    - Ländernamen im Plural: **die** Niederlande
    - wenn Ländernamen ein anderes Substantiv bei sich haben: **die** Bundesrepublik Deutschland
    - Außerdem: **die** Schweiz; ⚡ Achtung: **der** Iran, **der** Irak, **der** Libanon können auch ohne Artikel stehen!
    - Landschaftsnamen: **das** Allgäu, **der** Schwarzwald
    - Namen von Gebirgen: **die** Zugspitze, **die** Alpen
    - Namen von Gewässern: **die** Donau, **der** Bodensee

- bei Personennamen:
  Ich habe Moritz getroffen.

- bei Stoffnamen und Abstrakta:
  Ich trinke gern Wein. Liebe macht ⒶⒷ blind.
  ⚡ Aber: Wenn man etwas Bestimmtes, Identifizierbares meint, verwendet man den bestimmten Artikel:
  Michaela ist **die** Liebe seines Lebens.

Der Artikel

1.2 Der unbestimmte Artikel

Formen

	Maskulinum	Neutrum	Femininum	Plural
Nom.	ein Stuhl	ein Kind	ein**e** Katze	Kinder
Akk.	ein**en** Stuhl	ein Kind	ein**e** Katze	Kinder
Dat.	ein**em** Stuhl	ein**em** Kind	ein**er** Katze	Kindern
Gen.	ein**es** Stuhls	ein**es** Kindes	ein**er** Katze	Kinder

⚡ Der Plural des unbestimmten Artikels ist eine Nullform: ein Stuhl → Stühle, ein Kind → Kinder.

💡 Die verneinte Form des unbestimmten Artikels lautet kein/kein/keine. Im Plural hat kein die gleichen Endungen wie der Possessivartikel mein (▷ 6.4).

Gebrauch
Der unbestimmte Artikel wird verwendet, wenn das Substantiv etwas Neues oder Unbekanntes bezeichnet:
Ich kaufe **ein** Auto. Das Auto ist zwei Jahre alt.

⚡ Der unbestimmte Artikel steht nicht:
- bei Stoffnamen und Abstrakta:
  Ich trinke gern Wein. Liebe macht A2 blind.
  ⚡ Aber: Wenn man besondere Eigenschaften erwähnen will, verwendet man den unbestimmten Artikel:
  Ich suche **einen** trockenen Rotwein.
- beim Beruf, der Nationalität, der Religion:
  Sie ist Ärztin. Er ist Österreicher. Sie ist Jüdin.
- in festen Verbindungen, z. B.: Angst haben, Auto fahren
- in bestimmten Formeln: über Stock und Stein
- in festen Sprichwörtern: Ende gut, alles gut.

Das Substantiv

2 Das Substantiv

ⓘ Jedes Substantiv zeigt ein bestimmtes Genus (Maskulinum, Neutrum, Femininum), einen bestimmten Numerus (Singular oder Plural) und einen bestimmten Kasus (Nominativ, Akkusativ, Dativ oder Genitiv). Das Genus eines Substantivs ist fest mit ihm verbunden, der Kasus hängt von der Rolle im Satz ab und der Numerus von der Ausdrucksabsicht.

2.1 Das Genus

ⓘ In den meisten Fällen ist das Genus willkürlich und nur am Artikel (der, das oder die) zu erkennen. L! Im Deutschen gibt die Form des Substantivs selten Aufschluss über das Genus – deshalb: Am besten bei jedem Substantiv den Artikel direkt mitlernen!

☼ Im Plural gibt es keine Unterscheidung der Genera, der Artikel lautet immer die (▷ **2.2**).

Das maskuline Genus haben:
- Substantive, die männliche Personen bezeichnen:
  der Arzt, Chef, Mann, Neffe, Onkel, Sohn, Vater

Darunter auch Substantive mit den Endungen:

> -er: **der** Lehr**er**, Säng**er**, Schül**er**, Rentn**er**, Sportl**er**
> -ent/-ient/-and/-ant: **der** Präsid**ent**, Pati**ent**, Doktor**and**, Fabrik**ant**
> -är/-eur/-ör: **der** Revolution**är**, Fris**eur**, Fris**ör**
> -ier: **der** Bank**ier**, Offiz**ier**
> -or: **der** Aut**or**, Dokt**or**
> -ist: **der** Poliz**ist**, Real**ist**, Kommun**ist**
> -e: **der** Dän**e**, Franzos**e**, Pol**e**, Russ**e**, Jung**e**, Kolleg**e**

Das Substantiv

- Substantive mit den Endungen:

  -er: Geräte: **der** Comput**er**, Fernseh**er**, Rechn**er**
  andere: **der** Fing**er**, Hamm**er**
  (⚡ aber: **die** Butter, Mutter, Oper, Schwester etc.,
  das Alter, Fenster, Messer, Wasser, Zimmer etc.)
  -ling: **der** Früh**ling**, Lehr**ling**, Säug**ling**, Schmetter**ling**
  -ig/-ich: **der** Ess**ig**, Hon**ig**, Kön**ig**, Pfirs**ich**, Tepp**ich**

- Substantive aus Verben (ohne -en): **der** Befehl, Beginn, Besitz, Flug, Plan, Ruf, Schlaf
- Zeit (Tage/Monate/Jahreszeiten): **der** Dienstag, Mittwoch, Mai, Juni, Frühling, Sommer
- Niederschläge: **der** Hagel, Regen, Schnee
- Automarken und Züge: **der** BMW, ICE
- alkoholische Getränke: **der** Wein, ⚡ **das** Bier
- Mineralien und Gesteine: **der** Fels, Granit, Marmor

Das neutrale Genus haben:
- Substantive mit den Endungen:

  -chen/-lein: **das** Häus**chen**, Würst**chen**, Vög**lein**,
  (⚡ auch weibliche Personen: **das** Mäd**chen**)
  -um: **das** Dat**um**, Muse**um**, Studi**um**, Zentr**um**
  -ma: **das** Kli**ma**, The**ma**
  -ment: **das** Instru**ment**, Parla**ment**, Ele**ment**
  -o/-eau: **das** Kin**o**, Radi**o**, Mott**o**, Niv**eau**
  -at: **das** Sekretari**at**, **das** Plak**at**

- Substantivierte Verben mit den Endungen:

  -en: **das** Ess**en**, Les**en**, Schreib**en**, Trink**en**
  -ing: **das** Train**ing**, Jogg**ing**, Camp**ing** (aus dem Englischen)

Das Substantiv

- Sprachen: **das** Deutsche, Englische, Französische
- Substantive aus Adjektiven, insbesondere auch Farbnamen: **das** Gute, Schöne, Wahre; Blau, Lila
- geografische Eigennamen (Städte, Länder, Kontinente), wenn sie ein Attribut bei sich haben: **das** schöne Berlin/Rom, **das** alte China/Italien

Folgende Substantive haben ein feminines Genus:
- Substantive, die weibliche Personen bezeichnen:
  die Frau, Mutter, Tante, Tochter, Schwester
  (⚡ aber: **das** Mädchen, **das** Fräulein)

- Substantive mit den Endungen:

> -ung: **die** Anmeld**ung**, Heiz**ung**, Zeit**ung**
> -heit/-keit: **die** Frei**heit**, Möglich**keit**
> -schaft: **die** Freund**schaft**, Gesell**schaft**
> -e: **die** Erd**e**, Frag**e**, Hilf**e**, Reis**e**, Sprach**e**, Sonn**e**
>   (⚡ Ausnahmen: männliche Personen (s.o.) und Tiere:
>   **der** Junge, Affe, **das** Auge, Ende)
> -ei: **die** Bäcker**ei**, Bücher**ei**, Metzger**ei**
> -ität: **die** National**ität**, Univers**ität**
> -ion: **die** Informat**ion**, Diskuss**ion**, Rezept**ion**
> -ik: **die** Mus**ik**, Polit**ik**, Krit**ik**, Techn**ik**

- Substantive vom Verb mit der Endung -t: **die** Furcht, Sicht, Tat (oft)
  - Zahlen und Noten: **die** Eins, Zwei, Sieben, Dreizehn
  - Schiffe, Flugzeuge und Motorradmarken: **die** Titanic, Boeing, Vespa
  - Blumen und Bäume: **die** Rose, Tanne

Das Substantiv

⚡ Substantive mit folgenden Endungen sind Neutrum oder Femininum:

	Femininum	Neutrum
-nis	die Kennt**nis**, Finster**nis**	das Ereig**nis**, das Missverständ**nis**
-sal	die Drang**sal**	das Schick**sal**

⚡ Substantive mit folgenden Endungen sind Maskulinum oder Neutrum:

	Maskulinum	Neutrum
-tum	der Irr**tum**, der Reich**tum**	das Alter**tum**, das Eigen**tum**

💡 Bei zusammengesetzten Substantiven bestimmt immer das Genus des letzten Substantivs das Genus des ganzen Wortes: das Haus + die Tür → **die** Haustür + der Schlüssel → **der** Haustürschlüssel.

2.2 Der Plural

ℹ️ Das Substantiv hat im Deutschen nur im Plural eine Endung. Der Singular bleibt ohne Kennzeichen. Die Pluralform des Artikels lautet für alle Substantive die.

Formen

ℹ️ Für die Bildung des Plurals gibt es 5 Endungen:

N	= Endung -n oder -en	Rose → Rose**n**
E	= Endung -e	Tier → Tier**e**
R	= Endung -er	Bild → Bild**er**
S	= Endung -s	Auto → Auto**s**
Ø	= keine Endung	Lehrer → Lehrer

Das Substantiv

B1 Allgemein gilt Folgendes:
- N-Plural: ☼ Die Endung lautet -n, wenn das Substantiv auf unbetontes -e endet, in allen anderen Fällen lautet sie -en: die Hose → die Hosen, die Zeitung → die Zeitungen. ⚡ Beim N-Plural gibt es keinen Umlaut.
- E-Plural: ☼ Die Pluralendung -e tritt vor allem bei Maskulina und Neutra auf: der König → die Könige. Maskulina haben zusätzlich oft einen Umlaut.
- R-Plural: ☼ Die Pluralendung -er tritt vor allem bei (einsilbigen) Neutra auf, oft auch mit Umlaut: das Buch → die Bücher. ⚡ Feminina können keinen R-Plural haben.
- S-Plural: ☼ Die Pluralendung -s tritt in allen drei Genera auf und hat nie einen Umlaut: die Oma → die Omas, das Kino → die Kinos, der Lkw → die Lkws.
- Ø-Plural: ☼ Der Null-Plural, d. h. keine Pluralendung, tritt vor allem bei Maskulina auf (häufig mit Umlaut): der Lehrer → die Lehrer.

A1 2.3 **Der Kasus**

ℹ Während Substantive den Plural deutlich markieren (▶ 2.2), gibt es heute nur in wenigen Fällen Endungen für den Kasus.

Formen

	Singular			
	Maskulinum		**Neutrum**	**Femininum**
Nom.	Mann	Herr	Kind	Frau
Akk.	Mann	Herrn	Kind	Frau
Dat.	Mann	Herrn	Kind	Frau
Gen.	Mannes	Herrn	Kindes	Frau

Das Substantiv

	Plural				
	N	E	R	S	Ø
Nom.	Frauen	Leute	Männer	Babys	Lehrer
Akk.	Frauen	Leute	Männer	Babys	Lehrer
Dat.	Frauen	Leuten	Männern	Babys	Lehrern
Gen.	Frauen	Leute	Männer	Babys	Lehrer

💡 Keine Kasusendung haben feminine Substantive im Singular sowie im Nominativ, Genitiv und Akkusativ Plural. Der Dativ hat im Plural die Endung **-n**, aber nicht bei N-Plural oder S-Plural.

💡 Substantive im Maskulinum und im Neutrum zeigen im Genitiv Singular die Endung **-s** oder **-es**: der Bus → des Buss**es**, der Abend → des Abend**s**.

2.3.1 Die N-Deklination

💡 Eine kleine Gruppe von Substantiven im Maskulinum hat im Akkusativ, Dativ und Genitiv die Endung **-(e)n**.

	Singular				Plural
Nom.	der Herr	der Mensch	der Junge	der Löwe	die Löwen
Akk.	den Herr**n**	den Mensch**en**	den Junge**n**	den Löwe**n**	die Löwen
Dat.	dem Herr**n**	dem Mensch**en**	dem Junge**n**	dem Löwe**n**	den Löwen
Gen.	des Herr**n**	des Mensch**en**	des Junge**n**	des Löwe**n**	der Löwen

Zu dieser Gruppe gehören folgende Substantive:
- der Bauer, Held, Affe, Elefant
- der Junge, Bote, Däne (Personenbezeichnungen auf **-e**)
- der Student, Patient

Das Substantiv

⚡ Einige maskuline Substantive weisen im Akkusativ und Dativ -n, im Genitiv aber -ns auf:

Nom.	Akk.	Dat.	Gen.
der Name	den Name**n**	dem Name**n**	des Name**ns**

2.3.2 Der Genitiv mit von

💡 Wenn ein Substantiv im Genitiv ohne Artikel oder Adjektiv steht, so wird die Genitivform durch die Präposition von ausgedrückt: **das Verbot von Alkohol** (⚡ aber: **das Verbot des Alkohols/das Verbot ausländischen Alkohols**), **die Einfuhr von Zitronen** (⚡ aber: **die Einfuhr der Zitronen/die Einfuhr spanischer Zitronen**).

2.3.3 Die Deklination von Eigennamen

💡 Eigennamen haben nur im Genitiv eine Endung, und zwar -s: **Lisas, Pauls, Schillers, Europas**.

Der Genitiv kann *vor* oder *nach* dem Bezugssubstantiv stehen: **Lisas Geschenke – die Geschenke Lisas**.

2.3.4 Kasus-Signale

Kasus-Signale am Artikel und am Substantiv:

	Maskulinum		Neutrum		Femininum		Plural	
Nom.	r	–	s	–	e	–	e	–
Akk.	n	(en)	s	–	e	–	e	–
Dat.	m	(en)	m	–	r	–	n	-n
Gen.	s	-s/(en)	s	-s	r	–	r	–

Auf einen Blick 🔍

Der Artikel

Formen
Vor Substantiven stehen in der Regel entweder der bestimmte Artikel (der, die, das) oder der unbestimmte Artikel (ein, eine, ein). Die Pluralform für den bestimmten Artikel ist immer die. Den unbestimmten Artikel im Plural gibt es nur in der negativen Form keine. Je nach Kasus des Substantivs ändern sich die Formen der Artikel.
⚡ Die Artikel einiger Substantive können sich je nach Region unterscheiden: **der** oder **das** Gummi, **der** oder **das** Joghurt, **das** oder **die** Cola.

Gebrauch
Der bestimmte Artikel steht vor schon bekannten oder erwähnten Substantiven:
Dort liegt eine Tasche. **Die** Tasche gehört Martina.
Der Rhein fließt durch Deutschland.
Der neutrale Artikel das kann auch vor substantivierten Verben und Adjektiven stehen: Man kann **das** Rauschen des Meeres hören. **Das** Rot des Sofas ist mir zu grell.
Der unbestimmte Artikel steht vor noch nicht bekannten oder nicht näher bestimmten Substantiven:
Dort liegt **eine** Tasche. Die Tasche gehört Martina.
Ich kaufe mir heute **eine** Hose.
⚡ Kein Artikel steht z. B. vor:
- Substantiven in Überschriften und Schlagzeilen:
  Katastrophe: Waldbrand in Griechenland.
- Zeitangaben mit es + sein/werden: Es wird **Abend**.
- Zeitangaben ohne Präposition + Adjektiv: Letztes **Jahr** haben wir geheiratet.

Auf einen Blick

Das Substantiv

Der Plural

Im Deutschen gibt es fünf verschiedene Pluralendungen -(e)n, -e, -er, -s und den Plural ohne Endung. Beim **E-**, **R**- und **Null-Plural** werden die Stammvokale a, o, u und au häufig zum Umlaut: der Hut – die Hüte, das Haus – die Häuser, die Mutter – die Mütter.

! Da die Regeln für die Pluralformen sehr umfangreich sind, lernt man die Pluralform am besten immer zusammen mit dem Singular und dem Artikel.

⚡ Von einigen Substantiven gibt es nur eine Singularform oder nur eine Pluralform.
Nur Singular: z. B. das Besteck, der Kaffee, das Mehl, das Glück
Nur Plural: z. B. die Bedenken, die Eltern, die Kosten, die Ferien, die Lebensmittel, die Trümmer

Der Kasus

Den Kasus (Nominativ, Akkusativ, Dativ, Genitiv) eines Substantivs erkennt man an der Form des Artikels und nur in wenigen Fällen an der Endung des Substantivs. Diese gibt es heute bei Substantiven im Singular nur noch bei der N-Deklination im Akkusativ, Dativ und Genitiv und beim Genitiv der maskulinen und neutralen Substantive. Im Plural hat nur der Dativ eine Endung: -n, allerdings nicht beim N- und S-Plural.

ⓘ Die alte Endung im Dativ Singular, -e bei Maskulinum und Neutrum, hat sich nur noch in festen Wendungen erhalten: in diesem Sinne, zu Wasser und zu Lande, dem Manne kann geholfen werden.

3 Das Adjektiv

❶ Adjektive beschreiben die Eigenschaften von Personen, Sachen oder Handlungen.

3.1 Das prädikative und das adverbiale Adjektiv

💡 Das prädikative Adjektiv ist Teil des Prädikats, d. h. es steht nach dem Hilfsverb sein/werden/bleiben:
Sie ist **müde**. Er wird **rot**. Diese Wand bleibt **weiß**.

💡 Das adverbiale Adjektiv bezieht sich auf ein Verb:
Er spricht **leise**. Sie läuft **schnell**.

⚡ In prädikativer und adverbialer Funktion bleibt das Adjektiv unverändert:
Er/sie/es ist **müde**. Wir/sie sind **müde**.
Er/sie/es läuft **schnell**. Wir/sie laufen **schnell**.

3.2 Das attributive Adjektiv

💡 Das Adjektiv als Attribut steht in der Regel zwischen dem Artikel und dem Substantiv und wird dekliniert:
der **alte** Mann, das **wilde** Meer, die **dunkle** Nacht.

Formen
Die Endungen des deklinierten Adjektivs werden bestimmt:
- von Genus, Numerus und Kasus des Substantivs, das nach ihm steht,
- von dem Artikel, der vor ihm steht.

Man unterscheidet zwei Deklinationstypen. Ihre Verwendung hängt davon ab, ob der Artikel vor dem Adjektiv ein Kasus-Signal (▷ **2.3**) hat oder nicht.

Das Adjektiv

- Schwache Adjektivdeklination:

  💡 Wenn der Artikel vor dem Adjektiv ein Kasus-Signal hat, trägt das Adjektiv nur die Endung -e oder -en. Diesen Deklinationstyp nennt man schwache Adjektivdeklination.

	Maskulinum	Neutrum	Femininum	Plural
Nom.	der alte Mann	das leere Zimmer	die blaue Blume	die guten Zeiten
Akk.	den alten Mann	das leere Zimmer	die blaue Blume	die guten Zeiten
Dat.	dem alten Mann	dem leeren Zimmer	der blauen Blume	den guten Zeiten
Gen.	des alten Mannes	des leeren Zimmers	der blauen Blume	der guten Zeiten

💡 Dieser Typ der Deklination tritt auf nach dem bestimmten Artikel der/das/die und nach den folgenden Artikelwörtern:

dieser, jener, jeder, mancher, welcher, solcher, derselbe, derjenige, jeglicher, alle, beide

- Starke Adjektivdeklination:

  💡 Die sogenannte starke Adjektivdeklination tritt auf, wenn vor dem Adjektiv kein Kasus-Signal vorhanden ist, d. h. wenn es keinen Artikel gibt oder der Artikel kein Kasus-Signal hat. In diesem Fall muss das Adjektiv selbst die Kasus-Signale übernehmen.

  ⚡ Aber: Im Genitiv Maskulinum und Neutrum hat das Substantiv das Kasus-Signal. Das Adjektiv braucht dann kein eigenes Kasus-Signal und bekommt die Endung -en.

Das Adjektiv

	Maskulinum	Neutrum	Femininum	Plural
Nom.	alt**er** Mann	leer**es** Zimmer	blau**e** Blume	gut**e** Zeiten
Akk.	alt**en** Mann	leer**es** Zimmer	blau**e** Blume	gut**e** Zeiten
Dat.	alt**em** Mann	leer**em** Zimmer	blau**er** Blume	gut**en** Zeiten
Gen.	alt**en** Mann**es**	leer**en** Zimmer**s**	blau**er** Blume	gut**er** Zeiten

- Adjektivdeklination nach dem unbestimmten Artikel:
  ☀ Die Artikel ein, kein, mein, dein etc. weisen in manchen Formen keine Endung und damit kein Kasus-Signal auf. Das Adjektiv folgt in diesen Fällen der starken Adjektivdeklination. In manchen Formen tragen die Artikel bereits das Kasus-Signal und das Adjektiv folgt der schwachen Deklination. Die Deklination nach ein etc. heißt deshalb auch „gemischte Deklination".

	Maskulinum	Neutrum	Femininum	Plural
Nom.	ein alt**er** Mann	ein leer**es** Zimmer	eine blau**e** Blume	gut**e** Zeiten
Akk.	einen alt**en** Mann	ein leer**es** Zimmer	eine blau**e** Blume	gut**e** Zeiten
Dat.	einem alt**en** Mann	einem leer**en** Zimmer	einer blau**en** Blume	gut**en** Zeiten
Gen.	eines alt**en** Mann**es**	eines leer**en** Zimmer**s**	einer blau**en** Blume	gut**er** Zeiten

☀ Diese Formen des Adjektivs treten auf nach dem unbestimmten Artikel ein und was für ein, im Singular des negierten Artikels kein sowie im Singular der Possessivartikel mein, dein, sein, ihr, Ihr, unser und euer.

⚡ Die Pluralformen des negierten Artikels kein und der Possessivartikel mein, dein, sein, ihr, Ihr, unser und euer tragen bereits Kasus-Signale. Das Adjektiv folgt deshalb der schwachen Deklination und trägt in allen vier Kasus

Das Adjektiv

die Endung -en: mein**e** gut**en** Zeiten, mein**en** gut**en** Zeiten.

⚡ Bei Adjektiven auf -el entfällt das -e- beim Auftreten einer Endung *immer*, bei Adjektiven mit Diphthong und der Endung -er *meistens*:

dunkel: der dunkle Stoff	teuer: die teure Reise
B2 edel: ein edles Pferd	sauer: eine saure Gurke

B2 ⚡ Stehen mehrere Adjektive hintereinander, so stimmen ihre Endungen überein, sie deklinieren „parallel": ein lang**er**, staubig**er**, wenig befahren**er** Weg.

B2 ## 3.3 Substantivierte Adjektive

ℹ️ Die Deklination dieser Adjektive folgt dem oben dargestellten Schema, lediglich das Substantiv entfällt.

Formen

	Maskulinum	Neutrum	Femininum	Plural
Nom.	der Alte	das Neue	die Fremde	die Deutschen
	ein Alter	ein Neues	eine Fremde	Deutsche
Akk.	den Alten	das Neue	die Fremde	die Deutschen
	einen Alten	ein Neues	eine Fremde	Deutsche
Dat.	dem Alten	dem Neuen	der Fremden	den Deutschen
	einem Alten	einem Neuen	einer Fremden	Deutschen
Gen.	des Alten	des Neuen	der Fremden	der Deutschen
	eines Alten	eines Neuen	einer Fremden	Deutscher

Das Adjektiv

3.4 Attributive Partizipien

ⓘ Attributive Partizipien (▷ ⑫) verhalten sich in ihrer Deklination genauso wie attributive Adjektive.

Formen

		Maskulinum	**Neutrum**
Nom.	**Part. II**	der gelesene Roman ein gelesener Roman	das geschriebene Buch ein geschriebenes Buch
	Part. I	der lesende Mann ein lesender Mann	das schreibende Kind ein schreibendes Kind
Akk.	**Part. II**	den gelesenen Roman einen gelesenen Roman	das geschriebene Buch ein geschriebenes Buch
etc.	**Part. I**	den lesenden Mann einen lesenden Mann	das schreibende Kind ein schreibendes Kind

		Femininum	**Plural**
Nom.	**Part. II**	die verfilmte Novelle eine verfilmte Novelle	die gekauften Texte gekaufte Texte
	Part. I	die filmende Frau eine filmende Frau	die lesenden Leute lesende Leute
Akk.	**Part. II**	die verfilmte Novelle eine verfilmte Novelle	die gekauften Texte gekaufte Texte
etc.	**Part. I**	die filmende Frau eine filmende Frau	die lesenden Leute lesende Leute

Das Adverb

ℹ Adverbien sind Wörter, die nicht dekliniert werden können. Sie dienen hauptsächlich dazu, andere Satzelemente, vor allem das Verb ('ad-verb'), näher zu bestimmen.

Formen
Es gibt verschiedene Adverbien:
• lokale Adverbien:

da, vorn(e), unten, hier, hinten, hin, dort, oben, her

• temporale Bedeutung:

gestern, jetzt, B1 vorher, immer, heute, B1 damals, zuerst, oft, morgen, sofort, meist(ens)

• modale Adverbien:
   • der Art und Weise:

so, gern, B2 vergebens, B2 glücklicherweise, B2 umsonst, genauso, leider, irgendwie, hoffentlich

   • des Grades und Maßes:

viel, fast, B2 kaum, wenig, sehr, B2 etwa

Gebrauch
Adverbien können auftreten als:
• adverbiale Bestimmung zum Verb:
   Sie tanzt **gern**. Sie wohnt **hier**.
• Attribut:
   das Haus **hier**, das **sehr** alte Haus
• Prädikativ:
   Ich bin **hier**.

5 Der Vergleich

ℹ Im Deutschen können Adjektive und einige wenige Adverbien gesteigert werden. Es gibt drei Vergleichsstufen, die im Deutschen nur durch Anfügung von Endungen gebildet werden können:

Positiv: Ø (keine Endung)	Das Fahrrad ist **so schnell wie** der Bus.
Komparativ: **-er**	Das Auto ist **schneller als** das Fahrrad.
Superlativ: **-(e)st**	Das Flugzeug ist **am schnellsten**.

Die drei Vergleichsstufen geben an, dass etwas mit etwas anderem verglichen wird.
💡 Der Positiv, bei dem das Adjektiv keine Endung bekommt, bezeichnet Gleichheit zwischen den zwei verglichenen Personen oder Sachen. Vor dem Adjektiv steht so oder genauso und das Verglichene wird mit wie angeschlossen:
Eva ist **(genau)so** groß **wie** Susanne.

5.1 Der Komparativ

Formen
Regelmäßige Formen:

	Grundform	Komparativ
Adj.	schnell	schneller
	langsam	langsamer
	billig	billiger
Adv.	wenig	weniger

55

Der Vergleich

⚡ Wie bei der Adjektivdeklination (▷ ❸) fällt auch beim Komparativ das -e der Endung *immer* weg bei Adjektiven, die auf -el enden, und *meistens* bei Adjektiven mit Diphthong und der Endung -er: dunkel → dunkler, respektabel → respektabler, teuer → teurer.

Viele einsilbige Adjektive und das Adverb oft haben einen Umlaut: hoch → höher, jung → jünger, oft → öfter.

Unregelmäßige Komparativformen:

	Grundform	Komparativ
Adj.	gut	besser
Adv.	viel	mehr
	gern	lieber
	bald	eher

Gebrauch

💡 Der Komparativ drückt Ungleichheit zwischen den verglichenen Personen oder Sachen aus. Das Verglichene wird immer mit **als** angeschlossen:
Eva ist größer **als** Maria.

 5.2 **Der Superlativ**

Formen
Der Superlativ hat zwei verschiedene Formen:

Grundform	am + Superlativ	Artikel + Superlativ
schön	am schönsten	der/die/das schönste
teuer	am teuersten	der/die/das teuerste
dunkel	am dunkelsten	der/die/das dunkelste

Der Vergleich

- Der Superlativ mit **am** tritt auf, wenn es sich um einen adverbialen Superlativ handelt:
  Sie malt **am** schön**sten**.
  Er singt **am besten**.
- Der Superlativ mit Artikel und **-st-** tritt auf, wenn der Superlativ attributiv ist:
  Er hat **das** schön**ste** Bild gemalt.
  In diesem Restaurant gibt es **das beste** Essen.
- ⚡ Wenn der Superlativ prädikativ ist (also nach sein, werden), kann er beide Formen haben:
  Der Garten ist **am** schön**sten**.
  Das Essen ist **am besten**.
  Der Garten ist der schön**ste**.
  Das Essen ist das **beste**.

Auch im Superlativ haben viele einsilbige Adjektive und das Adverb oft einen Umlaut:

Grundform	Superlativ
warm	am wärmsten
hoch	am höchsten
jung	am jüngsten
oft	am öftesten (häufigsten)

⚡ Die Endung **-est** tritt auf, wenn das Adjektiv auf einen s-Laut (also -s, -ss, -ß, -z, -x, -sk, -sch) oder -d/-t endet und nicht auf unbetontes -e:

Grundform	Superlativ
mies	am mies**esten**
süß	am süß**esten**
frisch	am frisch**esten**
kalt	am kält**esten**

Der Vergleich

⚡ **Ausnahmen:**
spannend → am spannendsten (unbetontes -e!)
groß → am größten

ℹ️ Adjektive auf Vokal oder Diphthong haben die Endung -est oder -st: neu(e)st-, froh(e)st-, rau(e)st-.

Unregelmäßige Superlativformen:

	Grundform	Komparativ	Superlativ
Adj.	gut	besser	am besten
Adv.	viel	mehr	am meisten
	gern	lieber	am liebsten
	bald	eher	am ehesten

Gebrauch

Der Superlativ ist die höchste Vergleichsstufe. Die verglichenen Elemente werden z. B. mit **von** angefügt:
Lisa ist die größte (**von** allen Schülerinnen).

Wenn der Superlativ adverbial ist, werden verschiedene Dinge verglichen:
Der Garten ist am schönsten (im Vergleich zu anderen Dingen wie Haus, Platz etc.).

Wenn der Superlativ prädikativ ist, werden gleiche Dinge verglichen:
Der Garten ist der schönste (Garten, d. h. im Vergleich zu anderen Gärten).
In diesem Fall wird die Adjektivendung an die Superlativendung -(e)st- angehängt:
Der Sportler mit den stärk**sten** Nerven hat gewonnen.

Auf einen Blick 🔍

Das Adjektiv

Adjektive in prädikativer und adverbialer Form haben keine Endung: Es wird **dunkel**. Sie schwimmt **schnell**. Attributive Adjektive werden dekliniert. Die schwache Adjektivdeklination tritt auf, wenn der Artikel vor dem Adjektiv ein Kasussignal hat, d. h. wenn der Artikel Genus, Numerus und Kasus eindeutig kennzeichnet.
💡 Die Adjektivendung ist im Singular -e, außer beim Akkusativ Maskulinum, und im Plural immer -en.

Steht vor dem Adjektiv kein Kasus-Signal, muss das Adjektiv das Kasus-Signal übernehmen. Dann tritt die starke Deklination auf. Dies ist der Fall, wenn das Adjektiv ohne Artikel steht oder nach z. B. manch, solch, welch.

Nach dem unbestimmten Artikel ein, sowie nach kein und den Possessivartikeln (mein, dein etc.) im Singular folgt die gemischte Deklination, da einige Formen keine Endung und kein Kasus-Signal haben. Nach kein und den Possessivartikeln im Plural ist die Endung immer -en.

⚡ Stehen mehrere Adjektive hintereinander, haben sie die gleiche Endung: Das wird eine lang**e**, anstrengend**e** aber schön**e** Reise.
Parallele Deklination zeigen auch Ordinalzahlen in Verbindung mit Adjektiven: das zehnt**e** international**e** Studententreffen.

ℹ️ Adjektive können mit folgenden Suffixen gebildet werden: z. B. -bar, -haft, -isch, -lich und -los (furchtbar, standhaft, schulisch, kleinlich, atemlos).

Auf einen Blick

Das Adverb

Adverbien werden nicht dekliniert. Sie bestimmen andere Satzelemente genauer nach Zeit, Ort, der Art und Weise und des Grades und Maßes.
Das Zelt bauen wir **hier** auf.
Wir gehen **oft** ins Kino.
Ich komme dich **gern** wieder besuchen.
Er hätte **fast** einen Unfall gehabt.

Der Vergleich

G Adjektive können gesteigert werden. Die drei Vergleichsstufen (Positiv, Komparativ und Superlativ) drücken Gleichheit und Ungleichheit zwischen den verglichenen Personen oder Sachen aus.
Beim Positiv hat das Adjektiv keine Endung:
Der Pullover ist genauso **teuer** wie das T-Shirt.
Der Komparativ hat die Endung -er:
Susi ist **intelligenter** als Paul.
Der Superlativ wird mit der Endung -(e)st gebildet:
Diese Blume ist **am schönsten**.
Attributiver Komparativ und Superlativ werden dekliniert:
Die **jüngeren** Kinder gehen in den Kindergarten.
Das **höchste** Gebäude hier ist die Kirche.

ⓘ Einige Adverbien (bald, gern, viel, wenig, oft) können gesteigert werden.

Positiv:	bald	gern	viel
Komparativ:	eher	lieber	mehr
Superlativ:	am ehesten	am liebsten	am meisten

Das Pronomen

6 Das Pronomen

ⓘ Pronomen dienen dazu, ein Substantiv zu vertreten. Es gibt vielfältige Formen von Pronomen. ⚡ Manche können nicht nur als Pronomen, sondern auch als Artikel, d. h. zusammen mit einem Substantiv, auftreten:

Artikel	Pronomen
Das ist **mein** Hund.	Das ist **meiner**.
Dein Hund ist größer.	**Deiner** ist größer.
Dieser Park gefällt mir.	**Dieser** gefällt mir.

6.1 Das Personalpronomen

Formen

| | Sing. | | | | Pl. | | |
	1. Pers.	2. Pers.	3. Pers.		1. Pers.	2. Pers.	3. Pers.
Nom.	ich	du	er	es	sie	wir	ihr	sie/Sie
Akk.	mich	dich	ihn	es	sie	uns	euch	sie/Sie
Dat.	mir	dir	ihm	ihm	ihr	uns	euch	ihnen/Ihnen
Gen.	meiner	deiner	seiner	seiner	ihrer	unser	euer	ihrer/Ihrer

Die Kasus-Signale des Personalpronomens entsprechen weitgehend denen der Artikel.

ⓘ Der Genitiv des Personalpronomens ist heute nicht mehr gebräuchlich. Die Genitivformen **meiner**, **deiner** etc. verbinden sich mit **-seits** und **-wegen** zu Adverbien: **meinerseits**, **deinerseits** etc. ⚡ Vor **-wegen** wird das **-r** der Endung durch **-t** ersetzt: **meinetwegen**, **deinetwegen** etc.

Das Pronomen

Gebrauch

ℹ️ Das Personalpronomen bezeichnet die Rollen der Personen in einem Gespräch: Die 1. Person bezeichnet den oder die Sprecher, die 2. Person den oder die Hörer und die 3. Person bezeichnet Personen und Sachen, über die gesprochen wird.

💡 Die Höflichkeitsform **Sie** wird formal wie die 3. Person Plural gebildet. Sie dient dazu, den Hörer im Singular und Plural zu bezeichnen – sie entspricht also **du** und **ihr**.

A1 **6.2 Das Pronomen es**

ℹ️ Das Pronomen **es** kann in verschiedenen Kontexten auftreten und dabei verschiedene Funktionen übernehmen. Oft hat **es** keine eigene Bedeutung.

💡 **Es** kann als Pronomen für eine Substantivgruppe im Neutrum stehen. Dabei kann **es** Personen und Sachen im Nominativ und im Akkusativ bezeichnen:

> Wo ist das Kind? – **Es** spielt. (Person – Nominativ)
> Wo ist das Buch? – Auf dem Tisch liegt **es**.
> (Sache – Nominativ)
> Das Kind ist im Kindergarten. – Wann holst du **es** ab?
> (Person – Akkusativ)
> Ist das Buch interessant? – Ja, du musst **es** lesen.
> (Sache – Akkusativ)

B1 ⚡ In der Verbindung mit Präpositionen wird das Pronomen **es** allerdings nicht verwendet, stattdessen treten Pronominaladverbien (▶ **6.3**) auf:
> Sprecht ihr über das Buch? – Ja, wir sprechen **darüber**.
> Denkst du an das Geschenk? – Ja, ich denke **daran**.

Das Pronomen

Es kann als Pronomen auch für umfangreichere Ausdrücke, z. B. Sätze, stehen:
Oft arbeitet sie am Sonntag, aber sie tut es nicht gerne.
(es = am Sonntag arbeiten)

☀️ In unpersönlichen Konstruktionen hat es keine eigene Bedeutung, sondern ist fest mit dem Verb verbunden.
L! Am besten wird es mit jedem Verb gelernt.
Es kann hier auftreten als Subjekt („Scheinsubjekt") bei Verben,
- die ein Naturgeschehen bezeichnen:
  Es regnet. Es schneit. Es ist kalt.
- die eine Zeitangabe machen:
  Es ist sieben Uhr. Es ist Mittag.
- die persönliches Befinden bezeichnen:
  Es geht mir gut. Wie geht es Ihnen?
- die Sinneseindrücke bezeichnen:

> **es** glänzt, **es** ist (wird) hell
> **es** klopft, **es** knallt, **es** raschelt, **es** läutet
> **es** schmeckt (gut …), **es** riecht (gut, schlecht, nach …), **es** duftet, **es** drückt, **es** juckt

- sowie in der festen Verbindung: **Es gibt.**

☀️ **Es** kann im Vorfeld eines Satzes auftreten (das sogenannte „thematische es"). Dann dient es als eine Art Einführungssignal, das vor allem am Textanfang verwendet wird, damit das Subjekt oder die gesamte Aussage hervorgehoben werden kann. ⚡ Es kann hier nie durch **das** ersetzt werden:
Es kam ein Mann zu mir und fragte nach dem Weg.

Das Pronomen

⚡ **Es** kann in dieser Funktion nur im Vorfeld stehen und fällt weg, wenn im Vorfeld andere Elemente stehen oder wenn der Satz als Frage erscheint:
Es hat jemand angerufen. → Jemand hat angerufen./ Hat jemand angerufen?

💡 **Es** kann auch als Vorsignal für einen Nebensatz oder Infinitiv auftreten, der im Hauptsatz Subjekt/Objekt ist:
Es ist wichtig, dass man viel Obst isst.
⚡ Das Pronomen **es** fällt weg, wenn der Nebensatz oder Infinitiv im Vorfeld steht:
Es ist wichtig, dass man viel Obst isst. → Dass man viel Obst isst, ist wichtig.

6.3 Pronominaladverbien

💡 Pronominaladverbien sind Verbindungen der Adverbien **da** und **wo** mit Präpositionen. ⚡ Wenn die Präposition mit einem Vokal beginnt, wird ein **-r** eingeschoben (**dar-/wor-**): **dafür, wofür, darauf, worauf**.

💡 Pronominaladverbien stehen anstelle von Pronomen mit Präposition, wenn Sachen bezeichnet werden sollen. Verbindungen mit **da(r)-** ersetzen Personalpronomen (▷ **6.1**), Verbindungen mit **wo(r)-** ersetzen Fragepronomen (▷ **6.8**) und Relativpronomen (▷ **6.6**):
Ich warte auf den Chef. → Ich warte **auf ihn**. → **Auf wen** wartest du?
Ich warte auf das Paket. → Ich warte **darauf**. → **Worauf** wartest du?

Pronominaladverbien mit **da(r)-** treten auch als Vorsignal für einen dass-Satz auf:
Ich warte **darauf**, dass du endlich kommst.

> Das Pronomen

6.4 Das Possessivpronomen

💡 Die Possessiv-Formen mein, dein, sein etc. dienen dazu, auf den ‚Besitzer' einer Sache zu verweisen. Im Deutschen unterscheidet man Possessivartikel und Possessivpronomen.

Formen des Possessivartikels

💡 Der Possessivartikel richtet sich nach Person bzw. Genus des ‚Besitzers', die Endung kongruiert mit dem ‚Besitz'.

	Maskulinum	Neutrum	Femininum	Plural
1. Pers. Sing.	mein Text	mein Buch	meine Tasse	meine Fragen
2. Pers. Sing.	dein Text	dein Buch	deine Tasse	deine Fragen
3. Pers. Sing. m.	sein Text	sein Buch	seine Tasse	seine Fragen
n.	sein Text	sein Buch	seine Tasse	seine Fragen
f.	ihr Text	ihr Buch	ihre Tasse	ihre Fragen
1. Pers. Pl.	unser Text	unser Buch	unsere Tasse	unsere Fragen
2. Pers. Pl.	euer Text	euer Buch	eure Tasse	eure Fragen
3. Pers. Pl.	ihr Text	ihr Buch	ihre Tasse	ihre Fragen
	Ihr Text	Ihr Buch	Ihre Tasse	Ihre Fragen

💡 Die Endungen des Possessivartikels kongruieren in Genus, Numerus und Kasus mit dem dazugehörigen Substantiv.

Das Pronomen

	Maskulinum	Neutrum	Femininum	Plural
Nom.	mein Text	mein Buch	meine Tasse	meine Fragen
Akk.	meinen Text	mein Buch	meine Tasse	meine Fragen
Dat.	meinem Text	meinem Buch	meiner Tasse	meinen Fragen
Gen.	meines Textes	meines Buches	meiner Tasse	meiner Fragen

Gebrauch des Possessivartikels

💡 Als Possessivartikel treten mein, dein, sein etc. immer in Verbindung mit einem Substantiv auf. Im Unterschied zu den Possessivpronomen können sie nicht alleine stehen:
Er liebt **seine** Tochter.
Ich liebe **meinen** Mann.

Formen des Possessivpronomens

💡 Die Form der Pronomen wird durch den ‚Besitzer' bestimmt. Die Endungen entsprechen den Kasus-Signalen.

	Maskulinum	Neutrum	Femininum	Plural
Nom.	meiner	mein(e)s	meine	meine
Akk.	meinen	mein(e)s	meine	meine
Dat.	meinem	meinem	meiner	meinen
Gen.	–	–	–	–

Gebrauch des Possessivpronomens

Die Possessiv-Formen mein, dein, sein etc. treten als Possessivpronomen selbstständig auf, sie ersetzen ein Substantiv:
Können Sie mir Ihr Auto leihen? **Meins** ist kaputt.
Hier ist mein Platz und da drüben ist **deiner**.

Das Pronomen

6.5 Das Demonstrativpronomen

ⓘ Es gibt verschiedene Formen von Demonstrativpronomen. Am häufigsten ist die Verwendung von der/das/die. Daneben existieren weitere Formen wie dieser, jener etc.

Formen

• Das Demonstrativpronomen der/das/die:
Die Formen des Demonstrativpronomens sind identisch mit denen des bestimmten Artikels, mit Ausnahme des Dativ-Plurals und des Genitivs:

	Maskulinum	Neutrum	Femininum	Plural
Nom.	der	das	die	die
Akk.	den	das	die	die
Dat.	dem	dem	der	denen
Gen.	dessen	dessen	derer	derer

• Weitere Demonstrativpronomen:

dieser, jener, solcher, derjenige, derselbe

	Maskulinum	Neutrum	Femininum	Plural
Nom.	dieser	dieses	diese	diese
Akk.	diesen	dieses	diese	diese
Dat.	diesem	diesem	dieser	diesen
Gen.	dieses	dieses	dieser	dieser

Nach dem Muster von dieser werden auch jener und solcher dekliniert.

Das Pronomen

B1

	Maskulinum	Neutrum	Femininum	Plural
Nom.	derjenige	dasjenige	diejenige	diejenigen
Akk.	denjenigen	dasjenige	diejenige	diejenigen
Dat.	demjenigen	demjenigen	derjenigen	denjenigen
Gen.	desjenigen	desjenigen	derjenigen	derjenigen

Derselbe folgt der Deklination von **derjenige**. Die Kasus-Signale treten an den ersten Teil der Form, die Endungen (-e und -en) entsprechen der schwachen Adjektivdeklination (3.2).

Gebrauch

↪ Das Pronomen der/das/die wird vor allem in der gesprochenen Sprache verwendet. Es steht meist, wenn:
- das Akkusativ-/Dativ-Pronomen der 3. Person im Vorfeld steht (besonders statt es):
  Kennst du den Mann da? – Ja, **den** kenne ich./Ja, ich kenne ihn.
  Wo bist du gewesen? – **Das** sage ich nicht. (nicht: Es sage ich nicht.)

B1
- das Pronomen ein Attribut bei sich hat:
  Welche ist deine Mutter? – **Die** mit dem blauen Hut!

B2
- dem Pronomen ein Relativsatz angeschlossen ist:
  Ich möchte **die** sehen, die diese Aufgabe lösen kann.

A2
- sowie allgemein zur Hervorhebung und Fokussierung:
  Glaub dem Mann nicht! Glaub **dem** nicht!

⚡ Das Pronomen das steht auch häufig bei Prädikationen und ist nicht mit dem Verb kongruent:
Das ist mein Koffer.
Das sind meine Bücher.

Das Pronomen

💡 Die oben genannten Formen können sowohl als Artikel, d. h. mit nachfolgendem Substantiv, als auch als Pronomen, d. h. selbstständig, verwendet werden. Die Formen bleiben gleich:

Artikel	Pronomen
Welchen Tee möchten Sie?	
Diesen Tee möchte ich.	**Diesen** möchte ich.
Welcher Tee schmeckt Ihnen?	
Dieser Tee schmeckt mir.	**Dieser** schmeckt mir.

6.6 Das Relativpronomen

ⓘ Relativpronomen dienen dazu, einen Relativsatz einzuleiten, mit dem ein Substantiv näher bestimmt wird. Der Relativsatz ist Attribut zu diesem Substantiv.

Formen

💡 Die Form des Relativpronomens wird von zwei Seiten bestimmt: Das Genus und der Numerus des Relativpronomens sind abhängig von dem Substantiv, zu dem es gehört, der Kasus richtet sich nach dem Verb im Relativsatz: **Die Kinder, die** hier immer **spielen** ...

➕ Die Formen des Relativpronomens der/das/die entsprechen denen des Demonstrativpronomens (▷ **6.5**), mit Ausnahme des Genitivs Femininum und Plural.

	Maskulinum	Neutrum	Femininum	Plural
Nom.	der	das	die	die
Akk.	den	das	die	die
Dat.	dem	dem	der	denen
Gen.	dessen	dessen	derer, deren	derer, deren

Das Pronomen

B2 Das Relativpronomen welcher/welches/welche wird seltener verwendet. Es hat keinen Genitiv:

	Maskulinum	Neutrum	Femininum	Plural
Nom.	welcher	welches	welche	welche
Akk.	welchen	welches	welche	welche
Dat.	welchem	welchem	welcher	welchen

Gebrauch

ⓘ Das Relativpronomen im Genitiv, dessen und deren/derer, kann zwei Funktionen erfüllen:
- Es drückt eine possessive Beziehung aus. Der Genitiv steht im Relativsatz als Attribut:
  Die Kleine, **deren** Mutter arbeitet, kommt oft zu mir.

B2
- Es steht, wenn das Verb im Relativsatz ein Genitivobjekt fordert:
  Seine Großmutter, **derer** wir oft gedenken, ist im Herbst gestorben.

B1 ⚡ Das Relativpronomen verbindet sich mit einer Präposition, wenn das Verb im Relativsatz ein Präpositionalobjekt fordert:
Die Kinder, **mit denen** wir immer spielen, sind krank.

L! Durch die Verwendung von welcher kann man das Aufeinandertreffen von zwei der etc. vermeiden:
Der Wagen, **der der** Frau gehört, ist rot. → Der Wagen, **welcher der** Frau gehört, ist rot.

B1 Die Relativadverbien wo, wohin, woher stehen:
- nach Städte- und Ländernamen:
  Sie zog nach Hamburg, **wo** auch ihre Schwester wohnte.

Sie ist in Dresden geboren, **woher** auch ihr Vater stammt.
- nach anderen Ortsbezeichnungen:
Das Restaurant, **wo** wir uns treffen wollen, ist nicht weit von hier.

☼ Das allgemeine Relativpronomen was vertritt den Nominativ und den Akkusativ. Der Dativ und der Genitiv sind ungebräuchlich. Fordert das Verb im Relativsatz eine Präposition, dann tritt das Relativpronomen in der Form wo(r) + Präposition auf (▷ **6.3**):
Er hat die Prüfung bestanden, **was** uns alle sehr freut. (Nom.)
Er hat die Prüfung bestanden, **was** er sofort allen erzählt hat. (Akk.)
Er hat die Prüfung bestanden, **wozu** ihm alle gratulierten.

❶ Das Relativpronomen was tritt auch auf nach das und den neutralen Indefinitpronomen etwas, alles, nichts, manches, vieles, weniges:
Das, was Sie da sagen, gefällt mir nicht.
Das ist **alles, was** ich tun kann.

6.7 Das Indefinitpronomen

❶ Mit den Indefinitpronomen können Personen oder Sachen auf ganz allgemeine, unbestimmte Art bezeichnet werden.
☼ Die Indefinitpronomen umfassen eine große Gruppe von Pronomen, die sich recht unterschiedlich verhalten. Alle Indefinitpronomen können allein stehen. In diesem Fall sind sie echte Pronomen. Manche können auch zusammen mit einem Substantiv, also wie ein Artikel, vorkommen.

Das Pronomen

Zu den Indefinitpronomen, die vor allem allein stehen, gehören:

einer, **B2** irgendeiner, **B2** irgendwer, **A2** man, jemand, **A2** irgendjemand, **B2** jedermann, keiner, niemand, etwas (was), **B1** irgendetwas, nichts, alles, viel, wenig

Formen

 Das Indefinitpronomen einer:

	Maskulinum	Neutrum	Femininum	Plural
Nom.	einer	ein(e)s	eine	(welche)
Akk.	einen	ein(e)s	eine	(welche)
Dat.	einem	einem	einer	(welchen)

Einer und irgendeiner haben keine Genitivformen und keine Pluralformen. Im Plural tritt ersatzweise (irgend-)welche ein.

 Die Indefinitpronomen man, jemand und niemand:

Nom.	man	jemand	niemand
Akk.	einen	jemanden	niemanden
Dat.	einem	jemandem	niemandem

⚡ Das Pronomen man existiert nur im Nominativ Singular. Das Genus wird nicht unterschieden und für Akkusativ und Dativ tritt ersatzweise die Form des Pronomens einer ein.

Gebrauch

ℹ️ Indefinitpronomen werden für unbestimmte, nicht näher identifizierte Personen, Dinge oder Mengen verwendet.

Das Pronomen

- 💡 Durch vorangestelltes irgend- können die Pronomen einer, jemand, etwas noch stärker Unbestimmtheit ausdrücken, genauso wie die Form irgendwer:
  A2 Irgendjemand hat mir erzählt, dass sie krank ist.
  Kauf einfach **B1 irgendwas**!
  B2 Irgendwer muss das machen.

- Einige der angeführten Pronomen können sich mit substantivierten Adjektiven im Neutrum verbinden: **B1**
  Ich habe **etwas** Schönes gehört.
  Wir vermuten **nichts** Gutes.
  Alles Gute zum Geburtstag!

- Die Pronomen viel, wenig und alles sind in dieser Form unveränderlich:
  Wir haben **viel/wenig/alles** **B2** erfahren.
  ⚡ Werden viel/wenig/alles flektiert, dann gehören sie der zweiten Gruppe von Pronomen an, die auch als Artikel, d.h. mit nachfolgendem Substantiv, auftreten können:

> alle, viele, **A2** ander-, **A2** ein bisschen, **A2** andere,
> **A2** jeder, **B1** die meisten, kein, **B1** verschiedene,
> **B1** mancher, **B1** ein paar, **B1** mehrere, **B2** ein einziger,
> **B2** etliche, **B2** wenige, **B2** ein jeder, **B2** irgendein,
> **B2** ein gewisser, **B2** manch einer, **B2** beide, **B2** einige

Die Pluralformen von alle, manche, einige haben nur im Dativ zusätzlich die Endung **-n**:
Allen/Manchen/Einigen wird geholfen werden.

Das Pronomen

 6.8 Das Interrogativpronomen

ⓘ Interrogativpronomen sind wer?, was? etc. sowie die spezifischeren Formen was für ein? und welcher?.

Formen und Gebrauch

💡 Das Interrogativpronomen wer?, was? etc. dient dazu, nach einzelnen Satzgliedern zu fragen. Dabei werden Personen und Sachen unterschieden.

	Personen	Sachen
Nom.	wer? Wer hat das gesagt?	was? Was ist passiert?
Akk.	wen? Wen hast du gesehen?	was? Was hat er gebracht?
Dat.	wem? Wem habt ihr das erzählt?	–
Gen.	wessen? Wessen erinnerst du dich?	wessen? Wessen Auto ist das?

Die Interrogativpronomen stehen im Allgemeinen im Vorfeld vor dem konjugierten Verb.

💡 Wenn das Interrogativpronomen mit einer Präposition verbunden wird, dann wird bei der Frage nach Personen die Präposition mit dem Interrogativpronomen kombiniert (an wen?, über wen?). Bei der Frage nach Sachen verwendet man das Pronominaladverb wo(r) + Präposition (▶ 6.3):

Auf wen wartest du? (– auf den Chef)/**Worauf** wartest du? (– auf den Zug)

➡ In der Umgangssprache unterscheidet man allerdings nicht immer zwischen Person und Sache. Man sagt also auch: **Auf was** wartest du? **An was** denkst du?

Das Pronomen

☀ Die Fragewörter was für ein? und welcher? können sowohl selbstständig als echte Pronomen vorkommen, als auch – als Artikel – zusammen mit einem Substantiv:

Artikel:	**Was für ein** Mensch ist er?
	Welchen Zug nehmen Sie?
Pronomen:	**Was für einer** ist er?
	Welchen nehmen Sie?

Beim Fragepronomen was für ein? wird nur der letzte Teil, also ein, dekliniert.

In der Verwendung als Pronomen wird ein dekliniert wie das Pronomen einer. Im Plural wird ersatzweise die Form welche verwendet:

	Maskulinum	**Neutrum**	**Femininum**	**Plural**
Nom.	was für ein**er**	was für ein(**e**)**s**	was für ein**e**	was für welch**e**
Akk.	was für ein**en**	was für ein(**e**)**s**	was für ein**e**	was für welch**e**
Dat.	was für ein**em**	was für ein**em**	was für ein**er**	was für welch**en**
Gen.	was für ein**es**	was für ein**es**	was für ein**er**	was für welch**er**

Mit dem Fragepronomen was für ein? wird nach den Eigenschaften einer Person oder Sache gefragt. In der Antwort steht der unbestimmte Artikel:
Was für ein Fahrrad hast du? – **Ein teures Rennrad mit 20 Gängen.**

Wird was für ein? als Artikel, also mit einem Substantiv verwendet, dann wird ein flektiert wie der unbestimmte Artikel ein (▷ **1.2**).

Das Pronomen

💡 Das Fragepronomen **welcher?** wird als Pronomen und als Artikel gleich dekliniert, und zwar enthält es die Kasus-Signale wie z. B. der bestimmte Artikel (▷ **1.1**).

Mit dem Fragepronomen **welcher?** wird nach einer bestimmten Person oder Sache aus einer Art oder Gruppe gefragt. In der Antwort steht der bestimmte Artikel: **Welches** Fahrrad ist deins? – **Das da drüben.**

 6.9 Das Reflexivpronomen

Formen

ⓘ Das Reflexivpronomen hat nur die Formen Akkusativ und Dativ: In der 1. und 2. Person entspricht es dem Personalpronomen. Nur in der 3. Person gibt es eine eigene Form (**sich**):

	Singular			Plural		
	1. Pers.	2. Pers.	3. Pers.	1. Pers.	2. Pers.	3. Pers.
Akk.	mich	dich	sich	uns	euch	sich
Dat.	mir	dir	sich	uns	euch	sich

Gebrauch

Das Reflexivpronomen kann sein:
- obligatorisch, als fester Bestandteil des Verbs (**sich freuen, sich schämen, sich erholen** etc.) ⓛ Bei jedem neuen Verb sollte man immer mitlernen, wenn es reflexiv ist!
- fakultativ, als Ergänzung zum Verb: **sich waschen, sich rasieren, sich schminken, sich verstecken.**

Auf einen Blick 🔍

Das Pronomen

Pronomen vertreten Substantive im Satz.

Das Personalpronomen
Das Personalpronomen gibt es im Singular und im Plural in drei Personen und sie werden dekliniert:
- 1. Person: ich/wir
- 2. Person: du/ihr
- 3. Person er, sie, es/sie

Nur im Singular unterscheidet man die 3. Person nach dem Genus (er, sie, es).

ℹ Die Höflichkeitsformen (Sie, Ihnen, Ihrer) werden wie die 3. Person Plural gebildet, aber großgeschrieben.

Das Possessivpronomen
Die Possessivformen verweisen auf den Besitzer. Auch beim Possessivpronomen werden drei Personen unterschieden:
- 1. Person: mein/unser
- 2. Person: dein/euer
- 3. Person: sein, ihr/ihr

Die Endungen entsprechen den Kasus-Signalen. Steht eine Possessivform als Artikel vor einem Substantiv, erhält sie die Endungen des unbestimmten Artikels.

Das Demonstrativpronomen
Die meist verwendete Form ist der/das/die. Weitere Formen sind dieser, jener, solcher, derjenige und derselbe. Sie können sowohl als Artikel als auch als Pronomen verwendet werden.

Auf einen Blick

Das Relativpronomen
G Relativpronomen leiten einen Relativsatz ein, mit dem ein Substantiv näher bestimmt wird:
Das ist der Kollege, **der** mir immer geholfen hat.

💡 Das Genus und der Numerus des Relativpronomens richten sich nach dem Substantiv, auf das sie sich beziehen, der Kasus richtet sich nach dem Verb im Relativsatz.

Die meist verwendete Form ist der/das/die. Weitere Formen sind welcher, wo, wohin, woher und was.

Eine Präposition kann vor dem Pronomen stehen, wenn sie vom Verb im Relativsatz gefordert wird:
Die Großmutter, **an die** wir oft denken, besuchen wir Sonntag. (denken **an**)

Das Indefinitpronomen
Einige Indefinitpronomen stehen immer allein:
z. B. man, jemand, niemand, nichts, alles, viel, wenig.
Ich habe **niemanden** auf der Straße gesehen.
Andere können zusammen mit einem Substantiv stehen:
z. B. alle, viele, ein paar, wenige, beide, andere, einige.
Nur **wenige** Mitarbeiter haben sich freiwillig gemeldet.

Das Reflexivpronomen
Die Formen entsprechen in der 1. und 2. Form den Personalpronomen. Die Form in der 3. Person lautet sich. Reflexivpronomen können fester Bestandteil von Verben sein oder sie können fakultativ ein Verb ergänzen:
Er schämt **sich** für seine schlechten Noten. (fest)
Sie schminkt **sich**. (fakultativ)

Das Verb

ⓘ Verben dienen vor allem dazu, Handlungen, Vorgänge und Zustände zu bezeichnen.
☀ Der Infinitiv (▷ ⑪) aller Verben endet auf -en, manchmal auch auf -n: sagen, sprechen, handeln.
Der Teil ohne Endung wird auch Stamm genannt: sag-, sprech-, handel-.

Verben können – je nach Funktion der Endung – vorliegen als
- infinites Verb: Das heißt, das Verb besitzt keine Personalendung und ist unselbstständig. Infinit sind:
  Infinitiv (Präsens und Perfekt): lieben, geliebt haben und Partizip I und II (▷ ⑫): liebend, geliebt.
- finites Verb: Dieses hat Personalendungen und dient als Prädikat eines Satzes.

Verben lassen sich von ihrer Funktion her unterscheiden in:
- Hilfsverben (haben, sein, werden): Sie dienen dazu, Verbformen zu bilden (▷ 7.2).
- Modalverben (wie können, dürfen): Sie bezeichnen die Modalität eines Geschehens (▷ 7.3).
- Vollverben (wie sehen, rufen, lieben): Sie bilden selbstständig das Prädikat.

7.1 Die Konjugationen

Das Verb wird konjugiert nach:
- Person: 1., 2., 3. Person
- Numerus: Singular, Plural
- Tempus: Präsens, Präteritum, Perfekt, Plusquamperfekt, Futur I, Futur II
- Modus: Indikativ, Konjunktiv, Imperativ
- Genus: Aktiv, Passiv

Das Verb

☼ Die Person und der Numerus werden in den Personalendungen ausgedrückt. Das Tempus wird entweder durch Suffixe oder durch Hilfsverben ausgedrückt. Der Modus wird durch Suffixe ausgedrückt und das Passiv immer durch Hilfsverben. Hinzu kommen unter bestimmten Bedingungen Veränderungen des Stammvokals.

☼ Einfache Verbformen sind Präsens, Präteritum, Konjunktiv I, Konjunktiv II und Imperativ. Alle anderen Formen sind zusammengesetzt aus einem Hilfsverb und einer infiniten Form des Vollverbs (Infinitiv oder Partizip).

 Zu lernen sind also bei jedem Verb nur die einfachen Formen, alle anderen lassen sich ableiten.

7.1.1 Die Personalendungen

Es gibt zwei Serien von Personalendungen.

	Serie A Präsens	
ich	such-e	geb-e
du	such-st	gib-st
er/es/sie	such-t	gib-t
wir	such-en	geb-en
ihr	such-t	geb-t
sie/Sie	such-en	geb-en

Die Endungsserie A tritt nur im Präsens Indikativ auf. Dies gilt nicht für die Verben sein und wissen sowie die Modalverben. Bei ihnen wie in allen anderen Fällen tritt die Endungsserie B auf:

Das Verb

	Serie B Präsens	Präteritum		Konjunktiv II	Konjunktiv I
ich	kann-Ø	gab-Ø	such-te-Ø	wär-e-Ø	könn-e-Ø
du	kann-**st**	gab-**st**	such-te-**st**	wär-e-**st**	könn-e-**st**
er/es/sie	kann-Ø	gab-Ø	such-te-Ø	wär-e-Ø	könn-e-Ø
wir	könn-**en**	gab-**en**	such-te-**en**	wär-e-**en**	könn-e-**en**
ihr	könn-**t**	gab-**t**	such-te-**t**	wär-e-**t**	könn-e-**t**
sie/Sie	könn-**en**	gab-**en**	such-te-**en**	wär-e-**en**	könn-e-**en**

⚡ Gleiche Laute verschmelzen zu einem:
wir such-te-en → wir suchten, du lies-st → du liest.

⚡ Besonderheiten bei der Verbkonjugation:
- 💡 Bei manchen Verben erfolgt in der 2. und 3. Person Singular Präsens ein Wechsel des Stammvokals von -e zu -i (ich spr**e**che, du spr**i**chst, er spr**i**cht) oder Umlaut -a zu -ä (ich tr**a**ge, du tr**ä**gst, er tr**ä**gt).
- Wenn der Verbstamm auf -d/-t endet und bei einigen Doppelkonsonanten mit -m oder -n, wird vor konsonantischen Personalendungen ein -e- eingeschoben:
er red-**e**-t, du wart-**e**-st, du atm-**e**-st, sie rechn-**e**-t.
- ⚡ Bei Verben, deren Stamm auf -el oder -er endet, wird dieses -e- in der 1. Person Singular oft ausgelassen:
lächeln → ich lächle, zaubern → ich zaubre.

7.1.2 Schwache, starke und gemischte Verben (A1)

💡 Nach der Konjugation unterscheidet man schwache, starke und gemischte Verben. Die schwachen Verben sind regelmäßige Verben, die starken und gemischten Verben sind unregelmäßige Verben.

Das Verb

ⓘ Entscheidend für die Unterscheidung der schwachen, starken und anderen Verben sind ihre Formen im Präsens, Präteritum und im Partizip II.

Die schwachen Verben haben in allen Formen denselben Stammvokal, im Präteritum das Suffix **-te-** und im Partizip II die Endung **-t**:

Infinitiv	Präteritum	Partizip II
such**e**n	such**te**	gesuch**t**

Die starken Verben verändern in manchen Formen den Stammvokal (= Ablaut). Im Präteritum haben sie kein zusätzliches Suffix und im Partizip II die Endung **-en**:

Infinitiv	Präteritum	Partizip II
spr**e**chen	spr**a**ch	gespr**o**ch**en**

Die starken Verben teilt man nach dem Wechsel des Stammvokals in drei Ablautgruppen:
- 3 Stammvokale (1 – 2 – 3):
  spr**e**chen – spr**a**ch – gespr**o**chen
- 2 Stammvokale (1 – 2 – 2):
  schr**ei**ben – schr**ie**b – geschr**ie**ben
  (Vokal Präteritum = Partizip II)
- 2 Stammvokale (1 – 2 – 1):
  l**e**sen – l**a**s – gel**e**sen
  (Vokal Präsens = Partizip II)

Die gemischten Verben haben zwar wie die starken Verben verschiedene Stammvokale, aber wie die schwachen Verben das Suffix **-te-** im Präteritum und **-t** im Partizip II: n**e**nnen – n**a**nn**te** – gen**a**nn**t**.

7.2 Das Hilfsverb

Formen

❶ Zur Bildung verschiedener Tempora und des Passivs dienen die drei Hilfsverben **haben**, **sein** und **werden**:

	Präsens	Präteritum	Konjunktiv I	Konjunktiv II
ich	habe	hatte	habe	hätte
du	hast	hattest	habest	hättest
er/es/sie	hat	hatte	habe	hätte
wir	haben	hatten	haben	hätten
ihr	habt	hattet	habet	hättet
sie/Sie	haben	hatten	haben	hätten

Inf. Präsens: haben   Inf. Perfekt: gehabt haben
Partizip I: habend   Partizip II: gehabt

	Präsens	Präteritum	Konjunktiv I	Konjunktiv II
ich	bin	war	sei	wäre
du	bist	warst	sei(e)st	wär(e)st
er/es/sie	ist	war	sei	wäre
wir	sind	waren	seien	wären
ihr	seid	wart	sei(e)t	wär(e)t
sie/Sie	sind	waren	seien	wären

Inf. Präsens: sein   Inf. Perfekt: gewesen sein
Partizip I: seiend   Partizip II: gewesen

Das Verb

	Präsens	Präteritum	Konjunktiv I	Konjunktiv II
ich	werde	wurde	werde	würde
du	wirst	wurdest	werdest	würdest
er/es/sie	wird	wurde	werde	würde
wir	werden	wurden	werden	würden
ihr	werdet	wurdet	werdet	würdet
sie/Sie	werden	wurden	werden	würden

Inf. Präsens: werden Inf. Perfekt: geworden sein
Partizip I: werdend Partizip II: geworden

Gebrauch
Die Hilfsverben dienen vor allem zur Bildung verschiedener Verbformen:

- haben + Partizip II zur Bildung des Perfekts:
 ich habe geliebt
- sein + Partizip II zur Bildung des Perfekts:
 ich bin gelaufen
- B1 werden + Infinitiv zur Bildung des Futurs:
 er wird kommen
- B1 werden + Partizip II zur Bildung des (Vorgangs-)Passivs: sie wird geliebt
- B1 sein + Partizip II zur Bildung des Zustandspassivs:
 es ist geschlossen

Die Verben sein, werden und auch bleiben können als Teil des Prädikats (als sogenannte „Kopulaverben") auftreten. Dann verbinden sie sich mit einem Prädikativ:
- mit einem Adjektiv: Wir sind glücklich. Sie A2 wird krank. Sie bleiben hart.

Das Verb

- mit einem Substantiv: **Er ist Lehrer. Sie wird Beamtin.**
- mit einem Adverb: **Sie ist hier. Wir bleiben da.**
- Alle Hilfsverben können auch als Vollverben verwendet werden: **Ich habe eine Wohnung (haben = besitzen).**

7.3 Das Modalverb

Formen

Die Modalität (Art und Weise) eines Geschehens wird durch die Modalverben ausgedrückt. Ihre Formen im Präsens:

	wollen	sollen	müssen	können	dürfen	mögen	möchten
ich	will	soll	muss	kann	darf	mag	möchte
du	willst	sollst	musst	kannst	darfst	magst	möchtest
er/es/sie	will	soll	muss	kann	darf	mag	möchte
wir	wollen	sollen	müssen	können	dürfen	mögen	möchten
ihr	wollt	sollt	müsst	könnt	dürft	mögt	möchtet
sie/Sie	wollen	sollen	müssen	können	dürfen	mögen	möchten

- Die Modalverben haben auch im Präsens die Personalendungen der Serie B (▷ **7.1.1**).
- Die Modalverben (außer **sollen** und **möchten**) ändern ihren Stammvokal zwischen Singular und Plural.

Gebrauch

☼ Modalverben verbinden sich im Allgemeinen mit einem Vollverb im reinen Infinitiv (▷ **11**):
Ich kann schwimmen.

Im Perfekt erscheint das Modalverb im Infinitiv:
Ich habe schwimmen können.

Das Verb

Modalverben können auch selbstständig (d. h. ohne Infinitiv) verwendet werden:
Ich kann das. Sie will das.

B1 In diesem Fall wird das Perfekt mit dem Partizip II gebildet:
Ich habe das gekonnt. Sie hat das gewollt.

B2 ⚡ Die Negation des Modalverbs **müssen** ist **nicht brauchen** (mit Infinitiv und **zu**!):
Ich muss heimgehen. → **Ich brauche nicht heimzugehen.**
Sie muss heute einkaufen. → **Sie braucht heute nicht einzukaufen.**

B2 Die Modalverben können auch verwendet werden, um eine Vermutung auszudrücken:

> **Er muss krank sein.** (sicherlich)
> **Sie müsste jetzt fast vierzig sein.** (wahrscheinlich)
> **Die Kinder dürften schon schlafen.** (vermutlich)

B2 💡 Wenn Modalverben mit dem Passiv kombiniert werden, dann wird das Passiv nur beim Vollverb ausgedrückt. Das Modalverb steht als finites Verb an zweiter Stelle:
Der Künstler sollte als Erster bedient werden.

A1 ### 7.4 Trennbare und nicht-trennbare Verben

ℹ️ Die Verbpräfixe lassen sich in drei große Gruppen einteilen.
- Verben mit betonten Präfixen sind *trennbar*. Dazu gehören:

> **ab-, aus-, los-, vor-, da-, hin-, her-, an-, bei-, mit-, weg-, daran-, auf-, ein-, nach-, zu-, darauf-, hinauf-, herauf-**

Das Verb

Verben mit diesen betonten Präfixen bilden eine Verbklammer (▷ 16.2) in allen einfachen Tempusformen (jedoch nicht im Nebensatz). Im Partizip II tritt -ge- zwischen Präfix und Partizip (an**ge**sprochen):
Er **spricht** die Leute **an**.
Er **sprach** die Leute **an**.

• Verben mit unbetonten Präfixen sind *untrennbar*.

be-, ent-, er-, ge-, ver-, zer-, miss-

Verben mit diesen Präfixen werden nie getrennt. Im Partizip II erscheint kein -ge-:
Wir **bearbeiten** die Aufgabe.
Wir haben die Aufgabe **bearbeitet**.

• Einige Präfixe bilden – je nach Betonung – entweder untrennbare oder trennbare Verben. Betont sind die Präfixe trennbar, unbetont sind sie untrennbar. Dazu gehören:

durch-, hinter-, über-, unter-, um-

Betont und trennbar:	Unbetont und untrennbar:
Der Redakteur **schreibt** den Text **um**.	Der Lehrer **umschreibt** ein Wort.
Er **fährt** den Baum **um**.	Er **umfährt** den Baum.
Sie **stellt** das Fahrrad **unter**.	Sie **unterstellt** ihm Betrug.
Ich **kleide** mich **um**.	Ich **umarme** dich.

Auf einen Blick 🔍

Das Verb

G Verben bezeichnen Handlungen, Vorgänge und Zustände. Man unterscheidet zwischen infiniten und finiten Verben.

Infinite Verben besitzen keine Personalendung:
- Infinitiv: lieben, sagen, handeln
- Partizip I und II: handelnd, gehandelt

Finite Verben besitzen Personalendungen.

Die Konjugation

Das Verb wird konjugiert nach:
- Person: 1., 2., 3. Person
- Numerus: Singular, Plural
- Tempus: Präsens, Präteritum, Perfekt, Plusquamperfekt, Futur I, Futur II
- Modus: Indikativ, Konjunktiv, Imperativ
- Genus: Aktiv, Passiv

ℹ Es gibt verschiedene Konjugationstypen. Entscheidend sind die Formen der Verben im Präsens, Präteritum und Partizip II:
- Schwache Verben verändern ihren Stammvokal nicht, das Präteritum hat das Suffix -te- und das Partizip II die Endung -t: kaufen, kauf**te**, ge**kauf**t.
- Starke Verben verändern ihren Stammvokal, das Präteritum hat kein Suffix und das Partizip II die Endung -en: schw**i**mmen, schw**a**mm, geschw**o**mm**en**.
- Gemischte Verben verändern ihren Stammvokal, werden sonst aber wie die schwachen Verben gebildet: denken, d**a**ch**te**, ged**a**ch**t**.

Das Hilfsverb
Im Deutschen gibt es drei Hilfsverben: haben, sein und werden. Zusammen mit einem Vollverb bilden sie verschiedene Tempora und das Passiv.
- Perfekt: sein und haben + Partizip II: er **hat** gelesen, sie **ist** gekommen
- Futur: werden + Infinitiv: er **wird** bleiben
- Vorgangspassiv: werden + Partizip II: es **wird** gebaut
- Zustandspassiv: sein + Partizip II: es **ist** geöffnet

Das Modalverb
Zu den Modalverben gehören folgende Verben: wollen, sollen, müssen, können, dürfen, mögen, möchten.

☼ Sie stehen im Allgemeinen zusammen mit einem Infinitiv: Ich **muss** noch einen Brief **schreiben**.

Die Modalverben haben unterschiedliche Bedeutungen:
- Erlaubnis: Hier **darf** man parken.
- Verbot: Hier darf man **nicht rauchen**.
- Notwendigkeit: Du **musst** für die Prüfung lernen.
- Möglichkeit/Fähigkeit: Das Kind **kann** schon laufen.
- Wunsch: Ich **will**/**möchte** morgen ausschlafen.

Trennbare und nicht-trennbare Verben

☼ Einige Verben haben ein Präfix. Betonte Präfixe können vom Verb getrennt werden, unbetonte Präfixe nicht.

Beispiele für trennbare Präfixe: ab-, an, mit-, ein-, zu-: Der Zug **fährt** in fünf Minuten **ab**.
Beispiele für nicht-trennbare Präfixe: er-, ver-, be-: Ich **erinnere** mich nicht an den Unfall.

Der Indikativ

8 Der Indikativ

ⓘ Der Indikativ ist der Modus der Wirklichkeit und der Tatsachen, die in der Gegenwart (Präsens), der Vergangenheit (Perfekt, Präteritum, Plusquamperfekt) und der Zukunft (Futur I und II) beschrieben werden.

8.1 Das Präsens

Formen

	Schwache Verben			
	lieben	antworten	reisen	klingeln
ich	lieb**e**	antwort**e**	reis**e**	kling**le**
du	lieb**st**	antwort**est**	reis**t**	klingel**st**
er/es/sie	lieb**t**	antwort**et**	reis**t**	klingel**t**
wir	lieb**en**	antwort**en**	reis**en**	klingel**n**
ihr	lieb**t**	antwort**et**	reis**t**	klingel**t**
sie/Sie	lieb**en**	antwort**en**	reis**en**	klingel**n**

	Starke Verben			
	sehen	schlafen	nehmen	wissen
ich	seh**e**	schlaf**e**	nehm**e**	weiß
du	siehst	schläfst	nimmst	weißt
er/es/sie	sieht	schläft	nimmt	weiß
wir	seh**en**	schlaf**en**	nehm**en**	wiss**en**
ihr	seht	schlaft	nehmt	wisst
sie/Sie	seh**en**	schlaf**en**	nehm**en**	wiss**en**

⚡ Starke Verben ändern ihren Stammvokal in der 2. und 3. Person Singular.

Gebrauch

Das Präsens beschreibt Handlungen und Ereignisse in der Gegenwart:
Sei bitte ruhig, ich **telefoniere** gerade.

Zusammen mit einer Zeitangabe beschreibt das Präsens auch Zukünftiges:
Ich **fahre** nächste Woche in Urlaub.

8.2 Die Vergangenheit

8.2.1 Das Perfekt

Formen

💡 Die meisten Verben bilden ihr Perfekt mit dem Hilfsverb haben und dem Partizip II. ⚡ Einige Verben brauchen jedoch das Hilfsverb sein und das Partizip II (▷ 12.2).

Verb mit haben:

	schwaches Verb	starkes Verb
ich	habe geliebt	habe gerufen
du	hast geliebt	hast gerufen
er/es/sie	hat geliebt	hat gerufen
wir	haben geliebt	haben gerufen
ihr	habt geliebt	habt gerufen
sie/Sie	haben geliebt	haben gerufen

Der Indikativ

Verb mit sein:

	schwaches Verb	starkes Verb
ich	bin gereist	bin gefahren
du	bist gereist	bist gefahren
er/es/sie	ist gereist	ist gefahren
wir	sind gereist	sind gefahren
ihr	seid gereist	seid gefahren
sie/Sie	sind gereist	sind gefahren

Gebrauch

Das Perfekt mit haben bilden insbesondere folgende Verben:
- alle transitiven Verben:
  Ich **habe** das Buch **gelesen**.
- alle reflexiven Verben:
  Er **hat** sich **gefreut**.
- einige intransitive Verben:
  Die Blume **hat geblüht**.

Mit sein bilden die intransitiven Verben ihr Perfekt, die
- eine Fortbewegung oder gerichtete Bewegung bezeichnen:
  Ich **bin gelaufen**.
- eine Veränderung bezeichnen (z. B. den Beginn oder das Ende einer Handlung):
  Er **ist** eingeschlafen.
- sowie die Verben sein und bleiben:
  Ich **bin** gestern dort **gewesen**.
  Sie **ist** noch etwas länger **geblieben**.

Der Indikativ

☀ Mit dem Perfekt drückt man Vergangenes aus. Es wird hauptsächlich in der gesprochenen Sprache verwendet:
„Ich **bin** am Wochenende nach Berlin **gefahren**. Und du?" – „Ich **habe** eine Radtour **gemacht**."

Das Perfekt ersetzt manchmal das Futur II (▶ 8.3.2):
In einem Monat **hat** er den Führerschein **geschafft**.

8.2.2 Das Präteritum

Formen

☀ Das Tempus-Signal für das Präteritum ist das Suffix -te- bei den schwachen Verben und die Stammvokalveränderung bei den starken Verben.

	schwaches Verb		starkes Verb	gemischtes Verb
	lieben	antworten	rufen	denken
ich	lieb**te**	antwort**ete**	rief	dachte
du	lieb**test**	antwort**etest**	rief**st**	dach**test**
er/es/sie	lieb**te**	antwort**ete**	rief	dachte
wir	lieb**ten**	antwort**eten**	rief**en**	dach**ten**
ihr	lieb**tet**	antwort**etet**	rief**t**	dach**tet**
sie/Sie	lieb**ten**	antwort**eten**	rief**en**	dach**ten**

Gebrauch

Mit dem Präteritum werden Handlungen in der Vergangenheit beschrieben. ➡ Man verwendet es hauptsächlich in der geschriebenen Sprache, z. B. in Erzählungen, Berichten, Artikeln etc.:
Vorsichtig **ging** er die Treppe hinauf, **öffnete** die Tür und dann **sah** er es.

Der Indikativ

⚡ Die Verben **haben** und **sein** sowie die Modalverben und der Ausdruck **es gibt** werden auch in der gesprochenen Sprache im Präteritum verwendet:
Warst du am Wochenende auf dem Konzert? – Nein, ich **hatte** Kopfschmerzen. Außerdem **gab es** keine Karten mehr.

 8.2.3 Das Plusquamperfekt

Formen
💡 Das Plusquamperfekt wird mit den Hilfsverben **haben** und **sein** im Präteritum und dem Partizip II gebildet.
Verb mit **haben**:

| hatte/hattest/hatte/ hatten/hattet/hatten | geliebt/gerufen |

Verb mit **sein**:

| war/warst/war/ waren/wart/waren | gereist/gefahren |

Gebrauch
💡 Das Plusquamperfekt wird verwendet, um in der Vergangenheit Vorzeitigkeit auszudrücken, d. h. die Handlung, die einer anderen zeitlich vorangegangen ist, steht im Plusquamperfekt, die spätere Handlung im Perfekt oder Präteritum:
Nachdem er das Studium **beendet hatte**, machte er eine Weltreise.

Der Indikativ

8.3 Das Futur

8.3.1 Das Futur I

Formen

💡 Das Hilfsverb werden im Präsens bildet zusammen mit dem Infinitiv eines Vollverbs das Futur I.

	schwaches Verb	starkes Verb
ich	werde lieben	werde rufen
du	wirst lieben	wirst rufen
er/es/sie	wird lieben	wird rufen
wir	werden lieben	werden rufen
ihr	werdet lieben	werdet rufen
sie/Sie	werden lieben	werden rufen

Gebrauch

💡 Das Futur I wird verwendet, um Vorgänge oder Handlungen zu beschreiben, die in der Zukunft liegen:
Sie **wird** bald nach Australien **gehen.**

ℹ Allerdings wird im heutigen Deutsch meist die Form des Präsens verwendet, um etwas Zukünftiges zu bezeichnen:
Im Sommer **fahren** wir nach Italien.

⚡ Die Verbindung von werden mit Infinitiv drückt meist noch eine zusätzliche Bedeutung aus:
- Vermutung:
  Sie **wird** nicht mehr **kommen.**
- nachdrückliche Aufforderung:
  Das **wirst** du nicht noch einmal **tun**!

8.3.2 Das Futur II

Formen

☼ Das Futur II wird mit dem Hilfsverb werden im Präsens und dem Partizip II mit haben oder sein gebildet. Die Hilfsverben haben und sein stehen im Infinitiv hinter dem Partizip Perfekt.

	schwaches Verb	starkes Verb
ich	werde geliebt haben	werde gerufen haben
du	wirst geliebt haben	wirst gerufen haben
er/es/sie	wird geliebt haben	wird gerufen haben
wir	werden geliebt haben	werden gerufen haben
ihr	werdet geliebt haben	werdet gerufen haben
sie/Sie	werden geliebt haben	werden gerufen haben

Gebrauch

Das Futur II drückt aus, dass eine Handlung in der Zukunft abgeschlossen ist:
Nächstes Jahr **wird** er sein eigenes Geschäft **eröffnet haben**.

Ebenso wie das Futur I kann auch das Futur II für Vermutungen und nachdrückliche Aufforderungen verwendet werden:
Er **wird** jetzt wohl in Berlin **angekommen sein**.
Sie **werden** den Bericht bis morgen fertig **geschrieben haben**.

Auf einen Blick 🔍

Der Indikativ

Der Indikativ ist der Modus der Wirklichkeit und der Tatsachen.

Das Präsens

Die Personalendungen im Singular lauten: -e, -st, -t und im Plural: -en, -t, -en. ⚡ Bei manchen Verben ändert sich der Stammvokal in der 2. und 3. Person Singular von -e zu -i (ich g**e**be, du g**i**bst, er g**i**bt) oder von -a zu -ä (ich f**a**hre, du f**ä**hrst, er f**ä**hrt).

Das Präsens beschreibt:
- Gegenwärtiges: Er **arbeitet** noch bis 17 Uhr.
- Allgemeine Tatsachen: Deutschland **liegt** in Europa.
- Zukünftiges: Wir **heiraten** nächstes Jahr.

Das Perfekt

Ⓖ Das Perfekt wird mit den Hilfsverben haben und sein und dem Partizip II gebildet:
Wir **haben** uns sehr **gefreut**.
Karl **ist** heute früh von der Arbeit **gekommen**.
Die meisten Verben, darunter alle Reflexiv- und Modalverben, bilden das Perfekt mit haben.

💡 Das Hilfsverb sein wird verwendet bei Verben der Ortsveränderung (z. B. fahren, kommen), bei Zustandsveränderungen (z. B. einschlafen, werden) und bei sein und bleiben.

Das Perfekt ist das Tempus für die Vergangenheit in der gesprochenen Sprache.

Auf einen Blick

Das Präteritum
G Die schwachen Verben haben im Präteritum das Suffix -te- (er liebt, er lieb**te**) und die starken Verben verändern ihren Stammvokal (er ruft, er r**ie**f).

Das Präteritum ist das Tempus für die Vergangenheit in der geschriebenen Sprache:
Die Außenminister **trafen** sich letzten Freitag in Den Haag, aber sie **kamen** zu keinem Ergebnis.

⚡ Die Verben haben, sein, alle Modalverben und der Ausdruck es gibt werden auch in der mündlichen Sprache im Präteritum verwendet.

Das Plusquamperfekt
G Das Plusquamperfekt wird mit dem Präteritum der Hilfsverben haben und sein und dem Partizip II gebildet:
Ich **hatte** vorher lange **gearbeitet**.
Er **war** vorher zum Reisebüro **gegangen**.
Das Plusquamperfekt drückt aus, dass eine Handlung einer anderen Handlung zeitlich vorangegangen ist.

Das Futur
Man unterscheidet Futur I (er **wird kommen**) und Futur II (er **wird gekommen sein**).
Das Futur I drückt Zukünftiges oder eine Vermutung aus:
Ich **werde** die Stelle **annehmen**.
Der Mantel **wird** sicher teuer **sein**.
Das Futur II drückt aus, dass eine Handlung in der Zukunft abgeschlossen wird:
Sie **wird** die Stelle sicher **bekommen haben**.

Der Konjunktiv

9 Der Konjunktiv

ℹ In der deutschen Sprache werden zwei Konjunktive unterschieden: der Konjunktiv II und der Konjunktiv I.
💡 Gebräuchlich ist vor allem der Konjunktiv II.

Der Konjunktiv I ist von der Präsensform des Verbs abgeleitet, der Konjunktiv II von der Präteritumform des Verbs.
⚡ Allerdings drücken die beiden Konjunktivformen keine unterschiedlichen Zeitstufen aus!
Beide liegen im Präsens und in der Vergangenheit vor:

	Konjunktiv II	Konjunktiv I
Präsens	er riefe/er ginge	er rufe/er gehe
Vergangenheit	er hätte gerufen/ er wäre gegangen	er habe gerufen/ er sei gegangen

9.1 Der Konjunktiv II

Formen

	synthetisch	**würde**-Form
ich	rief**e**	würde rufen
du	rief**est**	würdest rufen
er/es/sie	rief**e**	würde rufen
wir	rief**en**	würden rufen
ihr	rief**et**	würdet rufen
sie/Sie	rief**en**	würden rufen

💡 Das Modus-Signal für den Konjunktiv ist das Suffix **-e-** und bei starken Verben – wenn möglich – der Umlaut.

Der Konjunktiv

ⓘ Der Konjunktiv II liegt einmal als „synthetische" (einfache) Verbform vor und einmal als Form, die mit der Konjunktiv II-Form von werden (würde) zusammengesetzt ist.

ⓘ Die synthetischen und die würde-Formen sind heute in ihrer Bedeutung und Funktion völlig gleich.

💡 Die synthetischen Konjunktiv II-Formen sind nur noch gebräuchlich bei:
- den Hilfsverben sein, haben und werden
- den Modalverben
- den häufig verwendeten starken Verben: käme, wüsste, ginge, ließe, bräuchte, nähme, gäbe, sähe, läge.

In allen anderen Fällen und von allen regelmäßigen Verben nimmt man die würde-Form.

💡 In der Vergangenheit wird beim Konjunktiv II die synthetische Form gewählt. Sie wird aus der synthetischen Konjunktiv II-Form von haben und sein und dem Partizip II gebildet: ich hätte gerufen/ich wäre gegangen.

Gebrauch
Der Konjunktiv II tritt in folgenden Verwendungen auf:
- indirekte Rede (▷ ⑱)

- Wunschsätze:
  Kämest du doch endlich!
  Würde es jetzt nur endlich einmal **regnen**!
  Wenn es doch jetzt endlich **regnen würde**!

💡 In diesen Fällen steht entweder das finite Verb im Konjunktiv am Satzanfang oder die Sätze werden von wenn eingeleitet.

- Konditionalsätze zum Ausdruck der Irrealität (Unwirklichkeit):

Wenn sie ihn **geheiratet hätte, wäre** sie wohl nicht berühmt **geworden**.
Wenn sie **wollte, könnte** sie immer noch zu ihm zurückkehren.
Wenn er sie jetzt **fragen würde, würde** sie „Ja" **sagen**.

- Irreale Vergleiche:
Sie sah so aus, **als ob** sie glücklich **wäre**.
Sie verhielt sich, **als hätte** sie Probleme/**als ob** sie Probleme **hätte**.

☀ Irreale Vergleiche werden mit als ob oder als eingeleitet. Nach als ob folgt ein Nebensatz, d.h. das konjugierte Verb steht am Ende. Nach als folgt ein Hauptsatz und das Verb steht direkt hinter als.
Bei den irrealen Vergleichen kann manchmal auch der Konjunktiv I vorkommen:
Sie sah so aus, **als wäre** sie glücklich/**als sei** sie glücklich.

- Besonders höfliche Äußerungen:
Hätten Sie einen Moment Zeit?

- In vorsichtigen oder zurückhaltenden Aussagen:
Das **wäre** ja recht praktisch.

9.2 Der Konjunktiv I

Formen

☀ Das Konjunktiv-Signal ist wie beim Konjunktiv II das eingeschobene Suffix -e-. Außer beim Verb sein lässt sich die Konjunktiv I-Form nur in der 2./3. Person Singular und in der 2. Person Plural von der Indikativform unterscheiden (du gehest, er gehe, ihr gehet).

Der Konjunktiv

	Konjunktiv I		Konjunktiv II
ich	rufe	→	riefe/würde rufen
du	rufest		(riefest/würdest rufen)
er/es/sie	rufe		(riefe/würde rufen)
wir	rufen	→	riefen/würden rufen
ihr	rufet		(riefet/würdet rufen)
sie/Sie	rufen	→	riefen/würden rufen

💡 Lässt sich der Konjunktiv I nicht von der Präsens-Form unterscheiden, verwendet man den Konjunktiv II.

Gebrauch
Der Konjunktiv I wird neben der indirekten Rede (▶ 18) nur noch in einigen meist formelhaften Zusammenhängen verwendet.
- Religiöse Sprache:
  Friede sei mit dir!
- Wünsche:
  Er lebe hoch!
- Aufforderungen (z.B. Kochrezepte oder Arzneirezepte):
  Man nehme 100 g Zucker, 200 g Mehl …
- Mathematik:
  Gegeben sei eine Strecke zwischen zwei Punkten A und B.

Auf einen Blick

Der Konjunktiv

Man unterscheidet den Konjunktiv I und Konjunktiv II. Der Konjunktiv I wird jedoch selten gebraucht.

> **G** Der Konjunktiv wird mit dem Suffix -e- gebildet. Der Konjunktiv I leitet sich aus der Präsensform ab (er geht, er **gehe**), der Konjunktiv II aus der Präteritumform (er geht, er **ginge**).

⚡ Die beiden Konjunktivformen drücken keine unterschiedlichen Zeitstufen aus.
Wenn sich Konjunktivformen auf die Zukunft beziehen, so wird üblicherweise die Präsensform verwendet. Eine Futurform gibt es nur für den Konjunktiv I: Er **werde gehen**.

Der Konjunktiv II

ⓘ Für den Konjunktiv II gibt es zwei Formen. Die einfache oder „synthetische" Form leitet sich vom Präteritum ab. Die zweite Form wird mit würde und dem Infinitiv gebildet: Ich **würde gehen**.
Da die schwachen Verben formgleich mit dem Präteritum sind, verwendet man für diese Verben meist die würde-Form.

☼ Die synthetische Form wird verwendet bei:
- den Hilfsverben sein, haben und werden
- den Modalverben
- den häufig verwendeten starken Verben, z. B. käme, ginge, ließe, bräuchte, nähme, gäbe, sähe und läge

Verben mit dem Stammvokalen a, o und u erhalten einen Umlaut.

Auf einen Blick

Der Konjunktiv II in der Vergangenheit wird mit der synthetischen Form von haben und sein und dem Partizip II gebildet: er **hätte gewartet**, ich **wäre geflogen**.

Der Konjunktiv II wird verwendet:
- bei Wunschsätzen: Ich **wäre** gern Millionär.
- zum Ausdruck der Irrealität: Wenn er sie **gefragt hätte, hätte** sie ihm keine Antwort **geben können**.
- bei irrealen Vergleichen: Ihr Gesicht war so freundlich, als **würde** sie den ganzen Tag **lächeln**.
- bei besonders höflichen Äußerungen: **Dürfte** ich Sie wohl kurz mal stören?

Der Konjunktiv I
❶ Beim Konjunktiv I unterscheiden sich außer beim Verb sein nur die 2./3. Person Singular und 2. Person Plural von den Präsensformen: du sagest, er sage, ihr saget. Deshalb wird für alle anderen Formen meist der Konjunktiv II verwendet.
Die Vergangenheitsform wird aus dem Konjunktiv I von haben und sein und dem Partizip II gebildet: er habe gerufen, sie sei gekommen.

Der Konjunktiv I wird verwendet:
- bei der indirekten Rede: Er sagt, er **komme** nach der Arbeit.
  ⚡ Wenn der Konjunktiv I formgleich mit dem Präsens ist, verwendet man Konjunktiv II.
- in einigen formelhaften Zusammenhängen, z. B.: Man **nehme** die Tropfen 3 x täglich.

10 Der Imperativ

Formen

	gehen	warten	nehmen
Sie-Form	Gehen Sie!	Warten Sie!	Nehmen Sie!
Du-Form	Geh!	Warte!	Nimm!
Ihr-Form	Geht!	Wartet!	Nehmt!

💡 Die Sie-Form ändert sich nur dadurch, dass das Verb an die erste Position tritt. Bei der Du- und der Ihr-Form wird das Personalpronomen weggelassen, bei der Du-Form außerdem die Personalendung **-st**: **du gehst → Geh!**

Die unregelmäßigen Formen des Imperativs:

	fahren	sein
Sie-Form	Fahren Sie!	Seien Sie (ruhig)!
Du-Form	Fahr!	Sei (ruhig)!
Ihr-Form	Fahrt!	Seid (ruhig)!

⚡ Bei unregelmäßigen Verben wird der Umlaut in der 2. Person Singular weggelassen: **du fährst → Fahr!**

Gebrauch

ℹ️ Der Imperativ wird für Aufforderungen, Ratschläge und Empfehlungen, Bitten und Vorschläge verwendet:
Mach die Heizung und das Licht **aus**! (Aufforderung)
Geh doch zum Arzt. (Ratschlag/Empfehlung)
Bleiben Sie bitte noch ein bisschen! (Bitte)

ℹ️ Imperativisch gebrauchte Verbformen:
Einsteigen! Rauchen **verboten**!

Der Infinitiv

B1 **11** # Der Infinitiv

☀ Der Infinitiv ist die Grundform des Verbs und in Person und Numerus unveränderlich: kaufen, gehen, lachen.
ⓘ Der Infinitiv kann entweder als reiner Infinitiv verwendet werden oder zusammen mit der Infinitivpartikel zu.

A1 ## 11.1 Der reine Infinitiv

Der reine Infinitiv steht:
• nach den Modalverben:

> Ich **kann schwimmen**.
> Wir **dürfen spielen**.

B1 ⚡ Im Perfekt und Plusquamperfekt steht bei diesen Sätzen ebenfalls der Infinitiv:
Ich habe **schwimmen können**.

• Nach den Verben lassen, bleiben, lehren, lernen, helfen:

> Wir **lassen** unsere Wohnung **putzen**.
> Plötzlich **blieb** er **stehen**.
> Die Lehrerin **lehrt** die Kinder **schreiben** und **lesen**.
> Die Kinder **lernen schreiben** und **lesen**.
> Wir **helfen** dir **aufräumen**.

⚡ Im Perfekt und im Plusquamperfekt des Verbs lassen tritt nur der Infinitiv auf:
Wir **haben** unsere Wohnung **putzen lassen**.

• nach bestimmten Verben der Wahrnehmung:

> Ich **höre** sie **singen**.
> Ich **sehe** sie **tanzen**.

Der Infinitiv

ℹ Diese Konstruktionen nennt man auch Akkusativ mit Infinitiv (AcI). Es handelt sich eigentlich um zwei Sätze, die hier verbunden werden:
Ich höre sie. (sie = Objekt) Sie singt. (sie = Subjekt)
→ Ich höre sie **singen**.
Im Perfekt und Plusquamperfekt tritt bei diesen Konstruktionen der Infinitiv auf (manchmal auch das Partizip II):
Ich habe sie **singen hören** (auch: gehört).

- nach einigen einfachen Fortbewegungsverben, vor allem nach dem Verb gehen:

Gehst du **schwimmen**? – Nein, ich **fahre einkaufen**.
– Dann **gehe** ich eben alleine **spazieren**.

- Bei den Verben helfen, lehren, lernen kann auch die Infinitivpartikel zu stehen, wenn der Infinitiv von Ergänzungen begleitet ist:

Wir helfen euch, die Formulare **auszufüllen**.
Wir lehren euch, sparsam mit Energie **umzugehen**.
Wir lernen, die Sonnenenergie **zu nutzen**.

11.2 Der Infinitiv mit zu

Der Infinitiv mit zu steht in allen anderen Fällen, insbesondere bei:
- Verben oder Ausdrücken, die eine Absicht oder Meinung zum Ausdruck bringen:

Ich habe die Absicht, morgen nach München **zu fahren**.
Ich hoffe, dort etwas Erholung **zu finden**.

Der Infinitiv

- Verben, die Phasen einer Handlung (Anfang, Ende oder Verlauf) ausdrücken:

Ich fange an, müde zu werden.
Er hört nicht auf zu reden.

- den modalverb-ähnlichen Verben scheinen und (nicht) brauchen:

Sie scheint zu schlafen.
Sie brauchen nicht zu warten.

- den Hilfsverben haben und sein:
  - haben und Infinitiv mit zu drückt eine modal-aktivische Bedeutung aus:
    Sie hat das ganze Wochenende zu arbeiten.
    (= sie muss arbeiten)
  - sein und Infinitiv mit zu drückt eine passivische und modale Bedeutung aus:
    Sie ist wirklich zu bedauern.
    (= sie muss bedauert werden)

- der Infinitiv mit zu steht auch nach den Konjunktionen um (zu), ohne (zu), anstatt (zu):
  Die meisten Leute arbeiten, um zu leben.
  Manche Leute leben, ohne zu arbeiten.
  Und einige Leute arbeiten, anstatt zu leben.

- der Infinitiv mit zu kann auch anstelle eines dass-Satzes auftreten, vor allem dann, wenn das Subjekt des Hauptsatzes mit dem Subjekt des dass-Satzes identisch ist:
  Ich freue mich, dass ich Sie wiedersehe. → **Ich freue mich, Sie wiederzusehen.**

Auf einen Blick

Auf einen Blick 🔍

Der Imperativ

Form
Der du-Imperativ lautet wie die 2. Person Singular, aber ohne Personalpronomen und Endung: du gehst – **Geh!**
Der ihr-Imperativ lautet wie die 2. Person Plural, aber ohne Pronomen: ihr geht – **Geht!**
Bei der Sie-Form steht zuerst das Verb, dann das Pronomen: Sie gehen – **Gehen Sie!**
ℹ Neben dem eigentlichen Imperativ können folgende Verbformen imperativisch gebraucht werden:
- der Infinitiv: Einsteigen! Bitte alle aussteigen!
- das Partizip II: Still gestanden! Rauchen verboten!
- 2. Person Singular/Plural: Du gehst voran! Ihr nehmt bitte den Koffer!
- 1. Person Plural: Lasst uns gehen! Wollen wir mal schauen!

Gebrauch
Der Imperativ wird für Aufforderungen, Ratschläge und Empfehlungen, Bitten und Vorschläge verwendet:
Mach die Tür zu!
Nimm doch ein heißes Bad.
Probieren Sie es bitte einmal aus.

Der Infinitiv

G Der Infinitiv ist die Grundform und unveränderlich. Die Endung ist -en: sehen, machen und bei manchen Verben -n: handeln, sammeln.

Auf einen Blick

ℹ️ Der Infinitiv wird als reiner Infinitiv oder als Infinitiv mit zu verwendet:
Wir müssen heute **arbeiten**.
Es ist schön, in der Sonne **zu liegen**.

Der reine Infinitiv steht z. B.:
- nach Modalverben: Sie **wollen essen**.
- nach bestimmten Verben der Wahrnehmung:
  Sie **hören** uns **rufen**.
- nach den Verben lassen, bleiben, lehren, lernen:
  Er **lässt** sich die Haare **schneiden**.

G Beim Infinitiv mit zu steht zu vor dem Infinitiv: **zu** kaufen. Bei Verben mit trennbarem Präfix steht zu zwischen Präfix und Verbstamm: ein**zu**kaufen.

Der Infinitiv mit zu steht z. B.:
- nach Verben der Absicht und Meinung: Ich habe vor, morgen ins Theater **zu gehen**.
- nach Verben, die den Anfang oder das Ende einer Handlung ausdrücken: Ich beginne mir Sorgen **zu machen**.
- nach den Verben scheinen und (nicht) brauchen:
  Du **brauchst** nicht **zu warten**.
- nach den Konjunktionen um (zu), ohne (zu), anstatt (zu):
  Er nimmt es sich, **ohne zu fragen**.
- anstelle eines dass-Satzes, wenn das Subjekt im Hauptsatz und dass-Satz identisch sind:
  Er befürchtet, **dass** er in Konkurs **geht**. – Er befürchtet, in Konkurs **zu gehen**.

12 Das Partizip

ℹ️ Im Deutschen gibt es zwei Formen des Partizips:
- Partizip I (auch: Partizip Präsens)
- Partizip II (auch: Partizip Perfekt)

12.1 Das Partizip I

Formen

ℹ️ Das Partizip I wird gebildet, indem an den Verbstamm -**end** angehängt wird: sing**end**, les**end**, trink**end**.
⚡ Es hat immer aktivische Bedeutung.

Gebrauch
Das Partizip I kann folgendermaßen verwendet werden:

> attributiv: die **singenden** Vögel
> adverbial: er ging **lachend** davon

💡 Beim attributiven Gebrauch des Partizip I wird es wie ein Adjektiv dekliniert (▷ **3.4**).
Wie Adjektive können auch die Partizipien I substantiviert werden: lesend → der/die Lesende.

💡 In der Verbindung mit zu bekommt das Partizip I passivische Bedeutung und drückt zusätzlich eine bestimmte Modalität (meist Notwendigkeit) aus:

> ein **zu befürchtender** Nachteil (= ein Nachteil, der befürchtet werden muss)
> eine **zu erledigende** Arbeit (= eine Arbeit, die erledigt werden muss)

12.2 Das Partizip II

Formen

Das Partizip II wird durch folgende Veränderungen gebildet:
Das Element ge- wird vor den Verbstamm gesetzt:
ge-macht. Bei den schwachen (regelmäßigen) Verben wird die Endung **-t** an den Verbstamm gehängt: gemach-**t**.

⚡ Verben auf -ieren und Verben mit unbetonten, nicht trennbaren Präfixen haben kein -ge vor dem Verbstamm:
studiert, telefoniert, erklärt.
Bei den Verben mit betonten, trennbaren Präfixen steht das Element -ge- zwischen Präfix und Verbstamm:
auf-**ge**-wacht, ein-**ge**-kauft.
⚡ Verben, die auf -d/-t oder Doppelkonsonanten mit -m/-n enden, erhalten die Endung -et: gered**et**, gerechn**et**.

Starke Verben erhalten die Endung -en. Zusätzlich verändern sie den Verbstamm: losgeg**a**ngen (▷ 7.1.2).
⚡ Aber: Verben mit dem Ablautmuster 1 – 2 – 1 zeigen im Partizip keine Veränderung des Verbstammes, tragen aber trotzdem die Endung -en:
lesen – gelesen (aber: las!), rufen – gerufen (rief!)

Gebrauch

Das Partizip II wird in Kombination mit bestimmten Hilfsverben als Verb zur Bildung der zusammengesetzten Zeiten gebraucht:

Perfekt/Plusquamperfekt:	Wir haben/hatten **gelesen**.
	Sie sind/waren **gekommen**.
Passiv:	Sie wurden **geliebt**.

Das Partizip

☼ Das Partizip II kann auch adjektivisch, meist attributiv, verwendet werden. Es wird dann dekliniert wie ein Adjektiv (▶ 3.4). ⚡ In dieser Verwendung hat das Partizip II meistens passivische Bedeutung. Es kann aber von bestimmten Verben auch aktivisch sein.

- Das passivische Partizip II wird von transitiven Verben (Verben, die ein Akkusativobjekt bei sich haben) gebildet:

der geschriebene Text (= der Text, der geschrieben wurde)
die Geretteten (= die Menschen, die gerettet wurden)

- Das attributive Partizip II hat dann aktivische Bedeutung, wenn es von bestimmten intransitiven Verben gebildet ist (Verben, die ihr Perfekt mit sein bilden, vor allem Bewegungsverben und auch reflexive Verben):

der eingefahrene Zug (= der Zug, der eingefahren ist)
die angekommenen Gäste (= die Gäste, die angekommen sind)
die verliebte Braut (= die Braut, die verliebt ist)

⚡ Aktivische Partizipien II haben – im Unterschied zu Partizipien I – Vergangenheitsbedeutung:

der einfahrende Zug (= der Zug, der gerade einfährt)
der eingefahrene Zug (= der Zug, der eingefahren ist)
die ankommenden Gäste (= die Gäste, die gerade ankommen)
die angekommenen Gäste (= die Gäste, die angekommen sind)

Das Passiv

  Das Passiv

ⓘ Das Passiv wird verwendet, wenn der Handelnde nicht genannt werden kann oder soll.
Man unterscheidet Vorgangs- und Zustandspassiv. Das häufigere Passiv ist das Vorgangspassiv, das mit werden und dem Partizip II gebildet wird. Das Zustandspassiv wird mit sein und dem Partizip II gebildet.

Formen
Das Vorgangspassiv im Indikativ:

Präsens: er/es/sie wird geliebt/gerufen
Präteritum: er/es/sie wurde geliebt/gerufen
Perfekt: er/es/sie ist geliebt/gerufen worden
Plusquamperfekt: er/es/sie war geliebt/gerufen worden
Futur I: er/es/sie wird geliebt/gerufen werden
Futur II: er/es/sie wird geliebt/gerufen worden sein

Das Vorgangspassiv im Konjunktiv:

Konjunktiv I: er/es/sie werde geliebt/gerufen
Konjunktiv II: er/es/sie würde geliebt/gerufen
Vergangenheit Konj. I: er/es/sie sei geliebt/gerufen worden
Vergangenheit Konj. II: er/es/sie wäre geliebt/gerufen worden
Futur Konjunktiv I: er/es/sie werde geliebt/gerufen werden
Futur Konjunktiv II: er/es/sie würde geliebt/gerufen werden

Infinitiv Präsens: geliebt/gerufen werden
Infinitiv Perfekt: geliebt/gerufen worden sein
Modalpartizip: zu liebend/zu rufend
Partizip II: geliebt/gerufen
Imperativ: werde (werdet, werden Sie) geliebt!

Das Zustandspassiv:

Infinitiv Präsens: **verzaubert sein**
Infinitiv Perfekt: **verzaubert gewesen sein**
Partizip II: **verzaubert (gewesen)**
Imperativ: **sei (seid, seien Sie) verzaubert!**

☀ Am gebräuchlichsten ist das Zustandspassiv im Präsens und im Präteritum.

Gebrauch
ⓘ Das Vorgangspassiv beschreibt eine bestimmte Aktion oder einen Vorgang:
Die Türen des Museums **werden geschlossen**.
Die Lichter werden **gelöscht**.

☞ Das Vorgangspassiv ist in der schriftlichen Sprache gebräuchlicher als in der mündlichen. Es wird häufig in wissenschaftlichen Texten, Zeitungsartikeln, Beschreibungen von Arbeitsvorgängen, Regeln und Vorschriften verwendet, da es in diesen Texten meist nicht darauf ankommt, wer die Handlung ausgeführt hat.

Wenn man den Handelnden dennoch erwähnen möchte, wird er mit der Präposition *von* + Dativ genannt:
Die Türen des Museums werden **vom Wächter geschlossen**.

Das Zustandspassiv beschreibt einen Zustand, der das Resultat eines Vorgangs ist:
Die Türen des Museums **sind geschlossen**.
Die Lichter **sind gelöscht**.

Auf einen Blick 🔍

Das Partizip

Im Deutschen unterscheidet man das Partizip I und das Partizip II.

Das Partizip I

G Das Partizip I wird aus dem Verbstamm und der Endung -end gebildet: schlafend, laufend, weinend.

☼ Das Partizip I kann attributiv oder adverbial verwendet werden. Attributiv wird es wie ein Adjektiv dekliniert:
Er tröstete das **weinende** Kind. (attributiv)
Sie saß **rauchend** am Tisch. (adverbial)

Das Partizip II

G Das Partizip II wird gebildet, indem man vor den Verbstamm die Vorsilbe ge- setzt. Schwache Verben haben die Endung -t (kaufen – **gekauft**), starke Verben die Endung -en. Außerdem verändert sich der Verbstamm (nehmen – **genommen**).

⚡ Bei Verben auf -ieren und Verben mit nicht trennbaren Präfixen fehlt die Vorsilbe ge-: telefonieren – **telefoniert**, bedauern – **bedauert**.

Das Partizip II wird zusammen mit den Hilfsverben haben, sein und werden zur Bildung des Perfekts, des Plusquamperfekts, des Futur II und des Passivs gebraucht.
Das Partizip II kann auch attributiv verwendet werden:
das **gelesene** Buch (= das Buch, das gelesen wurde)

Das Passiv

G Beim Passiv wird der Handelnde nicht genannt. Er ist nicht bekannt, soll oder kann nicht benannt werden oder er ist selbstverständlich.

Formen
Man unterscheidet das Vorgangs- und das Zustandspassiv. Das Vorgangspassiv wird mit werden und dem Partizip II gebildet, das Zustandspassiv mit sein und dem Partizip II. Das Vorgangspassiv kann in allen Tempi und Modi gebildet werden.
⚡ Das Partizip II von werden lautet im Perfekt, Plusquamperfekt und Futur II sowie im Konjunktiv II der Vergangenheit worden: Er ist gefasst worden.
Das Zustandspassiv ist im Präsens und Präteritum am gebräuchlichsten:
Die Bäckerei **ist** bis 18 Uhr **geöffnet**.
Die Arztpraxis **war** gestern nicht **geöffnet**.

Gebrauch
Das Vorgangspassiv wird verwendet, wenn ein bestimmter Vorgang oder eine Aktion beschrieben wird:
Das Auto **wurde** am Morgen **abgeschleppt**.
Seine Frau **wird** gerade **benachrichtigt**.
➡ Das Vorgangspassiv ist in der schriftlichen Sprache gebräuchlicher als in der mündlichen.
Das Zustandspassiv wird verwendet, wenn das Resultat einer vorausgegangenen Handlung beschrieben wird:
Der Strom **ist** wieder **eingeschaltet**.

Die Konjunktion

14.1 Die nebenordnende Konjunktion

💡 Nebenordnende (koordinierende) Konjunktionen verbinden Wörter, Wortgruppen, Hauptsätze oder gleichartige Nebensätze miteinander:
Ich will Musik hören, **aber** plötzlich klingelt das Telefon.

ℹ️ Nebenordnende Konjunktionen besetzen keine Position im Satz. Nach der Konjunktion steht demnach das Vorfeld und dann das finite Verb. Im Vorfeld steht meist das Subjekt oder eine Kontextinformation, wie z. B. die Zeitangabe (▷ 16.1):
Er geht nach Hause, **aber** sie **bleibt** noch ein wenig.
Er kommt nach Hause **und** um 18 Uhr **macht** er das Abendessen.

Die Konjunktionen haben unterschiedliche Bedeutungen:

koordinativ	und, auch, B2 nicht nur ... sondern auch, B2 sowohl ... als auch
disjunktiv	oder, B2 entweder ... oder
kausal	denn
adversativ	aber, B1 doch, B2 sondern
konzessiv	B2 zwar ... aber

14.2 Die subordinierende Konjunktion

💡 Diese Konjunktionen nennt man heute meist Subjunktionen. Sie leiten Nebensätze ein und bewirken, dass das finite Verb am Ende des Satzes steht:
Die Wege sind schlecht, **weil** es den ganzen Tag **geregnet hat**.

Die Konjunktion

Bedeutungen der subordinierenden Konjunktionen:

temporal	wenn, ^{B1} als, ^{B1} während, ^{B1} bis, ^{B1} seit, ^{B1} seitdem, ^{B1} nachdem, ^{B1} bevor, ^{B2} solange, ^{B2} ehe, ^{B2} sooft
kausal	weil, da
adversativ	^{B2} während, ^{B2} wogegen
konzessiv	^{B1} obwohl, ^{B2} obgleich, ^{B2} obschon, ^{B2} wenngleich, ^{B2} wenn ... auch
konsekutiv	^{B2} sodass, ^{B2} so ... dass
final	dass, damit, um ... zu
konditional	wenn, falls, ^{B2} sofern, ^{B2} vorausgesetzt, dass, ^{B2} im Falle, dass
modal/instrumental	^{B2} wobei, ^{B2} indem, ^{B2} dadurch, dass, ^{B2} wodurch, ^{B2} womit
vergleichend	wie, als, als ob, ^{B1} je ... desto/umso
vorwiegend gramm. Funktion	dass, ^{B1} ob, ^{B2} wer, ^{B2} was, ^{B2} wie ... (indirekter Fragesatz)

ℹ Nebensätze können im Hauptsatz verschiedene syntaktische Funktionen übernehmen:
- Adverbial:
  Ich komme, **weil ich eine wichtige ^{B1} Nachricht für Sie habe.**
- Subjekt oder Objekt:
  Dass Sie zu Hause sind, ist gut.
  Ich muss Ihnen leider sagen, **dass Ihre Mutter einen Unfall hatte.**
  ^{B1} Ich weiß nicht, **ob man sie schon besuchen kann.**

Die Konjunktion

Die Fragewörter **wer**, **was**, **wann** etc. können sogenannte indirekte Fragesätze (▷ 16.3) einleiten:
Ich weiß nicht, wer er ist/was er will/wann er geht.

 14.3 Die Konjunktionaladverbien

ⓘ Eine weitere Gruppe von Wörtern, die ebenfalls die Verbindung zweier Sätze übernehmen können, sind die sogenannten Konjunktionaladverbien. Der Unterschied zu den Konjunktionen ist vor allem syntaktisch. ☀ Bei den Konjunktionaladverbien besetzt das Adverb allein das Vorfeld und danach folgt unmittelbar das finite Verb:
Er geht nach Hause, später liest er noch ein Buch.
Er kommt nach Hause, da klingelt das Telefon laut.

Bedeutungen der Konjunktionaladverbien:

koordinativ	B1 außerdem, B2 zudem, B2 dazu, B2 ferner, B2 schließlich, B2 weder ... noch
temporal	danach, dann, später, B1 inzwischen, B2 unterdessen, B1 seitdem, B2 darauf, B1 vorher, B1 davor, B2 zuvor, B2 kaum
kausal	nämlich
adversativ	B1 allerdings, B2 jedoch, B2 dagegen, B2 einerseits ... andererseits
konzessiv	B1 trotzdem, B2 dennoch
konsekutiv	B1 also, B2 daher, B1 darum, B1 deshalb, B1 deswegen, B2 folglich, B2 somit
final	B2 dazu, B2 dafür
konditional	sonst, B2 andernfalls
modal/instrumental	damit, B2 dadurch, B2 dabei, B2 so

Auf einen Blick 🔍

Die Konjunktion

> **G** Konjunktionen verbinden Wörter, Satzteile und Sätze miteinander und können nicht verändert werden.

Die nebenordnende Konjunktion
Nebenordnende Konjunktionen verbinden gleichrangige Wörter, Wortgruppen, Neben- oder Hauptsätze miteinander. Sie besetzen keine Position im Satz und haben unterschiedliche Bedeutung:
Wir können ins Theater gehen **oder** du **gehst** alleine zum Fußball.
Sie fährt immer mit dem Zug, **denn** sie **hat** keinen Führerschein.
Er hat **nicht nur** eine neue Frisur, **sondern** er **hat** sich **auch** seinen Bart abrasiert.
Weitere nebenordnende Konjunktionen sind z. B. und, auch, nicht nur ... sondern auch, aber und doch.

Die subordinierende Konjunktion
💡 Subordinierende Konjunktionen leiten Nebensätze ein. Das finite Verb steht im Nebensatz immer am Ende:
Er kann nicht kommen, **weil** seine Frau im Krankenhaus **liegt**.
Du kannst bei mir übernachten, **falls** du kein Hotelzimmer mehr **bekommst**.
Sie hat kaum noch Zeit für ihre Hobbys, **seitdem** sie wieder **arbeitet**.

Auf einen Blick

Subordinierende Konjunktionen haben z. B. folgende Bedeutungen:
- temporal: wenn, als, bis, seitdem, nachdem, bevor
- kausal: da, weil
- konzessiv: obwohl, wenngleich, wenn … auch
- final: dass, damit, um … zu
- konditional: wenn, falls, sofern, im Falle, dass
- modal/instrumental: wobei, indem und womit

ℹ Mit Fragewörtern (wer, wann, was etc.) werden indirekte Fragesätze eingeleitet:
Ich möchte wissen, **wer** mir das angetan **hat**.
Können Sie mir sagen, **wo** ich Terminal 4 **finde**?
Wissen Sie, **warum** heute gestreikt **wird**?

Die Konjunktionaladverbien
Konjunktionaladverbien können ebenfalls zwei Sätze miteinander verbinden. Sie unterscheiden sich syntaktisch von den Konjunktionen.

> 💡 Bei den Konjunktionaladverbien steht das Adverb im Vorfeld. Darauf folgt das finite Verb: Es ist spät, **darum gehe** ich.

Die häufigsten Konjunktionaladverbien sind:
- koordinativ: außerdem, ferner, dazu, schließlich
- temporal: danach, dann, später, inzwischen, vorher
- adversativ: allerdings, jedoch, dagegen
- konzessiv: trotzdem, dennoch
- konsekutiv: also, daher, darum, deshalb, folglich
- final: dazu, dafür
- modal/instrumental: damit, dadurch, dabei und so

15 Der Satz

ℹ️ Die einzelnen Teile des Satzes, Wörter und Wortgruppen, lassen sich nach ihrer Funktion im Satz unterscheiden.

15.1 Das Prädikat

💡 Das Prädikat besteht aus dem finiten Verb und gegebenenfalls weiteren Verbteilen:

> Er **singt** das Lied.
> A2 Er **will** das Lied **singen**.
> Er **ist** B1 **musikalisch**.
> Er **wird Musiker**.

Bei Prädikaten mit den Hilfsverben sein, werden und bleiben nennt man die nicht-verbalen Teile (musikalisch, Musiker) „Prädikativ".

15.2 Das Subjekt

💡 Jedes Verb hat ein Subjekt. Es steht im Nominativ und man kann mit „wer?" oder „was?" nach ihm fragen. Das Subjekt wird auch „Nominativergänzung" genannt.

> **Der Mann** hat Tomaten und Käse gekauft.
> **Er** möchte einen Salat machen.

15.3 Das Objekt

💡 Die Objekte oder auch Ergänzungen werden vom Verb bestimmt. ⚡ Jedes Verb fordert spezifische Objekte:
- Akkusativobjekt (erfragbar mit „wen?" oder „was?"):

> Herr Meier sucht **einen Kollegen**.
> Er kann **ihn** nicht finden.

Der Satz

 • Dativobjekt (erfragbar mit „wem?"):

> Der Assistent hilft **dem Regisseur.**
> Die Sänger können **ihm** manchmal Tipps geben.

☼ Das Dativobjekt bezeichnet in den meisten Fällen Personen, an die sich eine Handlung richtet oder die von einer Handlung betroffen sind.

 • Präpositionalobjekt:
☼ Einige deutsche Verben haben eine feste Präposition, die den Kasus des Substantivs bestimmt:

> Der Mann **wartet auf** den Bus/darauf.
> („Worauf?" → Akkusativ)
> Wir **sprechen über** unseren Ausflug/darüber.
> („Worüber?" → Akkusativ)
> Der Chef **denkt an** seine Mitarbeiter/an sie.
> („An wen?" → Akkusativ)
> Er **lädt** sie **zu** seiner Party/dazu **ein.** („Wozu?" → Dativ)

☼ Man fragt nach Präpositionalobjekten mit der Präposition und dem Fragewort, d. h. bei der Frage nach Personen („auf wen?", „an wen?", „mit wem?") bzw. bei der Frage nach Sachen mit wo(r)- und der entsprechenden Präposition („worauf?", „worüber?", „woran?").

! Die einzelnen Präpositionen sind mit den Verben fest verbunden und sollten am besten immer mitgelernt werden.

B2 • Genitivobjekt:
☼ Das Genitivobjekt tritt nur noch bei einigen wenigen Verben auf. Es wird in vielen Fällen durch Präpositionalobjekte ersetzt. Die Frage nach dem Genitivobjekt ist „wessen"?

Der Satz

> Die Inszenierung bedarf **längerer Erklärungen**.
> Der Autor wurde **des Plagiats** verdächtigt.
> Er konnte **dessen** aber nicht überführt werden.

15.4 Das Adverbial

☼ Ein Adverbial, oder auch adverbiale Angabe, wird nicht vom Verb gebraucht und kann folglich jedem Satz frei hinzugefügt werden. ⓘ Adverbiale informieren über die genaueren räumlichen, zeitlichen, kausalen, modalen und andere Umstände:

> Sie singt **schön**. (Adjektiv als Adverbial, modale Bestimmung)
> Sie singt **hier**. (Adverb als Adverbial, lokale Bestimmung)
> Sie singt **in der Badewanne**. (präpositionale Gruppe als Adverbial, lokal)
> Sie singt**, weil sie glücklich ist**. (Nebensatz als Adverbial, kausal)

15.5 Das Attribut

Das wichtigste Satzgliedteil neben dem Prädikativ ist das Attribut. ☼ Ein Attribut ist eine nähere Bestimmung, vor allem zu Substantiven.
Von der Stellung her lassen sich Linksattribute und Rechtsattribute unterscheiden:
- Linksattribute stehen *vor* dem Substantiv: Adjektiv/Partizip, Erweiterungen des Adjektivs/Partizips, vorangestellter Genitiv (mit *-s*).
- Rechtsattribute stehen *nach* dem Substantiv: Genitiv, Präpositionalgruppe, Relativsatz und Kombinationen davon.

Artikel	(Links-)Attribut	Substantiv	(Rechts-)Attribut
das	kleine	Haus	
das	an der Straße gelegene	Haus	
	Lisas	Haus	
das		Haus	auf dem Lande
das		Haus	der Großeltern
das		Haus	das sie bauten

 15.6 Die Valenz der Verben

ⓘ Die meisten Satzglieder, alle Objekte und auch das Subjekt, sind vom jeweiligen Verb abhängig. Man bezeichnet sie auch als Ergänzungen des Verbs. Die Art und Zahl der Ergänzungen, die ein bestimmtes Verb jeweils fordert, nennt man die Valenz eines Verbs. Die wichtigsten Valenzmuster zeigt der folgende Überblick:

Es gibt Verben,
- die nur ein Subjekt haben können:
  Sie lacht.
- die ein Subjekt und ein Akkusativobjekt haben können:
  Sie liest den Brief.
- die ein Subjekt und ein Dativobjekt haben können:
  Sie dankt ihm.
- die ein Subjekt, ein Akkusativobjekt und ein Dativobjekt haben können:
  Sie gibt ihrem Freund den Brief.
- die ein Subjekt und ein Präpositionalobjekt haben können:
  Sie wartet auf ihn.
- die ein Subjekt, ein Akkusativobjekt und ein Präpositionalobjekt haben können:
  Sie schreibt eine Karte an ihre Mutter.

16 Die Wortstellung im Satz

16.1 Die einzelnen Felder

💡 In einem deutschen Satz sind mindestens die Felder finites Verb und das Mittelfeld vertreten. Die meisten Sätze haben außerdem ein Vorfeld und ein infinites Verb am Ende. In einigen Sätzen gibt es nach dem infiniten Verb ein Nachfeld:

Vorfeld	finites Verb	Mittelfeld	infinites Verb	Nachfeld
Er	kann	genauso gut	schwimmen	wie sie.

16.1.1 Das Vorfeld

💡 Im Vorfeld, also der ersten Position des Satzes, steht ein Satzglied, das aus mehreren Wörtern bestehen kann. Häufige Satzglieder im Vorfeld sind:
- das Subjekt: er/der Mann
- textverbindende Elemente, wie z. B. Konjunktionaladverbien: deshalb, dann etc. (▶ 14)
- Kontextinformationen, wie temporale, kausale, modale und lokale Angaben, die auf die Fragen „wann?", „warum?", „wie?", „wo?" antworten. Das kann auch in Form eines Nebensatzes geschehen: am Abend (wann?), weil er verliebt ist (warum?), am Strand (wo?).

Vorfeld	finites Verb	Mittelfeld	infinites Verb
Er	schenkt	ihr Rosen.	
Weil er verliebt ist,	will	er sie	heiraten.
Am Abend	essen	sie im Restaurant.	
Am Strand	fragt	er sie.	

Die Wortstellung im Satz

 16.1.2 Das Mittelfeld

Die Abfolge der Elemente im Mittelfeld ist nicht fest geregelt. Es lassen sich nur einige Tendenzen angeben.
☼ Wichtigeres steht am Ende des Satzes, Bekanntes vor Neuem und kurze Elemente stehen vor längeren Elementen.

Beispiel	Erklärung
Er gab **der Frau die Rose**.	Subst.: im Allgemeinen Dativ vor Akkusativ
Er gab **der Frau eine Rose**.	Bekanntes vor Neuem
Er gab **die Rose einer Frau**.	Bekanntes vor Neuem
Schließlich gab **er ihr die Rose**.	Pron. vor Subst. (oder: kurz vor lang!)
Er gab **sie ihr**.	bei zwei Pron.: Akk. vor Dat.
Dann bat **er die Frau um eine Antwort**.	Subst./Pron. vor Präp.obj. (oder: kurz vor lang!)
Sie gingen **dann schnell zum Standesamt**.	bei Adverbialangaben: temporal vor modal vor lokal/ direktional

 16.1.3 Das Nachfeld

☼ Im Nachfeld können umfangreiche Satzglieder stehen, vor allem Nebensätze, aber auch präzisierende Zusatzinformationen:

Er hat sie schließlich gefragt, **weil er nicht mehr warten wollte**. (Nebensatz)
Er wollte von ihr wissen, **wie sie sich entschieden hat**. (Nebensatz)
Er hat ihr die Rosen gegeben, **fünfzig rote Rosen**. (Präzisierung)
Die Frau hat mehr Geld **als er**. (beim Vergleich das Verglichene mit **als** und **wie**)
Er hat genauso viel Geld **wie sie**.

16.2 Der Aussagesatz

Der Aussagesatz weist folgendes Grundschema auf:

Vorfeld	finites Verb	Mittelfeld	infinites Verb
Die Frau	geht	gerne ins Kino.	
Der Mann	hat	gestern ein Auto	gekauft.
Am Abend	bereitet	er das Essen	vor.

☀ Bei Aussagesätzen ist das Vorfeld immer besetzt und das finite Verb steht an zweiter Position im Satz.

☀ Gibt es in einem Satz sowohl ein finites als auch ein infinites Verb, bilden die beiden Teile des Verbs eine Satzklammer. Das infinite Verb steht am Ende des Aussagesatzes. Eine Satzklammer wird gebildet von:
- trennbaren Verben
- Modalverben + Infinitiv
- Tempusformen (Perfekt, Plusquamperfekt, Futur I und II)
- sein + Prädikativ
- Passiv
- Konjunktiv II der würde-Form

Vorfeld	finites Verb	Mittelfeld	infinites Verb	
Am Abend	bereitet	er für sie das Essen	vor.	(trennbares Verb)
Sie	muss	jetzt die Hausaufgaben	machen.	(Modalverb + Infinitiv)
Der Mann	hat	ein Auto	gekauft.	(Perf.)
Die Rosen	sind	jetzt	rot.	(sein + Prädikativ)
Hier	wird	ein Einkaufszentrum	gebaut.	(Passiv)
Frau Braun	würde	gerne mal nach Australien	fliegen.	(Konjunktiv II)

Die Wortstellung im Satz

B2 ⚡ Wenn das Verb aus mehr als zwei Teilen besteht, so steht jeweils nur das finite Verb an der zweiten Stelle, die anderen Teile stehen nach dem Mittelfeld:

Vorfeld	finites Verb	Mittelfeld	infinites Verb
Er	**hatte**	ihr Rosen	**mitbringen wollen.**
Der Antrag	**konnte**	schließlich	**angenommen werden.**
Beinahe	**hätte**	der Antrag nicht	**angenommen werden können.**

A2 💡 Im Nebensatz steht das finite Verb immer an der letzten Stelle:

Hauptsatz	Nebensatz
Ich **brauche** Handschuhe,	wenn es so kalt **ist**.
Er **geht** zum Arzt,	weil er Schmerzen **hat**.

B2 ⚡ Besteht das Verb jedoch aus drei und mehr Teilen, steht bei zusammengesetzten Tempusformen das finite Verb *nicht* ganz am Ende:

Ich habe gehört,	dass er ihr Rosen	**hat** mitbringen wollen.
	dass der Antrag	**hätte** angenommen werden können.

A1 ### 16.3 Der Fragesatz

ℹ️ Im Deutschen unterscheidet man zwei Typen von Fragesätzen.
- W-Fragen oder Ergänzungsfragen beginnen mit einem Fragewort (wer, wie, warum etc.) im Vorfeld.

Die Wortstellung im Satz

- Verbfragen oder Entscheidungsfragen beginnen mit einem Verb. Sie werden auch als Ja/Nein-Fragen bezeichnet. Das Vorfeld ist nicht besetzt.

Vorfeld	finites Verb	Mittelfeld	infinites Verb
Warum	kannst	du so gut	schwimmen?
	Kannst	du gut	schwimmen?

💡 Auch bei den indirekten Fragesätzen werden Ergänzungsfragen und Entscheidungsfragen unterschieden, die im Nebensatz stehen:

Einleitungssatz	Nebensatz
Ich wüsste gern,	**wann** der nächste Zug nach Berlin abfährt.
Könnten Sie mir sagen,	**ob** heute noch ein Zug nach Berlin fährt?

💡 Bei indirekten Ergänzungsfragen wird das Fragewort zur Konjunktion. Dagegen wird bei Entscheidungsfragen die Konjunktion ob verwendet.

ℹ️ Indirekte Fragesätze wirken höflicher als direkte Fragen. Um die Höflichkeit zu betonen, wird im Einleitungssatz häufig der Konjunktiv II verwendet.
Mit indirekten Fragen kann man auch die Fragen anderer Personen wiedergeben. ⮕ In der geschriebenen Sprache muss im Nebensatz Konjunktiv I oder ersatzweise der Konjunktiv II stehen (▶ 18):
Sie fragte, ob er heute früher nach Hause **komme**.
Er wollte wissen, wann wir Martha **besuchen würden**.

Auf einen Blick 🔍

Der Satz

Ein deutscher Satz besteht mindestens aus einem Prädikat und einem Subjekt: **Er schläft.**

Das Prädikat
Das Prädikat besteht mindestens aus dem finiten Verb, es kann aber auch weitere Teile beinhalten: Er **kann surfen.** Sie **hat** schnell **gegessen.** Er **ist egoistisch.**

Das Subjekt
☀ Das Subjekt steht immer im Nominativ und man kann mit wer? oder was? nach ihm fragen: **Der Mann** kauft nichts. **Er** schaut nur.

Das Objekt
Das Verb bestimmt, wie viele Objekte es für einen vollständigen Satz braucht. Zusätzlich zum Nominativ kann ein Verb folgende Objekte fordern:
- Akkusativobjekt: Sie isst **einen Salat.**
- Dativobjekt: Die Mannschaft dankt **ihren Fans.**
- Präpositionalobjekt: Er freut sich **über den Besuch.**
- Genitivobjekt: Er wird **des Diebstahls** verdächtigt.

Das Adverbial
Adverbiale informieren z. B. über temporale, lokale, kausale oder modale Umstände: Sie hat **heute** keine Zeit.

Das Attribut
Ein Attribut ist eine nähere Bestimmung, vor allem zu Substantiven: das **kleine** Kind, der Hut **meines Vaters.**

Die Wortstellung im Satz

G Im deutschen Satz sind mindestens die Felder finites Verb und Mittelfeld vertreten: Sei ruhig! Das finite Verb steht nach dem Vorfeld: Er **geht** nach Hause. Ein infinites Verb kann nach dem Mittelfeld stehen: Er **will** nicht nach Hause **gehen**.

Das Vorfeld
Das Vorfeld ist die erste Position im Satz. Dort stehen oft:
- das Subjekt: er/der Detektiv
- Konjunktionaladverbien: deshalb, dann etc.
- Adverbiale: am Morgen, im Büro, weil er krank ist etc.

Das Mittelfeld
Es gibt keine festen Regeln für die Abfolge der Elemente im Mittelfeld, nur Tendenzen.
☼ Wichtigeres steht am Ende des Satzes, Bekanntes vor Neuem und kürzere Elemente stehen vor längeren Elementen.

Das Nachfeld
Im Nachfeld stehen meist Nebensätze oder präzisierende Zusatzinformationen: Er friert, **weil er krank ist**.
Ich mache viel Sport, **vor allem am Wochenende**.

Der Aussagesatz und der Fragesatz
☼ Bei Aussagesätzen ist das Vorfeld immer besetzt und das finite Verb steht an zweiter Position.
Bei W-Fragen steht das Fragewort im Vorfeld (wer, wo, wann etc.). Bei Verbfragen ist das Vorfeld nicht besetzt. Die Frage beginnt mit dem finiten Verb: **Gehst** du nicht mit?

Die Verneinung

  Die Verneinung

💡 Ganze Sätze oder einzelne Satzglieder werden im Deutschen mit nicht verneint.
Wenn der gesamte Satz verneint werden soll, steht nicht möglichst weit am Ende des Mittelfeldes:

Vorfeld	finites Verb	Mittelfeld	infinites Verb
Er	liest	das Buch **nicht**.	
Er	hat	das Buch **nicht**	gelesen.

 Soll nur ein einzelnes Satzglied verneint werden, steht nicht direkt vor dem Satzglied, das negiert wird. Dieses wird betont.

> Er hat seiner Tochter gestern Abend die Geschichte erzählt.
> **Nicht er** hat seiner Tochter gestern Abend die Geschichte erzählt. (sondern seine Frau)
> Er hat **nicht seiner Tochter** gestern Abend die Geschichte erzählt. (sondern seinem Sohn)
> Er hat seiner Tochter **nicht gestern Abend** die Geschichte erzählt. (sondern erst heute)

ℹ Zur Verneinung im Deutschen gehört auch die Verneinung von Artikeln, Pronomen und Adverbien:

> der/die/das → kein/keine/kein
> ein/eine/ein(s) → kein/keine/kein(s)
> alles, etwas → nichts
> (irgend)jemand → niemand, keiner
> irgendwo, überall → nirgendwo, nirgends
> immer → niemals, nie
> schon → noch nicht, noch nie

Die indirekte Rede

🛈 In der indirekten Rede wird deutlich gemacht, dass der Sprecher die Äußerung eines anderen Sprechers wiedergibt, z. B. mit Verben wie sagen, fragen, dass und dem Konjunktiv. ⚡ Konjunktiv I + II und die würde-Form sind heute in der indirekten Rede bedeutungsgleich!

Die verschiedenen Konjunktivformen verteilen sich wie folgt (die Konjunktiv I-Formen sind fett):

	sein	haben	Modalverben	starke Verben	schwache Verben
ich	**sei**	hätte	**dürfe**	käme	würde lieben
du	**sei(e)st**	hättest	dürftest	kämest	würdest lieben
er/es/sie	**sei**	**habe**	**dürfe**	**komme**	**liebe**
wir	**seien**	hätten	dürften	kämen	würden lieben
ihr	**sei(e)t**	hättet	dürftet	käm(e)t	würdet lieben
sie/Sie	**seien**	hätten	dürften	kämen	würden lieben

Die Konjunktiv I-Formen werden heute nur noch selten verwendet. In den meisten Fällen gebraucht man den Konjunktiv II. Dabei erscheint der synthetische Konjunktiv nur bei haben, bei den Modalverben und einigen häufigen starken Verben. In allen anderen Fällen wird die würde-Form verwendet, da die schwachen Verben beim Indikativ Präteritum und Konjunktiv II formgleich sind.

In der Vergangenheit wird das Hilfsverb haben oder sein im Konjunktiv (meist Konj. II) gebraucht (man habe sich getroffen/wir hätten uns getroffen/er sei gegangen/er wäre gegangen).

Tests

A1 **1 Der Artikel**
Ergänzen Sie den bestimmten, unbestimmten oder keinen Artikel: eine (2x), die, ein, einen, der, – (2x), das

a. Herr Klein liebt .... Bild von Mona Lisa.

b. Michael hat .... Schwester und .... Bruder.

c. Sein Vater ist .... Polizist von Beruf.

d. Ich möchte .... Tasse Kaffee trinken, aber .... Kaffee ist kalt.

e. Meine Freundin fliegt heute in .... Türkei.

f. Wir brauchen noch .... Tomaten und .... Stück Käse.

A1 **2 Das Substantiv**
Wie lauten die Pluralformen der folgenden Substantive?

a. der Tisch ....

b. die Katze ....

c. das Auto ....

d. die Schülerin ....

e. der Vater ....

f. das Handtuch ....

g. der Koffer ....

h. die Uhr ....

Tests

3 Das Adjektiv

Setzen Sie die Adjektive ein und ergänzen Sie, wenn nötig, die richtige Endung.

a. Ich kenne den Film, aber er ist (langweilig) ....

b. Viele Menschen möchten gerne (reich) .... werden.

c. Für den Winter braucht sie eine (warm) .... Winterjacke.

d. Geben Sie mir bitte den (alt) .... Gouda.

e. Die Studenten müssen ein (deutsch) .... Wörterbuch kaufen.

f. Es riecht (köstlich) .... nach (frisch) .... Brot.

g. Student (25) sucht (nett) .... WG in Uninähe.

4 Das Adverb

Setzen Sie folgende Adverbien sinnvoll ein:
umsonst, draußen, jetzt, gern, links, selten

a. Ich mag keine Süßigkeiten, aber Bananeneis esse ich ....

b. Tut mir leid, ich habe .... keine Zeit.

c. Gehen Sie die nächste Straße .... und dort ist das Rathaus.

Tests

d. Wir sehen uns nur .... , aber wir telefonieren jede Woche.

B2 e. Gehen wir nach .... in den Biergarten!

f. Der Kunde hat sich anders entschieden. Wir haben das Projekt .... gemacht.

A2 **5 Der Vergleich**
Vervollständigen Sie die Sätze mit den richtigen Komparativ- und Superlativformen.

a. Nimm die U-Bahn! Sie ist (schnell) .... als der Bus.

b. Wir fahren dieses Jahr in den Süden in Urlaub. Dort ist es (heiß) .... als in Deutschland.

B1 c. Auf dem Land sieht man die Sterne (gut) .... als in der Stadt.

d. Der (kalt) .... Ort der Welt liegt in Sibirien.

e. Hamburg war ab 1900 der (wichtig) .... Auswandererhafen.

f. Welchen Sportler bewundern Sie (viel) .... ?

g. Wir müssen noch (wirksam) .... Medikamente gegen den Virus finden.

Tests

6 **Das Pronomen**
Setzen Sie die richtigen Pronomen ein: meine, ihr, es, mir, sie, ihnen, ich, ihn, Ihre, du

a. Haben Sie Frau Müller gesehen? – Ja, ... ist in der Cafeteria.

b. Wem gehört diese Jacke? – Das ist ....

c. Wolltest du dir nicht ein neues Auto kaufen? – Ja, ich kaufe .... im Oktober.

d. Was schenkt .... Daniel und Erika zur Hochzeit? – Ich glaube, wir schenken .... Geld.

e. .... habe einen Käsekuchen gebacken. Möchtest .... probieren?

f. Entschuldigen Sie! Hier liegt eine Kamera. Ich glaube, das ist ....

7 **Das Verb**
Ergänzen Sie folgende Verben sinnvoll und in der richtigen Form: anfangen, können, arbeiten, müssen, werden, sprechen, wollen

a. Dan hat einen neuen Job. Er .... jetzt als Trainer im Fitnessstudio.

b. Paula .... sehr gut Englisch und Französisch.

c. In den Ferien .... Christine unbedingt zu ihrem Freund nach Italien.

Tests

d. Weißt du es schon? Andreas .... im September Vater!

e. Geht ihr schon zum Tanzkurs? – Nein, er .... erst nächste Woche ....

f. Leider .... ich nicht zu deiner Party kommen. Ich .... bis 22 Uhr arbeiten.

A1 **8 Der Indikativ**
Setzen Sie die richtigen Verbformen des Indikativs in der angegebenen Zeitform ein.

a. Herr Schulz (nehmen) .... das Steak mit Salat und Pommes Frites. (Präsens)

A2 b. Gehst du heute zum Sport? – Ich (wissen) .... es noch nicht. (Präsens)

c. Wir sind spät! Der Unterricht (anfangen) .... schon .... (Perfekt)

B1 d. Frau Weiß ist nicht da. Sie (fahren) .... gestern nach Berlin .... (Perfekt)

e. Die Außenminister (treffen) .... sich in Genf und (sprechen) .... über mögliche Lösungen des Konflikts. (Präteritum)

f. Nachdem die Freunde das Restaurant (verlassen)

   .... (Plusquamperfekt),

   (gehen) .... sie noch in eine Kneipe.

   (Präteritum)

g. Morgen (regnen) .... es wieder

   .... (Futur I)

9 Der Konjunktiv   B1
Ergänzen Sie die Sätze mit den Angaben in Klammern im Konjunktiv II.

a. Sie ist Friseurin, aber (lieber Schauspielerin sein)

   ....

b. Frauke hat ein Pony, aber (lieber ein Pferd haben)

   ....

c. Herr Krause wäre froh, wenn (Chinesisch sprechen

   können) ....

d. Es wäre besser, wenn (früher aufstehen) ....

   ....

e. Sie hat wenig Geld, aber sie tut so, als ob (sehr reich

   sein) ....

f. Wenn ich Zeit hätte, (gerne mal wieder in die Oper

   gehen) ....

Tests

A1 **10 Der Imperativ**
Setzen Sie die Infinitivformen in den Imperativ für die 2. Person Singular und Plural.

		du	ihr
a.	ins Bett gehen	....	....
b.	Vokabeln lernen	....	....
c.	mich anrufen	....	....
d.	losfahren	....	....
e.	leise sein	....	....
f.	die Tür aufmachen	....	....
g.	das Auto nehmen	....	....

B1 **11 Der Infinitiv**
Ergänzen Sie zu, wo es notwendig ist.

a. Es ist wichtig, pünktlich bei der Arbeit ………. sein.

b. Er kann sich nicht an diese Frau ………. erinnern.

c. Die Regierung plant, das Gesetz noch dieses Jahr ………. verabschieden.

d. Es wird Zeit, die Äpfel ………. ernten.

e. Das Ehepaar lässt jedes Jahr ein neues Foto von sich ………. machen.

f. Ich habe keine Lust, dieses Jahr schon wieder nach Mallorca ………. fliegen.

g. Das richtige Geschenk ……….. finden, ist nicht so leicht.

12 Das Partizip
Ergänzen Sie die Sätze mit dem Partizip I oder Partizip II in der richtigen Form.

a. Sie bringt das (lesen) …………………….. Buch in die Bibliothek zurück.

b. Die Mutter legt das (schlafen) …………………….. Kind in sein Bett.

c. Er fragte sie (lächeln) …………………….. nach ihrem Namen.

d. Alle freuten sich sehr über die (mitbringen) …………………….. Geschenke.

e. Die Feuerwehr versucht die Bewohner aus dem (brennen) …………………….. Haus zu befreien.

f. Langsam näherten sie sich der (zerstören) …………………….. Stadt.

g. Er warf den (singen) …………………….. Straßenmusikern eine Münze in den Hut.

Das Passiv
Formulieren Sie die Sätze im Passiv und achten Sie auf die Zeitform.

a. Die Polizei untersucht den Mordfall seit drei Monaten.
....

b. Die Firma produziert die Maschinen in Rumänien.
....

c. Die Sportler mussten den Wettkampf am folgenden Tag fortsetzen.
....

d. Man isst in der Weihnachtszeit viele Kekse und Lebkuchen.
....

e. Der Arzt untersuchte die Patientin und schickte sie dann ins Krankenhaus.
....

f. Man darf in öffentlichen Gebäuden nicht mehr rauchen.
....

g. Am Montag hat der Bürgermeister das neue Theater eingeweiht.
....

h. Man musste das Stadion wegen Überfüllung zwischenzeitlich schließen.
....

Tests

14 Die Konjunktion
Ergänzen Sie die Sätze sinnvoll mit den folgenden Konjunktionen: aber, weil, oder, wenn, obwohl, als, und, während

a. Möchtest du heute ins Kino gehen .... lieber Peter und Inga besuchen?

b. Herr Stern kommt aus Deutschland, ... jetzt lebt er in Argentinien.

c. Seine Hobbys sind Schwimmen .... Klavier spielen.

d. Mach bitte alle Lampen aus, ... du weggehst.

e. Die Freunde kaufen ihr eine schöne CD, ... sie Geburtstag hat.

f. Die Sängerin übt neue Lieder, ... sie ihr Apartment aufräumt.

g. Sie fährt Schlittschuh, ... es ihr keinen Spaß macht.

h. Sie war noch ein Kind, ... der Vater die Familie verließ.

Tests

A2 **15** **Der Satz**

Einige Sätze sind komplett, bei anderen fehlt etwas. Welche der folgenden Ergänzungen passt zu welchem Satz? die Grammatik, den neuen Professor, dem Patienten, die Sehenswürdigkeiten

a. Paul kennt ....

b. Der Zug hält an ....

c. Sie zeigen uns ....

d. Die Krankenschwester hilft ....

e. Es schneit ....

f. Wir verstehen ....

B1 **16** **Die Wortstellung**

Finden Sie den Fehler in der Satzstruktur und schreiben Sie den Satz neu.

a. Hat Herr Schmidt gestern seine Tochter in Nürnberg besucht.

   ....

b. Heute kauft im Supermarkt die Frau Gemüse und Fleisch.

   ....

c. Wann kommst du an in Hannover?

   ....

B1 d. Du kommst auch aus Spanien?

   ....

e. Die Kinder sind vor Schulbeginn noch schnell zum Kiosk gestern gelaufen.

   ....

f. Er möchte wissen, ob kommt der Zug pünktlich in Paris an.

   ....

g. Bei Sonnenuntergang machte er einen Heiratsantrag ihr am Meer.

   ....

17 Die Verneinung   B1
Formulieren Sie negative Antworten auf die Fragen.

a. Kennen Sie die neue Kollegin schon?

   ....

b. Wissen Sie, ob Herr Müller verheiratet ist?

   ....

c. Ist heute jemand zur Ausstellung im Stadtcafé gekommen?

   ....

d. Hast du noch Holz für den Ofen?

   ....

e. Waren Sie schon einmal in Asien?

   ....

f. Verstehst du etwas von Versicherungen?

   ....

18 Die indirekte Rede
Setzen Sie die Aussagen in die indirekte Rede.

a. In dem Roman geht es um eine ungewöhnliche Reisebekanntschaft.

   Er sagt, ...

b. Die Probleme sind gelöst.

   Sie versichert, ...

c. Der Konflikt zwischen der Regierung und den Rebellen hat sich noch verschärft.

   Der Reporter berichtet, ...
   ....

d. Ich weiß es nicht.

   Sie sagt, ...

e. Das Medikament ermöglicht den Patienten ein fast normales Leben.

   Die Ärzte glauben, ...
   ....

f. Morgen wird es eine Einigung geben.

   Er versicherte, ...

g. Wir haben rosa Delfine gesehen!

   Sie erzählten, ...

Lösungen

1. Der Artikel
a. Herr Klein liebt das Bild von Mona Lisa.
b. Michael hat eine Schwester und einen Bruder.
c. Sein Vater ist – Polizist von Beruf.
d. Ich möchte eine Tasse Kaffee trinken, aber der Kaffee ist kalt.
e. Meine Freundin fliegt heute in die Türkei.
f. Wir brauchen noch – Tomaten und ein Stück Käse.

2. Das Substantiv
a. die Tische
b. die Katzen
c. die Autos
d. die Schülerinnen
e. die Väter
f. die Handtücher
g. die Koffer
h. die Uhren

3. Das Adjektiv
a. Ich kenne den Film, aber er ist langweilig.
b. Viele Menschen möchten gerne reich werden.
c. Für den Winter braucht sie eine warme Winterjacke.
d. Geben Sie mir bitte den alten Gouda.
e. Die Studenten müssen ein deutsches Wörterbuch kaufen.
f. Es riecht köstlich nach frischem Brot.
g. Student (25) sucht nette WG in Uninähe.

4. Das Adverb
a. Ich mag keine Süßigkeiten, aber Bananeneis esse ich gern.
b. Tut mir leid, ich habe jetzt keine Zeit.
c. Gehen Sie die nächste Straße links und dort ist das Rathaus.
d. Wir sehen uns nur selten, aber wir telefonieren jede Woche.
e. Gehen wir nach draußen in den Biergarten!
f. Der Kunde hat sich anders entschieden. Wir haben das Projekt umsonst gemacht.

5. Der Vergleich
a. Nimm die U-Bahn! Sie ist schneller als der Bus.
b. Wir fahren dieses Jahr in den Süden in Urlaub. Dort ist es heißer als in Deutschland.
c. Auf dem Land sieht man die Sterne besser als in der Stadt.
d. Der kälteste Ort der Welt liegt in Sibirien.
e. Hamburg war ab 1900 der wichtigste Auswandererhafen.
f. Welchen Sportler bewundern Sie am meisten?
g. Wir müssen noch wirksamere Medikamente gegen den Virus finden.

6. Das Pronomen
a. Haben Sie Frau Müller gesehen? – Ja, sie ist in der Cafeteria.
b. Wem gehört diese Jacke? – Das ist meine.
c. Wolltest du dir nicht ein neues Auto kaufen? – Ja, ich kaufe es mir im Oktober.

Lösungen

d. Was schenkt **ihr** Daniel und Erika zur Hochzeit? – Ich glaube, wir schenken **ihnen** Geld.
e. **Ich** habe einen Käsekuchen gebacken. Möchtest **du ihn** probieren?
f. Entschuldigen Sie! Hier liegt eine Kamera. Ich glaube, das ist **Ihre**.

7. Das Verb
a. Dan hat einen neuen Job. Er **arbeitet** jetzt als Trainer im Fitnessstudio.
b. Paula **spricht** sehr gut Englisch und Französisch.
c. In den Ferien **will** Christine unbedingt zu ihrem Freund nach Italien.
d. Weißt du es schon? Andreas **wird** im September Vater!
e. Geht ihr schon zum Tanzkurs? – Nein, er **fängt** erst nächste Woche **an**.
f. Leider **kann** ich nicht zu deiner Party kommen. Ich **muss** bis 22 Uhr arbeiten.

8. Der Indikativ
a. Herr Schulz **nimmt** das Steak mit Salat und Pommes Frites.
b. Gehst du heute zum Sport? – Ich **weiß** es noch nicht.
c. Wir sind spät! Der Unterricht **hat** schon **angefangen**.
d. Frau Weiß ist nicht da. Sie **ist** gestern nach Berlin **gefahren**.
e. Die Außenminister **trafen** sich in Genf und **sprachen** über mögliche Lösungen des Konflikts.
f. Nachdem die Freunde das Restaurant **verlassen hatten**, **gingen** sie noch in eine Kneipe.
g. Morgen wird es wieder **regnen**.

9. Der Konjunktiv
a. Sie ist Friseurin, aber **sie wäre lieber Schauspielerin**.
b. Frauke hat ein Pony, aber **sie hätte lieber ein Pferd**.
c. Herr Krause wäre froh, wenn **er Chinesisch sprechen könnte**.
d. Es wäre besser, wenn **du früher aufstehen würdest**.
e. Sie hat wenig Geld, aber sie tut so, als ob **sie sehr reich wäre**.
f. Wenn ich Zeit hätte, **würde ich gerne mal wieder in die Oper gehen**.

10. Der Imperativ
a. Geh ins Bett! Geht ins Bett!
b. Lern die Vokabeln! Lernt die Vokabeln!
c. Ruf mich an! Ruft mich an!
d. Fahr los! Fahrt los!
e. Sei leise! Seid leise!
f. Mach die Tür auf! Macht die Tür auf!
g. Nimm das Auto! Nehmt das Auto!

11. Der Infinitiv
a. Es ist wichtig, pünktlich bei der Arbeit **zu** sein.
b. Er kann sich nicht an diese Frau – erinnern.
c. Die Regierung plant, das Gesetz noch dieses Jahr **zu** verabschieden.
d. Es wird Zeit, die Äpfel **zu** ernten.
e. Das Ehepaar lässt jedes Jahr ein neues Foto von sich – machen.
f. Ich habe keine Lust, dieses Jahr schon wieder nach Mallorca **zu** fliegen.
g. Das richtige Geschenk **zu** finden, ist nicht so leicht.

Lösungen

12. Das Partizip
a. Sie bringt das gelesene Buch in die Bibliothek zurück.
b. Die Mutter legt das schlafende Kind in sein Bett.
c. Er fragte sie lächelnd nach ihrem Namen.
d. Alle freuten sich sehr über die mitgebrachten Geschenke.
e. Die Feuerwehr versucht die Bewohner aus dem brennenden Haus zu befreien.
f. Langsam näherten sie sich der zerstörten Stadt.
g. Er warf den singenden Straßenmusikern eine Münze in den Hut.

13. Das Passiv
a. Der Mordfall wird seit drei Monaten (von der Polizei) untersucht.
b. Die Maschinen werden (von der Firma) in Rumänien produziert.
c. Der Wettkampf musste (von den Sportlern) am folgenden Tag fortgesetzt werden.
d. In der Weihnachtszeit werden viele Kekse und Lebkuchen gegessen.
e. Die Patientin wurde (vom Arzt) untersucht und dann ins Krankenhaus geschickt.
f. In öffentlichen Gebäuden darf nicht mehr geraucht werden.
g. Am Montag wurde das neue Theater (vom Bürgermeister) eingeweiht.
h. Das Stadion musste wegen Überfüllung zwischenzeitlich geschlossen werden.

14. Die Konjunktion
a. Möchtest du heute ins Kino gehen oder lieber Peter und Inga besuchen?
b. Herr Stern kommt aus Deutschland, aber jetzt lebt er in Argentinien.
c. Seine Hobbys sind Schwimmen und Klavier spielen.
d. Mach bitte alle Lampen aus, wenn du weggehst.
e. Die Freunde kaufen ihr eine schöne CD, weil sie Geburtstag hat.
f. Die Sängerin übt neue Lieder, während sie ihr Apartment aufräumt.
g. Sie fährt Schlittschuh, obwohl es ihr keinen Spaß macht.
h. Sie war noch ein Kind, als der Vater die Familie verließ.

15. Der Satz
a. den neuen Professor
b. –
c. die Sehenswürdigkeiten
d. dem Patienten
e. –
f. die Grammatik

16. Die Wortstellung
a. Herr Schmidt hat gestern seine Tochter in Nürnberg besucht.
b. Heute kauft die Frau im Supermarkt Gemüse und Fleisch.
c. Wann kommst du in Hannover an?
d. Kommst du auch aus Spanien?
e. Die Kinder sind gestern vor Schulbeginn noch schnell zum Kiosk gelaufen.
f. Er möchte wissen, ob der Zug pünktlich in Paris ankommt.

Lösungen

g. Bei Sonnenuntergang machte er ihr einen Heiratsantrag am Meer.

17. Die Verneinung
a. Nein, ich kenne sie noch nicht.
b. Nein, das weiß ich nicht.
c. Nein, es ist niemand gekommen.
d. Nein, ich habe keins/kein Holz mehr.
e. Nein, ich war noch nie in Asien.
f. Nein, ich verstehe nichts davon/von Versicherungen.

18. Die indirekte Rede
a. Er sagt, in dem Roman gehe es um eine ungewöhnliche Reisebekanntschaft./
dass es in dem Roman um eine ungewöhnliche Reisebekanntschaft gehe.
b. Sie versichert, die Probleme seien gelöst./
dass die Probleme gelöst seien.
c. Der Reporter berichtet, der Konflikt zwischen der Regierung und den Rebellen habe sich noch verschärft./
dass sich der Konflikt zwischen der Regierung und den Rebellen noch verschärft habe.
d. Sie sagt, sie wisse es nicht./
dass sie es nicht wisse.
e. Die Ärzte glauben, das Medikament ermögliche den Patienten ein fast normales Leben./
dass das Medikament den Patienten ein fast normales Leben ermögliche.
f. Er versicherte, es werde morgen eine Einigung geben./
dass es morgen eine Einigung geben werde.
g. Sie erzählten, sie hätten rosa Delfine gesehen./
dass sie rosa Delfine gesehen hätten.

Lösungen der Niveaustufentests

Hier finden Sie neben der Auswertung Ihrer Ergebnisse auch Empfehlungen zur Verbesserung Ihrer Sprachkenntnisse.

Lösungen

1. Der Artikel
a. Sie müssen noch das Formular ausfüllen.
b. Heute ist der Chef im Urlaub.
c. Mir gefällt die Musik überhaupt nicht.
d. Gibst du mir bitte den Käse?

2. Das Substantiv
a. die Gärten
b. die Gläser
c. die Sprachen

3. Das Personalpronomen
a. Wo ist Sabine? Hast du sie gesehen?
b. Hallo Klaus. Ich muss dich was fragen.
c. Ruth und Hans, ich rufe euch morgen an.

4. Das Präsens
a. Herr Joop ist 41 Jahre alt.
b. Oh, du hast ja eine neue Brille!
c. Welche Zeitung liest Claudia?
d. Fährst du mit dem Auto?

5. Die Modalverben
a. Möchtest du noch etwas Fleisch?
b. Ich bin krank. Ich muss zum Arzt gehen.
c. Darf man hier rauchen?
d. Frau Pauli, Sie können hier warten.

6. Das Perfekt
a. Gestern hat Herr Kreist bis 20 Uhr gearbeitet.
b. Gestern haben wir Schweinebraten mit Sauerkraut gegessen.
c. Gestern habe ich die Miete überwiesen.

Empfehlung

1–7 Punkte: Ihre Kenntnisse stehen leider noch auf schwachen Beinen. Am besten nehmen Sie sich die Niveaustufe A1 gleich noch einmal vor.

8–14 Punkte: Prima! Sie haben bereits gute A1-Kenntnisse, allerdings punktuell noch Schwächen. Wiederholen Sie die Themen.

15–21 Punkte: Ausgezeichnet! Sie haben solide A1-Kenntnisse und können sich nun der Niveaustufe A2 zuwenden.

Lösungen der Niveaustufentests

Lösungen

1. Der Possessivartikel
a. Karl zeigt seiner Kollegin das Café.
b. Die Musik gefällt meinem Sohn sehr.
c. Ich kann Ihrem Mann diese Salbe empfehlen.
d. Er hat seiner Frau nicht zugehört.

2. Das Adjektiv
a. Wo hat sie die schönen Blumen gekauft?
b. In der Küche steht ein runder Esstisch.
c. Wie finden Sie den neuen Wagen?
d. Ich suche ein wertvolles Geschenk.

3. Der Vergleich
a. Berlin ist größer als Hamburg. / Berlin hat mehr Einwohner als Hamburg.
b. Der Rhein ist länger als der Main.
c. Der Mont Blanc ist höher als die Zugspitze.

4. Das Reflexivpronomen
a. Ich muss mich um die Blumen meiner Nachbarin kümmern.
b. Hast du dich schon bei ihr entschuldigt?
c. Ihr müsst euch beeilen. Der Zug fährt gleich ab.
d. Hannes unterhält sich noch mit seinem Kollegen.

5. Das Präteritum
a. Letzten Sommer waren wir in Rom.
b. Musstet ihr viel für die Reise bezahlen?
c. Nein, wir hatten ein sehr günstiges Hotel.
d. Ich konnte leider keinen Urlaub machen.

6. Die Konjunktion
a. 3
b. 2
c. 1

Empfehlung

1–7 Punkte: Sie befinden sich noch am Anfang des Niveaus A2 und sollten die Themen nochmals gründlich durcharbeiten.

8–15 Punkte: Gut so! Ihre A2-Kenntnisse sind schon weit gediehen. Bevor Sie sich B1 zuwenden, sollten Sie jedoch einige Themen nochmals anschauen.

16–22 Punkte: Ausgezeichnet. Sie kennen sich mit den Grammatikthemen der Niveaustufe A2 sicher aus und können die Niveaustufe B1 angehen.

Lösungen

1. Der Genitiv
a. Dies ist das Zimmer meines Sohnes.
b. Frau Schulz sucht das Halsband ihrer Katze.
c. Sie müssen mir die Vorteile der Produkte unbedingt erklären.
d. Der Garten unserer Nachbarin ist sehr gepflegt.

Lösungen der Niveaustufentests

2. Das Relativpronomen
a. Zala ist ein Restaurant, in dem man gut essen kann.
b. Das ist Frau Ort, von der ich dir schon erzählt habe.
c. Die Kinder, denen wir Nachhilfe gegeben haben, haben gute Noten bekommen.

3. Das Futur
a. Ich werde über das Angebot nachdenken.
b. Wir werden in zwei Jahren eine Weltreise machen.
c. Er wird ihre Worte nie vergessen.

4. Das Plusquamperfekt
a. Vorher hatte er einen Termin vereinbart.
b. Sie aß erst, nachdem sie geduscht hatte.
c. Zuerst war er ins falsche Gebäude gegangen.

5. Das Passiv
a. Beim Arzt werden Patienten behandelt.
b. Im Studio werden Filme gedreht.
c. In der Disco wird getanzt.

6. Der indirekte Fragesatz
a. Er will wissen, wann der Bus kommt.
b. Sie hat gefragt, ob du gerade arbeitest.
c. Darf ich fragen, wer hier zuständig ist?

Empfehlung

1–6 Punkte: Für die Niveaustufe B1 sollten Sie nochmals alle relevanten Themen wiederholen.

7–13 Punkte: Prima! Sie haben schon einige B1-Kenntnisse, sollten aber die Themen überarbeiten, die Sie noch nicht sicher beherrschen.

14–19 Punkte: Ausgezeichnet! Sie haben das Niveau B1 im Griff und können nun die Niveaustufe B2 angehen.

Lösungen B2

1. Das attributive Partizip
a. Man kann schon die schreienden Affen hören.
b. Die Lotion hat eine schützende Funktion.
c. Die Firma hat Anträge mit falsch berechneten Beträgen geschickt.
d. Sie brachten uns eine aus Holz geschnitzte Figur mit.

2. Das Futur II
a. Er wird sicher schon losgefahren sein.
b. Was wird da wohl passiert sein?
c. Bis morgen werden Sie den Bericht fertig geschrieben haben!

3. Die indirekte Rede
a. Der Manager versichert, er habe mit der Affäre nichts zu tun.
b. Christoph meint, er sei ein ausgezeichneter Koch.

155

Lösungen der Niveaustufentests

c. Der Chef sagte, es werde keine Entlassungen geben.

4. Das Passiv
a. Das Gebäude wird nächstes Jahr restauriert werden.
b. Über die Vergangenheit wurde nie gesprochen.
c. Die Mitglieder waren vorher nicht eingeweiht worden.

5. Das Konjunktionaladverb
a. Der Minister wird teilnehmen, jedoch erst am zweiten Tag anreisen.
b. Sie müssen sich sofort melden, andernfalls wird ihr Platz vergeben.
c. Er kam oft zu spät, folglich wurde ihm gekündigt.

Empfehlung

1–5 Punkte: Für die Niveaustufe B2 reicht es leider noch nicht. Überarbeiten Sie die wichtigen Themen dieses Niveaus gründlich.

6–11 Punkte: Gut so! Das Niveau B2 haben Sie fast in der Tasche. Lediglich einige Themen sollten Sie nochmals anschauen.

12–16 Punkte: Ausgezeichnet! Sie haben Ihre Kenntnisse der Niveaus A1 bis B2 bewiesen.

Langenscheidt Grammatiktraining
Deutsch

Übungen zu allen wichtigen Grammatikthemen

von Grazyna Werner

Langenscheidt

München · Wien

Vorwort

Übung macht den Meister! – Unter diesem Motto bieten wir Ihnen unser *Grammatiktraining Deutsch* an. Hier finden Sie **mehr als 150 Übungen** zu den wichtigsten Themen der deutschen Grammatik, wie z. B. **dem Genus der Substantive, der Deklination des Adjektivs** oder **der Pluralbildung**. Dieses Buch eignet sich gleichermaßen für Anfänger und Fortgeschrittene. Sie können es zum Lernen oder zum Auffrischen benutzen und so Ihr Deutsch trainieren.

Die Übungen wurden speziell auf Ihre Bedürfnisse zugeschnitten. Der übersichtliche Aufbau und die zweifarbige Gestaltung ermöglichen eine schnelle Orientierung. Da die Beispielsätze auf der deutschen **Alltagssprache** und einem **einfachen Wortschatz** basieren, bleibt Ihnen mühsames Nachschlagen schwieriger Vokabeln erspart.

Die Übungen selbst sind in drei Schwierigkeitsgrade eingeteilt: * = leicht, ** = mittel, *** = anspruchsvoll. Sie sind so angelegt, dass Sie sie **schriftlich im Buch** lösen und mithilfe des **Lösungsschlüssels** sofort kontrollieren können. Dadurch ist das Buch besonders geeignet für das **Selbststudium**.

Und nun wünschen wir Ihnen viel Spaß beim Grammatiktraining!

Autorin und Verlag

Inhaltsverzeichnis

1. Das Genus der Substantive 161
2. Der Artikel 163
3. Die Pluralbildung der Substantive 165
4. Die Deklination des Artikels und des Substantivs 170
5. Die Personalpronomen 173
6. Die Possessivpronomen 178
7. Die Demonstrativpronomen 181
8. Die Relativpronomen 183
9. Das Verb im Präsens 184
10. Das Verb im Präteritum 192
11. Das Verb im Perfekt und als Partizip II 197
12. Der Imperativ 205
13. Die Modalverben 207
14. Die Deklination der Adjektive 210
15. Das Adverb 218
16. Die Komparation der Adjektive und Adverbien 220
17. Die Präpositionen 225
18. Die Zahlwörter: Datum, Uhrzeit, Maße 237
19. Der einfache Aussagesatz 241
20. Der Fragesatz 243
21. Die Verneinung 246
22. Die Infinitivkonstruktionen 249
23. Die Konjunktionen und die Satzgefüge 252

Lösungen 256

1 Das Genus der Substantive

1 Maskulinum, Femininum oder Neutrum? *Der, die* oder *das*? ★★
Ergänzen Sie den bestimmten Artikel.

die Frau	____ Mann	____ Mädchen
____ Übung	____ Computer	____ Brötchen
____ Zeitung	____ Fernseher	____ Bild
____ Werbung	____ Apparat	____ Buch
____ Musik	____ Automat	____ Probieren
____ Politik	____ Projektor	____ Arbeiten
____ Operation	____ Motor	____ Auto
____ Situation	____ Apfel	____ Kino
____ Freundschaft	____ Pinsel	____ Radio
____ Botschaft	____ Frühling	____ Komma
____ Freundin	____ Patient	____ Dokument
____ Krankheit	____ Honig	____ Medikament
____ Gesundheit	____ Teppich	____ Drama
____ Palme	____ Mensch	____ Kind

2 Kreuzen Sie den passenden bestimmten und unbestimmten ★★
Artikel wie im Beispiel an.

	ein	eine		der	die	das
1		X	Wohnung		X	
2			Küche			
3			Zimmer			
4			Balkon			
5			Haus			
6			Terrasse			
7			Keller			
8			Etage			
9			Treppe			

Das Genus der Substantive

3 „Im Büro" – Ordnen Sie die Substantive dem richtigen Genus zu. ★★

Büro ✔ Telefon Computer Stuhl Maus Drucker Diskette
Lampe Speicher Laufwerk Bildschirm Papier Datei Tisch
Fenster Bild CD-ROM Festplatte

Maskulina (der)	Feminina (die)	Neutra (das)
		Büro

4 Bilden Sie zusammengesetzte Substantive und bestimmen Sie das Genus. ★★

1 der Tisch   + die Lampe   = *die Tischlampe*
2 das Papier   + der Korb   =
3 die Wand   + die Uhr   =
4 das Bett   + die Decke   =
5 das Wasser   + der Hahn   =
6 der Topf   + die Blume   =
7 das Gas   + der Herd   =
8 der Tee   + die Tasse   =
9 das Zimmer   + die Pflanze =
10 das Haus   + die Tür   =
11 das Radio   + die Sendung =
12 die Bilder   + der Rahmen   =
13 die Stadt   + der Plan   =

2 Der Artikel

1 Bestimmter oder unbestimmter Artikel? Ergänzen Sie der, die, das bzw. ein, eine. ★★

1 _Der_ Mann von Barbara ist Pilot.
2 Das ist _____ gutes Wörterbuch.
3 _____ Sonne scheint.
4 _____ Telefon klingelt.
5 Ich habe _____ Schwester.
6 Wir haben _____ Kind.
7 _____ Hund von Peter heißt Rex.
8 Sabine trägt heute _____ Hose.
9 _____ Chef fährt morgen nach Berlin.
10 Ich brauche _____ neue Brille.

2 Bestimmter Artikel oder kein Artikel? ★★

1 _____ Milch ist gesund.
2 _____ Peter wohnt in _____ Berlin.
3 _____ Berlin ist _____ Hauptstadt von _____ Deutschland.
4 _____ Radio ist kaputt.
5 Er hat wenig _____ Geld.
6 Mein Cousin ist _____ Arzt.
7 Nehmen Sie _____ Bahn oder gehen Sie zu _____ Fuß?
8 _____ kleine Andreas hat _____ Angst vor _____ Spinnen.
9 Ich fahre nach _____ Frankreich, während _____ Anke in _____ Schweiz reist.
10 _____ Oliver ist _____ beste Schüler der Klasse.
11 _____ Frank trinkt gern _____ Kaffee ohne _____ Milch.

2 Der Artikel

3 Setzen Sie den bestimmten Artikel in der richtigen Form ein. ★★★

| der | den | dem | das | die | der | den | die | des | die ✔ |

1 Wo ist _die_ Zeitung?
2 Kannst du mir bitte _____ Stadtplan geben?
3 Warum hast du _____ Auto verkauft?
4 _____ Zug nach München fährt um 11.10 Uhr auf Gleis 4 ab.
5 ● Woher kommen Sie? ▲ Aus _____ Kino.
6 Ich muss heute in _____ Bibliothek gehen.
7 Wenn du mit _____ U-Bahn fährst, kommst du bestimmt noch rechtzeitig an.
8 Der Fahrer musste _____ beiden Polizisten seine Papiere zeigen.
9 _____ Prüfungen waren sehr schwer.
10 Die Reparatur _____ Apparats war teuer.

4 Verbinden Sie die Präposition mit dem Artikel. ★★

1 Rita ist *(bei + dem)* Arzt.
   Rita ist beim Arzt.
2 Vater ist *(in + dem)* Haus.

3 Karin geht *(in + das)* Theater.

4 Sabine geht *(an + das)* Fenster.

5 Daniela muss *(zu + dem)* Zahnarzt gehen.

6 Pedro fährt *(zu + der)* Konferenz.

7 Yvette ist jetzt *(bei + dem)* Chef.

3 Die Pluralbildung der Substantive

1 Bilden Sie den Plural der Substantive wie im Beispiel. **

a
1 die Schere — *die Scheren*   5 die Tasche — _____
2 die Hose — _____   6 die Tomate — _____
3 die Nase — _____   7 die Birne — _____
4 die Gurke — _____   8 die Tante — _____

b
1 das Ohr — *die Ohren*   5 der Student — _____
2 die Zahl — _____   6 der Mensch — _____
3 die Übung — _____   7 der Herr — _____
4 die Kreuzung — _____   8 die Endung — _____

c
1 der Tag — *die Tage*   5 das Bein — _____
2 der Arm — _____   6 der Brief — _____
3 der Bleistift — _____   7 der Monat — _____
4 der Hund — _____   8 der Abend — _____

d
1 der Bruder — *die Brüder*   5 der Schwager — _____
2 der Mantel — _____   6 der Vater — _____
3 der Magen — _____   7 der Vogel — _____
4 die Mutter — _____   8 der Apfel — _____

e
1 das Land — *die Länder*   5 das Buch — _____
2 das Blatt — _____   6 das Dach — _____
3 das Haus — _____   7 das Dorf — _____
4 das Glas — _____   8 das Huhn — _____

3 Die Pluralbildung der Substantive

f
1. der Pullover — *die Pullover*
2. der Sänger — _____
3. das Zimmer — _____
4. das Brötchen — _____
5. der Teller — _____
6. das Fenster — _____
7. das Mädchen — _____
8. das Zeichen — _____

g
1. das Taxi — *die Taxis*
2. das Radio — _____
3. der Chef — _____
4. der Ballon — _____
5. der Radiergummi — _____
6. das Hotel — _____
7. das Kino — _____
8. das Baby — _____

h
1. der Satz — *die Sätze*
2. der Stuhl — _____
3. die Hand — _____
4. der Bart — _____
5. der Baum — _____
6. der Zahn — _____
7. die Wand — _____
8. der Koch — _____

2 Bilden Sie den Plural wie im Beispiel. ★★

a
1. die Schülerin — *die Schülerinnen*
2. die Ärztin — _____
3. die Studentin — _____
4. die Chefin — _____
5. die Kollegin — _____
6. die Nachbarin — _____
7. die Freundin — _____
8. die Lehrerin — _____

b
1. der Globus — *die Globen*
2. der Kaktus — *die Kakteen*
3. das Museum — _____
4. das Gymnasium — _____
5. das Studium — _____
6. das Ministerium — _____
7. das Aquarium — _____
8. das Medium — _____

Die Pluralbildung der Substantive ③

3 Suchen Sie im Buchstabennetz (waagerecht und senkrecht) den Plural der folgenden Substantive. ★

> der Tisch ✓   das Bild   das Bett   der Stuhl   die Tür   das Sofa
> der Sessel   das Fenster   das Regal   die Wohnung   der Schlüssel
> die Blume

```
S C H L Ü S S E L E R
O T R O S A T O B B E
F Ü R S S T Ü L L E R
A R(T I S C H E)U T E
S E S S E L L E M T G
A N B I L D E R E E A
F E N S T E R G N N L
W O H N U N G E N D E
```

4 Mit oder ohne Umlaut? Ergänzen Sie *a, o, u* bzw. *ä, ö, ü*. ★★

1	das Buch	die B_ü_cher	8	der Stuhl	die St____hle
2	das Haus	die H____user	9	die Uhr	die ____hren
3	die Tafel	die T____feln	10	das Blatt	die Bl____tter
4	die Karte	die K____rten	11	der Korb	die K____rbe
5	die Tasche	die T____schen	12	der Mann	die M____nner
6	die Hand	die H____nde	13	der Sohn	die S____hne
7	die Rose	die R____sen	14	das Brot	die Br____te

5 Welche Endung passt: *-e, -en* oder *-n*? ★★

1	die Frau	die Frau_en_	7	die Küche	die Küche____
2	die Dame	die Dame____	8	die Stadt	die Städt____
3	die Gabel	die Gabel____	9	der Schrank	die Schränk____
4	der See	die See____	10	das Ohr	die Ohr____
5	der Zeh	die Zeh____	11	das Hemd	die Hemd____
6	das Bett	die Bett____	12	das Schiff	die Schiff____

3 Die Pluralbildung der Substantive

6 Wie heißt der Plural? **

1 das Haar — *die Haare*
2 die Frau — ___
3 die Tomate — ___
4 die Übung — ___
5 das Radio — ___
6 das Haus — ___
7 der Sohn — ___
8 der Zahn — ___
9 der Bruder — ___
10 der Tag — ___
11 das Buch — ___
12 die Uhr — ___
13 die Tochter — ___
14 der Mann — ___
15 die Hand — ___
16 der Herr — ___

7 Wie heißt der Singular? **

1 *die Frucht* — die Früchte
2 ___ — die Brötchen
3 ___ — die Tassen
4 ___ — die Kannen
5 ___ — die Eier
6 ___ — die Gabeln
7 ___ — die Äpfel
8 ___ — die Scheiben
9 ___ — die Becher
10 ___ — die Teller
11 ___ — die Gläser
12 ___ — die Löffel
13 ___ — die Messer
14 ___ — die Birnen
15 ___ — die Servietten
16 ___ — die Würstchen

8 Plural oder kein Plural? Ergänzen Sie. *

1 das Pferd — *die Pferde*
2 das Buch — ___
3 das Brötchen — ___
4 das Haus — ___
5 die Hose — ___
6 der Koch — ___
7 die Stadt — ___
8 die Butter — ___
9 die Gesundheit — ___
10 der Hund — ___
11 die Liebe — ___
12 die Milch — ___

Die Pluralbildung der Substantive 3

9 „Auf Shoppingtour" – Setzen Sie den Plural der unterstrichenen Substantive ein. ★★

1. Ich kaufe einen <u>Pullover</u>. Pia kauft zwei *Pullover*.
2. Elke kauft eine <u>Jacke</u>. Sophie kauft zwei _____.
3. Regina braucht ein <u>Kleid</u>. Eva braucht drei _____.
4. Michael kauft eine <u>Hose</u>. Jens kauft zwei _____.
5. Sandra hat eine <u>Bluse</u>. Verena hat elf _____.
6. Willst du eine <u>Tasche</u>? Du hast ja schon acht _____!
7. Hanna möchte einen <u>Rock</u>. Hier gibt es schöne _____.
8. Dieser <u>Hut</u> ist elegant. Frau Ernst trägt gern elegante _____.
9. ● Ich schenke Stefan eine <u>Krawatte</u>.
   ▲ Aber er hat schon zwanzig _____!
10. ● Gefällt dir dieser <u>Mantel</u>?
    ▲ Nein, ich mag keine _____.

10 Bilden Sie den Plural. ★★★

1. der Globus — *die Globen*
2. der Kaktus — _____
3. das Gymnasium — _____
4. das Lexikon — _____
5. der Bus — _____
6. der Kaufmann — _____
7. die Praxis — _____
8. das Museum — _____
9. das Zentrum — _____
10. der Virus — _____
11. die Firma — _____
12. das Thema — _____

4 Die Deklination des Artikels und des Substantivs

1 Ergänzen Sie *einen*, *eine* oder *ein*. ★★

1. Ich habe _ein_ Wörterbuch.
2. Claudia hat _____ Schwester und _____ Bruder.
3. Ich brauche _____ Termin.
4. Thomas wünscht sich _____ Computer.
5. Ich kaufe _____ Hose und _____ Jacke.
6. Angelika schreibt _____ Brief.

2 Setzen Sie *den*, *die* oder *das* ein. ★★

1. Das ist eine Rose. ☆ Ich möchte _die_ Rose.
2. Ich habe ein Telefon. ☆ Ich gebe dir _____ Telefonnummer.
3. Wo ist das Auto? ☆ Er sucht _____ Auto.
4. Die Schuhe sind bequem. ☆ Ich nehme _____ Schuhe.
5. Dort steht ein Polizist. ☆ Ich frage _____ Polizisten.
6. Die Nachbarin ist krank. ☆ Wir besuchen _____ Nachbarin.

3 Setzen Sie die unterstrichenen Wörter im Dativ ein. ★★

1. <u>Der Opa</u> braucht Hilfe. ☆ Wir helfen _dem Opa_.
2. <u>Der Mann</u> ist krank. ☆ Der Arzt verschreibt _____ Medikamente.
3. <u>Die Kinder</u> freuen sich. ☆ Der Vater kauft _____ Eis.
4. Johannes liebt <u>seine Frau</u>. ☆ Er schenkt _____ Blumen.
5. <u>Die Schüler</u> verstehen die Aufgabe nicht. ☆ Der Lehrer erklärt _____ die Aufgabe.
6. <u>Das Auto</u> ist neu. ☆ Ich fahre gern mit _____ .

Die Deklination des Artikels und des Substantivs 4

4 Antworten Sie wie im Beispiel. ★★★

1 Wem gibst du das Geld? *(Kassiererin)*
   Ich gebe das Geld der Kassiererin.
2 Mit wem spricht Yvonne? *(mit, der Chef)*

3 Womit fahrt ihr? *(mit, der Bus)*

4 Woher kommt Ulrike? *(aus, die Bibliothek)*

5 Wem schenkst du die Bücher? *(die Kinder)*

6 Womit spielt die Katze? *(mit, ein Ball)*

7 Wem gibst du das Rezept? *(der Apotheker)*

8 Wem erzählt Klaus die Anekdote? *(die Freunde)*

9 Wie fährt Ludwig nach Köln? *(mit, der Zug)*

5 Verwenden Sie das Substantiv im Genitiv. ★★

1 Vater   Die Aktentasche *des Vaters* steht im Flur.
2 Mutter   Das Kleid _____ hängt im Schrank.
3 Baby   Die Rassel _____ ist bunt.
4 Sohn   Die Schuhe _____ stehen vor der Tür.
5 Kinder   Die Rucksäcke _____ sind im Kinderzimmer.
6 Eltern   Das Schlafzimmer _____ ist links.
7 Oma   Wo liegt die Brille _____ ?
8 Kind   Die Jacke _____ ist schmutzig.
9 Tochter   Die Bücher _____ liegen im Regal.

Die Deklination des Artikels und des Substantivs

6 Antworten Sie kurz wie im Beispiel. ★★★

1 Warum ist Udo nicht da? *(eine Erkältung)*
   Wegen einer Erkältung.
2 Warum spielen die Kinder zu Hause? *(der Regen)*

3 Warum liegt Anne im Bett? *(das Fieber)*

4 Warum nimmst du eine Tablette? *(die Kopfschmerzen)*

5 Warum fehlen heute so viele Schüler? *(die Grippe)*

6 Warum kann Christine nicht schlafen? *(die Probleme)*

7 Verwenden Sie die Substantive im richtigen Kasus. ★★★

1 Wir schenken *(der Vater)* *(ein Radio)*.
   Wir schenken dem Vater ein Radio.

don't 2 Wo ist *(die Telefonnummer)* *(meine Schwester)*?

3 Er geht zu *(die Chefin)*.

4 Wir fahren mit *(die Tochter)*, aber ohne *(der Sohn)* in *(die Schweiz)*.

5 *(Die Eltern)* kaufen *(ein Schreibtisch)* für *(die Tochter)*.

6 Hier ist *(ein Brief)* von *(die Tante)*.

7 Ich frage nach *(der Preis)* *(der Kühlschrank)*.

8 *(Der Hund)* *(die Nachbarin)* bellt laut.

5 Die Personalpronomen

1 Ergänzen Sie das fehlende Personalpronomen. *

1 Das ist Roland. _Er_ ist mein Cousin.
2 Das ist Claudia. _____ ist meine Schwester.
3 Das ist unser Auto. _____ ist neu.
4 Das sind Alex und Thomas. _____ sind meine Cousins.
5 Das sind Elke und Ina. _____ sind meine Nachbarinnen.
6 ● Hast _____ auch Geschwister? ▲ Ja, _____ habe einen Bruder.

2 Welche Substantive gehören zu welchem Pronomen? *

die Möbel ✔ die Wohnung   die Garage   das Haus   die Familie
der Tisch   die Blumen   der Garten   die Tür   die Adressen
das Zimmer   das Dach   der Aufzug   der Hund

er: _____
sie (Sing.): _____
es: _____
sie (Plur.): _die Möbel,_ _____

3 Ergänzen Sie die Sätze mit dem passenden Personalpronomen im Dativ. **

1 Ich bin nicht krank. _Mir_ fehlt nichts.
2 Silke hat Geburtstag. Wir gratulieren _____ .
3 Erik braucht das Buch. Wir geben _____ das Buch.
4 Das Kind hat Durst. Die Mutter gibt _____ Tee.
5 Wir haben jetzt genug Geld. Wir kaufen _____ ein Auto.
6 Die Kinder sehen einen Film. Er gefällt _____ .
7 Frau Meier, haben Sie Schmerzen? Ich gebe _____ eine Tablette.

5 Die Personalpronomen

4 Ergänzen Sie die Sätze mit dem passenden Personalpronomen im Akkusativ. **

1 Jan wohnt nicht weit von hier. Ich besuche _ihn_ heute.
2 Wir machen eine Party. Unsere Freunde besuchen _____ .
3 Mary kommt aus Texas. Kennt ihr _____ ?
4 Daniel hat Fieber. Der Arzt untersucht _____ .
5 Ich brauche ein Passbild. Fotografierst du _____ ?
6 Eva und Petros wohnen in der Nähe. Ich besuche _____ oft.
7 Das Auto gefällt mir. Ich möchte _____ kaufen.
8 Herr Neubert, ich möchte _____ zu meinem Geburtstag einladen.
9 Du bist lieb. Ich liebe _____ !
10 Robert ist in der Schule. Der Lehrer fragt _____ nach der Hausaufgabe.
11 Im Zoo gibt es viele Tiere. Wir dürfen _____ aber nicht füttern.
12 Ihr kommt heute Abend später. Aber wir warten auf _____ .

5 Verbinden Sie die zusammengehörenden Pronomen (im Nominativ, Dativ und Akkusativ). **

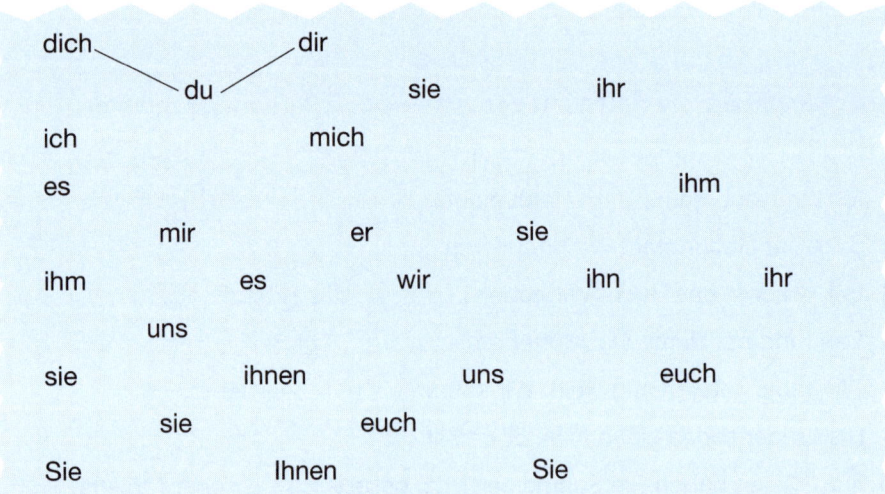

Die Personalpronomen 5

6 Nominativ, Dativ oder Akkusativ? Setzen Sie das passende Pronomen ein. ✶✶

1 Das ist Stefan. _Er_ hat Geburtstag. Die Eltern schenken _ihm_ ein Fahrrad.
2 Meine Schwester heißt Sandra. _____ ist Studentin. Ich gehe oft mit _____ ins Theater.
3 Wir machen eine Gartenparty. Kommst du zu _____ ?
4 Dieses Fahrrad gefällt mir. Ich will _____ kaufen.
5 Die Kinder gehen Eis essen. Der Vater gibt _____ Geld.
6 Dieses Haus ist sehr alt. Wir kaufen _____ deshalb nicht.
7 Regina ist meine Freundin. Kennst du _____ ?
8 Das ist mein Bruder. _____ studiert Informatik.
9 Du hast ein Problem. Kann ich _____ helfen?
10 Ich habe Hunger. Ich mache _____ eine Schnitte.
11 Wo wohnen _____ , Herr Werner?

7 Vervollständigen Sie die Tabelle. ✶✶

Nominativ	Dativ	Akkusativ
ich		
	dir	
		ihn
	ihr	
_es_		
wir		
	euch	
		sie
	Ihnen	

5 Die Personalpronomen

8 Bilden Sie Sätze wie im Beispiel. ★★★

1 Wir schenken Dorothea einen Pullover.
Wir schenken ihr einen Pullover.
Wir schenken ihn Dorothea.
Wir schenken ihn ihr.

2 Wir geben Ulrike eine Gitarre.

3 Der Lehrer stellt dem Schüler eine Frage.

4 Herr Wagner kauft seiner Frau einen Pelzmantel.

5 Ich erkläre meinen Eltern die Verspätung.

6 Gabi zeigt ihren Kollegen die Fotos aus dem Italienurlaub.

Die Personalpronomen 5

9 Was ist richtig? Kreuzen Sie an. ★★★

1 Ich zeige dem Mann den Weg. ✗ a. ihn ihm   c. ihm sie
   Ich zeige _____ _____ .   b. ihm ihn   d. sie ihn

2 Der Opa erzählt den Enkeln ein Märchen.   a. ihn ihnen   c. sie ihm
   Er erzählt _____ _____ .   b. es ihnen   d. ihnen sie

3 Claudia gibt ihrer Schwester Blumen.   a. sie ihr   c. sie ihm
   Sie gibt _____ _____ .   b. ihnen ihr   d. ihr sie

4 Doris erklärt sie uns.   a. den Text   c. den Weg
   Doris erklärt uns _____ .   b. die Aufgabe   d. das Problem

5 Ich gebe es dir.   a. das Buch   c. den Füller
   Ich gebe dir _____ .   b. die Mappe   d. die Bücher

6 Wir schenken ihn dir.   a. das Fahrrad   c. die Tasche
   Wir schenken dir _____ .   b. den Computer   d. die CDs

7 Liest du mir es bitte vor?   a. die Geschichte   c. den Text
   Liest du mir bitte _____ vor?   b. die Erzählung   d. das Gedicht

8 Ich konnte meinen Eltern die Fotos noch nicht schicken.   a. ihn ihnen   c. sie ihnen
                                                              b. sie ihm   d. es ihr
   Ich konnte _____ _____ noch nicht schicken.

6 Die Possessivpronomen

1 Wie heißt das fehlende Possessivpronomen vor dem Substantiv? ✱

1 Ich habe einen Hund. ☆ _Mein_ Hund heißt Cäsar.
2 Ich habe eine Gitarre. ☆ _____ Gitarre hat einen guten Klang.
3 Ich habe ein Fahrrad. ☆ _____ Fahrrad ist grün.
4 Ich habe viele Bücher. ☆ _____ Bücher sind interessant.
5 Du hast eine Schwester. ☆ _____ Schwester wohnt in Rom.
6 Du hast ein Kind. ☆ _____ Kind ist noch klein.
7 Du hast Freunde. ☆ _____ Freunde sind nett.
8 Peter wohnt in Dresden. ☆ _____ Bruder wohnt in Pirna.
9 Nikolai ist blond. ☆ _____ Kind ist auch blond.
10 Mein Freund Istvan ist jung. ☆ _____ Eltern sind nicht mehr jung.
11 Eva besucht ihren Freund. ☆ _____ Freund heißt Felipe.
12 Zdenka schreibt an ihre Tante. ☆ _____ Tante wohnt in Prag.
13 Barbara freut sich. ☆ _____ Eltern kommen zu Besuch.
14 Das Kind hat einen Ball. ☆ _____ Ball ist bunt.
15 Das Kind hat eine Puppe. ☆ _____ Puppe ist hübsch.
16 Das Kind hat ein Buch. ☆ _____ Buch hat viele Bilder.

2 Kreuzen Sie das richtige Possessivpronomen an. ✱

1 _____ Koffer ist schwer. a. meine ✗ b. mein c. meinen
2 Frau Jung, wo sind _____ Kinder? a. Ihre b. ihre c. Ihr
3 Eva und _____ Freund fahren nach Bonn. a. sein b. ihr c. Ihr
4 Wir besuchen _____ Oma. a. unsere b. sein c. deinen
5 Julia, wo ist _____ Buch? a. deine b. eure c. dein

Die Possessivpronomen

3   Welches Possessivpronomen passt? ★★

1. Wir haben eine neue Wohnung. ☆ _Unsere_ Wohnung ist groß.
2. Wir haben einen Garten. ☆ _____ Garten ist klein.
3. Wir haben ein Haus. ☆ _____ Haus ist alt.
4. Wir haben Goldfische. ☆ _____ Goldfische sind schön.
5. Ihr habt eine Tochter. ☆ Wie heißt _____ Tochter?
6. Ihr habt ein Auto. ☆ Ist _____ Auto schnell?
7. Ihr habt viele Freunde. ☆ Wo wohnen _____ Freunde?
8. Die Kinder sehen fern, während _____ Vater ein Buch liest.
9. Die Mädchen singen, während _____ Brüderchen spielt.
10. Die Kinder tanzen. _____ Eltern schauen zu.
11. Haben Sie einen Computer? Ist _____ Computer schnell?
12. Haben Sie eine Videokamera? Ist _____ Kamera gut?

4   Setzen Sie das richtige Possessivpronomen ein. ★★

1. Susi und _ihre_ Freundin Lisa gehen ins Kino.
2. Wir besuchen Klaus. Er ist _____ Freund.
3. Martin und _____ Bruder bleiben heute zu Hause.
4. Ich kaufe mir ein neues Radio. _____ altes Radio ist sehr schlecht.
5. Wir brauchen eine neue Waschmaschine. _____ Waschmaschine lässt sich nicht mehr reparieren.
6. Ihr habt einen schönen Garten! _____ Garten ist sehr gepflegt.
7. Das Kind weint. _____ Eltern sind nicht da.
8. Herr Huber, _____ Auto ist kaputt.
9. Marie Curie war eine berühmte Physikerin. Auch _____ Mann, _____ Tochter Irène und _____ Schwiegersohn waren berühmte Physiker.

179

6 Die Possessivpronomen

5 Ergänzen Sie die Possessivpronomen mit der richtigen Endung. ★★

1 Kann ich dein Wörterbuch nehmen? Ich habe mein*es* zu Hause vergessen.
2 Dein Bruder heißt Robert. Mein____ auch.
3 Ich habe nur meinen Stift. Dein____ habe ich nicht.
4 Ich habe ihr nicht meine Telefonnummer gegeben, sondern dein____ .
5 Fahren wir mit meinem Auto oder mit dein____ ?
6 Hier sind meine Fotos. Darf ich auch Ihr____ sehen?
7 Können Sie mir Ihr Handy leihen? Mein____ ist nämlich defekt.
8 Das ist nicht Ihre Aufgabe, es ist unser____ .
9 Wir fahren im Urlaub nach Spanien. Wo verbringt ihr euer____ ?
10 Kann er deinen Computer benutzen? Sein____ ist abgestürzt.
(= funktioniert nicht)
11 Ich habe nicht nach deiner Meinung gefragt, sondern nach ihr____ .

6 Setzen Sie das richtige Possessivpronomen ein. ★★

> ihr   unserem   ihrem   unsere ✔   unser   unseren   seinem   seine   unserer

Wir haben eine neue Wohnung. *Unsere* ① Wohnung ist groß. Sabine und _____ ② Freund Martin besuchen uns. Wir zeigen _____ ③ Gästen die ganze Wohnung. Das kleinste Zimmer gehört _____ ④ Sohn. In _____ ⑤ Zimmer steht ein großes Aquarium. _____ ⑥ Sohn ist stolz auf _____ ⑦ Fische. Sabine und _____ ⑧ Freund gefällt das Aquarium. Aber besonders begeistert ist Sabine von _____ ⑨ großen Küche.

7 Die Demonstrativpronomen

1 Dieser, diese oder dieses? *

1 _Diese_ Hose gefällt mir überhaupt nicht.
2 Wer ist _____ Mädchen dort?
3 _____ Haus ist wahrscheinlich sehr alt.
4 _____ Film ist sehr interessant.
5 Wie viel kostet _____ blaue Kleid?
6 _____ Schuhe sind leider zu klein.

2 Dieses oder dieser? **

1 Über den Preis _dieses_ Kostüms möchte ich nicht sprechen.
2 Wer ist der Autor _____ Buches?
3 Die Farbe _____ Hemdes gefällt mir nicht.
4 Die Miete _____ Wohnung ist angemessen.
5 Ich kenne die technischen Daten _____ Autos nicht.
6 Wo sind die Eltern _____ Kinder?

3 Dieser, diesem oder diesen? **

1 Ich kaufe gern in _diesem_ Kaufhaus ein.
2 In _____ Abteilung gibt es Damenbekleidung.
3 Bezahlen Sie bitte an _____ Kasse.
4 Welche Jacke passt zu _____ Rock?
5 In _____ Mantel siehst du sehr gut aus.
6 Mit _____ Kühlschrank können Sie viel Energie sparen.
7 Haben Sie noch Wolle in _____ Farbe?
8 Ich nehme sieben von _____ Knöpfen.

7 Die Demonstrativpronomen

4 *Diese, diesen, dieses, dieser* oder *diesem*? **

1 Kaufen Sie _diese_ Erdbeeren!
2 _____ Obst nehme ich nicht.
3 Möchten Sie _____ Melone?
4 Geben Sie mir bitte _____ Salat.
5 Wünschen Sie _____ Kirschen oder die anderen?
6 Ich hätte gern _____ Blumenkohl.
7 Wollen Sie noch _____ Zitrone?
8 _____ Bananen nehme ich nicht, sie sind zu reif.
9 Kann man _____ Gemüse roh essen?
10 Nehmen wir doch _____ Korb Pilze!
11 Aus _____ grauen Auto stieg ein Mann aus.
12 _____ runde Tisch ist zu groß.
13 _____ Zeitschrift habe ich schon.
14 Mit _____ Leuten habe ich nicht gesprochen.
15 Können Sie mir bitte sagen, wie ich zu _____ Straße komme?
16 Ich möchte gerne _____ graue Hose anprobieren.

5 Ergänzen Sie die fehlenden Endungen. **

1 Dieses Brot ist frisch, jen_es_ ist von gestern.
2 Nehmen wir nun dies____ oder jen____ Sofa?
3 Kennst du dies____ Mann und jen____ neben ihm auf dem Foto?
4 ● Wie gefällt dir dies____ Rock?
   ▲ Nicht besonders. Ich nehme lieber jen____ .
5 Dies____ Museum kenne ich gut, aber in jen____ war ich noch nie.
6 Dies____ Wecker möchte ich nicht. Jen____ gefällt mir besser.
7 Morgen brauche ich wieder dies____ Wörterbuch, jen____ nützt mir nichts.

8 Die Relativpronomen

1 „Grüße aus München" – Ergänzen Sie im Brief die fehlenden Relativpronomen: *der, das, die, den, dem.* ★★

> Liebe Doris,
>
> ich bin jetzt seit vier Tagen in München. Ich schreibe dir aus einem Straßencafé, _____ ① hier in der Nähe vom Hotel ist. Das Hotel ist sehr schön. Ich habe es aus einem Stadtführer, _____ ② ich schon in Köln gekauft hatte. Am Samstag war ich auf dem Marienplatz und auf dem Viktualienmarkt. Danach war ich in der Konditorei, _____ ③ du mir empfohlen hattest. Am Sonntag war ich in der Alten Pinakothek und dann habe ich einen Münchner getroffen, _____ ④ ich neulich im Zug kennengelernt hatte. Gestern war ich in der Stadt. Das kleine Schuhgeschäft, von _____ ⑤ du mir erzählt hattest, ist jetzt eine tolle italienische Boutique!
>
> Das Wetter ist heute so schön! Ich genieße es!
>
> Liebe Grüße
>
> Stephanie

2 Welches Relativpronomen fehlt: *der, das, die, den, dem* oder *denen*? ★★

1. Ich habe die gleichen Ohrringe wie die, _____ wir Ute geschenkt haben.
2. Monika hat mir ein Rezept für Apfelkuchen gegeben, _____ sie von ihrer Mutter hat.
3. Heute Abend kommt zu uns ein neuer Kollege, _____ aus Indien stammt.
4. Der Mann, mit _____ ich mich vorhin unterhalten habe, ist mein Nachbar.
5. Kennst du die Leute, mit _____ dein Freund spricht?
6. Das ist der Roman, über _____ wir neulich gesprochen haben.

9 Das Verb im Präsens

1 Kreuzen Sie die richtige Form an. *

1 ich: a. bin ✗   b. ist   c. sind
2 du: a. habe   b. hat   c. hast
3 er, sie: a. wohnt   b. wohne   c. wohnen
4 wir: a. lernst   b. lernen   c. lernt
5 ihr: a. arbeitet   b. arbeiten   c. arbeitest
6 sie, Sie: a. brauche   b. braucht   c. brauchen

2 Ergänzen Sie die Tabelle. **

Person	wohnen	schreiben	hören	trinken	sein
ich		*schreibe*			*bin*
du	*wohnst*				
er, sie, es				*trinkt*	
wir			*hören*		*sind*
ihr	*wohnt*		*hört*		
sie, Sie		*schreiben*		*trinken*	

3 Setzen Sie das Verb in der richtigen Form ein. **

1 Du *bist* mein Freund. (sein)
2 Wir _____ aus Asien. (kommen)
3 Unser Sohn _____ Deutsch. (lernen)
4 _____ Sie krank? (sein)
5 Ich _____ nach Hause. (gehen)
6 _____ ihr Zeit? (haben)
7 Die Kinder _____ im Garten. (spielen)
8 Wie _____ Sie? (heißen)

Das Verb im Präsens 9

4 Füllen Sie die Tabellen aus. **

Person	nehmen	sprechen	geben	sehen
ich		spreche		
du				siehst
er, sie, es			gibt	
wir	nehmen			
ihr	nehmt			
sie, Sie			geben	

Person	lesen	werden	essen	vergessen
ich	lese			
du	liest		isst	
er, sie, es		wird		vergisst
wir			essen	
ihr		werdet		
sie, Sie				vergessen

5 Ergänzen Sie die Sätze mit den vorgegebenen Verben. Achtung! Fünf Verben passen in keinen Satz! *

sprecht   frisst   wird   gebt   nimmt   gibt   fresst   esst   werde ✔
liest   wirfst   sprichst

1 Im Mai _werde_ ich 29 Jahre alt.
2 Thomas _____ ein Taxi.
3 Es _____ bald dunkel.
4 Sandra _____ eine Zeitung.
5 _____ du Englisch?
6 Heute Mittag _____ es Fisch.
7 _____ ihr gern Eis?

9 Das Verb im Präsens

6 Ergänzen Sie die Tabelle. ✶✶

Person	schlafen	tragen	fahren	gefallen
ich			*fahre*	
du		*trägst*		
er, sie, es			*fährt*	*gefällt*
wir		*tragen*		
ihr	*schlaft*			*gefallt*
sie, Sie				

Person	laufen	schlagen	graben	fallen
ich	*laufe*		*grabe*	
du				*fällst*
er, sie, es		*schlägt*		
wir				*fallen*
ihr	*lauft*			
sie, Sie			*graben*	

7 Schreiben Sie das Verb in der richtigen Form in die Lücke. ✶✶

1 Der Apfel *fällt* nicht weit vom Stamm. (fallen)
2 Wer anderen eine Grube _____, _____ selbst hinein. (graben / fallen)
3 Wohin _____ du? (fahren)
4 Wir _____ oft am Fluss entlang. (laufen)
5 _____ ihr die Kiste nach oben? (tragen)
6 Das Kind _____ schon. (schlafen)
7 Die Uhr _____ Mitternacht. (schlagen)
8 Sie _____ glücklich über ihren Erfolg. (sein)
9 Wann _____ ihr mit dem Lehrer? (sprechen)

Das Verb im Präsens 9

8 Bilden Sie Sätze wie im Beispiel. Setzen Sie die Verben im Präsens ein. ✶✶

1 vergessen – ein Elefant – nie
   Ein Elefant vergisst nie.

2 graben – der Hund – im Garten – ein Loch

3 laufen – der Junge – nach Hause

4 essen – Eva – gern – Fisch

5 fahren – Christian – Spanien – nach – morgen

9 Im Buchstabennetz sind verschiedene Personalformen von zehn Verben mit Vokalwechsel versteckt. Suchen Sie die 20 Verbformen und schreiben Sie sie zu den angegebenen Personalpronomen. ✶✶

```
P O N T E R E S E L O F T E W Ö R S
A U E B S E H E N A T O X N I M M T
S E H S T S R U A U B L I H R E S O
C B M T A S O B I F E L N E S S A V
H V E R G E S S E T O A S M T C T E
L I A A L N O V S I E H S T Y H Ö R
A L I G I B S T S L Ä U F T E L I G
F A S E R O H R E M S I T P O Ä M E
E I D O R X B Ä C H S T R Ü A F T S
N A E L Q U Ä G E F A H R E N T U S
W E R D E T L T E G R A U G E B T T
K K K A R I O F Ä H R S T E B F L U
```

ich: *nehme* , _____ , _____ , _____

du: _____ , _____ , _____ , _____

er, sie, es: _____ , _____ , _____ , _____

wir, sie, Sie: _____ , _____ , _____ , _____

ihr: _____ , _____ , _____ , _____

9 Das Verb im Präsens

10 Welche dieser Verben sind trennbar, welche nicht? Sortieren Sie. ★★

> vergessen ✔ vorstellen ✔ abgeben verschreiben ausgehen
> zurückkommen entstehen einkaufen abschreiben zumachen
> empfehlen wiederholen aufhören gefallen beginnen wegwerfen
> versuchen

trennbar: _vorstellen_ , _____

_____

nicht trennbar: _vergessen_ , _____

_____

11 Setzen Sie die trennbaren Verben ein. ★★

1	anklopfen	Ich _klopfe an._
2	ausfüllen	_____ du bitte das Formular _____ ?
3	aufstehen	Marion _____ immer um 6 Uhr _____ .
4	anrufen	Sie _____ mich heute Abend _____ .
5	einnehmen	Der Patient _____ die Tabletten _____ .
6	umziehen	Wir haben eine neue Wohnung. Heute _____ wir _____ .
7	zurückkehren	Sven _____ morgen aus Rom _____ .
8	zubereiten	Sandra _____ den Salat _____ .
9	vorstellen	Ich _____ Ihnen Frau Berger _____ .
10	aufschreiben	Uschi _____ sich meine Telefonnummer _____ .
11	vorlesen	Der Lehrer _____ uns den Text _____ .
12	anzünden	Der Vater _____ sich eine Zigarette _____ .
13	aufnehmen	Ich _____ dieses Lied auf meiner Kassette _____ .
14	fernsehen	Abends _____ ich meistens _____ .

Das Verb im Präsens 9

12 Welche Verben gehören in welche Sätze? ∗∗

aufschreiben   ankommen   abnehmen   abwaschen ✔   einkaufen

1 Nach dem Essen _waschen_ wir die Teller _ab_ .
2 Ich _____ die neuen Wörter _____ .
3 Der Zug _____ um 12.24 Uhr _____ .
4 In diesem Geschäft _____ wir gern _____ .
5 Helga macht eine Diät. Sie _____ _____ .

13 Suchen Sie im Buchstabennetz neun Infinitive von trennbaren Verben. Setzen Sie diese Verben in der richtigen Form in die Lücken ein. ∗∗

```
E S (A U S G E B E N) S E N V E R L G
E S B S E N A U F S C H R E I B E N
G L F A U B B U M S T E I G E N R E
N T A R Ö D B E L N U M F I R A N B
S C H H R M I T B R I N G E N E S I
V O R L E S E N B E N Ü N E R L E G
E N E S S S G Z U V O R N A C H H I
N A N R U F E N E I N V I E L E E G
R Ü S S E A N P R O B I E R E N N X
```

1 Katja _gibt_ immer viel Geld für Schmuck _aus_ .
2 Der Zug _____ um 15.37 Uhr _____ .
3 Ich _____ in Leipzig _____ .
4 Die Oma _____ dem Enkel ein Märchen _____ .
5 Thomas _____ seine Freundin _____ .
6 An der Kreuzung _____ Sie nach links _____ .
7 Ich _____ mir deine Telefonnummer _____ .
8 Mein Bruder _____ die neuen Schuhe _____ .
9 Wir _____ unserem Freund eine CD _____ .

9 Das Verb im Präsens

14 Beantworten Sie die Fragen. ★★★

1. Wo steigen Sie aus? *(in Hanau)*
   Ich steige in Hanau aus.
2. Wann stehst du auf? *(um halb sieben)*
3. Wann zieht ihr um? *(im April)*
4. Mit wem geht Eva aus? *(mit Martin)*
5. Wann fahren sie weg? *(morgen früh)*
6. Wo kaufst du ein? *(auf dem Wochenmarkt)*
7. Wer macht die Tür auf? *(Verena)*
8. Wen rufst du an? *(Tante Petra)*
9. Wer setzt immer seine Meinung durch? *(mein Freund)*
10. Nach wem dreht Karsten sich um? *(nach einem hübschen Mädchen)*

15 Bilden Sie Sätze. Beachten Sie, dass einige Verben trennbar, andere nicht trennbar sind. ★★★

1. vergessen – Monika – immer – meinen Geburtstag
   Monika vergisst immer meinen Geburtstag.
2. ausgehen – Michael – gern – mit Doris
3. verstehen – ich – den Text – nicht
4. abschicken – du – den Brief – an Karin

Das Verb im Präsens 9

5 zuhören – die Kinder – der Erzieherin

6 verschreiben – der Arzt – mir – starke Medikamente

7 übersetzen – Franziska – den Text – ins Spanische

8 anfangen – der Unterricht – um 8 Uhr

16 Reflexive Verben – welches Reflexivpronomen passt? ★★

1 Ich freue _mich_ .   sich – mich – uns
2 Du beeilst _____ .   dich – uns – mich
3 Sie irren _____ .   sich – euch – uns
4 Das Mädchen ärgert _____ .   sich – dich – uns
5 Wir ziehen _____ an.   sich – euch – uns
6 Die Mädchen kämmen _____ .   euch – dich – sich
7 Ihr irrt _____ .   uns – euch – mich

17 Welches Reflexivpronomen fehlt? Ergänzen Sie die Sätze. ★★

1 Mateja freut _sich_ über das schöne Geschenk.
2 Die neue Sekretärin vertippt _____ selten.
3 Ich verspäte _____ nie.
4 Klaus und Ali unterhalten _____ gern.
5 Du sonnst _____ oft.
6 Monika schminkt _____ seit einer Stunde.
7 Meine Kinder erkälten _____ nie.
8 Wir schämen _____ für unser Verhalten.
9 Der Junge ärgert _____ .

10 Das Verb im Präteritum

1 Präsens oder Präteritum? Wie heißt der Infinitiv? *

1 Gestern war ich im Kino. _Präteritum, sein_
2 Wir haben Durst. _____
3 Stefan wollte Arzt werden. _____
4 Ich studierte Mathematik. _____
5 Antje ist erkältet. _____
6 Du schreibst eine Übung. _____
7 Thomas brauchte das Buch. _____
8 Bianca kaufte zwei Hefte. _____
9 Wir haben viel Arbeit. _____
10 Wir wussten nichts davon. _____

2 Schreiben Sie die Sätze im Präsens. *

1 Gestern waren wir im Zirkus. *(heute, zu Hause)*
   Heute sind wir zu Hause.
2 Am Freitag hatte ich eine Prüfung. *(heute, keine Prüfung)*
   _____
3 Gestern warst du traurig. *(heute, glücklich)*
   _____
4 Vorgestern hatte Marc Schnupfen. *(heute, Fieber)*
   _____
5 Im Herbst hatten wir viel Arbeit. *(jetzt, Zeit)*
   _____
6 Im Urlaub wart ihr auf Ibiza. *(jetzt, zu Hause)*
   _____
7 Letzte Woche ging es mir nicht so gut. *(diese Woche, besser)*
   _____

Das Verb im Präteritum

3 „Übers Wochenende" – Ergänzen Sie den Dialog zwischen Arbeitskollegen mit *war, warst, waren, hatte, hattest, hatten* oder *hattet*.

- Wir _waren_ gestern im Kino.
- ▲ _____ ① der Film interessant?
- Ja, sehr. Und wo _____ ② du?
- ▲ Ich _____ ③ zu Hause. Mein Sohn _____ ④ Geburtstag.
- _____ ⑤ es eine schöne Feier?
- ▲ Ja. Seine Freunde _____ ⑥ da. Sie _____ ⑦ alle viel Spaß. Und dann _____ ⑧ meine Frau viel Arbeit.
- Und du? _____ ⑨ du keine Arbeit?
- ▲ Doch. Wir _____ ⑩ beide viel zu tun!

4 Formulieren Sie die Sätze mit dem Präteritum um.

1 Ich will nach Frankfurt fahren.
 Ich wollte nach Frankfurt fahren.

2 Die Kinder wollen ins Kino gehen.

3 Ihr sollt hier aufräumen.

4 Ich muss meinen Pullover waschen.

5 Erika darf heute länger schlafen.

6 Du kannst gut singen.

7 Ihr müsst euch beeilen!

8 Wir können die Aufgabe lösen.

10 Das Verb im Präteritum

5 Vervollständigen Sie die Tabelle. ★

Infinitiv	Präsens	Präteritum
sein	ich bin	ich war
	wir sind	
	ich habe	
haben	er	er
werden	ich werde	
		wir wurden
müssen	du musst	
		er musste
	ich soll	
		du solltest
	wir dürfen	
dürfen		er durfte

6 Formulieren Sie die Sätze im Präteritum. ★★

1 Jetzt kann ich Auto fahren. *(vor einem Jahr, noch nicht)*
   Vor einem Jahr konnte ich noch nicht Auto fahren.

2 Anne ist jetzt gesund. *(vor einer Woche, krank)*

3 Jan und Christina haben heute Zeit. *(gestern, eine Prüfung)*

4 Wir wollen jetzt ins Kino gehen. *(am Montag, in die Disco gehen)*

5 Melanie kann heute zu mir kommen. *(gestern, nicht)*

6 Klaus darf wieder schwimmen. *(bis gestern, nicht)*

Das Verb im Präteritum 10

7 Suchen Sie im Buchstabennetz 18 Verben im Präteritum und setzen Sie diese in die Sätze ein. ★★

```
O B E S U C H T E N W O I S S Ü C H
A X S C H R I E B A U S T I X R E O
B E A H M E T E R O Q U E S T E P L
S C H L L I X B A M S T O A P L E A
M N E I S Ö Ä B C D O S T E A A B C
L A N E L A V W H O A R E W U S C H
B L A F T E M A T T E A L A W E S T
B O R E S P I R E D E T E R U N G E
W O H N T E S T S A T T F T Ä S P N
U R O G U P F I T Z O P O E A A L E
R F P A D U L R N A S B N T W D M K
D T I O E X O T S C H W I E B S T O
E L M A R O G T A R T E E S Ö L R T
B E K A M T E I C H A A R T R A U B
L O N G O N N Ü H E R B T A T A G A
M I O V E R S T A N D B E I Y O K O
```

1 Wir _sahen_ gestern einen italienischen Film.

2 Sie _____ so leise, dass ich kein Wort _____ .

3 Früher _____ ich Gedichte.

4 Um 19 Uhr _____ die Babys schon.

5 Was _____ du in den Keller?

6 Unser Sohn _____ im März eine starke Erkältung, aber nach

   zehn Tagen _____ er wieder gesund.

7 Ich _____ mir die Haare und Ute _____ mit Rita.

8 Es ist fast Mitternacht! Wo _____ ihr so lange?

9 Wir _____ unseren Freund, der eine neue Wohnung hat.

10 Wo _____ du auf mich?

11 Heute _____ wir in der Schule eine schöne Geschichte.

12 Wir _____ , weil du auch in Plauen _____ .

13 Im Urlaub _____ die Müllers nach Israel.

14 Katja _____ ein neues Kleid.

10 Das Verb im Präteritum

8 Ergänzen Sie die Verbformen (Präteritum, Präsens). *

1	ich kaufe	ich kaufte	9	wir suchen	wir suchten
2	wir kochen		10		du tipptest
3	er schreibt	er schrieb	11	du kommst	du kamst
4	sie steigen ein		12		ich trug
5	ich komme		13		wir fuhren ab
6	wir trinken aus		14		ihr gingt
7	ihr lauft		15		sie aßen
8	du schläfst		16		Sie brachen ab

9 Setzen Sie die Verben ins Präteritum. **

Ich _wurde_ (werden) ① am 17. Oktober 1976 geboren. Im September 1983 _____ (kommen) ② ich in die Schule. Zuerst _____ (besuchen) ③ ich die Grundschule, dann das Gymnasium. 1995 _____ (verlassen) ④ ich das Gymnasium erfolgreich. Nach meinem Abitur _____ (wollen) ⑤ ich zuerst im Ausland arbeiten. Ich _____ (sich bewerben) ⑥ als Au-pair-Mädchen bei einer englischen Familie. Von August 1995 bis Februar 1997 _____ (arbeiten) ⑦ ich also in London und _____ (lernen) ⑧ Englisch. Im Februar 1997 _____ (fliegen) ⑨ ich nach Deutschland zurück. In meiner Heimatstadt _____ (bekommen) ⑩ ich eine Stelle in einem Zeitungsladen. Aber ich _____ (wollen) ⑪ studieren und _____ (schicken) ⑫ meine Papiere an die Universität. Ich _____ (haben) ⑬ Glück: Ich _____ (bekommen) ⑭ einen Studienplatz und _____ (beginnen) ⑮ im Herbst 1997 mein Studium.

11 Das Verb im Perfekt und als Partizip II

1 Bilden Sie das Partizip II wie im Beispiel. ★★

1	legen	*gelegt*	12	versuchen	*versucht*
2	machen		13	verkaufen	
3	kochen		14	befragen	
4	kaufen		15	besuchen	
5	sparen		16	bestellen	
6	fragen		17	gehören	
7	ablegen	*abgelegt*	18	fotografieren	*fotografiert*
8	ausmachen		19	studieren	
9	einkaufen		20	telefonieren	
10	aufhören		21	reparieren	
11	abholen		22	kopieren	

2 Ergänzen Sie die Sätze mit dem Partizip II. ★★

1 Ich suche mein Buch. ☆ Ich habe mein Buch *gesucht* ____ .
2 Adam legt die Prüfung ab. ☆ Adam hat die Prüfung ____ .
3 Wir verkaufen unser Auto. ☆ Wir haben unser Auto ____ .
4 Sabine färbt sich die Haare. ☆ Sabine hat sich die Haare ____ .
5 Ich kaufe Obst. ☆ Ich habe Obst ____ .
6 Das Kind malt ein Bild. ☆ Das Kind hat ein Bild ____ .
7 Die Mutter erholt sich. ☆ Die Mutter hat sich ____ .
8 Nina besucht ihren Opa. ☆ Nina hat ihren Opa ____ .
9 Peter informiert seinen Freund. ☆ Er hat seinen Freund ____ .
10 Das Kind schaut den Vögeln zu. ☆ Das Kind hat den Vögeln ____ .
11 Sie strengen sich sehr an. ☆ Sie haben sich sehr ____ .

11 Das Verb im Perfekt und als Partizip II

3 Bilden Sie Sätze im Perfekt. **

1 schenken – Martin – ein Buch – seiner Freundin
  Martin hat seiner Freundin ein Buch geschenkt.
2 kaufen – gestern – wir – einen Kühlschrank

3 bellen – lange – der Hund – am Nachmittag

4 abschicken – Nadja – noch nicht – den Brief

5 ausschalten – wer – den Computer ?

6 versuchen – ich – alles – wirklich

7 erzählen – der Mann – alles – dem Anwalt

8 treffen – ich – meinen Freund – am Wochenende

4 Welches Partizip II passt in welchen Satz? *

gedacht   mitgebracht   gewusst   gerannt ✔   genannt   verbracht
verbrannt   ausgedacht

1 Die Kinder sind schnell *gerannt* .
2 Der Dieb hat alle Dokumente _____ .
3 Sie hat ihren Namen nicht _____ .
4 Was hast du dir dabei _____ ?
5 Wir haben in Spanien einen schönen Urlaub _____ .
6 Ich habe dir eine CD _____ .
7 Ich habe darüber nichts _____ .
8 Klaus hat sich etwas Verrücktes _____ .

Das Verb im Perfekt und als Partizip II (11)

5 Ergänzen Sie die Sätze. Suchen Sie das jeweils passende Verb ✶✶
aus und setzen Sie es in der richtigen Partizip-II-Form ein.

> vorstellen nähen schälen tanzen gratulieren verirren kaufen ✓
> anprobieren kochen erledigen putzen

1. Sandra hat sich gestern ein Kleid _gekauft_ .
2. Die Mutter hat Suppe _____ .
3. Ich weiß nicht, wie er heißt. Er hat sich nicht _____ .
4. Claudia und Michael haben Tango _____ .
5. Andreas hat sich schon die Zähne _____ .
6. Meine Mutter hat mir dieses Kostüm _____ .
7. Hast du alles _____ ?
8. Wir haben ihm schon zum Geburtstag _____ .
9. Hast du schon die Kartoffeln _____ ?
10. Haben Sie die blaue Jacke _____ ?
11. Hänsel und Gretel haben sich im Wald _____ .

6 Suchen Sie zu jedem Infinitiv das passende Partizip II. ✶

> gesprungen gesessen getrunken ✓ getragen gefahren gelegen
> gesungen eingestiegen gegessen gesehen gefallen gesprochen
> verstanden verschlafen gelaufen ausgegangen

1. trinken — _getrunken_
2. singen — _____
3. fahren — _____
4. laufen — _____
5. sprechen — _____
6. tragen — _____
7. fallen — _____
8. sehen — _____
9. verstehen — _____
10. ausgehen — _____
11. einsteigen — _____
12. sitzen — _____
13. essen — _____
14. verschlafen — _____
15. springen — _____
16. liegen — _____

199

11 Das Verb im Perfekt und als Partizip II

7 Welches Partizip II passt in welchen Satz? *

verloren   verschrieben   gelesen   eingestiegen ✔   gekommen
gesehen   gesungen   geschlafen   gewaschen   gefallen   gesprungen

1 Alle Passagiere sind ins Flugzeug _eingestiegen_ .
2 Manja hat sich die Haare _____ .
3 Akemi ist aus Japan _____ .
4 Wie hat euch der Film _____ ?
5 Der Arzt hat mir Tabletten _____ .
6 Die Schwimmer sind ins Wasser _____ .
7 Ich habe den Text noch nicht _____ .
8 Die Kinder haben laut _____ .
9 Hast du die Fotos _____ ?
10 Jola hat ihre Geldbörse _____ .
11 Ich habe diese Nacht nur vier Stunden _____ .

8 Bilden Sie das Partizip II. **

1 Wir haben lange darüber (sprechen) _gesprochen_ .
2 Am Sonntag sind wir früh (aufstehen) _____ .
3 Wir sind an den See (fahren) _____ .
4 Die Sonne hat (scheinen) _____ .
5 Wir haben das schöne Wetter (genießen) _____ .
6 Wir sind im See (schwimmen) _____ .
7 Zu Mittag haben wir im Restaurant (essen) _____ .
8 Wir haben Gulasch (bestellen) _____ .
9 Dazu haben wir Apfelsaft (trinken) _____ .
10 Das Mittagessen ist sehr gut (sein) _____ .
11 Nach dem Essen sind wir nach Hause (laufen) _____ .

Das Verb im Perfekt und als Partizip II

9 Suchen Sie im Buchstabennetz (waagerecht und senkrecht) zwölf weitere Partizipien II.

```
A I C H A U S G E T R U N K E N B A U
B O N G E N G T G A U S G E G E B E N
G E W O R D E N E R T Y A T E H F X B
E Ü B R O M S E T I X M N E F G E T E
H G E G A N E S R V E R G R A B E N W
O V E S S Y H V I E R O W C H E R A O
B E K O M M E N E R U B N I R D A T R
E M L Q U E N Ü B S T U D I E R T O B
N S A K I T T E E U M E R H N G B P E
R A K S H A B A N C S L Y M O P I K N
A T Y B E Z C I C H S U P O W A T S C
S V E R H A F T E T Ä I S D O P E T E
```

Ergänzen Sie die Sätze mit den Partizipien, die Sie oben gefunden haben.

1 Die Piraten haben auf der Insel einen Schatz _vergraben_.
2 Ich habe es mehrfach _____, aber ohne Erfolg.
3 Barbara hat von ihrem Konto viel Geld _____.
4 Hast du schon einen Bescheid _____?
5 Sind Sie mit dem Zug oder mit dem Auto _____?
6 Wofür hast du so viel Geld _____?
7 Michael hat Chemie in Berlin _____.
8 Ich habe mich um eine Stelle als Reiseleiter _____.
9 Unser Sohn ist 10 Jahre alt _____.
10 Wann hast du den Film _____?
11 Die Polizei hat den Dieb _____.
12 Früher habe ich regelmäßig Sport _____.
13 Paul hat die Milch _____.

11 Das Verb im Perfekt und als Partizip II

10 *Haben* oder *sein*? Vervollständigen Sie die Sätze. ★

1 Maren _ist_ gestern bei ihrer Oma gewesen.
2 Im Urlaub _____ wir nach Griechenland geflogen.
3 Die Touristen _____ die Kirche besichtigt.
4 Wir _____ ins Reisebüro gegangen und _____ uns eine Reise ausgesucht.
5 Frank _____ seinen Rucksack gepackt.
6 Sally _____ im Urlaub viele Postkarten geschrieben.
7 Aaron _____ mit dem Mietauto nach Salzburg gefahren.
8 Wir _____ oft baden gegangen.

11 Formulieren Sie Sätze im Perfekt. ★★★

1 anfangen – der Film – vor zehn Minuten
   Der Film hat vor zehn Minuten angefangen.
2 einfallen – mir – eine Frage – noch

3 bekommen – wir – alle Dokumente – schon

4 informieren – er – mich – über seine Arbeit

5 sich verlieben – Pascal – in Olivia

6 fahren – Jutta – nach Prag – vorgestern

7 versprechen – Rainer – seinem Sohn – was ?

8 abfahren – der Zug – wann ?

9 gehen – Marina – wohin ?

Das Verb im Perfekt und als Partizip II 11

**12 Was hat Familie Franke heute alles gemacht? Sagen Sie es ★★★
im Perfekt.**

1 Der Wecker klingelt um 6.10 Uhr.
   Der Wecker hat um 6.10 Uhr geklingelt.
2 Frau Franke steht auf.

3 Sie geht ins Bad, duscht und zieht sich an.

4 Dann weckt sie ihren Mann.

5 Danach bereitet sie das Frühstück vor.

6 Ihr Mann weckt die Tochter.

7 Um 6.45 Uhr frühstücken alle in der Küche.

8 Um 7.00 Uhr geht Herr Franke ins Büro.

9 Die Tochter packt ihre Schultasche.

10 Dann fährt sie mit dem Rad in die Schule.

11 Frau Franke wäscht noch schnell ab.

12 Um 7.40 Uhr geht sie aus dem Haus.

13 Sie beginnt ihre Arbeit um 8.30 Uhr.

14 Von 12.30 Uhr bis 13.00 Uhr hat sie Mittagspause.

15 Sie isst einen Salat und spricht mit ihren Kolleginnen.

11 Das Verb im Perfekt und als Partizip II

16 Sie beendet ihre Arbeit um 17 Uhr.

17 Nach der Arbeit macht sie Einkäufe.

18 Um 18.30 Uhr kommt sie nach Hause.

19 Die Tochter deckt den Tisch.

20 Herr Franke holt die Getränke aus dem Keller.

21 Frau Franke macht das Essen.

22 Nach dem Abendbrot spült die Tochter das Geschirr.

23 Frau Franke bügelt die Wäsche und spricht mit ihrem Mann.

24 Um 22.40 Uhr gehen sie schlafen.

13 Präsens oder Perfekt? Setzen Sie die Perfekt-Sätze ins Präsens ★★
und die Präsens-Sätze ins Perfekt.

1 Antonia ist 16 Jahre alt geworden.   *Perfekt*
   Präsens: Antonia wird 16 Jahre alt.

2 Marc hat sich einen Anzug gekauft.

3 Ich besuche Tamara.

4 Franziska trinkt Tee mit Zitrone.

5 Der Arzt untersucht den verletzten Mann.

12 Der Imperativ

1 Bilden Sie den Imperativ in der 2. Person Singular. ★★

1 Du sollst kommen. — *Komm!*
2 Du sollst sprechen. —
3 Du sollst essen. —
4 Du sollst zuhören. —
5 Du sollst den Mund aufmachen. —
6 Du sollst still sein. —
7 Du sollst arbeiten. —

2 Bilden Sie den Imperativ in der 1. Person Plural. ★★

1 Wir sollten helfen. — *Helfen wir!*
2 Wir sollten arbeiten. —
3 Wir sollten gehen. —
4 Wir sollten einsteigen. —
5 Wir sollten aufhören. —
6 Wir sollten aufpassen. —

3 Bilden Sie den Imperativ in der 2. Person Plural. ★★

1 Ihr sollt die Fenster schließen. — *Schließt die Fenster!*
2 Ihr sollt aufpassen. —
3 Ihr sollt ruhig sein. —
4 Ihr sollt schreiben. —
5 Ihr sollt rechnen. —
6 Ihr sollt Milch trinken. —
7 Ihr sollt lernen. —

12 Der Imperativ

4 Äußern Sie eine höfliche Bitte (3. Person Plural). ★★

1 mir helfen — *Helfen Sie mir bitte!*
2 uns den Weg zeigen
3 hier unterschreiben
4 um 9.30 Uhr kommen
5 nett sein
6 den Text lesen
7 mir Ihren Namen sagen
8 langsamer sprechen
9 hier aussteigen
10 nicht so schnell fahren

5 Wie sagt man es im Imperativ? ★★

1 Du sollst zum Arzt gehen.
   Geh zum Arzt!
2 Wir sollten der Oma helfen.

3 Ihr sollt hier aufräumen.

4 Wir sollen das Medikament abholen.

5 Du sollst die Tabletten einnehmen.

6 Ihr sollt Sport treiben.

7 Sie sollen im Bett bleiben. (Höflichkeitsform)

8 Sie sollen leise sein.

13 Die Modalverben

1 Verwenden Sie die richtige Form des Modalverbs. *

a müssen: muss ✓ – musst – müssen – müsst
1 Klaus _muss_ noch das Auto in die Garage fahren.
2 Ihr _____ Petra bald anrufen.
3 Die Kinder _____ ihre Hausaufgaben machen.
4 _____ du heute arbeiten?
5 Herr Schneider, wann _____ Sie nach Berlin fahren?

b wollen: will – willst – wollen – wollt
1 Markus _____ jetzt nichts essen.
2 _____ Sie eine Hose oder einen Rock kaufen?
3 Wir _____ bald nach Italien fahren.
4 _____ du mitkommen?
5 _____ ihr einen Spaziergang machen?

c können: kann – kannst – können – könnt
1 Ich _____ gut schwimmen.
2 Yvonne und Roger _____ erst im Herbst heiraten.
3 Wir _____ morgen einen Ausflug machen.
4 _____ du dieses Wort übersetzen?
5 _____ ihr uns am Sonntag besuchen?

d sollen: soll – sollst – sollen – sollt
1 Was _____ du machen?
2 _____ ihr jetzt auch aufräumen?
3 Die Schüler _____ eine Tabelle ausfüllen.
4 Wir _____ bis Freitag alles wiederholen.
5 Ich _____ diesen Brief abtippen.

13 Die Modalverben

e **dürfen:** darf – darfst – dürfen – dürft

1 Du _____ nicht rauchen.
2 Wir _____ hier nicht parken.
3 Ich _____ zwei Stunden lang nichts essen.
4 Kinder _____ keinen Alkohol trinken.
5 _____ ihr schon nach Hause gehen?

2 Finden Sie die passenden Personalpronomen. *

1 _ich_ / _er_ / _sie_ / _es_   muss
2 _____ / _____ / _____   müssen
3 _____ / _____ / _____ / _____   kann
4 _____ / _____ / _____ / _____   soll
5 _____   sollst
6 _____ / _____ / _____ / _____   darf
7 _____   wollt
8 _____   willst

3 Wählen Sie die richtige(n) Verbform(en): **

1 Ich _muss_ jetzt nach Hause gehen.   musst – müsst – muss ✔
2 _____ ihr mit ins Kino gehen?   darf – darfst – dürft
3 Er _____ Auto fahren.   darf – darfst – dürfen
4 Du _____ hier wirklich wohnen?   wollt – wollen – willst
5 Wir _____ jetzt schlafen.   wollen – wollt – will
6 _____ du mir helfen?   kann – könnt – kannst
7 _____ Sie etwas lauter sprechen?   könnt – können – kann
8 Hier _____ nicht geraucht werden.   kann – darf – muss
9 Du _____ dein Zimmer aufräumen!   sollst – darfst – kannst

Die Modalverben 13

4   Beantworten Sie die Fragen wie im Beispiel.   ★★

1 Was soll Robert machen? *(seine Hemden in den Schrank legen)*
   Robert soll seine Hemden in den Schrank legen.

2 Was soll Beate machen? *(das Geschirr in die Küche bringen)*

3 Was willst du? *(morgen mit Susanne nach Bonn fahren)*

4 Was kann ich für Sie tun? *(mir den Weg zum Rathaus zeigen)*

5 Wer darf hier parken? *(nur Anwohner)*

6 Was wollt ihr? *(in eine größere Wohnung ziehen)*

7 Was müsst ihr machen? *(viele neue Wörter lernen)*

8 Was soll ich tun? *(dich beeilen)*

5   Schreiben Sie Sätze wie im Beispiel.   ★★

1 Ich lese ein interessantes Buch. (wollen)
   Ich will ein interessantes Buch lesen.

2 Wir lernen deutsche Sprichwörter. (sollen)

3 Sprichst du fließend Französisch? (können)

4 Manuela fährt morgen nach Italien. (wollen)

5 Die Eltern rufen einen Arzt an. (müssen)

6 Dirk geht um halb zwei nach Hause. (dürfen)

14 Die Deklination der Adjektive

1 Formen Sie die Sätze wie im Beispiel um. ★★

1 Dieser Bahnhof ist groß.
   Das ist ein großer Bahnhof.
2 Dieser Betrieb ist klein.

3 Dieser Park ist schön.

4 Dieser Spielplatz ist kinderfreundlich.

5 Diese Tankstelle ist groß.
   Das ist eine große Tankstelle.
6 Diese Schule ist klein.

7 Diese Straße ist breit.

8 Diese Mauer ist hoch.

9 Dieses Theater ist neu.
   Das ist ein neues Theater.
10 Dieses Restaurant ist ausgezeichnet.

11 Dieses Hotel ist teuer.

12 Diese Straßen sind breit.
    Das sind breite Straßen.
13 Diese Häuser sind modern.

14 Diese Gärten sind schön.

Die Deklination der Adjektive

2 Setzen Sie die fehlende Endung ein. ★★

1 Das ist ein interessant_es_ Buch.
2 Das ist ein gefährlich____ Sport.
3 Das ist eine gut____ Tanzschule.
4 Das sind neu____ Filme.
5 Das ist ein schön____ Hobby.
6 Das sind lang____ Exkursionen.
7 Das ist ein langweilig____ Roman.
8 Das ist eine bekannt____ Oper.
9 Das ist ein alt____ Lied.
10 Das sind kostbar____ Skulpturen.

3 Verbinden Sie die Adjektive mit dem bestimmten Artikel. ★★

1	ein neuer Radiergummi	der _neue_	Radiergummi
2	ein spannender Text	der ____	Text
3	ein guter Füller	der ____	Füller
4	ein toller Kurs	der ____	Kurs
5	eine leichte Übung	die _leichte_	Übung
6	eine komplizierte Aufgabe	die ____	Aufgabe
7	eine kleine Federmappe	die ____	Federmappe
8	eine schöne Geschichte	die ____	Geschichte
9	ein gutes Lehrbuch	das _gute_	Lehrbuch
10	ein langes Lineal	das ____	Lineal
11	ein praktisches Beispiel	das ____	Beispiel
12	einfache Sätze	die _einfachen_	Sätze
13	deutsche Lieder	die ____	Lieder
14	neue Regeln	die ____	Regeln

211

14 Die Deklination der Adjektive

4 „In der Boutique" – Ergänzen Sie die Adjektivendungen. ★★

1 Der grau_e_ Pullover ist schmutzig.
2 Das weiß____ Kleid ist zu kurz.
3 Der blau____ Mantel gefällt mir gut.
4 Die braun____ Schuhe sind unbequem.
5 Die gelb____ Jacke ist preiswert.
6 Die schwarz____ Handschuhe sind aus Ziegenleder.
7 Das grün____ Kostüm ist neu.
8 Die rot____ Bluse ist für Monika.
9 Der teur____ Hut ist elegant.
10 Die gestreift____ Krawatte ist nicht hübsch.

5 Verwenden Sie die Adjektive in der richtigen Form. ★★★

1 rot   Der _rote_ Apfel schmeckt gut.
2 alt   Die _____ Brötchen sind hart.
3 blind   Ein _____ Huhn findet auch ein Korn.
4 korrekt   Das ist eine _____ Antwort.
5 neu   Der _____ Schüler kommt aus Wien.
6 gut   Frau Telemann ist eine _____ Lehrerin.
7 bunt   Die _____ Blumen gefallen mir.
8 klein   _____ Hunde bellen laut.
9 nett   Eine _____ Frau hat mir den Weg gezeigt.
10 elegant   Ein _____ Kleid muss nicht immer teuer sein.
11 fett   _____ Speisen sind ungesund.

Die Deklination der Adjektive 14

6 Ergänzen Sie die Sätze wie im Beispiel. ★★

1 Das ist ein großer Park. Ich gehe in einen _großen Park_ .
2 Das ist ein schöner Platz. Ich betrete einen _____ .
3 Das ist ein hoher Turm. Wir fotografieren einen _____ .
4 Das ist eine breite Straße. Ich sehe eine _breite_ Straße.
5 Das ist eine alte Schule. Wir besuchen eine _____ .
6 Das ist eine gute Gaststätte. Ich gehe in eine _____ .
7 Das ist ein altes Schloss. Wir besichtigen ein _altes_ Schloss.
8 Das ist ein nettes Café. Wir gehen in ein _____ .
9 Das ist ein neues Krankenhaus. Man baut hier ein _____ .
10 Das sind braune Schuhe. Ich möchte _braune_ Schuhe.
11 Das sind warme Handschuhe. Elke kauft _____ .
12 Das sind goldene Ohrringe. Anja trägt _____ .

7 Suchen Sie die korrekte Form aus. ★★

1 Edgar braucht eine _neue_ Brille. neu – neue ✔ – neuen
2 Der Vater bekommt einen _____ Pullover. blauen – blaues – blauer
3 Claudia und ihre _____ Schwester spielen Ball. klein – kleiner – kleine
4 Die _____ Lehrerin ist streng. neue – neuen – neues
5 Wir kennen das _____ Museum. Historisches – Historischen – Historische
6 Der _____ Junge heißt Manuel. kleiner – kleines – kleine
7 Hast du ein _____ Wörterbuch? gute – gutes – guten
8 Mein _____ Hund heißt Bruno. alten – alter – altes
9 Wir haben ein sehr _____ Auto. schnell – schnelle – schnelles

213

14 Die Deklination der Adjektive

8 Verbinden Sie Substantiv und Adjektiv wie im Beispiel. ✱✱

1 Wein, französisch — *französischer Wein*
2 Sekt, trocken — _____
3 Schinken, mager — _____
4 Milch, frisch — *frische Milch*
5 Schokolade, weiß — _____
6 Margarine, gut — _____
7 Fleisch, fett — *fettes Fleisch*
8 Bier, kühl — _____
9 Essen, gesund — _____
10 Kartoffeln, neu — *neue Kartoffeln*
11 Tomaten, reif — _____
12 Äpfel, saftig — _____

9 „Aus allen Ländern" – Ergänzen Sie die richtigen Endungen. ✱✱

1 italienisch*er* Wein
2 französisch___ Cognac
3 polnisch___ Wodka
4 schwedisch___ Brot
5 norwegisch___ Käse
6 kubanisch___ Zigarren
7 afrikanisch___ Kunst
8 spanisch___ Orangen
9 deutsch___ Bier
10 russisch___ Kaviar
11 holländisch___ Tomaten
12 eine dänisch___ Schriftstellerin
13 brasilianisch___ Kaffee
14 indisch___ Tee
15 deutsch___ Radieschen
16 belgisch___ Pralinen
17 japanisch___ Theater
18 italienisch___ Mode
19 ungarisch___ Musik
20 griechisch___ Geschichte
21 mexikanisch___ Speisen
22 chinesisch___ Porzellan
23 eine finnisch___ Sauna
24 ein französisch___ Lied

Die Deklination der Adjektive 14

10 Ergänzen Sie die Übersicht. ★★

Artikel	Nominativ	Akkusativ
bestimmt	der blaue Anzug	den _____ Anzug
	die _____ Hose	die lange Hose
	das neue Hemd	das _____ Hemd
	die alten Schuhe	die _____ Schuhe
unbestimmt	ein großer Bahnhof	einen _____ Bahnhof
	eine _____ Schule	eine gute Schule
	ein _____ Museum	ein altes Museum
	neue Häuser	_____ Häuser
ohne	starker Kaffee	_____ Kaffee
	_____ Milch	frische Milch
	_____ Bier	gutes Bier
	kalte Getränke	_____ Getränke

11 „Wir gehen einkaufen!" – Ergänzen Sie die fehlenden Endungen. ★★★

1 Wir brauchen frisch_es_ Brot, spanisch_en_ Wein, saur_e_ Sahne und schwarz_e_ Oliven.
2 ● Haben Sie mehlig____ Kartoffeln?
   ▲ Nein, heute gibt es nur festkochend____ Kartoffeln.
3 Ich kaufe mager____ Käse und roh____ Schinken.
4 Alt____ Brötchen esse ich nicht gern.
5 Möchten Sie süß____ oder scharf____ Paprika?
6 Kauft bitte grün____ Salat, neu____ Kartoffeln und frisch____ Eier.
7 Nehmen Sie französisch____ Cognac, spanisch____ Rotwein oder schottisch____ Whisky?

215

14 Die Deklination der Adjektive

12 Setzen Sie die Adjektive im Dativ ein. ★★

1	gut	Er wohnt bei einem _guten_ Freund.
2	schnell	Ich fahre gern mit diesem _____ Auto.
3	rund	Das Mädchen mit der _____ Brille heißt Regine.
4	neu	Warst du schon in dem _____ Kaufhaus?
5	interessant	Wer ist mit diesen _____ Vorschlägen einverstanden?
6	freundlich	Ich spreche mit der _____ Nachbarin.
7	groß	Ich kaufe eine Jacke mit einem _großen_ Kragen.
8	toll	Frank fährt mit einem _____ Sportauto.
9	hübsch	Jan tanzt mit einem _____ Mädchen.
10	französisch	Ich habe dieses Rezept aus einem _____ Kochbuch.
11	leise	Er entspannt sich bei _leiser_ Musik.
12	alt	Sie besuchte uns mit _____ Freunden.
13	kühl	Die Männer diskutieren bei _____ Bier.
14	grün / gebraten	Wir bestellen Steaks mit _____ Salat und _____ Bohnen.

13 Setzen Sie die Adjektive im Genitiv ein. ★★

1	gut	die Adresse des _guten_ Zahnarztes
2	krank	die Pflege des _____ Patienten
3	nett	die Namen der _____ Angestellten
4	wirksam	der Name eines _wirksamen_ Medikaments
5	süß	der Preis eines _____ Hustensaftes
6	neu	die Wirkung _____ Medikamente
7	stark	der Geschmack _starken_ Tees
8	frisch	der Geruch _____ Brotes
9	reif	die Farbe _____ Blaubeeren

Die Deklination der Adjektive 14

14 Welche Adjektive passen? **

frischen besten netter köstliche feinem runden ✓ heller
gehackten gebratenen

Wir sitzen an einem _runden_ Tisch und trinken den _____ ① Wein.
Ein _____ ② Kellner bringt uns auch _____ ③ Fisch
mit _____ ④ Soße, Kartoffeln und _____ ⑤ Gemüse. Als
Dessert gibt es _____ ⑥ Obstsalat mit _____ ⑦ Mandeln
oder eine _____ ⑧ Mokkacreme.

gemütliche moderne alten ✓ zweiten weiche bunter beste
kleine bequemer gemütlichen bunte besten

In diesem _alten_ Haus wohnt meine _____ ① Freundin.
Sie hat eine _____ ② Wohnung im _____ ③ Stock.
In ihrer _____ ④ Wohnung gibt es _____ ⑤ Möbel,
_____ ⑥ Bilder und _____ ⑦ Teppiche. Der
_____ ⑧ Balkon ist voller _____ ⑨ Blumen. Dort steht
auch ein _____ ⑩ Liegestuhl meiner _____ ⑪ Freundin.

15 Ergänzen Sie die Adjektivendungen. ***

1 Mein jünger_er_ Bruder hat sich ein schnell____ Motorrad gekauft.
2 Der klein____ Sohn meiner neu____ Nachbarin ist ein nett____ Junge.
3 Die grün____ Bluse mit dem groß____ Kragen gefällt mir nicht.
4 Suchen Sie einen warm____ oder einen leicht____ Pullover?
5 Ich möchte ein groß____ Bier, gekocht____ Fisch mit Reis und eine klein____ Portion Tomatensalat.
6 Mein alt____ Fernseher ist kaputt, also kaufe ich einen neu____ .
7 Silvia hat viele ausländisch____ Freundinnen, denen sie lang____ Briefe schreibt.

15 Das Adverb

1 Suchen Sie in den Sätzen die Adverbien. *

1 Damals wohnten wir hier.   _damals, hier_
2 Die Kommode steht rechts.
3 Ich gewann im Lotto. Ich freue mich darüber.
4 Endlich bist du gekommen!
5 Ich beende erst meine Arbeit, danach trinke ich Kaffee.
6 Es gibt stündlich einen Zug dorthin.
7 Jetzt bin ich gerade beschäftigt.
8 Andreas kommt morgen.
9 Axel kann sehr schnell rechnen.
10 Ilona ist heute ziemlich müde.

2 Wählen Sie das passende Adverb aus. *

hier bereits oft montags wann jetzt so wie damals frühestens

1 _____ konnte das passieren?
2 Ich habe es einfach _____ gemacht, ohne dich zu fragen.
3 _____ konnte ich noch kein Deutsch.
4 Er kommt _____ am Dienstag zurück, nicht vorher.
5 Wir haben Ihren Brief _____ erhalten.
6 _____ beginnt die Vorstellung?
7 Sie kommt sehr _____ zu uns.
8 _____ muss er immer früh aufstehen.
9 _____ wohnt Peter.
10 _____ ist aber Schluss!

Das Adverb 15

3 Sortieren Sie die Adverbien nach ihrer Bedeutung. ★★

> dort ✔ gern dann ✔ draußen unten gestern völlig ✔
> darum ✔ folglich bis jetzt notfalls vielleicht ziemlich hinauf
> sogar fast bestimmt deshalb spät kaum dorther immer
> trotzdem damals

lokal (wo?, woher?, wohin?)	temporal (wann?, wie lange?, wie oft?)	modal (wie?, in welchem Maße?)	kausal (warum?, weshalb?)
dort	_dann_	_völlig_	_darum_

4 Steigern Sie die Adverbien, wenn möglich. ★★

1 wenig   _weniger, am wenigsten_
2 immer   _nicht möglich_
3 oft
4 bisher
5 dreimal
6 vorwärts
7 überallhin
8 bald
9 weg
10 viel

219

16 Die Komparation der Adjektive und Adverbien

1 Bilden Sie den Komparativ und Superlativ der Adjektive. **

1	schnell	*schneller*	*am schnellsten*
2	billig		
3	klein		
4	schlecht		
5	langsam		
6	bitter		
7	neu		
8	intelligent		
9	glücklich		
10	tief		
11	alt	*älter*	*am ältesten*
12	lang		
13	stark		
14	warm		
15	jung		
16	groß		
17	dumm		
18	kurz		
19	klug		
20	nahe	*näher*	*am nächsten*
21	hoch		
22	gut		

Die Komparation der Adjektive und Adverbien 16

2 Tragen Sie die zusammengehörigen Adjektivformen in die Tabelle ein. ★

> hoch ✔ edel am besten nahe gut höher ✔ besser alt
> am höchsten ✔ weit näher teuer am nächsten größer
> am edelsten weiter edler am weitesten am teuersten groß
> am größten teurer am ältesten älter

Positiv	Komparativ	Superlativ
hoch	*höher*	*am höchsten*

3 Ergänzen Sie den Komparativ und den Superlativ. ★★

1	das neue Auto	*das neuere Auto*	*das neueste Auto*
2	der schnelle Zug		
3	die schöne Frau		
4	der intelligente Schüler		
5	das preiswerte Sofa		
6	der kurze Rock		
7	das lange Kleid		
8	die gute Ärztin		
9	das billige Hotel		
10	die einfache Übung		
11	der interessante Film		

Die Komparation der Adjektive und Adverbien

4 Bilden Sie den Komparativ und den Superlativ, wenn möglich. ★★

1 das große Zimmer — *das größere Zimmer* — *das größte Zimmer*
2 der französische Minister — *nicht möglich* — _____
3 die lange Nacht — _____ — _____
4 das starke Medikament — _____ — _____
5 der heiße Sommer — _____ — _____
6 die spanische Tomate — _____ — _____
7 das lange Gespräch — _____ — _____
8 die japanischen Studenten — _____ — _____
9 die katholische Kirche — _____ — _____
10 das teure Buch — _____ — _____

5 Als oder wie? ★★

1 Martin ist so schnell *wie* Sven.
2 Antonia ist genauso nett _____ ihre Mutter.
3 Putenfleisch ist magerer _____ Schweinefleisch.
4 Leipzig ist größer _____ Magdeburg.
5 Der Rhein ist länger _____ die Saale.
6 Der Film war nicht so gut _____ das Buch.
7 Marc hat weniger Zeit _____ Michael.
8 Schlagsahne ist fetter _____ Milch.
9 Klaus fährt so schnell, _____ er kann.
10 Der blaue Pullover ist ebenso teuer _____ der weiße.
11 Michaela ist jünger _____ Sabine, aber genauso alt _____ Katharina.
12 Das Schlafzimmer ist kleiner _____ das Arbeitszimmer.

Die Komparation der Adjektive und Adverbien 16

6 Wählen Sie jeweils die korrekte Form. ★★

1 Jan lernt _besser_ als du. gut – besser ✔ – am besten
2 Yvonne ist so _____ wie Monika. nett – netter – die netteste
3 Das Kinderzimmer ist _____ Raum in der Wohnung. der kleinste – kleiner – am kleinsten
4 Der Sessel ist _____ als der Stuhl. der bequemste – bequemer – am bequemsten
5 Der Saft ist so _____ wie die Milch. kalt – kälter – am kältesten
6 Sie hat _____ Kleid gekauft. das teuerste – teurer – am teuersten
7 Welcher Schüler rechnet _____? schneller – der schnellste – am schnellsten

7 Setzen Sie die richtigen Formen der Adjektive und Adverbien in den Text ein. Achtung, nicht alle werden gesteigert! ★★★

Die _größte_ (groß) Stadt in Sachsen-Anhalt heißt Halle. Diese _____ (alt) ① Stadt liegt an der Saale. Mit fast 232 000 Einwohnern ist sie _____ (groß) ② als die Hauptstadt des Bundeslandes, Magdeburg. Hier wurde der _____ (berühmt) ③ Komponist Georg Friedrich Händel geboren. Die _____ (groß) ④ Universität in Sachsen-Anhalt ist die „Martin-Luther-Universität Halle-Wittenberg". Sie ist auch die _____ (alt) ⑤ Universität in Sachsen-Anhalt. Zwar ist sie _____ (klein) ⑥ als die Universitäten in Leipzig oder Berlin, aber doch noch _____ (groß) ⑦ als viele andere Universitäten und Hochschulen in den _____ (neu) ⑧ Bundesländern. In Halle gibt es auch _____ (viel) ⑨ Museen, die von _____ (zahlreich) ⑩ Touristen besucht werden.

223

Die Komparation der Adjektive und Adverbien

8 An welche Stelle im Text gehören die folgenden Adjektive und ★★
Adverbien?

groß   jüngeren   größeres   kleiner   viele   größere   modernsten
schönen   sonniges   neue ✔   modernen   obersten   größer
am kleinsten   am größten   ältester   später   am liebsten   größer

Wir haben jetzt eine _neue_ Wohnung im _____ ① Stadt-
viertel. Sie befindet sich im _____ ② Stockwerk eines
Hochhauses. Unsere Küche ist _____ ③, aber die Zimmer
sind noch _____ ④. _____ ⑤ ist das Wohnzimmer. Unser _____ ⑥ Sohn hat ein _____ ⑦
Westzimmer. Die beiden _____ ⑧ Söhne haben ein
_____ ⑨ Zimmer gleich neben dem Bad. Und links von
unserer _____ ⑩ Küche befindet sich unser Schlafzimmer.
Es ist _____ ⑪ als das Wohnzimmer, aber _____ ⑫
als das _____ ⑬ Kinderzimmer. _____ ⑭ ist
das Arbeitszimmer. Wir haben auch noch einen _____ ⑮
Balkon mit mehreren Blumenkästen. _____ ⑯ werden wir
dort _____ ⑰ bunte Blumen haben. Schon jetzt halten wir
uns _____ ⑱ auf dem Balkon auf.

17 Die Präpositionen

1 Beantworten Sie die Fragen wie im Beispiel. ★★

1 Von wem hast du das gehört? *(mein Bruder)*
   Ich habe das von meinem Bruder gehört.
2 Mit wem fahren Sie zur Messe? *(meine Chefin)*

3 Seit wann wohnt Wolfgang in Berlin? *(ein Jahr)*

4 Zu wem geht Antje? *(ihr Freund)*

5 Bei wem wohnt Sandra? *(ihre Großeltern)*

6 Womit fahrt ihr? *(der Bus)*

2 Welche Präposition passt? *Mit, nach, bei, seit, zu, von oder aus?* ★★

1 Wir fahren *mit* dem Zug.
2 Die Kinder gehen _____ dem Unterricht _____ Hause.
3 Unsere Nachbarin geht _____ ihrem Hund in den Park.
4 Wohnt er noch _____ seinen Eltern?
5 Ich lerne _____ einem Monat Deutsch.
6 Heute muss ich noch _____ meinem Zahnarzt gehen.
7 Felipe kommt _____ Alicante.
8 Ich habe lange keine Neuigkeiten _____ euch gehört.
9 Reisen Sie gerne _____ dem Auto?
10 Heute bleiben wir _____ Hause.
11 Elke wollte _____ dir reden.
12 Wann kommst du _____ dem Urlaub zurück?

Die Präpositionen

3 Ergänzen Sie die Sätze. Verwenden Sie die richtige Präposition und die Wörter in Klammern im Dativ. ★★★

seit ✓ (2 x)   bei (2 x)   nach   vor (2 x)   mit (5 x)   aus   von

1 *(eine Woche)* sind wir in Frankreich.
Seit einer Woche sind wir in Frankreich.

2 Sergej ist noch nie *(ein Flugzeug)* geflogen.

3 Roger telefoniert *(seine Mutter)*.

4 Zuerst gehen wir ins Kino. *(der Film)* machen wir einen Stadtbummel.

5 Heute ist eine Party *(mein Cousin)*.

6 Elisa hat *(ihre Eltern)* ein Fahrrad bekommen.

7 Unsere Söhne verbringen den Sommer *(ihre Oma)*.

8 Die Konferenz begann *(eine Stunde)*.

9 Sue kommt *(die USA)*.

10 Ich rühre die Soße *(der Kochlöffel)*.

11 Katharina hat Angst *(die Impfung)*.

12 Elisabeth ist einverstanden *(der Vorschlag)*.

13 Sibylle ist befreundet *(meine Tochter)*.

14 Eva und Roman kennen sich *(ein Jahr)*.

Die Präpositionen

4 Antworten Sie kurz wie im Beispiel. Verwenden Sie den Akkusativ. ✶✶

1 Für wen sind diese Blumen? *(die Mutter)*
   Für die Mutter.
2 Für wen kauft ihr das Radio? *(unser Sohn)*

3 Wogegen fährt das Auto? *(ein Baum)*

4 Ohne wen ist Elke gekommen? *(ihre Eltern)*

5 Wodurch hast du das erfahren? *(ein Zufall)*

6 Wogegen ist Simone gelaufen? *(eine Glastür)*

7 Ohne was fährt Konrad nach Berlin? *(seine Kamera)*

8 Wofür ist der Fisch? *(das Abendbrot)*

9 Wo ist hier der nächste Briefkasten? *(die Ecke / um)*

5 Welche Präposition fehlt? ✶✶

1 Dieser Anruf ist *für* den Chef.
2 Ich kaufe dieses Buch _____ mich.
3 Wie willst du denn _____ Geld einkaufen?
4 Thomas wirft den Ball _____ die Wand.
5 Sie sagte es _____ die Blume. (= nicht direkt)
6 Die Haltestelle ist gleich _____ die Ecke.
7 Ich ging _____ meine Brille _____ die Stadt und bin _____ einen Baum gelaufen.
8 Die Gäste sitzen _____ den Tisch.

17 Die Präpositionen

9 _____ wen sind diese Bonbons?
10 _____ mein Wörterbuch kann ich diesen Text nicht übersetzen.
11 Der Vater hängt das Bild _____ die Wand.
12 _____ Fleiß kein Preis.
13 Wir treffen uns _____ 9.00 Uhr.
14 Wir haben _____ einen Zufall davon erfahren.

6 Erweitern Sie die Sätze. Verwenden Sie die Wörter in Klammern ★★
im Akkusativ sowie die richtige Präposition: *ohne, gegen, für, um*.

1 Ich habe hier zwei Briefe *(du)*.
   Ich habe hier zwei Briefe für dich.

2 Leo trinkt gern Tee *(Zucker)*.

3 Herr Alt ist mit seinem Auto *(die Mauer)* gefahren.

4 Julia geht *(ihre Freundin)* ins Kino.

5 *(der Tisch)* stehen zwölf Stühle.

6 Diese Pralinen sind *(Sie)*.

7 Kein Rauch *(Feuer)*.

8 Was hast du *(dieser Ausflug)* einzuwenden?

9 Der Arzt hat mir Medikamente *(Migräne)* verschrieben.

10 Wir sollen dieses Projekt *(der nächste Donnerstag)* vorbereiten.

7 Erweitern Sie die Sätze. Verwenden Sie die Präpositionen mit dem Dativ. ★★

1 Viktor wohnt *(in, ein Hochhaus)*.
   Viktor wohnt in einem Hochhaus.

2 Dagmar sitzt *(auf, das Sofa)*.

3 Der Hund liegt *(unter, der Tisch)*.

4 Die Kinder sitzen *(unter, der Baum)*.

5 Der Spiegel hängt *(an, die Wand)*.

6 Die Lampe steht *(auf, der Schreibtisch)*.

7 Die Post ist *(neben, die Schule)*.

8 Ergänzen Sie die Sätze. Verwenden Sie die Präpositionen mit dem Akkusativ. ★★

1 Ursula fliegt *(in, die USA)*.
   Ursula fliegt in die USA.

2 Karin legt die Zeitung *(auf, der Tisch)*.

3 Die Kinder laufen *(unter, der Baum)*.

4 Er hängt die Plakate *(an, die Wand)*.

5 Ich stelle den Papierkorb *(neben, der Schreibtisch)*.

6 Wir fahren *(hinter, das Haus)*.

17 Die Präpositionen

7 Marisol geht *(in, die Bibliothek)*.

8 Er stellte seinen LKW *(vor, mein Auto)*.

9 Das Flugzeug fliegt *(über, die Berge)*.

10 Stellt das Regal *(zwischen, der Sessel, die Tür)*.

9 Schaffen Sie Ordnung! Verwenden Sie dabei die passenden Personalpronomen. **

1 Die Seife liegt im Kühlschrank. *(legen, auf, das Waschbecken)*
   Ich lege sie auf das Waschbecken.

2 Der Aschenbecher steht unter dem Bett. *(stellen, auf, der Tisch)*

3 Das Kopfkissen liegt in der Badewanne. *(legen, auf, das Bett)*

4 Der Kühlschrank ist im Flur. *(stellen, in, die Küche)*

5 Die Stehlampe liegt im Bad. *(stellen, zwischen, der Sessel, die Kommode)*

6 Der Kaktus ist unter dem Stuhl. *(stellen, neben, die Blumen)*

7 Die Lampe liegt im Wäschekorb. *(hängen, über, der Tisch)*

8 Der Schreibtisch steht hinter dem Regal. *(schieben, an, das Fenster)*

9 Der Spiegel liegt auf dem Sofa. *(hängen, über, das Waschbecken)*

10 Die Handtücher hängen auf dem Balkon. *(legen, in, der Schrank)*

Die Präpositionen 17

10 Bilden Sie Sätze wie im Beispiel. ★★

1 Wir stellen das Regal in die Ecke. (stehen)
   Das Regal steht jetzt in der Ecke.
2 Du stellst die Blumen auf den Tisch. (stehen)

3 Du legst die Schere in die Schublade. (liegen)

4 Wir stellen den Computer auf den Schreibtisch. (stehen)

5 Sophie hängt die Handtücher neben die Badewanne. (hängen)

6 Alina stellt den Eimer unter das Waschbecken. (stehen)

7 Die Mutter legt die Wäsche in die Waschmaschine. (liegen)

8 Alex schiebt die Pizza in die Mikrowelle. (sein)

11 *Trotz, innerhalb, wegen, infolge, während, unweit, außerhalb –* ★★
    welche Präposition passt in welchen Satz?

1 *Während* einer schriftlichen Prüfung darf man nicht sprechen.
2 Manuel bleibt _____ eines Beinbruchs im Krankenhaus.
3 _____ eines Unfalls musste ich mein Auto reparieren lassen.
4 _____ starken Regens geht Katrin in den Garten.
5 Die Schule ist _____ unseres Hauses.
6 Viele Einkaufszentren befinden sich _____ der Städte.
7 _____ der Reise hat er viele Fotos gemacht.
8 _____ Zahnschmerzen kann Evi nicht schlafen.
9 Uwe ist _____ hohen Fiebers in die Schule gegangen.
10 Wir schaffen diese Arbeit _____ eines Monats.

Die Präpositionen

12 Bilden Sie Sätze mit den passenden Formen der Verben, Artikel ★★★ und Substantive.

1 seit – <u>ein</u> Jahr – hier – <u>leben</u> – Frank
   <u>Frank lebt hier seit einem Jahr.</u>

2 Eva – die Sommerferien – während – fahren – in – die USA

3 das Bild – hängen – an – die Wand

4 Walter – an – das Wochenende – spielen – Fußball – mit – die Freunde

5 die Eisdiele – unweit – unsere Schule – sich befinden

6 die Wände – Marius – hängen – die Poster – an

7 eine Katze – sitzen – auf – das Dach

8 wir – fahren – unser Hund – ohne – die Berge – in

9 die Kinder – sitzen – um – der Tisch – und – das Essen – warten – auf

10 Sandra – seit – eine Woche – lernen – Russisch

11 mit – Heike – fahren – der Zug – nach – Lübeck – um – Mitternacht

12 die Oma – können – nicht – lesen – ihre Brille – ohne

13 der Krieg – wurden zerstört – während – alle Häuser

14 die Niederlande – fahren – Veronika – in

15 eine – Trilogie – der Roman – zu – gehören

Die Präpositionen

13 Wählen Sie die passende Präposition. **

1 Ich freue mich _über_ das schöne Geschenk.   zu – mit – über ✔
2 Wir fahren _____ dem Auto.   auf – mit – bei
3 Er läuft _____ Hause.   zu – nach – in
4 Wir sprechen _____ den Film.   über – um – von
5 Sie arbeitet _____ diesem Projekt.   mit – für – an
6 Du denkst oft _____ Paola.   an – um – vor
7 Hanka wartet _____ den Brief.   an – um – auf
8 Tobias erkrankte _____ der Grippe.   in – auf – an
9 Du sollst _____ dem Weg fragen.   um – nach – vor
10 Ich danke dir _____ die Hilfe.   hinter – nach – für
11 Elli telefoniert _____ Dirk.   nach – mit – über
12 Die Schrankwand besteht _____ sieben Teilen.   aus – in – auf
13 Wir protestieren _____ diese Maßnahmen!   gegen – für – in
14 Dieses Tuch passt gut _____ deinem Pulli.   mit – zu – bei
15 Ich schreibe eine Karte _____ Sabine.   zu – bis – an
16 Ich verabschiede mich _____ Anja.   mit – bei – von
17 Ich entschuldige mich _____ den Fehler.   über – für – hinter
18 Er kochte _____ Wut.   vor – aus – mit
19 Silvia glaubt _____ das große Glück.   in – an – über
20 Ich ärgere mich _____ mein Missgeschick.   zu – über – auf
21 Dariga ist _____ Jens verheiratet.   hinter – bei – mit
22 Hast du Angst _____ der Prüfung?   von – vor – aus
23 Ich unterhalte mich _____ Yvonne.   mit – bei – zu
24 Karel arbeitet _____ der Universität München.   an – in – ohne
25 Ärgere dich nicht _____ Martin!   um – über – an
26 Sie müssen _____ zum Marktplatz gehen.   nach – von – bis
27 Habt ihr etwas _____ Kerstin gehört?   nach – von – für

Die Präpositionen

14 Setzen Sie die fehlenden Präpositionen ein. **

_Am_ Wochenende fuhren wir _____ ① unseren Rädern _____ ② den Wald. _____ ③ einem kleinen See machten wir Picknick. Wir freuten uns _____ ④ das schöne Wetter und unterhielten uns _____ ⑤ verschiedene Themen. Jan diskutierte laut _____ ⑥ Petra _____ ⑦ den Umweltschutz. Er wollte eine Protestaktion _____ ⑧ den Bau einer Autobahn organisieren. Aber Petra fährt oft _____ ⑨ dem Auto _____ ⑩ ihrem Freund, der _____ ⑪ Hamburg studiert. Sie wartet ungeduldig _____ ⑫ die Autobahn, die _____ ⑬ nächsten Jahr fertig sein soll. Und Jan träumt _____ ⑭ einem Land _____ ⑮ Autos. Wahrscheinlich muss er _____ ⑯ eine einsame Insel ziehen. Aber _____ ⑰ wem würde er dann diskutieren?

15 Fragen Sie wie im Beispiel. **

1 Ines wartet auf Eva.
   Auf wen wartet Ines?
2 Herbert wartet auf den Bus.
   Worauf wartet Herbert?
3 Andreas arbeitet mit Steffen.

4 Sie reisen mit dem Auto.

5 Dieses Paket ist für uns.

6 Mein Hemd ist aus Seide.

7 Der Wein ist für die Party.

8 Alina dachte an Ralf.

9 Die Schüler haben Angst vor der strengen Lehrerin.

16 Bilden Sie Sätze mit dem passenden Pronominaladverb wie im ★★
Beispiel. Verwenden Sie dabei die passenden Personalpronomen.

1 Claudia ärgert sich über den Unfall.
   Sie ärgert sich darüber.
2 Wir haben uns für das schwarze Sofa entschieden.

3 Mein Bruder freut sich über den Gewinn.

4 Die kleine Mona glaubt an Zaubereien.

5 Er wartet immer noch auf deine Antwort.

6 Die Arbeiter protestieren gegen Entlassungen.

7 Uta nimmt an der Konferenz teil.

8 Hast du schon von dem Unfall gehört?

9 Die Firma leidet unter Personalmangel.

10 Ich frage nach neuen Katalogen.

17 Die Präpositionen

17 Bilden Sie Sätze. Verwenden Sie die richtige Präposition und die passenden Formen der Verben, Artikel und Substantive. ★★★

1 die Kinder – warten – der Weihnachtsmann
   Die Kinder warten auf den Weihnachtsmann.

2 Mohammed – denken – seine Mutter

3 ich – sich unterhalten – meine Nachbarin

4 ich – nachdenken – der Vorschlag

5 Marco – sich verabschieden – seine Freunde

6 der Wissenschaftler – sterben – die Folgen der radioaktiven Bestrahlung (Perfekt)

7 Konrad – sich verlieben – meine Cousine (Perfekt)

8 die Firma – profitieren – günstige Investitionskredite

18 Stellen Sie die richtige Frage. ★★

1 ● *Womit* beschäftigt sich der Forscher? ▲ Mit der Genetik.
2 ● _____ geht Tobias spazieren? ▲ Mit Regina.
3 ● _____ ist der Patient gestorben? ▲ An einem Herzinfarkt.
4 ● _____ wartet ihr? ▲ Auf Monika.
5 ● _____ bist du nicht einverstanden? ▲ Mit deinem Vorschlag.
6 ● _____ hat sie Angst? ▲ Vor der Dunkelheit.
7 ● _____ entschuldigt sich Daniel? ▲ Für die Verspätung.
8 ● _____ bittet die Polizei? ▲ Um Hinweise.
9 ● _____ hast du gesprochen? ▲ Mit meinem Freund.

18 Die Zahlwörter: Datum, Uhrzeit, Maße

1 Schreiben Sie die Grundzahlen in Worten. *

3 _drei_   25 _____   68 _____
8 _____   33 _____   77 _____
11 _____   42 _____   86 _____
16 _____   59 _____   94 _____
17 _____   61 _____   100 _____

2 Schreiben Sie die Ordnungszahlen in Worten. **

1 der 1. Oktober   _der erste Oktober_
2 die 3. Stunde
3 der 12. Mann
4 die 13. Etage
5 das 22. Haus
6 der 40. Schüler

3 Schreiben Sie das Datum in Worten. **

1 der 22. Januar   _der zweiundzwanzigste Januar_
2 der 15. März
3 der 2. August
4 am 12. Februar
5 am 26. Mai
6 am 8. Oktober
7 am 19. November
8 am 31. Dezember
9 am 22. Oktober

18 Die Zahlwörter: Datum, Uhrzeit, Maße

4 Ordnen Sie die Zahlwörter richtig zu. ★

zweitens ✔ der neunte ✔ dreierlei ✔ drittens die erste
ein Viertel ✔ ein Achtel achtzig ✔ neunundfünfzig ein Zehntel
zweierlei hundert zweimal ✔ sechs fünfmal erstens zehnfach
✔ ein Zwölftel zwanzig die achtzehnte das vierte fünftens
die elfte zweifach fünfzig hundertfach vierhundert eins der
zwölfte neunfach viererlei dreißig vier

1 Grundzahlen:
   achtzig,
2 Ordnungszahlen:
   der neunte,
3 Wiederholungszahlen:
   zweimal,
4 Gattungszahlen:
   dreierlei,
5 Vervielfältigungszahlen:
   zehnfach,
6 Einteilungszahlen:
   zweitens,
7 Bruchzahlen:
   ein Viertel,

5 Schreiben Sie die Uhrzeiten in Ziffern. ★

1 Viertel nach sieben   _____
2 neunzehn Uhr siebzehn   _____
3 Viertel vor acht   _____
4 zehn vor halb acht   _____
5 dreizehn Uhr sechs   _____
6 fünf Uhr nachmittags   _____
7 halb elf   _____
8 zehn vor zehn   _____

Die Zahlwörter: Datum, Uhrzeit, Maße 18

6 Wie spät ist es? Kreuzen Sie die richtige(n) Uhrzeit(en) an. *
Vorsicht: Es können auch alle drei Angaben richtig sein!

1 4.23 Uhr
   a. vier Uhr dreiundzwanzig ✗
   b. sieben Minuten vor halb fünf ✗
   c. dreiundzwanzig vor fünf

2 11.15 Uhr
   a. Viertel nach elf
   b. elf Uhr fünfzehn
   c. fünfzehn nach elf

3 8.55 Uhr
   a. fünf nach neun
   b. fünf vor neun
   c. fünf Uhr acht

4 24.00 Uhr
   a. zwei Uhr vier
   b. Mitternacht
   c. vierundzwanzig Uhr

5 6.30 Uhr
   a. halb sechs
   b. halb sieben
   c. sechs Uhr dreizehn

6 10.40 Uhr
   a. zwanzig vor elf
   b. zehn nach halb elf
   c. zehn Uhr vierzig

7 Wie spät ist es? Schreiben Sie die umgangssprachliche **
Zeitangabe.

1 14.30 Uhr   *halb drei nachmittags*

2 11.40 Uhr   _____

3 5.55 Uhr   _____

4 8.10 Uhr   _____

5 9.15 Uhr   _____

6 19.20 Uhr   _____

7 23.35 Uhr   _____

8 3.30 Uhr   _____

9 13.10 Uhr   _____

Die Zahlwörter: Datum, Uhrzeit, Maße

8 Rechnen Sie um. Schreiben Sie die Zahlen in Worten. ★★

1 100 Zentimeter   =   *ein* _____ Meter
2 20 Meter   =   _____ Zentimeter
3 3 500 Meter   =   _____ Kilometer
4 24 Zentimeter   =   _____ Millimeter
5 3 Kilogramm   =   _____ Gramm
6 5 200 Gramm   =   _____ Kilogramm
7 500 Gramm   =   _____ Pfund
8 1,5 Pfund   =   _____ Gramm
9 330 Milliliter   =   _____ Liter
10 2,2 Liter   =   _____ Milliliter
11 100 Liter   =   _____ Hektoliter
12 0,4 Hektoliter   =   _____ Liter
13 100 Quadratmeter   =   _____ Quadratzentimeter
14 38 Ar   =   _____ Quadratmeter
15 2 Hektar   =   _____ Quadratmeter
16 1 400 Quadratmeter =   _____ Hektar
17 3 Liter   =   _____ Kubikzentimeter
18 0,5 Liter   =   _____ Kubikzentimeter
19 900 Kubikzentimeter =   _____ Liter
20 1 Kubikzentimeter   =   _____ Milliliter

19 Der einfache Aussagesatz

1 Bilden Sie mit den vorgegebenen Wörtern Sätze. Wählen Sie die richtigen Verbformen. ★★

1 wir – wohnen – in Hannover
  Wir wohnen in Hannover.
2 Rudi – studieren – Medizin
3 Manfred – sich interessieren – für Musik
4 Magnus – sein – 20 Jahre alt
5 du – lernen – Arabisch
6 Felix – trinken – Eistee
7 Ali – kommen – aus Kairo
8 Ayman – sein – der beste Student

2 Erweitern Sie die Sätze wie im Beispiel. ★★

1 Viktor wohnt in Potsdam. *(seit drei Jahren)*
  Viktor wohnt seit drei Jahren in Potsdam.
2 Wir gehen ins Theater. *(heute Abend)*
3 Simone ist höflich. *(selten)*
4 Frau Riemers fährt nach Brüssel. *(ohne ihren Mann)*

19 Der einfache Aussagesatz

5 Claudia kommt zu spät. *(niemals)*

6 Ich brauche einen Hammer. *(noch)*

7 Zita kommt zu Besuch. *(um 17 Uhr)*

8 Beatrix geht ins Kino. *(allein)*

9 Ich freue mich auf diese Reise. *(sehr)*

10 Lutz ist nach Hause gegangen. *(vor zehn Minuten)*

3 Formulieren Sie die Sätze um. Beginnen Sie mit dem unterstrichenen Satzteil. ★★

1 Alexander geht heute Nachmittag zum Zahnarzt.
   Heute Nachmittag geht Alexander zum Zahnarzt.

2 Ich habe gestern einen Brief von Astrid bekommen.

3 Meine Eltern fahren jeden Sommer an die Nordsee.

4 Herbert ist seit 28 Jahren mit Elisabeth verheiratet.

5 Ich habe dieses Buch von Marion bekommen.

6 Die Vorstellung beginnt um 20 Uhr.

7 Jenny kommt zuerst zu mir.

8 Ich habe den Text überhaupt nicht verstanden.

20 Der Fragesatz

1 Welche Antwort gehört zu welcher Frage? *

1. Woher kommt Laura?
2. Wie heißen Sie?
3. Wo wohnst du?
4. Sprichst du Englisch?
5. Wie alt ist sie?
6. Haben Sie Kinder?
7. Ist Martina verheiratet?
8. Lebt Franz in Österreich?
9. Wo liegt Omsk?
10. Wann kommt der Vater?

a. Nein, Französisch.
b. Ja, eine Tochter.
c. Aus Italien.
d. Martin Neubert.
e. Ja, in Innsbruck.
f. Sie ist 29.
g. Nein, sie ist ledig.
h. In Aachen.
i. Erst übermorgen.
j. In Russland.

2 Welches Fragewort fehlt? **

1. ● _Woher_ kommt Francesco? ▲ Aus Neapel.
2. ● _____ ist das? ▲ Mein Bruder.
3. ● _____ wohnt ihr? ▲ In Dortmund.
4. ● _____ gehört diese Tasche? ▲ Mir.
5. ● _____ schreibt Eva? ▲ Einen Aufsatz.
6. ● _____ war der Film? ▲ Interessant.
7. ● _____ fährst du? ▲ Nach Avignon.
8. ● _____ kommt deine Schwester? ▲ Um 19 Uhr.
9. ● _____ geht es Ihnen? ▲ Danke, gut.
10. ● _____ besucht Regina? ▲ Ihren Cousin.
11. ● _____ Jacke möchten Sie? ▲ Die braune dort.
12. ● _____ ist er so spät gekommen? ▲ Es gab viel Verkehr.
13. ● _____ lernst du Deutsch? ▲ Seit 2 Jahren.
14. ● _____ feierst du deinen Geburtstag? ▲ Bei mir zu Hause.
15. ● _____ Rekorder ist das? ▲ Danielas.

20 Der Fragesatz

3 Stellen Sie Fragen zu den vorgegebenen Antworten. ★★

1 ● *Wann fahren Sie nach Frankfurt?*
   ▲ Ich fahre <u>übermorgen</u> nach Frankfurt.

2 ● _____
   ▲ <u>Barbara</u> hat das Foto gemacht.

3 ● _____
   ▲ Elke wohnt <u>in Heidelberg</u>.

4 ● _____
   ▲ Alexandra möchte <u>ins Kino</u> gehen.

5 ● _____
   ▲ Der Mann heißt <u>Philipp Cramer</u>.

6 ● _____
   ▲ <u>Wir</u> besuchen Tante Gudrun.

7 ● _____
   ▲ Igor kommt <u>aus Kiew</u>.

8 ● _____
   ▲ José fährt <u>im Winter</u> in die Schweiz.

4 Bilden Sie Satzfragen. ★★

1 Helene ist müde.
   Ist Helene müde?

2 Daniel kommt heute später.
   _____

3 Justus wollte noch in die Bibliothek gehen.
   _____

4 Wir haben keinen Zucker mehr.
   _____

5 Die Firma sucht eine Sekretärin.
   _____

6 Silvia konnte nicht kommen.
   _____

Der Fragesatz 20

5 Welche Frage passt? Kreuzen Sie an. ★

1 Meinen Freund Frank.
    a. Wer wohnt hier?
    b. Wen besuchst du? ✗

2 Er ist Bäcker.
    a. Was ist er von Beruf?
    b. Was isst Martin Fuchs?

3 Nach Hause.
    a. Wo ist Dagmar?
    b. Wohin geht Dagmar?

4 Aus Hannover.
    a. Wohin fährt der Zug?
    b. Woher kommt der Zug?

5 Laborantin.
    a. Was ist sie?
    b. Wer ist sie?

6 34 Jahre.
    a. Wie ist er?
    b. Wie alt sind Sie?

7 Morgen Nachmittag.
    a. Wann kommt Jan?
    b. Wer kommt?

8 Danke, gut.
    a. Bist du glücklich?
    b. Wie geht es dir?

6 Welche Antwort passt? Kreuzen Sie an. ★

1 Wohin geht Sabine?
    a. In die Bibliothek.
    b. Aus der Bibliothek.

2 Was isst Peter?
    a. Sportler.
    b. Eine Banane.

3 Wie alt ist dein Opa?
    a. 77.
    b. Gut.

4 Wann kommt Tanja?
    a. Nach der Prüfung.
    b. Schnell.

5 Was liest Gabi?
    a. Ein Buch.
    b. Den Kuchen.

6 Wie ist deine Lehrerin?
    a. Sie isst nichts.
    b. Sie ist ganz nett.

21 Die Verneinung

1 Antworten Sie, indem Sie verneinen. *

1 Bist du krank?
   Nein, ich bin nicht krank.
2 Wohnt ihr in Ulm?

3 Ist das dein Auto?

4 Willst du mitkommen?

5 Arbeitet Gabi in der Redaktion?

6 Bist du verheiratet?

2 Verneinen Sie die Sätze. *

1 Isabel lernt.   *Isabel lernt nicht.*
2 Der Hund bellt.
3 Wir freuen uns.
4 Hanna wartet.
5 Der Zug kommt.
6 Ich kaufe das Buch.
7 Das Kind schläft.
8 Die Schuhe passen.
9 Es regnet.
10 Wir arbeiten.
11 Der Wecker klingelt.
12 Wir fahren in Urlaub.

Die Verneinung (21)

3 Antworten Sie wie im Beispiel. ✶

1 Hast du Zeit?
   Nein, ich habe keine Zeit.
2 Braucht Felix eine Brille?

3 Kaufen wir einen Fernseher?

4 Hat Dagmar ein Auto?

5 Hat Frau Hartung Kinder?

6 Hat Claudia Geld?

7 Haben Sie eine Fahrkarte?

8 Ist er Augenarzt?

4 Nicht oder kein, keine, keinen? ✶✶

1 Sandra ist _____ erkältet.
2 Wir haben _____ Sohn.
3 Tamara wohnt _____ in Kopenhagen.
4 Michaela trinkt _____ Alkohol.
5 Danuta arbeitet _____ .
6 Jutta hat _____ Fieber.
7 Peter hat _____ Geld.
8 Norman hat _____ viel Zeit.
9 Ich bin _____ Hellseher.
10 Ich spreche noch _____ gut Deutsch.

21 Die Verneinung

5   Nicht oder kein? Antworten Sie, indem Sie verneinen.   **

1   Ist das euer Auto?
   Nein, das ist nicht unser Auto.
2   Kommt Olivia aus Québec?

3   Hast du einen Hund?

4   Kauft Richard ein Buch?

5   Wohnen Sie hier?

6   Musst du heute arbeiten?

7   Brauchen sie Hilfe?

8   Darf man hier parken?

9   Haben Sie einen Fahrschein?

10   Möchte das Kind Tee?

11   Schläft das Baby noch?

12   Ist Simone freundlich?

13   Hast du Obst gekauft?

14   Möchten Sie nach Tokio fliegen?

15   Hat dein Mann einen Bruder?

22 Die Infinitivkonstruktionen

1 Bilden Sie Sätze wie im Beispiel. **

1 Ich höre, dass Evelyn singt.
   Ich höre Evelyn singen.
2 Wir hören, dass der Bus kommt.

3 Thomas sieht, dass seine Mutter bügelt.

4 Juliane hört, dass die Waschmaschine schleudert.

5 Wir hören, dass jemand schreit.

6 Ich hörte, dass der Hund bellte.

7 Der Zeuge sah, dass der Wagen bei Rot über die Kreuzung fuhr.

2 Bilden Sie Sätze wie im Beispiel. Verwenden Sie den Infinitiv mit *zu*. **

1 Ich freue mich, dass ich Ihnen helfen kann.
   Ich freue mich, Ihnen helfen zu können.
2 Wir empfehlen Ihnen, dass Sie es noch einmal versuchen.

3 Dietmar streitet ab, dass er Monika kennt.

4 Der Mann gab zu, dass er am Tatort gewesen ist.

5 Simone denkt nicht daran, dass sie pünktlich sein soll.

22 Die Infinitivkonstruktionen

3 Wie sagt man das anders? Verwenden Sie den Infinitiv mit *zu*. ★★

1 Um 8 Uhr beginnt er mit der Arbeit.
   Um 8 Uhr beginnt er zu arbeiten.
2 Wann hört ihr mit dem Streit auf?

3 Das Rauchen ist hier verboten.

4 Dort hinten ist das Parken erlaubt.

5 Kaffeetrinken in der Pause ist üblich.

6 Während der Prüfung ist das Benutzen von Wörterbüchern nicht erlaubt.

4 Antworten Sie wie im Beispiel. ★★

1 Muss ich den Text übersetzen?
   Nein, du brauchst den Text nicht zu übersetzen.
2 Müssen wir morgen um 7 Uhr kommen?

3 Muss Felix die Blumen gießen?

4 Muss Doreen ihre Hose waschen?

5 Muss ich am Sonntag arbeiten? (Höflichkeitsform)

6 Musst du heute Abend Eduard anrufen?

7 Muss Angela in die Apotheke gehen?

8 Muss ich jetzt aufräumen?

Die Infinitivkonstruktionen 22

5   Infinitiv mit oder ohne *zu*?   ★★★

#		
1	streiten	Wir hören die Kinder *streiten* ____.
2	machen	Ich versuche, es noch einmal ____.
3	sich anpassen	Sie hat es noch nicht geschafft, ____.
4	rauchen	Es ist verboten, in der Schule ____.
5	tanzen	Wir haben die Kinder ____ sehen.
6	aufstehen	Sie hasst es, schon um 4 Uhr ____.
7	werden	Der Nachmittag scheint schön ____.
8	segeln	Morgen gehen wir ____.
9	sortieren	Es ist uns gelungen, die Papiere ____.
10	aufschreiben	Ich rate dir, diese Formel ____.
11	lernen	Statt ____, hört er Musik.
12	reparieren	Bernd lässt sein Auto ____.
13	sehen	Ich freue mich, dich ____.
14	schwimmen	Wir gehen ____.
15	hören	Es macht mir Spaß, Musik ____.
16	fahren	William hat die Absicht, nach Rom ____.
17	spazieren	Julia und Bianca gehen ____.
18	aufräumen	Ich habe vor ____.
19	anrufen	Wir müssen Gabi ____.
20	gehen	Möchtest du mit mir ins Kino ____?
21	bellen	Ich habe den Hund ____ hören.
22	sagen	Er ist gegangen, ohne etwas ____.
23	einschalten	Der Vater hat uns erlaubt, den Fernseher ____.
24	arbeiten	Ich denke nicht daran, sonntags ____.
25	einkaufen	Wann fahren wir ____?
26	abschleppen	Ich lasse mein Auto ____.
27	schlafen	Karol darf am Sonntag länger ____.

23 Die Konjunktionen und die Satzgefüge

1 Verbinden Sie die Satzpaare mit der Konjunktion wie im Beispiel. ＊

1 Die Gäste kommen. Sie gratulieren dem Opa. (und)
   Die Gäste kommen und gratulieren dem Opa.
2 Paloma arbeitet im Büro. Sie lernt Russisch. (und)

3 Anke geht in die Disco. Sie spielt am Computer. (oder)

4 Lars möchte heute schwimmen. Er hat Fieber. (aber)

5 Andrew lernt Deutsch. Er möchte in Köln studieren. (denn)

2 Verbinden Sie die Satzpaare mit der angegebenen Konjunktion. ＊＊

1 Eva und Tobias heiraten. Tobias hat eine Stelle. (sobald)
   Eva und Tobias heiraten, sobald Tobias eine Stelle hat.
2 Anja freut sich. Sie bekommt eine Eins. (wenn)

3 Wir bleiben zu Hause. Die Sonne scheint. (obwohl)

4 Ich beeile mich. Die Vorlesung beginnt gleich. (weil)

5 Ich helfe dir. Du wirst schneller fertig. (damit)

6 Marek hatte einen Unfall. Er war neun Jahre alt. (als)

7 Wir freuen uns. Bald fahren wir nach Paris. (dass)

8 Anke geht in die Disco. Ihre Schwester bleibt zu Hause. (während)

Die Konjunktionen und die Satzgefüge 23

3 Stellen Sie die Sätze um. Beginnen Sie mit dem Nebensatz. ★★

1 Maria möchte nichts essen, obwohl sie Hunger hat.
   Obwohl Maria Hunger hat, möchte sie nichts essen.
2 Paul hat Schulden, weil er viel Geld ausgibt.

3 Ich erkläre dir die Aufgabe, wenn du möchtest.

4 Christian geht nach Hause, sobald seine Arbeit beendet ist.

5 Gudrun ist gekommen, um dir zu helfen.

6 Patrick schlief schon, als seine Eltern kamen.

7 Irene schaltet das Radio aus, damit Marc lernen kann.

8 Wir fahren ins Hotel, nachdem wir das Schloss besichtigt haben.

4 *Denn* oder *weil*? ★★

1 Sören bleibt zu Hause, *weil* er Durchfall hat.
2 Du musst im Bett liegen, _____ du hast Fieber.
3 Jürgen geht zum Optiker, _____ er braucht eine Brille.
4 Der Arzt gibt mir ein Rezept, _____ ich krank bin.
5 Chris nimmt eine Tablette, _____ er hat Kopfschmerzen.
6 Sabine liegt im Krankenhaus, _____ sie hat Gelbsucht.
7 Céline fährt nach Marseille, _____ sie Urlaub hat.
8 Inge ist glücklich, _____ sie hat die Wette gewonnen.
9 Michael lernt jetzt viel, _____ er bald Prüfungen hat.
10 Sie geht nicht ins Wasser, _____ sie nicht schwimmen kann.
11 Rudi ist müde, _____ er viel gearbeitet hat.

Die Konjunktionen und die Satzgefüge

5 *Als* oder *wenn*?   **

1 _Wenn_ du regelmäßig die Vokabeln lernst, kannst du sie gut behalten.
2 _____ wir gestern den Test schrieben, hatte ich Kopfweh.
3 Rita war glücklich, _____ der Lehrer sie gestern lobte.
4 Richard möchte Architektur studieren, _____ er das Gymnasium absolviert hat.
5 _____ Bohdan an seinem Computer sitzt, vergisst er alles.
6 Louis ärgerte sich, _____ er den Fehler entdeckte.
7 Immer _____ sie lügt, wird sie rot.
8 _____ Ellen klein war, wollte sie Ärztin werden.
9 Ich freute mich, _____ ich den ersten Brief von Vicky bekam.
10 _____ du willst, kannst du jetzt telefonieren.

6 Antworten Sie mit der Konjunktion *um ... zu*.   ***

1 Wozu braucht Gisela das Kochbuch? *(ein Rezept finden)*
   Gisela braucht das Kochbuch, um ein Rezept zu finden.
2 Warum kauft Josef Blumen? *(sie seiner Frau schenken)*

3 Wozu braucht Leo den Hammer? *(einen Nagel einschlagen)*

4 Warum geht Matthias zum Arzt? *(sich impfen lassen)*

5 Warum gehst du jetzt schon? *(den Koffer für die Reise packen)*

6 Warum fahren sie an die Nordsee? *(sich von der Arbeit erholen)*

7 Warum macht Sandra Gymnastik? *(fit bleiben)*

8 Warum geht Oskar in die Volkshochschule? *(Französisch lernen)*

Die Konjunktionen und die Satzgefüge   23

7 Antworten Sie mit der Konjunktion *damit*.   ★★★

1 Wozu kaufst du ein? *(meine Mutter braucht es nicht zu machen)*
   Ich kaufe ein, damit meine Mutter es nicht zu machen braucht.
2 Wozu holst du Medikamente? *(meine Oma wird gesund)*
   _____
3 Warum gehst du zum Makler? *(er sucht ein Haus für mich)*
   _____
4 Warum hast du mir das gesagt? *(du bist informiert)*
   _____
5 Warum nimmt Holger eine Tablette? *(die Kopfschmerzen gehen weg)*
   _____

8 Setzen Sie die passende Konjunktion ein.   ★★

> dass   ob   oder   aber   weil   denn   damit   als   obwohl
> weshalb ✔   indem   wenn

1 Ich weiß nicht, *weshalb* er das gesagt hat.
2 Kasimir ist in seinem Zimmer _____ er ist noch in der Schule.
3 Wir kommen zu Ihnen, _____ Sie uns helfen.
4 Tanja hat gesagt, _____ ihre Schwester keine Zeit hat.
5 Moni will Sängerin werden, _____ sie gar nicht singen kann.
6 _____ er kommt, solltest du mit ihm sprechen.
7 Ich weiß noch nicht, _____ ich morgen Zeit habe.
8 Wanda bestellt eine große Portion Gulasch, _____ sie hat Hunger.
9 Ich traf ihn, _____ ich in Hamburg war.
10 Ursula würde gern mitkommen, _____ sie muss noch arbeiten.
11 Ich bereite mich auf die Prüfung vor, _____ ich regelmäßig den Stoff wiederhole.
12 Katalin will Robert nicht heiraten, _____ sie Imre liebt.

Lösungen

1 Das Genus der Substantive

1
die Frau, die Übung, die Zeitung, die Werbung, die Musik, die Politik,
die Operation, die Situation, die Freundschaft, die Botschaft, die Freundin,
die Krankheit, die Gesundheit, die Palme
der Mann, der Computer, der Fernseher, der Apparat, der Automat,
der Projektor, der Motor, der Apfel, der Pinsel, der Frühling, der Patient,
der Honig, der Teppich, der Mensch
das Mädchen, das Brötchen, das Bild, das Buch, das Probieren, das Arbeiten,
das Auto, das Kino, das Radio, das Komma, das Dokument, das Medikament,
das Drama, das Kind

2
1 eine, die Wohnung; 2 eine, die Küche; 3 ein, das Zimmer; 4 ein, der Balkon;
5 ein, das Haus; 6 eine, die Terrasse; 7 ein, der Keller; 8 eine, die Etage;
9 eine, die Treppe

3
<u>Maskulina</u>: Computer, Stuhl, Drucker, Speicher, Bildschirm, Tisch
<u>Feminina</u>: Maus, Diskette, Lampe, Datei, CD-ROM, Festplatte
<u>Neutra</u>: Büro, Telefon, Laufwerk, Papier, Fenster, Bild

4
1 die Tischlampe; 2 der Papierkorb; 3 die Wanduhr; 4 die Bettdecke;
5 der Wasserhahn; 6 die Topfblume; 7 der Gasherd; 8 die Teetasse;
9 die Zimmerpflanze; 10 die Haustür; 11 die Radiosendung;
12 der Bilderrahmen; 13 der Stadtplan

2 Der Artikel

1
1 Der; 2 ein; 3 Die; 4 Das; 5 eine; 6 ein; 7 Der; 8 eine; 9 Der; 10 eine

2
1 –; 2 –, –; 3 –, die, –; 4 Das; 5 –; 6 –; 7 die, –; 8 Der, –, –; 9 –, –, die; 10 –, der;
11 –, –, –

Lösungen: Die Pluralbildung der Substantive

3
1 die; 2 den; 3 das; 4 Der; 5 dem; 6 die; 7 der; 8 den; 9 Die; 10 des

4
1 beim; 2 im; 3 ins; 4 ans; 5 zum; 6 zur; 7 beim

3 Die Pluralbildung der Substantive

1
a
1 die Scheren; 2 die Hosen; 3 die Nasen; 4 die Gurken; 5 die Taschen; 6 die Tomaten; 7 die Birnen; 8 die Tanten
b
1 die Ohren; 2 die Zahlen; 3 die Übungen; 4 die Kreuzungen; 5 die Studenten; 6 die Menschen; 7 die Herren; 8 die Endungen
c
1 die Tage; 2 die Arme; 3 die Bleistifte; 4 die Hunde; 5 die Beine; 6 die Briefe; 7 die Monate; 8 die Abende
d
1 die Brüder; 2 die Mäntel; 3 die Mägen (*auch:* Magen); 4 die Mütter; 5 die Schwäger; 6 die Väter; 7 die Vögel; 8 die Äpfel
e
1 die Länder; 2 die Blätter; 3 die Häuser; 4 die Gläser; 5 die Bücher; 6 die Dächer; 7 die Dörfer; 8 die Hühner
f
1 die Pullover; 2 die Sänger; 3 die Zimmer; 4 die Brötchen; 5 die Teller; 6 die Fenster; 7 die Mädchen; 8 die Zeichen
g
1 die Taxis; 2 die Radios; 3 die Chefs; 4 die Ballons; 5 die Radiergummis; 6 die Hotels; 7 die Kinos; 8 die Babys
h
1 die Sätze; 2 die Stühle; 3 die Hände; 4 die Bärte; 5 die Bäume; 6 die Zähne; 7 die Wände; 8 die Köche

2
a
1 die Schülerinnen; 2 die Ärztinnen; 3 die Studentinnen; 4 die Chefinnen; 5 die Kolleginnen; 6 die Nachbarinnen; 7 die Freundinnen; 8 die Lehrerinnen
b
1 die Globen; 2 die Kakteen; 3 die Museen; 4 die Gymnasien; 5 die Studien; 6 die Ministerien; 7 die Aquarien; 8 die Medien

Lösungen: Die Pluralbildung der Substantive

3
waagerecht: Schlüssel, Tische, Sessel, Bilder, Fenster, Wohnungen
senkrecht: Sofas, Türen, Stühle, Blumen, Betten, Regale

4
1 Bücher; 2 Häuser; 3 Tafeln; 4 Karten; 5 Taschen; 6 Hände; 7 Rosen; 8 Stühle; 9 Uhren; 10 Blätter; 11 Körbe; 12 Männer; 13 Söhne; 14 Brote

5
1 Frauen; 2 Damen; 3 Gabeln; 4 Seen; 5 Zehen; 6 Betten; 7 Küchen; 8 Städte; 9 Schränke; 10 Ohren; 11 Hemden; 12 Schiffe

6
1 die Haare; 2 die Frauen; 3 die Tomaten; 4 die Übungen; 5 die Radios; 6 die Häuser; 7 die Söhne; 8 die Zähne; 9 die Brüder; 10 die Tage; 11 die Bücher; 12 die Uhren; 13 die Töchter; 14 die Männer; 15 die Hände; 16 die Herren

7
1 die Frucht; 2 das Brötchen; 3 die Tasse; 4 die Kanne; 5 das Ei; 6 die Gabel; 7 der Apfel; 8 die Scheibe; 9 der Becher; 10 der Teller; 11 das Glas; 12 der Löffel; 13 das Messer; 14 die Birne; 15 die Serviette; 16 das Würstchen

8
1 die Pferde; 2 die Bücher; 3 die Brötchen; 4 die Häuser; 5 die Hosen; 6 die Köche; 7 die Städte; 8 –; 9 –; 10 die Hunde; 11 –; 12 –

9
1 Pullover; 2 Jacken; 3 Kleider; 4 Hosen; 5 Blusen; 6 Taschen; 7 Röcke; 8 Hüte; 9 Krawatten; 10 Mäntel

10
1 die Globen; 2 die Kakteen; 3 die Gymnasien; 4 die Lexika; 5 die Busse; 6 die Kaufleute; 7 die Praxen; 8 die Museen; 9 die Zentren; 10 die Viren; 11 die Firmen; 12 die Themen

4 Die Deklination des Artikels und des Substantivs

1
1 ein; 2 eine, einen; 3 einen; 4 einen; 5 eine, eine; 6 einen

2
1 die; 2 die; 3 das; 4 die; 5 den; 6 die

3
1 dem Opa; 2 dem Mann; 3 den Kindern; 4 seiner Frau; 5 den Schülern; 6 dem Auto

4
1 Ich gebe das Geld der Kassiererin. 2 Yvonne spricht mit dem Chef. 3 Wir fahren mit dem Bus. 4 Ulrike kommt aus der Bibliothek. 5 Ich schenke die Bücher den Kindern. 6 Die Katze spielt mit einem Ball. 7 Ich gebe das Rezept dem Apotheker. 8 Klaus erzählt die Anekdote seinen Freunden. 9 Ludwig fährt mit dem Zug nach Köln.

5
1 des Vaters; 2 der Mutter; 3 des Babys; 4 des Sohnes; 5 der Kinder; 6 der Eltern; 7 der Oma; 8 des Kindes; 9 der Tochter

6
1 Wegen einer Erkältung. 2 Wegen des Regens. 3 Wegen des Fiebers. 4 Wegen der Kopfschmerzen. 5 Wegen der Grippe. 6 Wegen der Probleme.

7
1 Wir schenken dem Vater ein Radio. 2 Wo ist die Telefonnummer meiner Schwester? 3 Er geht zu der (*oder:* zur) Chefin. 4 Wir fahren mit der Tochter, aber ohne den Sohn in die Schweiz. 5 Die Eltern kaufen einen Schreibtisch für die Tochter. 6 Hier ist ein Brief von der Tante. 7 Ich frage nach dem Preis des Kühlschranks. 8 Der Hund der Nachbarin bellt laut.

Lösungen: Die Personalpronomen

5 Die Personalpronomen

1
1 Er; 2 Sie; 3 Es; 4 Sie; 5 Sie; 6 du, ich

2
<u>er</u>: der Tisch, der Garten, der Aufzug, der Hund
<u>sie (Sing.)</u>: die Wohnung, die Garage, die Familie, die Tür
<u>es</u>: das Haus, das Zimmer, das Dach
<u>sie (Plur.)</u>: die Möbel, die Blumen, die Adressen

3
1 Mir; 2 ihr; 3 ihm; 4 ihm; 5 uns; 6 ihnen; 7 Ihnen

4
1 ihn; 2 uns; 3 sie; 4 ihn; 5 mich; 6 sie; 7 es; 8 Sie; 9 dich; 10 ihn; 11 sie; 12 euch

5
du – dir – dich; sie – ihr – sie; ich – mir – mich; es – ihm – es; er – ihm – ihn; ihr – euch – euch; wir – uns – uns; sie – ihnen – sie; Sie – Ihnen – Sie

6
1 Er, ihm; 2 Sie, ihr; 3 uns; 4 es; 5 ihnen; 6 es; 7 sie; 8 Er; 9 dir; 10 mir; 11 Sie

7
ich – mir – mich; du – dir – dich; er – ihm – ihn; sie – ihr – sie; es – ihm – es; wir – uns – uns; ihr – euch – euch; sie – ihnen – sie; Sie – Ihnen – Sie

8
1 Wir schenken ihr einen Pullover. Wir schenken ihn Dorothea. Wir schenken ihn ihr. 2 Wir geben ihr eine Gitarre. Wir geben sie Ulrike. Wir geben sie ihr. 3 Der Lehrer stellt ihm eine Frage. Der Lehrer stellt sie dem Schüler. Der Lehrer stellt sie ihm. 4 Herr Wagner kauft ihr einen Pelzmantel. Herr Wagner kauft ihn seiner Frau. Herr Wagner kauft ihn ihr. 5 Ich erkläre ihnen die Verspätung. Ich erkläre sie meinen Eltern. Ich erkläre sie ihnen. 6 Gabi zeigt ihnen die Fotos aus dem Italienurlaub. Gabi zeigt sie ihren Kollegen. Gabi zeigt sie ihnen.

9
1 – a. ihn ihm; 2 – b. es ihnen; 3 – a. sie ihr; 4 – b. die Aufgabe; 5 – a. das Buch; 6 – b. den Computer; 7 – d. das Gedicht; 8 – c. sie ihnen

6 Die Possessivpronomen

1
1 Mein; 2 Meine; 3 Mein; 4 Meine; 5 Deine; 6 Dein; 7 Deine; 8 Sein; 9 Sein; 10 Seine; 11 Ihr; 12 Ihre; 13 Ihre; 14 Sein; 15 Seine; 16 Sein

2
1 – b. mein; 2 – a. Ihre; 3 – b. ihr; 4 – a. unsere; 5 – c. dein

3
1 Unsere; 2 Unser; 3 Unser; 4 Unsere; 5 eure; 6 euer; 7 eure; 8 ihr; 9 ihr; 10 Ihre; 11 Ihr; 12 Ihre

4
1 ihre; 2 unser; 3 sein; 4 Mein; 5 Unsere; 6 Euer; 7 Seine; 8 Ihr; 9 ihr, ihre, ihr

5
1 meines; 2 meiner; 3 Deinen; 4 deine; 5 deinem; 6 Ihre; 7 Meines; 8 unsere; 9 eueren; 10 Seiner; 11 ihrer

6
1 Unsere; 2 ihr; 3 unseren; 4 unserem; 5 seinem; 6 Unser; 7 seine; 8 ihrem; 9 unserer

7 Die Demonstrativpronomen

1
1 Diese; 2 dieses; 3 Dieses; 4 Dieser; 5 dieses; 6 Diese

2
1 dieses; 2 dieses; 3 dieses; 4 dieser; 5 dieses (*oder Plur.:* dieser); 6 dieser

3
1 diesem; 2 dieser; 3 dieser; 4 diesem; 5 diesem; 6 diesem; 7 dieser; 8 diesen

4
1 diese; 2 Dieses; 3 diese; 4 diesen; 5 diese; 6 diesen; 7 diese; 8 Diese; 9 dieses; 10 diesen; 11 diesem; 12 Dieser; 13 Diese; 14 diesen; 15 dieser; 16 diese

5
1 jenes; 2 dieses, jenes; 3 diesen, jenen; 4 dieser, jenen; 5 Dieses, jenem; 6 Diesen, Jener; 7 dieses, jenes

Lösungen: Die Relativpronomen

8 Die Relativpronomen

1
1 das; 2 den; 3 die; 4 den; 5 dem

2
1 die; 2 das; 3 der; 4 dem; 5 denen; 6 den

9 Das Verb im Präsens

1
1 – a; 2 – c; 3 – a; 4 – b; 5 – a; 6 – c

2
ich: wohne, schreibe, höre, trinke, bin
du: wohnst, schreibst, hörst, trinkst, bist
er, sie, es: wohnt, schreibt, hört, trinkt, ist
wir: wohnen, schreiben, hören, trinken, sind
ihr: wohnt, schreibt, hört, trinkt, seid
sie, Sie: wohnen, schreiben, hören, trinken, sind

3
1 bist; 2 kommen; 3 lernt; 4 Sind; 5 gehe; 6 Habt; 7 spielen; 8 heißen

4
ich: nehme, spreche, gebe, sehe, lese, werde, esse, vergesse
du: nimmst, sprichst, gibst, siehst, liest, wirst, isst, vergisst
er, sie, es: nimmt, spricht, gibt, sieht, liest, wird, isst, vergisst
wir: nehmen, sprechen, geben, sehen, lesen, werden, essen, vergessen
ihr: nehmt, sprecht, gebt, seht, lest, werdet, esst, vergesst
sie, Sie: nehmen, sprechen, geben, sehen, lesen, werden, essen, vergessen

5
1 werde; 2 nimmt; 3 wird; 4 liest; 5 Sprichst; 6 gibt; 7 Esst

6
ich: schlafe, trage, fahre, gefalle, laufe, schlage, grabe, falle
du: schläfst, trägst, fährst, gefällst, läufst, schlägst, gräbst, fällst
er, sie, es: schläft, trägt, fährt, gefällt, läuft, schlägt, gräbt, fällt
wir: schlafen, tragen, fahren, gefallen, laufen, schlagen, graben, fallen
ihr: schlaft, tragt, fahrt, gefallt, lauft, schlagt, grabt, fallt
sie, Sie: schlafen, tragen, fahren, gefallen, laufen, schlagen, graben, fallen

Lösungen: Das Verb im Präsens

7
1 fällt; 2 gräbt, fällt; 3 fährst; 4 laufen; 5 Tragt; 6 schläft; 7 schlägt; 8 ist (*oder Plur.:* sind); 9 sprecht

8
1 Ein Elefant vergisst nie. 2 Der Hund gräbt im Garten ein Loch. 3 Der Junge läuft nach Hause. 4 Eva isst gern Fisch. 5 Christian fährt morgen nach Spanien.

9
<u>waagerecht</u>: sehen, nimmt, vergesse, siehst, gibst, läuft, fahren, werdet, gebt, fährst
<u>senkrecht</u>: schlafen, nehme, trage, essen, trägt, esse, lauft, wirst, schläft, vergesst
<u>ich</u>: vergesse, nehme, trage, esse
<u>du</u>: siehst, gibst, fährst, wirst
<u>er, sie, es</u>: nimmt, läuft, trägt, schläft
<u>wir, sie, Sie</u>: sehen, fahren, schlafen, essen
<u>ihr</u>: werdet, gebt, lauft, vergesst

10
<u>trennbar</u>: vorstellen, abgeben, ausgehen, zurückkommen, einkaufen, abschreiben, zumachen, aufhören, wegwerfen
<u>nicht trennbar</u>: vergessen, verschreiben, entstehen, empfehlen, wiederholen, gefallen, beginnen, versuchen

11
1 klopfe an; 2 Füllst ... aus; 3 steht ... auf; 4 rufen ... an; 5 nimmt ... ein; 6 ziehen ... um; 7 kehrt ... zurück; 8 bereitet ... zu; 9 stelle ... vor; 10 schreibt ... auf; 11 liest ... vor; 12 zündet ... an; 13 nehme ... auf; 14 sehe ... fern

12
1 waschen ... ab; 2 schreibe ... auf; 3 kommt ... an; 4 kaufen ... ein; 5 nimmt ... ab

13
<u>waagerecht</u>: ausgeben, aufschreiben, umsteigen, mitbringen, vorlesen, anrufen, anprobieren; <u>senkrecht</u>: abfahren, abbiegen
1 gibt ... aus; 2 fährt ... ab; 3 steige ... um; 4 liest ... vor; 5 ruft ... an; 6 biegen ... ab; 7 schreibe ... auf; 8 probiert ... an; 9 bringen ... mit

Lösungen: Das Verb im Präteritum

14
1 Ich steige in Hanau aus. 2 Ich stehe um halb sieben auf. 3 Wir ziehen im April um. 4 Eva geht mit Martin aus. 5 Wir fahren morgen früh weg. 6 Ich kaufe auf dem Wochenmarkt ein. 7 Verena macht die Tür auf. 8 Ich rufe Tante Petra an. 9 Mein Freund setzt immer seine Meinung durch. 10 Karsten dreht sich nach einem hübschen Mädchen um.

15
1 Monika vergisst immer meinen Geburtstag. 2 Michael geht gern mit Doris aus. 3 Ich verstehe den Text nicht. 4 Du schickst den Brief an Karin ab.
5 Die Kinder hören der Erzieherin zu. 6 Der Arzt verschreibt mir starke Medikamente. 7 Franziska übersetzt den Text ins Spanische. 8 Der Unterricht fängt um 8 Uhr an.

16
1 mich; 2 dich; 3 sich; 4 sich; 5 uns; 6 sich; 7 euch

17
1 sich; 2 sich; 3 mich; 4 sich; 5 dich; 6 sich; 7 sich; 8 uns; 9 sich

10 Das Verb im Präteritum

1
1 Präteritum, sein; 2 Präsens, haben; 3 Präteritum, wollen; 4 Präteritum, studieren; 5 Präsens, sein; 6 Präsens, schreiben; 7 Präteritum, brauchen; 8 Präteritum, kaufen; 9 Präsens, haben; 10 Präteritum, wissen

2
1 Heute sind wir zu Hause. 2 Heute habe ich keine Prüfung. 3 Heute bist du glücklich. 4 Heute hat er Fieber. 5 Jetzt haben wir Zeit. 6 Jetzt seid ihr zu Hause. 7 Diese Woche geht es mir besser.

3
1 War; 2 warst; 3 war; 4 hatte; 5 War; 6 waren; 7 hatten; 8 hatte; 9 Hattest; 10 hatten

4
1 Ich wollte nach Frankfurt fahren. 2 Die Kinder wollten ins Kino gehen.
3 Ihr solltet hier aufräumen. 4 Ich musste meinen Pullover waschen.
5 Erika durfte (heute) länger schlafen. 6 Du konntest gut singen. 7 Ihr musstet euch beeilen! 8 Wir konnten die Aufgabe lösen.

Lösungen: Das Verb im Perfekt und als Partizip II

5
sein, ich bin, ich war; sein, wir sind, wir waren; haben, ich habe, ich hatte; haben, er hat, er hatte; werden, ich werde, ich wurde; werden, wir werden, wir wurden; müssen, du musst, du musstest; müssen, er muss, er musste; sollen, ich soll, ich sollte; sollen, du sollst, du solltest; dürfen, wir dürfen, wir durften; dürfen, er darf, er durfte

6
1 Vor einem Jahr konnte ich noch nicht Auto fahren. 2 Anne war vor einer Woche krank. 3 Jan und Christina hatten gestern eine Prüfung. 4 Wir wollten am Montag in die Disco gehen. 5 Melanie konnte gestern nicht zu mir kommen. 6 Klaus durfte bis gestern nicht schwimmen.

7
<u>waagerecht</u>: besuchten, schrieb, wusch, redete, wohntest, bekam, verstand
<u>senkrecht</u>: wurde, sahen, schliefen, flogen, wart, brachtest, telefonierte, wartetest, lasen, trug, dachten
1 sahen; 2 redete, verstand; 3 schrieb; 4 schliefen; 5 brachtest; 6 bekam, wurde; 7 wusch, telefonierte; 8 wart; 9 besuchten; 10 wartetest; 11 lasen; 12 lachten, wohntest; 13 flogen; 14 trug

8
1 ich kaufte; 2 wir kochten; 3 er schrieb; 4 sie stiegen ein; 5 ich kam; 6 wir tranken aus; 7 ihr lieft; 8 du schliefst; 9 wir suchen; 10 du tippst; 11 du kommst; 12 ich trage; 13 wir fahren ab; 14 ihr geht; 15 sie essen; 16 Sie brechen ab

9
1 wurde; 2 kam; 3 besuchte; 4 verließ; 5 wollte; 6 bewarb mich; 7 arbeitete; 8 lernte; 9 flog; 10 bekam; 11 wollte; 12 schickte; 13 hatte; 14 bekam; 15 begann

11 Das Verb im Perfekt und als Partizip II

1
1 gelegt; 2 gemacht; 3 gekocht; 4 gekauft; 5 gespart; 6 gefragt; 7 abgelegt; 8 ausgemacht; 9 eingekauft; 10 aufgehört; 11 abgeholt; 12 versucht; 13 verkauft; 14 befragt; 15 besucht; 16 bestellt; 17 gehört; 18 fotografiert; 19 studiert; 20 telefoniert; 21 repariert; 22 kopiert

Lösungen: Das Verb im Perfekt und als Partizip II

2
1 gesucht; 2 abgelegt; 3 verkauft; 4 gefärbt; 5 gekauft; 6 gemalt; 7 erholt;
8 besucht; 9 informiert; 10 zugeschaut; 11 angestrengt

3
1 Martin hat seiner Freundin ein Buch geschenkt. 2 Wir haben gestern einen Kühlschrank gekauft. 3 Der Hund hat am Nachmittag lange gebellt. 4 Nadja hat den Brief noch nicht abgeschickt. 5 Wer hat den Computer ausgeschaltet? 6 Ich habe wirklich alles versucht. 7 Der Mann hat alles dem Anwalt erzählt. 8 Ich habe meinen Freund am Wochenende getroffen.

4
1 gerannt; 2 verbrannt; 3 genannt; 4 gedacht; 5 verbracht; 6 mitgebracht;
7 gewusst; 8 ausgedacht

5
1 gekauft; 2 gekocht; 3 vorgestellt; 4 getanzt; 5 geputzt; 6 genäht; 7 erledigt;
8 gratuliert; 9 geschält; 10 anprobiert; 11 verirrt

6
1 getrunken; 2 gesungen; 3 gefahren; 4 gelaufen; 5 gesprochen; 6 getragen;
7 gefallen; 8 gesehen; 9 verstanden; 10 ausgegangen; 11 eingestiegen;
12 gesessen; 13 gegessen; 14 verschlafen; 15 gesprungen; 16 gelegen

7
1 eingestiegen; 2 gewaschen; 3 gekommen; 4 gefallen; 5 verschrieben;
6 gesprungen; 7 gelesen; 8 gesungen; 9 gesehen; 10 verloren; 11 geschlafen

8
1 gesprochen; 2 aufgestanden; 3 gefahren; 4 geschienen; 5 genossen;
6 geschwommen; 7 gegessen; 8 bestellt; 9 getrunken; 10 gewesen;
11 gelaufen

9
<u>waagerecht</u>: ausgetrunken, ausgegeben, geworden, vergraben, bekommen, studiert, verhaftet
<u>senkrecht</u>: abgehoben, gesehen, getrieben, versucht, gefahren, beworben
1 vergraben; 2 versucht; 3 abgehoben; 4 bekommen; 5 gefahren;
6 ausgegeben; 7 studiert; 8 beworben; 9 geworden; 10 gesehen; 11 verhaftet;
12 getrieben; 13 ausgetrunken

10
1 ist; 2 sind; 3 haben; 4 sind, haben; 5 hat; 6 hat; 7 ist; 8 sind

11
1 Der Film hat vor zehn Minuten angefangen. 2 Mir ist noch eine Frage eingefallen. 3 Wir haben schon alle Dokumente bekommen. 4 Er hat mich über seine Arbeit informiert. 5 Pascal hat sich in Olivia verliebt. 6 Jutta ist vorgestern nach Prag gefahren. 7 Was hat Rainer seinem Sohn versprochen? 8 Wann ist der Zug abgefahren? 9 Wohin ist Marina gegangen?

12
1 Der Wecker hat um 6.10 Uhr geklingelt. 2 Frau Franke ist aufgestanden. 3 Sie ist ins Bad gegangen, hat geduscht und sich angezogen. 4 Dann hat sie ihren Mann geweckt. 5 Danach hat sie das Frühstück vorbereitet. 6 Ihr Mann hat die Tochter geweckt. 7 Um 6.45 Uhr haben alle in der Küche gefrühstückt. 8 Um 7.00 Uhr ist Herr Franke ins Büro gegangen. 9 Die Tochter hat ihre Schultasche gepackt. 10 Dann ist sie mit dem Rad in die Schule gefahren. 11 Frau Franke hat noch schnell abgewaschen. 12 Um 7.40 Uhr ist sie aus dem Haus gegangen. 13 Sie hat ihre Arbeit um 8.30 Uhr begonnen. 14 Von 12.30 Uhr bis 13.00 Uhr hat sie Mittagspause gehabt. 15 Sie hat einen Salat gegessen und mit ihren Kolleginnen gesprochen. 16 Sie hat ihre Arbeit um 17 Uhr beendet. 17 Nach der Arbeit hat sie Einkäufe gemacht. 18 Um 18.30 Uhr ist sie nach Hause gekommen. 19 Die Tochter hat den Tisch gedeckt. 20 Herr Franke hat die Getränke aus dem Keller geholt. 21 Frau Franke hat das Essen gemacht. 22 Nach dem Abendbrot hat die Tochter das Geschirr gespült. 23 Frau Franke hat die Wäsche gebügelt und mit ihrem Mann gesprochen. 24 Um 22.40 Uhr sind sie schlafen gegangen.

13
1 Perfekt; Präsens: Antonia wird 16 Jahre alt. 2 Perfekt; Präsens: Marc kauft sich einen Anzug. 3 Präsens; Perfekt: Ich habe Tamara besucht. 4 Präsens; Perfekt: Franziska hat Tee mit Zitrone getrunken. 5 Präsens; Perfekt: Der Arzt hat den verletzten Mann untersucht.

12 Der Imperativ

1
1 Komm! 2 Sprich! 3 Iss! 4 Hör zu! 5 Mach den Mund auf! 6 Sei still! 7 Arbeite!

13 Lösungen: Die Modalverben

2
1 Helfen wir! 2 Arbeiten wir! 3 Gehen wir! 4 Steigen wir ein! 5 Hören wir auf! 6 Passen wir auf!

3
1 Schließt die Fenster! 2 Passt auf! 3 Seid ruhig! 4 Schreibt! 5 Rechnet! 6 Trinkt Milch! 7 Lernt!

4
1 Helfen Sie mir bitte! 2 Zeigen Sie uns bitte den Weg! 3 Unterschreiben Sie bitte hier! 4 Kommen Sie bitte um 9.30 Uhr! 5 Seien Sie bitte nett! 6 Lesen Sie bitte den Text! 7 Sagen Sie mir bitte Ihren Namen! 8 Sprechen Sie bitte langsamer! 9 Steigen Sie hier bitte aus! 10 Fahren Sie bitte nicht so schnell!

5
1 Geh zum Arzt! 2 Helfen wir der Oma! 3 Räumt hier auf! 4 Holen wir das Medikament ab! 5 Nimm die Tabletten ein! 6 Treibt Sport! 7 Bleiben Sie bitte im Bett! 8 Seien Sie leise!

13 Die Modalverben

1
a
1 muss; 2 müsst; 3 müssen; 4 Musst; 5 müssen
b
1 will; 2 Wollen; 3 wollen; 4 Willst; 5 Wollt
c
1 kann; 2 können; 3 können; 4 Kannst; 5 Könnt
d
1 sollst; 2 Sollt; 3 sollen; 4 sollen; 5 soll
e
1 darfst; 2 dürfen; 3 darf; 4 dürfen; 5 Dürft

2
1 ich / er / sie / es; 2 wir / sie / Sie; 3 ich / er / sie / es; 4 ich / er / sie / es; 5 du; 6 ich / er / sie / es; 7 ihr; 8 du

3
1 muss; 2 Dürft; 3 darf; 4 willst; 5 wollen; 6 Kannst; 7 Können; 8 darf; 9 sollst

Lösungen: Die Deklination der Adjektive

4
1 Robert soll seine Hemden in den Schrank legen. 2 Beate soll das Geschirr in die Küche bringen. 3 Ich will morgen mit Susanne nach Bonn fahren. 4 Sie können mir den Weg zum Rathaus zeigen. 5 Hier dürfen nur Anwohner parken. 6 Wir wollen in eine größere Wohnung ziehen. 7 Wir müssen viele neue Wörter lernen. 8 Du sollst dich beeilen.

5
1 Ich will ein interessantes Buch lesen. 2 Wir sollen deutsche Sprichwörter lernen. 3 Kannst du fließend Französisch sprechen? 4 Manuela will morgen nach Italien fahren. 5 Die Eltern müssen einen Arzt anrufen. 6 Dirk darf um halb zwei nach Hause gehen.

14 Die Deklination der Adjektive

1
1 Das ist ein großer Bahnhof. 2 Das ist ein kleiner Betrieb. 3 Das ist ein schöner Park. 4 Das ist ein kinderfreundlicher Spielplatz. 5 Das ist eine große Tankstelle. 6 Das ist eine kleine Schule. 7 Das ist eine breite Straße. 8 Das ist eine hohe Mauer. 9 Das ist ein neues Theater. 10 Das ist ein ausgezeichnetes Restaurant. 11 Das ist ein teures Hotel. 12 Das sind breite Straßen. 13 Das sind moderne Häuser. 14 Das sind schöne Gärten.

2
1 interessantes; 2 gefährlicher; 3 gute; 4 neue; 5 schönes; 6 lange; 7 langweiliger; 8 bekannte; 9 altes; 10 kostbare

3
1 neue; 2 spannende; 3 gute; 4 tolle; 5 leichte; 6 komplizierte; 7 kleine; 8 schöne; 9 gute; 10 lange; 11 praktische; 12 einfachen; 13 deutschen; 14 neuen

4
1 graue; 2 weiße; 3 blaue; 4 braunen; 5 gelbe; 6 schwarzen; 7 grüne; 8 rote; 9 teure; 10 gestreifte

5
1 rote; 2 alten; 3 blindes; 4 korrekte; 5 neue; 6 gute; 7 bunten; 8 Kleine; 9 nette; 10 elegantes; 11 Fette

14 Lösungen: Die Deklination der Adjektive

6
1 großen Park; 2 schönen Platz; 3 hohen Turm; 4 breite Straße; 5 alte Schule; 6 gute Gaststätte; 7 altes Schloss; 8 nettes Café; 9 neues Krankenhaus; 10 braune Schuhe; 11 warme Handschuhe; 12 goldene Ohrringe

7
1 neue; 2 blauen; 3 kleine; 4 neue; 5 Historische; 6 kleine; 7 gutes; 8 alter; 9 schnelles

8
1 französischer Wein; 2 trockener Sekt; 3 magerer Schinken; 4 frische Milch; 5 weiße Schokolade; 6 gute Margarine; 7 fettes Fleisch; 8 kühles Bier; 9 gesundes Essen; 10 neue Kartoffeln; 11 reife Tomaten; 12 saftige Äpfel

9
1 italienischer Wein; 2 französischer Cognac; 3 polnischer Wodka; 4 schwedisches Brot; 5 norwegischer Käse; 6 kubanische Zigarren; 7 afrikanische Kunst; 8 spanische Orangen; 9 deutsches Bier; 10 russischer Kaviar; 11 holländische Tomaten; 12 eine dänische Schriftstellerin; 13 brasilianischer Kaffee; 14 indischer Tee; 15 deutsche Radieschen; 16 belgische Pralinen; 17 japanisches Theater; 18 italienische Mode; 19 ungarische Musik; 20 griechische Geschichte; 21 mexikanische Speisen; 22 chinesisches Porzellan; 23 eine finnische Sauna; 24 ein französisches Lied

10
<u>bestimmter Artikel</u>: (A) den blauen Anzug; (N) die lange Hose; (A) das neue Hemd; (A) die alten Schuhe
<u>unbestimmter Artikel</u>: (A) einen großen Bahnhof; (N) eine gute Schule; (N) ein altes Museum; (A) neue Häuser
<u>ohne Artikel</u>: (A) starken Kaffee; (N) frische Milch; (N) gutes Bier; (A) kalte Getränke

11
1 frisches, spanischen, saure, schwarze; 2 mehlige, festkochende; 3 mageren, rohen; 4 Alte; 5 süßen, scharfen; 6 grünen, neue, frische; 7 französischen, spanischen, schottischen

12
1 guten; 2 schnellen; 3 runden; 4 neuen; 5 interessanten; 6 freundlichen; 7 großen; 8 tollen; 9 hübschen; 10 französischen; 11 leiser; 12 alten; 13 kühlem; 14 grünem, gebratenen

Lösungen: Das Adverb

13
1 guten; 2 kranken; 3 netten; 4 wirksamen; 5 süßen; 6 neuer; 7 starken; 8 frischen; 9 reifer

14
1 besten; 2 netter; 3 gebratenen; 4 heller; 5 feinem; 6 frischen; 7 gehackten; 8 köstliche
1 beste; 2 gemütliche; 3 zweiten; 4 gemütlichen; 5 moderne; 6 bunte; 7 weiche; 8 kleine; 9 bunter; 10 bequemer; 11 besten

15
1 jüngerer, schnelles; 2 kleine, neuen, netter; 3 grüne, großen; 4 warmen, leichten; 5 großes, gekochten, kleine; 6 alter, neuen; 7 ausländische, lange

15 Das Adverb

1
1 damals, hier; 2 rechts; 3 darüber; 4 endlich; 5 erst, danach; 6 stündlich, dorthin; 7 jetzt, gerade; 8 morgen; 9 sehr, schnell; 10 heute, ziemlich

2
1 Wie; 2 so; 3 Damals; 4 frühestens; 5 bereits; 6 Wann; 7 oft; 8 Montags; 9 Hier; 10 Jetzt

3
<u>lokal</u>: dort, draußen, unten, hinauf, dorther
<u>temporal</u>: dann, gestern, bis jetzt, spät, immer, damals
<u>modal</u>: völlig, gern, notfalls, vielleicht, ziemlich, sogar, fast, bestimmt, kaum, trotzdem
<u>kausal</u>: darum, folglich, deshalb

4
1 weniger, am wenigsten; 2 nicht möglich; 3 öfter (häufiger), am häufigsten; 4 nicht möglich; 5 nicht möglich; 6 nicht möglich; 7 nicht möglich; 8 eher (früher), am ehesten (am frühesten); 9 nicht möglich; 10 mehr, am meisten

Lösungen: Die Komparation der Adjektive und Adverbien

16 Die Komparation der Adjektive und Adverbien

1
1 schneller, am schnellsten; 2 billiger, am billigsten; 3 kleiner, am kleinsten; 4 schlechter, am schlechtesten; 5 langsamer, am langsamsten; 6 bitterer, am bittersten; 7 neuer, am neuesten; 8 intelligenter, am intelligentesten; 9 glücklicher, am glücklichsten; 10 tiefer, am tiefsten; 11 älter, am ältesten; 12 länger, am längsten; stärker, am stärksten; 14 wärmer, am wärmsten; 15 jünger, am jüngsten; 16 größer, am größten; 17 dümmer, am dümmsten; 18 kürzer, am kürzesten; 19 klüger, am klügsten; 20 näher, am nächsten; 21 höher, am höchsten; 22 besser, am besten

2
hoch, höher, am höchsten; edel, edler, am edelsten; nahe, näher, am nächsten; gut, besser, am besten; alt, älter, am ältesten; weit, weiter, am weitesten; teuer, teurer, am teuersten; groß, größer, am größten

3
1 das neuere, das neueste Auto; 2 der schnellere, der schnellste Zug; 3 die schönere, die schönste Frau; 4 der intelligentere, der intelligenteste Schüler; 5 das preiswertere, das preiswerteste Sofa; 6 der kürzere, der kürzeste Rock; 7 das längere, das längste Kleid; 8 die bessere, die beste Ärztin; 9 das billigere, das billigste Hotel; 10 die einfachere, die einfachste Übung; 11 der interessantere, der interessanteste Film

4
1 das größere, das größte Zimmer; 2 nicht möglich; 3 die längere, die längste Nacht; 4 das stärkere, das stärkste Medikament; 5 der heißere, der heißeste Sommer; 6 nicht möglich; 7 das längere, das längste Gespräch; 8 nicht möglich; 9 nicht möglich; 10 das teurere, das teuerste Buch

5
1 wie; 2 wie; 3 als; 4 als; 5 als; 6 wie; 7 als; 8 als; 9 wie; 10 wie; 11 als, wie; 12 als

6
1 besser; 2 nett; 3 der kleinste; 4 bequemer; 5 kalt; 6 das teuerste; 7 am schnellsten

7
1 alte; 2 größer; 3 berühmte; 4 größte; 5 älteste; 6 kleiner; 7 größer; 8 neuen; 9 viele; 10 zahlreichen

8
1 modernsten; 2 obersten; 3 groß; 4 größer; 5 Am größten; 6 ältester;
7 sonniges; 8 jüngeren; 9 größeres; 10 schönen; 11 kleiner; 12 größer;
13 größere; 14 Am kleinsten; 15 schönen; 16 Später; 17 viele; 18 am liebsten

17 Die Präpositionen

1
1 Ich habe das von meinem Bruder gehört. 2 Ich fahre mit meiner Chefin zur Messe. 3 Wolfgang wohnt seit einem Jahr in Berlin. 4 Antje geht zu ihrem Freund. 5 Sandra wohnt bei ihren Großeltern. 6 Wir fahren mit dem Bus.

2
1 mit; 2 nach, nach; 3 mit; 4 bei; 5 seit; 6 zu; 7 aus; 8 von; 9 mit; 10 zu; 11 mit; 12 aus

3
1 Seit einer Woche sind wir in Frankreich. 2 Sergej ist noch nie mit einem Flugzeug geflogen. 3 Roger telefoniert mit seiner Mutter. 4 Nach dem Film machen wir einen Stadtbummel. 5 Heute ist eine Party bei meinem Cousin. 6 Elisa
hat von ihren Eltern ein Fahrrad bekommen. 7 Unsere Söhne verbringen den Sommer bei ihrer Oma. 8 Die Konferenz begann vor einer Stunde. 9 Sue kommt aus den USA. 10 Ich rühre die Soße mit dem Kochlöffel. 11 Katharina hat Angst vor der Impfung. 12 Elisabeth ist einverstanden mit dem Vorschlag. 13 Sibylle ist befreundet mit meiner Tochter. 14 Eva und Roman kennen sich seit einem Jahr.

4
1 Für die Mutter. 2 Für unseren Sohn. 3 Gegen einen Baum. 4 Ohne ihre Eltern. 5 Durch einen Zufall. 6 Gegen eine Glastür. 7 Ohne seine Kamera. 8 Für das Abendbrot. 9 Um die Ecke.

5
1 für; 2 für; 3 ohne; 4 gegen; 5 durch; 6 um; 7 ohne, durch (*oder:* in), gegen; 8 um; 9 Für; 10 Ohne; 11 an; 12 Ohne; 13 um (*oder:* gegen); 14 durch

Lösungen: Die Präpositionen

6
1 Ich habe hier zwei Briefe für dich. 2 Leo trinkt gern Tee ohne Zucker. 3 Herr Alt ist mit seinem Auto gegen die Mauer gefahren. 4 Julia geht ohne ihre Freundin ins Kino. 5 Um den Tisch stehen zwölf Stühle. 6 Diese Pralinen sind für Sie. 7 Kein Rauch ohne Feuer. 8 Was hast du gegen diesen Ausflug einzuwenden? 9 Der Arzt hat mir Medikamente gegen Migräne verschrieben. 10 Wir sollen dieses Projekt für den nächsten Donnerstag vorbereiten.

7
1 Viktor wohnt in einem Hochhaus. 2 Dagmar sitzt auf dem Sofa. 3 Der Hund liegt unter dem Tisch. 4 Die Kinder sitzen unter dem Baum. 5 Der Spiegel hängt an der Wand. 6 Die Lampe steht auf dem Schreibtisch. 7 Die Post ist neben der Schule.

8
1 Ursula fliegt in die USA. 2 Karin legt die Zeitung auf den Tisch. 3 Die Kinder laufen unter den Baum. 4 Er hängt die Plakate an die Wand. 5 Ich stelle den Papierkorb neben den Schreibtisch. 6 Wir fahren hinter das Haus. 7 Marisol geht in die Bibliothek. 8 Er stellte seinen LKW vor mein Auto. 9 Das Flugzeug fliegt über die Berge. 10 Stellt das Regal zwischen den Sessel und die Tür.

9
1 Ich lege sie auf das Waschbecken. 2 Ich stelle ihn auf den Tisch. 3 Ich lege es auf das Bett. 4 Ich stelle ihn in die Küche. 5 Ich stelle sie zwischen den Sessel und die Kommode. 6 Ich stelle ihn neben die Blumen. 7 Ich hänge sie über den Tisch. 8 Ich schiebe ihn ans Fenster. 9 Ich hänge ihn über das Waschbecken. 10 Ich lege sie in den Schrank.

10
1 Das Regal steht jetzt in der Ecke. 2 Die Blumen stehen jetzt auf dem Tisch. 3 Die Schere liegt jetzt in der Schublade. 4 Der Computer steht jetzt auf dem Schreibtisch. 5 Die Handtücher hängen jetzt neben der Badewanne. 6 Der Eimer steht jetzt unter dem Waschbecken. 7 Die Wäsche liegt jetzt in der Waschmaschine. 8 Die Pizza ist jetzt in der Mikrowelle.

11
1 Während; 2 wegen; 3 Infolge; 4 Trotz; 5 unweit; 6 außerhalb; 7 Während; 8 Wegen; 9 trotz; 10 innerhalb

Lösungen: Die Präpositionen

12
1 Frank lebt hier seit einem Jahr. 2 Eva fährt während der Sommerferien in die USA. 3 Das Bild hängt an der Wand. 4 Am Wochenende spielt Walter mit den Freunden Fußball. 5 Die Eisdiele befindet sich unweit unserer Schule. 6 Marius hängt die Poster an die Wände. 7 Eine Katze sitzt auf dem Dach. 8 Wir fahren ohne unseren Hund in die Berge. 9 Die Kinder sitzen um den Tisch und warten auf das Essen. 10 Sandra lernt seit einer Woche Russisch. 11 Heike fährt um Mitternacht mit dem Zug nach Lübeck. 12 Die Oma kann ohne Brille nicht lesen. 13 Während des Kriegs wurden alle Häuser zerstört. 14 Veronika fährt in die Niederlande. 15 Der Roman gehört zu einer Trilogie.

13
1 über; 2 mit; 3 nach; 4 über; 5 an; 6 an; 7 auf; 8 an; 9 nach; 10 für; 11 mit; 12 aus; 13 gegen; 14 zu; 15 an; 16 von; 17 für; 18 vor; 19 an; 20 über; 21 mit; 22 vor; 23 mit; 24 an; 25 über; 26 bis; 27 von

14
1 mit; 2 in; 3 An; 4 über; 5 über; 6 mit; 7 über; 8 gegen; 9 mit; 10 zu; 11 in; 12 auf; 13 im; 14 von; 15 ohne; 16 auf; 17 mit

15
1 Auf wen wartet Ines? 2 Worauf wartet Herbert? 3 Mit wem arbeitet Andreas? 4 Womit reisen sie? 5 Für wen ist dieses Paket? 6 Woraus ist dein Hemd? 7 Wofür ist der Wein? 8 An wen dachte Alina? 9 Vor wem haben die Schüler Angst?

16
1 Sie ärgert sich darüber. 2 Wir haben uns dafür entschieden. 3 Er freut sich darüber. 4 Sie glaubt daran. 5 Er wartet immer noch darauf. 6 Sie protestieren dagegen. 7 Sie nimmt daran teil. 8 Hast du schon davon gehört? 9 Sie leidet darunter. 10 Ich frage danach.

17
1 Die Kinder warten auf den Weihnachtsmann. 2 Mohammed denkt an seine Mutter. 3 Ich unterhalte mich mit meiner Nachbarin. 4 Ich denke über den Vorschlag nach. 5 Marco verabschiedet sich von seinen Freunden. 6 Der Wissenschaftler ist an den Folgen der radioaktiven Bestrahlung gestorben. 7 Konrad hat sich in meine Cousine verliebt. 8 Die Firma profitiert von günstigen Investitionskrediten.

Lösungen: Die Zahlwörter: Datum, Uhrzeit, Maße

18
1 Womit; 2 Mit wem; 3 Woran; 4 Auf wen; 5 Womit; 6 Wovor; 7 Wofür; 8 Worum; 9 Mit wem?

18 Die Zahlwörter: Datum, Uhrzeit, Maße

1
3 drei; 8 acht; 11 elf; 16 sechzehn; 17 siebzehn; 25 fünfundzwanzig; 33 dreiunddreißig; 42 zweiundvierzig; 59 neunundfünfzig; 61 einundsechzig; 68 achtundsechzig; 77 siebenundsiebzig; 86 sechsundachtzig; 94 vierundneunzig; 100 hundert

2
1 der erste Oktober; 2 die dritte Stunde; 3 der zwölfte Mann; 4 die dreizehnte Etage; 5 das zweiundzwanzigste Haus; 6 der vierzigste Schüler

3
1 der zweiundzwanzigste Januar; 2 der fünfzehnte März; 3 der zweite August; 4 am zwölften Februar; 5 am sechsundzwanzigsten Mai; 6 am achten Oktober; 7 am neunzehnten November; 8 am einunddreißigsten Dezember; 9 am zweiundzwanzigsten Oktober

4
1 achtzig, neunundfünfzig, hundert, sechs, zwanzig, fünfzig, vierhundert, eins, dreißig, vier; 2 der neunte, die erste, die achtzehnte, das vierte, die elfte, der zwölfte; 3 zweimal, fünfmal; 4 dreierlei, zweierlei, viererlei; 5 zehnfach, zweifach, hundertfach, neunfach; 6 zweitens, drittens, erstens, fünftens; 7 ein Viertel, ein Achtel, ein Zehntel, ein Zwölftel

5
1) 7.15 Uhr; 2) 19.17 Uhr; 3) 7.45 Uhr; 4) 7.20 Uhr; 5) 13.06 Uhr; 6) 17.00 Uhr; 7) 10.30 Uhr; 8) 9.50 Uhr

6
1 – a, b; 2 – a, b, c; 3 – b; 4 – b, c; 5 – b; 6 – a, b, c

7
1 halb drei nachmittags; 2 zwanzig vor zwölf; 3 fünf vor sechs; 4 zehn nach acht; 5 viertel zehn (*oder:* Viertel nach neun); 6 zwanzig nach sieben abends; 7 fünf nach halb zwölf nachts; 8 halb vier; 9 zehn nach eins (*oder:* ein Uhr zehn)

8

1 ein Meter; 2 zweitausend Zentimeter; 3 dreieinhalb Kilometer; 4 zweihundertvierzig Millimeter; 5 dreitausend Gramm; 6 fünf Komma zwei Kilogramm; 7 ein Pfund; 8 eintausendfünfhundert Gramm; 9 null Komma dreiunddreißig Liter; 10 zweitausendzweihundert Milliliter; 11 ein Hektoliter; 12 vierzig Liter; 13 eine Million Quadratzentimeter; 14 dreitausendachthundert Quadratmeter; 15 zwanzigtausend Quadratmeter; 16 null Komma vierzehn Hektar; 17 dreitausend Kubikzentimeter; 18 fünfhundert Kubikzentimeter; 19 null Komma neun Liter; 20 ein Milliliter

19 Der einfache Aussagesatz

1

1 Wir wohnen in Hannover. 2 Rudi studiert Medizin. 3 Manfred interessiert sich für Musik. 4 Magnus ist 20 Jahre alt. 5 Du lernst Arabisch. 6 Felix trinkt Eistee. 7 Ali kommt aus Kairo. 8 Ayman ist der beste Student.

2

1 Viktor wohnt seit drei Jahren in Potsdam. 2 Wir gehen heute Abend ins Theater. 3 Simone ist selten höflich. 4 Frau Riemers fährt ohne ihren Mann nach Brüssel. 5 Claudia kommt niemals zu spät. 6 Ich brauche noch einen Hammer. 7 Zita kommt um 17 Uhr zu Besuch. 8 Beatrix geht allein ins Kino. 9 Ich freue mich sehr auf diese Reise. 10 Lutz ist vor zehn Minuten nach Hause gegangen.

3

1 Heute Nachmittag geht Alexander zum Zahnarzt. 2 Gestern habe ich einen Brief von Astrid bekommen. 3 Jeden Sommer fahren meine Eltern an die Nordsee. 4 Seit 28 Jahren ist Herbert mit Elisabeth verheiratet. 5 Dieses Buch habe ich von Marion bekommen. 6 Um 20 Uhr beginnt die Vorstellung. 7 Zuerst kommt Jenny zu mir. 8 Den Text habe ich überhaupt nicht verstanden.

20 Der Fragesatz

1

1 – c; 2 – d; 3 – h; 4 – a; 5 – f; 6 – b; 7 – g; 8 – e; 9 – j; 10 – i

2

1 Woher; 2 Wer; 3 Wo; 4 Wem; 5 Was; 6 Wie; 7 Wohin; 8 Wann; 9 Wie; 10 Wen; 11 Welche; 12 Warum; 13 Seit wann; 14 Wo; 15 Wessen

Lösungen: Die Verneinung

3
1 Wann fahren Sie nach Frankfurt? 2 Wer hat das Foto gemacht? 3 Wo wohnt Elke? 4 Wohin möchte Alexandra gehen? 5 Wie heißt der Mann? 6 Wer besucht Tante Gudrun? 7 Woher kommt Igor? 8 Wann fährt José in die Schweiz?

4
1 Ist Helene müde? 2 Kommt Daniel heute später? 3 Wollte Justus noch in die Bibliothek gehen? 4 Haben wir keinen Zucker mehr? 5 Sucht die Firma eine Sekretärin? 6 Konnte Silvia nicht kommen?

5
1 – b; 2 – a; 3 – b; 4 – b; 5 – a; 6 – b; 7 – a; 8 – b

6
1 – a; 2 – b; 3 – a; 4 – a; 5 – a; 6 – b

21 Die Verneinung

1
1 Nein, ich bin nicht krank. 2 Nein, wir wohnen nicht in Ulm. 3 Nein, das ist nicht mein Auto. 4 Nein, ich will nicht mitkommen. 5 Nein, Gabi arbeitet nicht in der Redaktion. 6 Nein, ich bin nicht verheiratet.

2
1 Isabel lernt nicht. 2 Der Hund bellt nicht. 3 Wir freuen uns nicht. 4 Hanna wartet nicht. 5 Der Zug kommt nicht. 6 Ich kaufe das Buch nicht. 7 Das Kind schläft nicht. 8 Die Schuhe passen nicht. 9 Es regnet nicht. 10 Wir arbeiten nicht. 11 Der Wecker klingelt nicht. 12 Wir fahren nicht in Urlaub.

3
1 Nein, ich habe keine Zeit. 2 Nein, Felix braucht keine Brille. 3 Nein, wir kaufen keinen Fernseher. 4 Nein, Dagmar hat kein Auto. 5 Nein, Frau Hartung hat keine Kinder. 6 Nein, Claudia hat kein Geld. 7 Nein, ich habe keine Fahrkarte. 8 Nein, er ist kein Augenarzt.

4
1 nicht; 2 keinen; 3 nicht; 4 keinen; 5 nicht; 6 kein; 7 kein; 8 nicht; 9 kein; 10 nicht

5
1 Nein, das ist nicht unser Auto. 2 Nein, Olivia kommt nicht aus Québec. 3 Nein, ich habe keinen Hund. 4 Nein, Richard kauft kein Buch. 5 Nein, ich wohne nicht hier. 6 Nein, ich muss heute nicht arbeiten. 7 Nein, sie brauchen keine Hilfe. 8 Nein, hier darf man nicht parken. 9 Nein, ich habe keinen Fahrschein. 10 Nein, das Kind möchte keinen Tee. 11 Nein, das Baby schläft nicht mehr. 12 Nein, Simone ist nicht freundlich. 13 Nein, ich habe kein Obst gekauft. 14 Nein, ich möchte nicht nach Tokio fliegen. 15 Nein, mein Mann hat keinen Bruder.

22 Die Infinitivkonstruktionen

1
1 Ich höre Evelyn singen. 2 Wir hören den Bus kommen. 3 Thomas sieht seine Mutter bügeln. 4 Juliane hört die Waschmaschine schleudern. 5 Wir hören jemanden schreien. 6 Ich hörte den Hund bellen. 7 Der Zeuge sah den Wagen bei Rot über die Kreuzung fahren.

2
1 Ich freue mich, Ihnen helfen zu können. 2 Wir empfehlen Ihnen, es noch einmal zu versuchen. 3 Dietmar streitet ab, Monika zu kennen. 4 Der Mann gab zu, am Tatort gewesen zu sein. 5 Simone denkt nicht daran, pünktlich zu sein.

3
1 Um 8 Uhr beginnt er zu arbeiten. 2 Wann hört ihr auf zu streiten? 3 Hier ist es verboten zu rauchen. 4 Dort hinten ist es erlaubt zu parken. 5 Es ist üblich, in der Pause Kaffee zu trinken. 6 Während der Prüfung ist es nicht erlaubt, Wörterbücher zu benutzen.

4
1 Nein, du brauchst den Text nicht zu übersetzen. 2 Nein, ihr braucht morgen nicht um 7 Uhr zu kommen. 3 Nein, Felix braucht die Blumen nicht zu gießen. 4 Nein, Doreen braucht ihre Hose nicht zu waschen. 5 Nein, Sie brauchen am Sonntag nicht zu arbeiten. 6 Nein, ich brauche heute Abend Eduard nicht anzurufen. 7 Nein, Angela braucht nicht in die Apotheke zu gehen. 8 Nein, du brauchst jetzt nicht aufzuräumen.

Lösungen: Die Konjunktionen und die Satzgefüge

5
1 streiten; 2 zu machen; 3 sich anzupassen; 4 zu rauchen; 5 tanzen; 6 aufzustehen; 7 zu werden; 8 segeln; 9 zu sortieren; 10 aufzuschreiben; 11 zu lernen; 12 reparieren; 13 zu sehen; 14 schwimmen; 15 zu hören; 16 zu fahren; 17 spazieren; 18 aufzuräumen; 19 anrufen; 20 gehen; 21 bellen; 22 zu sagen; 23 einzuschalten; 24 zu arbeiten; 25 einkaufen; 26 abschleppen; 27 schlafen

23 Die Konjunktionen und die Satzgefüge

1
1 Die Gäste kommen und gratulieren dem Opa. 2 Paloma arbeitet im Büro und lernt Russisch. 3 Anke geht in die Disco oder spielt am Computer. 4 Lars möchte heute schwimmen, aber er hat Fieber. 5 Andrew lernt Deutsch, denn er möchte in Köln studieren.

2
1 Eva und Tobias heiraten, sobald Tobias eine Stelle hat. 2 Anja freut sich, wenn sie eine Eins bekommt. 3 Wir bleiben zu Hause, obwohl die Sonne scheint. 4 Ich beeile mich, weil die Vorlesung gleich beginnt. 5 Ich helfe dir, damit du schneller fertig wirst. 6 Marek hatte einen Unfall, als er neun Jahre alt war. 7 Wir freuen uns, dass wir bald nach Paris fahren. 8 Anke geht in die Disco, während ihre Schwester zu Hause bleibt.

3
1 Obwohl Maria Hunger hat, möchte sie nichts essen. 2 Weil Paul viel Geld ausgibt, hat er Schulden. 3 Wenn du möchtest, erkläre ich dir die Aufgabe. 4 Sobald seine Arbeit beendet ist, geht Christian nach Hause. 5 Um dir zu helfen, ist Gudrun gekommen. 6 Als seine Eltern kamen, schlief Patrick schon. 7 Damit Marc lernen kann, schaltet Irene das Radio aus. 8 Nachdem wir das Schloss besichtigt haben, fahren wir ins Hotel.

4
1 weil; 2 denn; 3 denn; 4 weil; 5 denn; 6 denn; 7 weil; 8 denn; 9 weil; 10 weil; 11 weil

5
1 Wenn; 2 Als; 3 als; 4 wenn; 5 Wenn; 6 als; 7 wenn; 8 Als; 9 als; 10 Wenn

Lösungen: Die Konjunktionen und die Satzgefüge

6
1 Gisela braucht das Kochbuch, um ein Rezept zu finden. 2 Josef kauft Blumen, um sie seiner Frau zu schenken. 3 Leo braucht den Hammer, um einen Nagel einzuschlagen. 4 Matthias geht zum Arzt, um sich impfen zu lassen. 5 Ich gehe jetzt schon, um den Koffer für die Reise zu packen. 6 Sie fahren an die Nordsee, um sich von der Arbeit zu erholen. 7 Sandra macht Gymnastik, um fit zu bleiben. 8 Oskar geht in die Volkshochschule, um Französisch zu lernen.

7
1 Ich kaufe ein, damit meine Mutter es nicht zu machen braucht. 2 Ich hole Medikamente, damit meine Oma gesund wird. 3 Ich gehe zum Makler, damit er ein Haus für mich sucht. 4 Ich habe dir das gesagt, damit du informiert bist. 5 Holger nimmt eine Tablette, damit die Kopfschmerzen weggehen.

8
1 weshalb; 2 oder; 3 damit; 4 dass; 5 obwohl; 6 Wenn; 7 ob; 8 denn; 9 als; 10 aber; 11 indem; 12 weil

Langenscheidt Verbtabellen
Deutsch

Verbformen nachschlagen und trainieren

Von Sarah Fleer

Langenscheidt

München · Wien

Benutzerhinweise

Mit den besonders übersichtlichen und benutzerfreundlichen Langenscheidt Verbtabellen Deutsch bekommen Sie einen guten Überblick über die wichtigsten Verben, ihre Grammatik und die unterschiedlichen Konjugationsmuster.

Konjugationstabellen im Buch
Im Buch werden Ihnen auf 70 Doppelseiten die wichtigsten deutschen Verben und ihre Konjugationsmuster vorgestellt. Auf der linken Seite finden Sie das jeweilige Verb in allen relevanten Zeiten und Modi. (1) Hier wird die jeweilige Konjugationsgruppe angezeigt. (2) Über die Konjugationsnummer werden Verben (auch diejenigen im Anhang) einem speziellen Konjugationsmuster zugeordnet. (3) Gelegentlich finden Sie hier eine Kurzbeschreibung der wichtigsten Merkmale eines Verbs. (4) Auf den Musterkonjugationsseiten (z. B. zum Passiv) sind die typischen Formen bzw. Endungen in Schwarz fett hervorgehoben. Ausnahmen werden auf den später folgenden Seiten blau hervorgehoben. Abweichende Schreibweisen werden durch fett gesetzte blaue Buchstaben betont. (5) Die Personalpronomen werden durchgängig aufgeführt, um die einzelnen Personen besser zuordnen zu können.

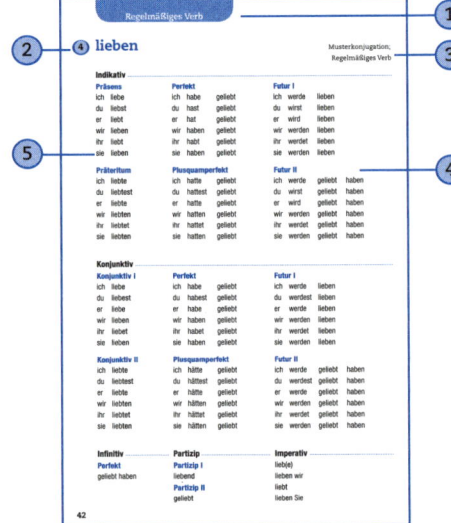

Benutzerhinweise

Infoseiten

Auf der rechten Seite finden Sie zusätzliche Informationen wie Anwendungsbeispiele ⑥ und feste Redewendungen ⑦, alternativ manchmal auch Sprichwörter oder Witze. In der Rubrik Ähnliche bzw. Andere Verben ⑧ sind Synonyme und/oder Ableitungen bzw. Antonyme aufgeführt. Unter Gebrauch ⑨ finden Sie Hinweise, wie das Verb verwendet wird. Alternativ weisen wir Sie in der Rubrik Aufgepasst! auf Besonderheiten und Stolpersteine hin. Gelegentlich finden Sie die Rubrik Tipps & Tricks ⑩, die auf Verben mit dem gleichen Konjugationsmuster oder praktische Hilfestellungen verweist.

Symbole

Folgende Symbole werden Ihnen in der Grammatik rund ums Verb begegnen: Unter ⓘ erhalten Sie Informationen zu den speziellen Spracheigenheiten des Deutschen sowie zum landestypischen Sprachgebrauch.
Unter ☼ finden Sie einen Merksatz, den Sie sich gut einprägen sollten.
↦ Hier wird der Sprachgebrauch im gesprochenen dem geschriebenen Deutsch gegenübergestellt.
⚡ weist Sie auf Stolpersteine hin, damit Sie diese möglichen Fehlerquellen vermeiden können.
◐ signalisiert Ihnen, dass es sich hier um eine Ausnahme oder Sonderform handelt, die Sie sich besonders gut merken sollten.
Das Symbol ▷ verweist auf andere Stellen im Buch, die Sie sich bei dieser Gelegenheit ansehen sollten.

Benutzerhinweise

Niveaustufenangaben gemäß dem Europäischen Referenzrahmen

In der Grammatik rund ums Verb treffen Sie mitunter auch auf folgende Niveaustufenangaben: A1, A2, B1, B2. Diese verraten Ihnen, welche Grammatikthemen und welche Regeln für Ihr Lernniveau relevant sind. Die Niveaustufen beziehen sich nicht nur auf das jeweilige Grammatikkapitel, sondern auch auf das in den Beispielsätzen verwendete Vokabular. So wissen Sie auch genau, dass Ihnen dieser Wortschatz bekannt sein sollte.

In der Praxis heißt das: Ist ein Grammatikkapitel beispielsweise der Niveaustufe A1 zugeordnet, so sind alle verwendeten Vokabeln A1, es sei denn, sie sind mit einer anderen Niveaustufe, z. B. A2 (direkt vor dem jeweiligen Wort oder Satz), versehen. Alle in diesem Kapitel enthaltenen Grammatikregeln sollten Sie dann beherrschen, es sei denn, eine Niveaustufenangabe am Rand weist Sie darauf hin, dass diese Regel für ein höheres Niveau, z. B. B1, bestimmt ist.

Hier eine kurze Erläuterung, welche Kenntnisse auf die einzelnen Niveaustufen des Europäischen Referenzrahmens zutreffen:

A1/A2: *Elementare Sprachverwendung,* d. h.

A1 : Sie können einzelne Wörter und ganz einfache Sätze verstehen und formulieren.

A2 : Sie können die Gesprächssituationen des Alltags bewältigen und kurze Texte verstehen oder selbst verfassen.

B1/B2: *Selbstständige Sprachverwendung,* d. h.

B1 : Sie können sich in den Bereichen Alltag, Reise und Beruf schriftlich und mündlich gut verständigen.

B2 : Sie verfügen aktiv über ein großes Repertoire an grammatikalischen Strukturen und Redewendungen und können im Gespräch mit Muttersprachlern bereits stilistische Nuancen erfassen.

C1/C2: *Kompetente Sprachverwendung,* d. h.

C1 : Sie können sich spontan und fließend zu verschiedenen, auch komplexen oder fachspezifischen Sachverhalten äußern und sich schriftlich wie mündlich an die stilistischen Erfordernisse anpassen.

C2 : Sie können mühelos jeder Kommunikationsform in der Fremdsprache folgen und sich daran beteiligen. Dabei verfügen Sie über ein umfassendes Repertoire an Grammatik und Wortschatz und beherrschen die verschiedenen Stilebenen von formell bis informell.

Verben mit Präposition und Alphabetische Verblisten

Am Ende des Buches finden Sie eine Auflistung einiger deutscher Verben, die mit verschiedenen Präpositionen verwendet werden können. Die Alphabetischen Verblisten ermöglichen Ihnen ein schnelles Nachschlagen der Verben sowie eine leichte Zuordnung von über 1500 Verben zu den verschiedenen Konjugationsmustern.

Inhaltsverzeichnis

Benutzerhinweise 284

Konjugationstabellen und Infoseiten

Musterkonjugation ① Hilfsverb sein 288
Musterkonjugation ② Hilfsverb haben 290
Musterkonjugation ③ Hilfsverb werden 292
Musterkonjugation ④ Regelmäßiges Verb lieben 294
Musterkonjugation ⑤ Unregelmäßiges Verb nehmen 296
Musterkonjugation ⑥ Trennbares Präfix aufhören 298
Musterkonjugation ⑦ Reflexives Verb sich ausruhen 300
Musterkonjugation ⑧ Reflexives Verb sich aneignen 302
Musterkonjugation ⑨ Vorgangspassiv gebraucht werden 304
Musterkonjugation ⑩ Zustandspassiv geschlagen sein 306
Die wichtigsten Verben in alphabetischer Reihenfolge ⑪ bis ⑰ 308

Verben mit Präposition 428
Alphabetische Verbliste 432

Hilfsverb

① sein

Musterkonjugation;
Hilfsverb, Vollverb

Indikativ

Präsens
- ich bin
- du bist
- er ist
- wir sind
- ihr seid
- sie sind

Perfekt
- ich bin gewesen
- du bist gewesen
- er ist gewesen
- wir sind gewesen
- ihr seid gewesen
- sie sind gewesen

Futur I
- ich werde sein
- du wirst sein
- er wird sein
- wir werden sein
- ihr werdet sein
- sie werden sein

Präteritum
- ich war
- du warst
- er war
- wir waren
- ihr wart
- sie waren

Plusquamperfekt
- ich war gewesen
- du warst gewesen
- er war gewesen
- wir waren gewesen
- ihr wart gewesen
- sie waren gewesen

Futur II
- ich werde gewesen sein
- du wirst gewesen sein
- er wird gewesen sein
- wir werden gewesen sein
- ihr werdet gewesen sein
- sie werden gewesen sein

Konjunktiv

Konjunktiv I
- ich sei
- du sei(e)st
- er sei
- wir seien
- ihr sei(e)t
- sie seien

Perfekt
- ich sei gewesen
- du sei(e)st gewesen
- er sei gewesen
- wir seien gewesen
- ihr sei(e)t gewesen
- sie seien gewesen

Futur I
- ich werde sein
- du werdest sein
- er werde sein
- wir werden sein
- ihr werdet sein
- sie werden sein

Konjunktiv II
- ich wäre
- du wär(e)st
- er wäre
- wir wären
- ihr wär(e)t
- sie wären

Plusquamperfekt
- ich wäre gewesen
- du wär(e)st gewesen
- er wäre gewesen
- wir wären gewesen
- ihr wär(e)t gewesen
- sie wären gewesen

Futur II
- ich werde gewesen sein
- du werdest gewesen sein
- er werde gewesen sein
- wir werden gewesen sein
- ihr werdet gewesen sein
- sie werden gewesen sein

Infinitiv

Perfekt
gewesen sein

Partizip

Partizip I
seiend

Partizip II
gewesen

Imperativ

sei
seien wir
seid
seien Sie

sein

 Anwendungsbeispiele

Gregor **ist** sportlich. *Gregor hat eine Begabung für Sport.*
Das Handy **ist** in der Jackentasche. *Das Handy steckt in der Jackentasche.*
Der Wein **ist** aus Frankreich. *Der Wein kommt aus Frankreich.*
Die Flutkatastrophe **war** im Februar 1962. *Die Flutkatastrophe ereignete sich im Februar 1962.*
Der weltkleinste Wagen **ist** aus einem Molekül. *Der weltkleinste Wagen besteht aus einem Molekül.*

 Sprichwörter

Sei selbst gut, dann ist der andere dir noch besser. *Wenn man gut zu anderen Menschen ist, wird man reich belohnt.*
Was noch nicht ist, kann ja noch werden. *Das kann in der Zukunft noch Wirklichkeit werden.*
Wären keine Sünder, so wären keine Heiligen. *Das Gute existiert nicht ohne das Böse.*

 Ähnliche Verben

sich befinden
gehören
sich aufhalten
(her)kommen
bestehen
sich ereignen
existieren

 Gebrauch

Das Verb sein wird als Vollverb und als Hilfsverb verwendet. Als Hilfsverb bildet es zusammen mit dem Partizip II das Zustandspassiv und für Verben der Bewegung und der Zustandsveränderung die zusammengesetzten Zeitformen.

Hilfsverb

 haben

Musterkonjugation; Hilfsverb, Vollverb

Indikativ

Präsens
- ich habe
- du hast
- er hat
- wir haben
- ihr habt
- sie haben

Perfekt
- ich habe gehabt
- du hast gehabt
- er hat gehabt
- wir haben gehabt
- ihr habt gehabt
- sie haben gehabt

Futur I
- ich werde haben
- du wirst haben
- er wird haben
- wir werden haben
- ihr werdet haben
- sie werden haben

Präteritum
- ich hatte
- du hattest
- er hatte
- wir hatten
- ihr hattet
- sie hatten

Plusquamperfekt
- ich hatte gehabt
- du hattest gehabt
- er hatte gehabt
- wir hatten gehabt
- ihr hattet gehabt
- sie hatten gehabt

Futur II
- ich werde gehabt haben
- du wirst gehabt haben
- er wird gehabt haben
- wir werden gehabt haben
- ihr werdet gehabt haben
- sie werden gehabt haben

Konjunktiv

Konjunktiv I
- ich habe
- du habest
- er habe
- wir haben
- ihr habet
- sie haben

Perfekt
- ich habe gehabt
- du habest gehabt
- er habe gehabt
- wir haben gehabt
- ihr habet gehabt
- sie haben gehabt

Futur I
- ich werde haben
- du werdest haben
- er werde haben
- wir werden haben
- ihr werdet haben
- sie werden haben

Konjunktiv II
- ich hätte
- du hättest
- er hätte
- wir hätten
- ihr hättet
- sie hätten

Plusquamperfekt
- ich hätte gehabt
- du hättest gehabt
- er hätte gehabt
- wir hätten gehabt
- ihr hättet gehabt
- sie hätten gehabt

Futur II
- ich werde gehabt haben
- du werdest gehabt haben
- er werde gehabt haben
- wir werden gehabt haben
- ihr werdet gehabt haben
- sie werden gehabt haben

Infinitiv

Perfekt
- gehabt haben

Partizip

Partizip I
- habend

Partizip II
- gehabt

Imperativ

- hab(e)
- haben wir
- habt
- haben Sie

haben

 Anwendungsbeispiele

Peter **hat** ein neues Auto. Peter *besitzt* ein neues Auto.
Sie **hat** viel Erfahrung in diesem Bereich. Sie *verfügt über* viel Erfahrung in diesem Bereich.
Sie **haben** eine Villa, einen Jaguar und eine Yacht. Ihnen *gehört* eine Villa, ein Jaguar und eine Yacht.
Sie **hat** einen gesunden Appetit. Sie *erfreut sich* eines gesunden Appetits.
München **hat** 1,33 Millionen Einwohner auf 5503 Quadratkilometern. München *zählt* 1,33 Millionen Einwohner auf 5503 Quadratkilometern.

 Redewendungen

noch zu haben sein *noch nicht verheiratet oder gebunden sein*
an sich haben *charakteristisch sein, als Angewohnheit haben*
etw. für sich haben *vorteilhaft sein*
hinter sich haben *eine schwierige Situation überstanden haben*
in sich haben *nicht zu unterschätzen sein*
etw./nichts von etw. haben *von (keinem) Nutzen sein*

 Ähnliche Verben

besitzen
gehören
verfügen über
bekommen
aufweisen
zählen
beinhalten

vorhaben
innehaben

 Gebrauch

Das Verb haben wird als Vollverb und als Hilfsverb verwendet. Als Hilfsverb bildet es zusammen mit dem Partizip II für die meisten Verben die zusammengesetzten Zeiten.

Hilfsverb

③ werden

Musterkonjugation;
Hilfsverb, Vollverb; Stammvokalwechsel e → u → o

Indikativ

Präsens
- ich werde
- du wirst
- er wird
- wir werden
- ihr werdet
- sie werden

Perfekt
- ich bin geworden
- du bist geworden
- er ist geworden
- wir sind geworden
- ihr seid geworden
- sie sind geworden

Futur I
- ich werde werden
- du wirst werden
- er wird werden
- wir werden werden
- ihr werdet werden
- sie werden werden

Präteritum
- ich wurde
- du wurdest
- er wurde
- wir wurden
- ihr wurdet
- sie wurden

Plusquamperfekt
- ich war geworden
- du warst geworden
- er war geworden
- wir waren geworden
- ihr wart geworden
- sie waren geworden

Futur II
- ich werde geworden sein
- du wirst geworden sein
- er wird geworden sein
- wir werden geworden sein
- ihr werdet geworden sein
- sie werden geworden sein

Konjunktiv

Konjunktiv I
- ich werde
- du werdest
- er werde
- wir werden
- ihr werdet
- sie werden

Perfekt
- ich sei geworden
- du sei(e)st geworden
- er sei geworden
- wir seien geworden
- ihr sei(e)t geworden
- sie seien geworden

Futur I
- ich werde werden
- du werdest werden
- er werde werden
- wir werden werden
- ihr werdet werden
- sie werden werden

Konjunktiv II
- ich würde
- du würdest
- er würde
- wir würden
- ihr würdet
- sie würden

Plusquamperfekt
- ich wäre geworden
- du wär(e)st geworden
- er wäre geworden
- wir wären geworden
- ihr wär(e)t geworden
- sie wären geworden

Futur II
- ich werde geworden sein
- du werdest geworden sein
- er werde geworden sein
- wir werden geworden sein
- ihr werdet geworden sein
- sie werden geworden sein

Infinitiv

Perfekt
geworden sein

Partizip

Partizip I
werdend

Partizip II
worden/geworden

Imperativ

werde
werden wir
werdet
werden Sie

werden

Anwendungsbeispiele
Nach dem Essen **werde** ich immer müde. *Nach dem Essen **beginne** ich mich müde zu fühlen.*
Auf Dauer **wird** es zur Routine. *Auf Dauer **entwickelt** es sich zur Routine.*
Der Gänsebraten **ist** was **geworden**! *Der Gänsebraten ist gut **gelungen**.*
Warte nicht, es **wird** spät. *Warte nicht, es **dauert** länger.*

Redewendungen
nicht mehr werden *aus dem Staunen nicht rauskommen*
irgendwo nicht alt werden *sich irgendwo nicht gern lange aufhalten*
einer Sache ansichtig werden *etwas erblicken*
etw./nichts werden *gelingen/nicht gelingen*

Ähnliche Verben
sich ändern
sich wandeln
sich nähern
beginnen
sich entwickeln
gelingen

Gebrauch
Das Verb werden wird als Vollverb und als Hilfsverb verwendet. Als Hilfsverb wird mit werden die Zukunft ausgedrückt und es bildet zusammen mit dem Partizip II das Vorgangspassiv.
Die Konjunktiv II-Form von werden (würde) in Verbindung mit einem Infinitiv wird häufig als Ersatzform für den Konjunktiv II verwendet, wenn sich die Konjunktiv II-Formen nicht vom Präteritum unterscheiden lassen, wie es bei den regelmäßigen Verben der Fall ist.
Präteritum: er spielte
Konjunktiv II: er spielte → er **würde** spielen

Regelmäßiges Verb

(4) **lieben** Musterkonjugation; Regelmäßiges Verb

Indikativ

Präsens
ich liebe
du liebst
er liebt
wir lieben
ihr liebt
sie lieben

Perfekt
ich habe geliebt
du hast geliebt
er hat geliebt
wir haben geliebt
ihr habt geliebt
sie haben geliebt

Futur I
ich werde lieben
du wirst lieben
er wird lieben
wir werden lieben
ihr werdet lieben
sie werden lieben

Präteritum
ich liebte
du liebtest
er liebte
wir liebten
ihr liebtet
sie liebten

Plusquamperfekt
ich hatte geliebt
du hattest geliebt
er hatte geliebt
wir hatten geliebt
ihr hattet geliebt
sie hatten geliebt

Futur II
ich werde geliebt haben
du wirst geliebt haben
er wird geliebt haben
wir werden geliebt haben
ihr werdet geliebt haben
sie werden geliebt haben

Konjunktiv

Konjunktiv I
ich liebe
du liebest
er liebe
wir lieben
ihr liebet
sie lieben

Perfekt
ich habe geliebt
du habest geliebt
er habe geliebt
wir haben geliebt
ihr habet geliebt
sie haben geliebt

Futur I
ich werde lieben
du werdest lieben
er werde lieben
wir werden lieben
ihr werdet lieben
sie werden lieben

Konjunktiv II
ich liebte
du liebtest
er liebte
wir liebten
ihr liebtet
sie liebten

Plusquamperfekt
ich hätte geliebt
du hättest geliebt
er hätte geliebt
wir hätten geliebt
ihr hättet geliebt
sie hätten geliebt

Futur II
ich werde geliebt haben
du werdest geliebt haben
er werde geliebt haben
wir werden geliebt haben
ihr werdet geliebt haben
sie werden geliebt haben

Infinitiv

Perfekt
geliebt haben

Partizip

Partizip I
liebend

Partizip II
geliebt

Imperativ
lieb(e)
lieben wir
liebt
lieben Sie

lieben

 Anwendungsbeispiele
Ich **liebe** dich. *Ich **mag** dich sehr gern.*
Anna **liebt** die Musik von Beethoven. *Anna **gefällt** die Musik von Beethoven sehr.*
Petra und Paul **lieben sich**. *Petra und Paul **begehren sich**.*
Sie **liebt** es, nach der Arbeit ein Bad zu nehmen. *Sie **schätzt** es sehr, nach der Arbeit ein Bad zu nehmen.*
Sie **liebten sich** auf seinem neuen Sofa. *Sie **hatten Sex** auf seinem neuen Sofa.*

 Redewendungen
abgöttisch lieben *anbeten und vergöttern*
leidenschaftlich lieben *sehnsüchtige Liebe empfinden*
über alles lieben *sehr hoch schätzen*
von ganzem Herzen lieben *tiefe Liebesgefühle hegen*
die Abwechslung lieben *gerne etw. Neues ausprobieren, häufig den Freund/ die Freundin wechseln (umgs.)*
lieben lernen *allmählich lieb gewinnen*

 Ähnliche Verben
begehren   sich verlieben
mögen
lieb haben
ins Herz geschlossen haben
schätzen
vergöttern
anbeten
zugetan sein

 Gebrauch
Da sich bei lieben, wie bei allen regelmäßigen Verben, der Konjunktiv II nicht vom Präteritum unterscheidet, verwendet man statt der synthetischen Form meist die würde-Form: ich würde lieben.

 Tipps & Tricks
Merken Sie sich die Konjugation dieses Verbs besonders gut. Die meisten Verben sind regelmäßig und haben die gleichen Formen wie lieben.

⑤ nehmen

Musterkonjugation;
Unregelmäßiges Verb, Stammvokalwechsel e → a → o

Indikativ

Präsens
- ich **nehme**
- du **nimm**st
- er **nimm**t
- wir **nehmen**
- ihr **nehmt**
- sie **nehmen**

Perfekt
- ich habe genommen
- du hast genommen
- er hat genommen
- wir haben genommen
- ihr habt genommen
- sie haben genommen

Futur I
- ich werde nehmen
- du wirst nehmen
- er wird nehmen
- wir werden nehmen
- ihr werdet nehmen
- sie werden nehmen

Präteritum
- ich **nahm**
- du **nahmst**
- er **nahm**
- wir **nahmen**
- ihr **nahmt**
- sie **nahmen**

Plusquamperfekt
- ich hatte genommen
- du hattest genommen
- er hatte genommen
- wir hatten genommen
- ihr hattet genommen
- sie hatten genommen

Futur II
- ich werde genommen haben
- du wirst genommen haben
- er wird genommen haben
- wir werden genommen haben
- ihr werdet genommen haben
- sie werden genommen haben

Konjunktiv

Konjunktiv I
- ich nehme
- du nehmest
- er nehme
- wir nehmen
- ihr nehmet
- sie nehmen

Perfekt
- ich habe genommen
- du habest genommen
- er habe genommen
- wir haben genommen
- ihr habet genommen
- sie haben genommen

Futur I
- ich werde nehmen
- du werdest nehmen
- er werde nehmen
- wir werden nehmen
- ihr werdet nehmen
- sie werden nehmen

Konjunktiv II
- ich **nähme**
- du **nähmest**
- er **nähme**
- wir **nähmen**
- ihr **nähmet**
- sie **nähmen**

Plusquamperfekt
- ich hätte genommen
- du hättest genommen
- er hätte genommen
- wir hätten genommen
- ihr hättet genommen
- sie hätten genommen

Futur II
- ich werde genommen haben
- du werdest genommen haben
- er werde genommen haben
- wir werden genommen haben
- ihr werdet genommen haben
- sie werden genommen haben

Infinitiv

Perfekt
genommen haben

Partizip

Partizip I
nehmend

Partizip II
ge**nomm**en

Imperativ

nimm
nehmen wir
nehmt
nehmen Sie

nehmen

 Anwendungsbeispiele

Er **nahm** den Stift und fing an zu schreiben. *Er **ergriff** den Stift und fing an zu schreiben.*
Ich **habe** drei Wochen Urlaub **genommen**. *Ich habe drei Wochen Urlaub **beantragt** und **bekommen**.*
Zum Backen **nehmen** wir nur Vollkornmehl. *Zum Backen **benutzen** wir nur Vollkornmehl.*
Nehmen Sie die Tabletten 3x täglich. ***Schlucken** Sie die Tabletten 3x täglich.*
Nehmen wir mal das Mittelalter. ***Stellen** wir uns mal das Mittelalter **vor**.*

 Redewendungen

es nicht so genau nehmen *nicht sehr auf die Einhaltung von etw. achten*
auf sich nehmen *Verantwortung für etwas Belastendes, Gefährliches übernehmen*
Abschied nehmen *sich verabschieden*

 Ähnliche Verben

sich bedienen mit	abnehmen
schlucken	benehmen
erbeuten	einnehmen
benutzen	entnehmen
herausholen	teilnehmen
beurteilen	unternehmen
sich vorstellen	vornehmen
ergreifen	zunehmen

 Aufgepasst!

Beim Verb nehmen kommt es zu einem Stammvokalwechsel von -e zu -i. Dieser findet sich grundsätzlich bei allen Verben mit Stammvokalwechsel im Präsens Indikativ nur bei der 2. und 3. Person Singular. Die Endungen sind regelmäßig. Da es im Deutschen nach einem kurzen Stammvokal (nimmt) zu einer Konsonantendopplung kommt, schreibt man -mm. Das gilt auch für das Partizip II.

 Tipps & Tricks

Alle Verben, die sich durch Anhängen von Präfixen mit dem Verb nehmen bilden lassen, folgen dem gleichen Konjugationsmuster. Dies gilt für alle Verben mit trennbaren und nicht trennbaren Präfixen.

Trennbares Präfix

⑥ aufhören

Musterkonjugation; Trennbares Präfix

Indikativ

Präsens
ich höre auf
du hörst auf
er hört auf
wir hören auf
ihr hört auf
sie hören auf

Perfekt
ich habe aufgehört
du hast aufgehört
er hat aufgehört
wir haben aufgehört
ihr habt aufgehört
sie haben aufgehört

Futur I
ich werde aufhören
du wirst aufhören
er wird aufhören
wir werden aufhören
ihr werdet aufhören
sie werden aufhören

Präteritum
ich hörte auf
du hörtest auf
er hörte auf
wir hörten auf
ihr hörtet auf
sie hörten auf

Plusquamperfekt
ich hatte aufgehört
du hattest aufgehört
er hatte aufgehört
wir hatten aufgehört
ihr hattet aufgehört
sie hatten aufgehört

Futur II
ich werde aufgehört haben
du wirst aufgehört haben
er wird aufgehört haben
wir werden aufgehört haben
ihr werdet aufgehört haben
sie werden aufgehört haben

Konjunktiv

Konjunktiv I
ich höre auf
du hörest auf
er höre auf
wir hören auf
ihr höret auf
sie hören auf

Perfekt
ich habe aufgehört
du habest aufgehört
er habe aufgehört
wir haben aufgehört
ihr habet aufgehört
sie haben aufgehört

Futur I
ich werde aufhören
du werdest aufhören
er werde aufhören
wir werden aufhören
ihr werdet aufhören
sie werden aufhören

Konjunktiv II
ich hörte auf
du hörtest auf
er hörte auf
wir hörten auf
ihr hörtet auf
sie hörten auf

Plusquamperfekt
ich hätte aufgehört
du hättest aufgehört
er hätte aufgehört
wir hätten aufgehört
ihr hättet aufgehört
sie hätten aufgehört

Futur II
ich werde aufgehört haben
du werdest aufgehört haben
er werde aufgehört haben
wir werden aufgehört haben
ihr werdet aufgehört haben
sie werden aufgehört haben

Infinitiv

Perfekt
aufgehört haben

Partizip

Partizip I
aufhörend

Partizip II
aufgehört

Imperativ
hör auf
hören wir auf
hört auf
hören Sie auf

aufhören

 Anwendungsbeispiele
Ich **habe aufgehört** zu rauchen. *Ich **habe** das Rauchen **aufgegeben**.*
Es **hörte auf** zu regnen. *Der Regen **legte sich**.*
Das Moorgebiet **hört** hier **auf**. *Das Moorgebiet **endet** hier.*
Hör mit dem Trinken **auf**! *Stell das Trinken **ein**!*
Erst gegen drei Uhr morgens **hörte** die Party **auf**. *Erst gegen drei Uhr morgens **klang** die Party **aus**.*

 Sprichwörter
Die Kirche ist erst aus, wenn man aufhört zu singen. *Der Ausgang einer Angelegenheit ist bis zu ihrem Ende offen.*
Wenn es am besten schmeckt, soll man aufhören. *Man sollte nicht übermäßig viel auf einmal essen.*

 Ähnliche Verben
abbrechen
ausklingen
auslaufen
aussetzen
(be)enden
(ab)schließen
vergehen
aufgeben
einstellen

 Aufgepasst!
Bei den Verben mit trennbarem Präfix steht das Präfix bei den nicht zusammengesetzten Zeiten im Satz meist am Ende: Der Regen hörte erst nach drei Tagen **auf**.
Beim Partizip II steht zuerst das Präfix des Verbs und dann das Präfix **ge-**, mit dem das Partizip II der meisten Verben gebildet wird: **auf** + **ge** + hört → auf**ge**hört.

Reflexives Verb

⑦ sich ausruhen

Musterkonjugation;
Reflexivpronomen im Akkusativ

Indikativ

Präsens
ich	ruhe	mich	aus
du	ruhst	dich	aus
er	ruht	sich	aus
wir	ruhen	uns	aus
ihr	ruht	euch	aus
sie	ruhen	sich	aus

Perfekt
ich	habe	mich	ausgeruht
du	hast	dich	ausgeruht
er	hat	sich	ausgeruht
wir	haben	uns	ausgeruht
ihr	habt	euch	ausgeruht
sie	haben	sich	ausgeruht

Futur I
ich	werde	mich	ausruhen
du	wirst	dich	ausruhen
er	wird	sich	ausruhen
wir	werden	uns	ausruhen
ihr	werdet	euch	ausruhen
sie	werden	sich	ausruhen

Präteritum
ich	ruhte	mich	aus
du	ruhtest	dich	aus
er	ruhte	sich	aus
wir	ruhten	uns	aus
ihr	ruhtet	euch	aus
sie	ruhten	sich	aus

Plusquamperfekt
ich	hatte	mich	ausgeruht
du	hattest	dich	ausgeruht
er	hatte	sich	ausgeruht
wir	hatten	uns	ausgeruht
ihr	hattet	euch	ausgeruht
sie	hatten	sich	ausgeruht

Futur II
ich	werde	mich	ausgeruht	haben
du	wirst	dich	ausgeruht	haben
er	wird	sich	ausgeruht	haben
wir	werden	uns	ausgeruht	haben
ihr	werdet	euch	ausgeruht	haben
sie	werden	sich	ausgeruht	haben

Konjunktiv

Konjunktiv I
ich	ruhe	mich	aus
du	ruhest	dich	aus
er	ruhe	sich	aus
wir	ruhen	uns	aus
ihr	ruhet	euch	aus
sie	ruhen	sich	aus

Perfekt
ich	habe	mich	ausgeruht
du	habest	dich	ausgeruht
er	habe	sich	ausgeruht
wir	haben	uns	ausgeruht
ihr	habet	euch	ausgeruht
sie	haben	sich	ausgeruht

Futur I
ich	werde	mich	ausruhen
du	werdest	dich	ausruhen
er	werde	sich	ausruhen
wir	werden	uns	ausruhen
ihr	werdet	euch	ausruhen
sie	werden	sich	ausruhen

Konjunktiv II
ich	ruhte	mich	aus
du	ruhtest	dich	aus
er	ruhte	sich	aus
wir	ruhten	uns	aus
ihr	ruhtet	euch	aus
sie	ruhten	sich	aus

Plusquamperfekt
ich	hätte	mich	ausgeruht
du	hättest	dich	ausgeruht
er	hätte	sich	ausgeruht
wir	hätten	uns	ausgeruht
ihr	hättet	euch	ausgeruht
sie	hätten	sich	ausgeruht

Futur II
ich	werde	mich	ausgeruht	haben
du	werdest	dich	ausgeruht	haben
er	werde	sich	ausgeruht	haben
wir	werden	uns	ausgeruht	haben
ihr	werdet	euch	ausgeruht	haben
sie	werden	sich	ausgeruht	haben

Infinitiv

Perfekt
sich ausgeruht haben

Partizip

Partizip I
sich ausruhend

Partizip II
sich ausgeruht

Imperativ

ruh dich aus
ruhen wir uns aus
ruht euch aus
ruhen Sie sich aus

sich ausruhen

 Anwendungsbeispiele

Nach der Arbeit muss ich **mich** erst mal **ausruhen**. *Nach der Arbeit muss ich mich erst mal erholen.*
Ruh dich einen Moment **aus**. *Verschnauf einen Moment.*
Sie **ruhte sich** kurz in der Hängematte **aus**. *Sie entspannte sich kurz in der Hängematte.*

 Redewendungen

sich auf seinen Lorbeeren ausruhen *sich nach sehr guter Leistung nicht mehr weiter anstrengen*

 Ähnliche Verben

abschalten
ausschlafen
aussetzen
faulenzen
rasten
sich entspannen
sich erholen
relaxen
verschnaufen

 Gebrauch

Das Verb sich ausruhen gehört zu den Verben, die fest von einem Reflexivpronomen im Akkusativ begleitet werden. Die Reflexivpronomen im Akkusativ entsprechen den Personalpronomen im Akkusativ, nur in der 3. Person Singular und Plural steht sich.
Außerdem gibt es Verben, die sowohl reflexiv als auch nicht reflexiv und mit einer Akkusativergänzung gebraucht werden, so etwa das Verb anmelden:
Ich muss **mich** für den Kurs anmelden.
Ich muss **meine Tochter** für den Kurs anmelden.

 Tipps & Tricks

Ein Verb, das im Deutschen reflexiv ist, ist es in anderen Sprachen, in denen es auch reflexive Verben gibt, oft nicht. Lernen Sie deshalb die Verben immer mit dem Reflexivpronomen zusammen, möglichst im ganzen Satz.

Reflexives Verb

⑧ sich aneignen

Musterkonjugation;
Reflexivpronomen im Dativ

Indikativ

Präsens
ich eigne mir an
du eignest dir an
er eignet sich an
wir eignen uns an
ihr eignet euch an
sie eignen sich an

Perfekt
ich habe mir angeeignet
du hast dir angeeignet
er hat sich angeeignet
wir haben uns angeeignet
ihr habt euch angeeignet
sie haben sich angeeignet

Futur I
ich werde mir aneignen
du wirst dir aneignen
er wird sich aneignen
wir werden uns aneignen
ihr werdet euch aneignen
sie werden sich aneignen

Präteritum
ich eignete mir an
du eignetest dir an
er eignete sich an
wir eigneten uns an
ihr eignetet euch an
sie eigneten sich an

Plusquamperfekt
ich hatte mir angeeignet
du hattest dir angeeignet
er hatte sich angeeignet
wir hatten uns angeeignet
ihr hattet euch angeeignet
sie hatten sich angeeignet

Futur II
ich werde mir angeeignet haben
du wirst dir angeeignet haben
er wird sich angeeignet haben
wir werden uns angeeignet haben
ihr werdet euch angeeignet haben
sie werden sich angeeignet haben

Konjunktiv

Konjunktiv I
ich eigne mir an
du eignest dir an
er eigne sich an
wir eignen uns an
ihr eignet euch an
sie eignen sich an

Perfekt
ich habe mir angeeignet
du habest dir angeeignet
er habe sich angeeignet
wir haben uns angeeignet
ihr habet euch angeeignet
sie haben sich angeeignet

Futur I
ich werde mir aneignen
du werdest dir aneignen
er werde sich aneignen
wir werden uns aneignen
ihr werdet euch aneignen
sie werden sich aneignen

Konjunktiv II
ich eignete mir an
du eignetest dir an
er eignete sich an
wir eigneten uns an
ihr eignetet euch an
sie eigneten sich an

Plusquamperfekt
ich hätte mir angeeignet
du hättest dir angeeignet
er hätte sich angeeignet
wir hätten uns angeeignet
ihr hättet euch angeeignet
sie hätten sich angeeignet

Futur II
ich werde mir angeeignet haben
du werdest dir angeeignet haben
er werde sich angeeignet haben
wir werden uns angeeignet haben
ihr werdet euch angeeignet haben
sie werden sich angeeignet haben

Infinitiv

Perfekt
sich angeeignet haben

Partizip

Partizip I
sich aneignend

Partizip II
sich angeeignet

Imperativ
eigne dir an
eignen wir uns an
eignet euch an
eignen Sie sich an

sich aneignen

 Anwendungsbeispiele

Die Schüler müssen **sich** sehr viel Wissen in kürzester Zeit **aneignen**. Die Schüler müssen *sich* sehr viel Wissen in kürzester Zeit *erarbeiten*.
Am besten **eignest** du **dir** die hiesigen Gepflogenheiten schnell **an**. Am besten *prägst* du *dir* die hiesigen Gepflogenheiten schnell *ein*.
Ihr **habt euch** einfach die CDs aus der Musikbibliothek **angeeignet**? Ihr *habt* einfach die CDs aus der Musikbibliothek *eingesteckt*?

 Redewendungen

sich einen guten Stil aneignen *sich gute Manieren antrainieren*
sich gutes Benehmen aneignen *gutes Betragen erlernen*

 Ähnliche Verben

sich antrainieren
sich erarbeiten
erlernen
einüben
erwerben
sich einprägen
sich üben in
sich bemächtigen
an sich nehmen
einstecken
erbeuten
wegnehmen
einsacken (umgs.)

 Gebrauch

Das Verb sich aneignen gehört zu den Verben, die fest mit einem Reflexivpronomen im Dativ verbunden sind und zusätzlich noch eine Akkusativergänzung erfordern. Ebenso verhält es sich bei sich antrainieren, sich erarbeiten, sich einprägen.

Vorgangspassiv

9 gebraucht werden

Musterkonjugation; Vorgangspassiv

Indikativ

Präsens
ich werde gebraucht
du wirst gebraucht
er wird gebraucht
wir werden gebraucht
ihr werdet gebraucht
sie werden gebraucht

Perfekt
ich bin gebraucht worden
du bist gebraucht worden
er ist gebraucht worden
wir sind gebraucht worden
ihr seid gebraucht worden
sie sind gebraucht worden

Futur I
ich werde gebraucht werden
du wirst gebraucht werden
er wird gebraucht werden
wir werden gebraucht werden
ihr werdet gebraucht werden
sie werden gebraucht werden

Präteritum
ich wurde gebraucht
du wurdest gebraucht
er wurde gebraucht
wir wurden gebraucht
ihr wurdet gebraucht
sie wurden gebraucht

Plusquamperfekt
ich war gebraucht worden
du warst gebraucht worden
er war gebraucht worden
wir waren gebraucht worden
ihr wart gebraucht worden
sie waren gebraucht worden

Futur II
ich werde gebraucht worden sein
du wirst gebraucht worden sein
er wird gebraucht worden sein
wir werden gebraucht worden sein
ihr werdet gebraucht worden sein
sie werden gebraucht worden sein

Konjunktiv

Konjunktiv I
ich werde gebraucht
du werdest gebraucht
er werde gebraucht
wir werden gebraucht
ihr werdet gebraucht
sie werden gebraucht

Perfekt
ich sei gebraucht worden
du sei(e)st gebraucht worden
er sei gebraucht worden
wir seien gebraucht worden
ihr sei(e)t gebraucht worden
sie seien gebraucht worden

Futur I
ich werde gebraucht werden
du werdest gebraucht werden
er werde gebraucht werden
wir werden gebraucht werden
ihr werdet gebraucht werden
sie werden gebraucht werden

Konjunktiv II
ich würde gebraucht
du würdest gebraucht
er würde gebraucht
wir würden gebraucht
ihr würdet gebraucht
sie würden gebraucht

Plusquamperfekt
ich wäre gebraucht worden
du wärest gebraucht worden
er wäre gebraucht worden
wir wären gebraucht worden
ihr wäret gebraucht worden
sie wären gebraucht worden

Futur II
ich werde gebraucht worden sein
du werdest gebraucht worden sein
er werde gebraucht worden sein
wir werden gebraucht worden sein
ihr werdet gebraucht worden sein
sie werden gebraucht worden sein

Infinitiv

Perfekt
gebraucht worden sein

Partizip

Partizip I
gebraucht werdend

Partizip II
gebraucht worden

Imperativ
–
–
–
–

gebraucht werden

 Anwendungsbeispiele
Für die Organisation des Festes **werden** viele Helfer **gebraucht**. *Für die Organisation des Festes werden viele Helfer benötigt.*
Wie **wurde** dieser Ausdruck ursprünglich **gebraucht**? *Wie wurde dieser Ausdruck ursprünglich verwendet?*
Mit den Kindern **wird** viel Geduld **gebraucht**. *Mit den Kindern ist viel Geduld erforderlich.*

 Redewendungen
aus Sicherheitsgründen gebraucht werden *zur Sicherheit benutzt werden*
eine feste Hand brauchen *strenge Führung benötigen*
lange zu etw. brauchen *viel Zeit für etw. benötigen*

 Ähnliche Verben

benötigt werden	aufgebraucht werden
ausgenutzt werden	verbraucht werden
benutzt werden	
verwendet werden	
gehandhabt werden	

 Gebrauch
Das Vorgangspassiv wird im Deutschen mit dem Hilfsverb werden und dem Partizip II gebildet. Im Perfekt und Plusquamperfekt wird jedoch das Hilfsverb sein verwendet und nach dem Partizip II steht worden.
Das Geschirr **ist** nie wieder gebraucht **worden**.
Das Vorgangspassiv von den meisten Verben kann mit einer Akkusativergänzung (transitive Verben) gebildet werden.

Das Passiv wird im Deutschen sowohl in der mündlichen als auch in der schriftlichen Sprache verwendet, ist aber in der Schriftsprache gebräuchlicher.

Zustandspassiv

10. geschlagen sein

Musterkonjugation; Zustandspassiv

Indikativ

Präsens
ich bin geschlagen
du bist geschlagen
er ist geschlagen
wir sind geschlagen
ihr seid geschlagen
sie sind geschlagen

Perfekt
ich bin geschlagen gewesen
du bist geschlagen gewesen
er ist geschlagen gewesen
wir sind geschlagen gewesen
ihr seid geschlagen gewesen
sie sind geschlagen gewesen

Futur I
ich werde geschlagen sein
du wirst geschlagen sein
er wird geschlagen sein
wir werden geschlagen sein
ihr werdet geschlagen sein
sie werden geschlagen sein

Präteritum
ich war geschlagen
du warst geschlagen
er war geschlagen
wir waren geschlagen
ihr wart geschlagen
sie waren geschlagen

Plusquamperfekt
ich war geschlagen gewesen
du warst geschlagen gewesen
er war geschlagen gewesen
wir waren geschlagen gewesen
ihr wart geschlagen gewesen
sie waren geschlagen gewesen

Futur II
ich werde geschlagen gewesen sein
du wirst geschlagen gewesen sein
er wird geschlagen gewesen sein
wir werden geschlagen gewesen sein
ihr werdet geschlagen gewesen sein
sie werden geschlagen gewesen sein

Konjunktiv

Konjunktiv I
ich sei geschlagen
du sei(e)st geschlagen
er sei geschlagen
wir seien geschlagen
ihr sei(e)t geschlagen
sie seien geschlagen

Perfekt
ich sei geschlagen gewesen
du sei(e)st geschlagen gewesen
er sei geschlagen gewesen
wir seien geschlagen gewesen
ihr sei(e)t geschlagen gewesen
sie seien geschlagen gewesen

Futur I
ich werde geschlagen sein
du werdest geschlagen sein
er werde geschlagen sein
wir werden geschlagen sein
ihr werdet geschlagen sein
sie werden geschlagen sein

Konjunktiv II
ich wäre geschlagen
du wär(e)st geschlagen
er wäre geschlagen
wir wären geschlagen
ihr wär(e)t geschlagen
sie wären geschlagen

Plusquamperfekt
ich wäre geschlagen gewesen
du wär(e)st geschlagen gewesen
er wäre geschlagen gewesen
wir wären geschlagen gewesen
ihr wär(e)t geschlagen gewesen
sie wären geschlagen gewesen

Futur II
ich werde geschlagen gewesen sein
du werdest geschlagen gewesen sein
er werde geschlagen gewesen sein
wir werden geschlagen gewesen sein
ihr werdet geschlagen gewesen sein
sie werden geschlagen gewesen sein

Infinitiv

Perfekt
geschlagen gewesen sein

Partizip

Partizip I
geschlagen seiend

Partizip II
geschlagen gewesen

Imperativ

sei geschlagen
seien wir geschlagen
seid geschlagen
seien Sie geschlagen

geschlagen sein

 Anwendungsbeispiele

Die Bäume **sind geschlagen** und zum Abtransport bereit. *Die Bäume sind gefällt und zum Abtransport bereit.*
Der Nagel **ist** schon in die Wand **geschlagen**. *Der Nagel ist schon in die Wand gehauen.*
Der Weltmeister **ist geschlagen**! *Der Weltmeister ist bezwungen!*
Die Feinde **waren geschlagen** und ihr Anführer tot. *Die Feinde waren besiegt und ihr Anführer tot.*

 Redewendungen

mit etw. geschlagen sein *an etw. leiden*
mit Blindheit geschlagen sein *etw. Wichtiges übersehen*

 Ähnliche Verben

gehauen sein
gefällt sein
besiegt sein
bezwungen sein
überrollt sein
überwältigt sein
übertrumpft sein
übermannt sein
erledigt sein

angeschlagen sein
ausgeschlagen sein
beschlagen sein
eingeschlagen sein
umgeschlagen sein
verschlagen sein
zerschlagen sein

 Gebrauch

Das Zustandspassiv wird im Deutschen mit dem Hilfsverb sein und dem Partizip II gebildet. Beim Zustandspassiv sind die meisten Zeitformen kaum noch gebräuchlich. Meist wird das Präsens oder Präteritum verwendet.
Das Zustandspassiv wird verwendet, wenn man den Zustand nach einem vorangegangenen Vorgang beschreiben will. Der Vorgang selbst ist nicht mehr wichtig, sondern das Resultat. Deshalb wird der Täter meist nicht genannt.

> **Unregelmäßiges Verb**

⑪ beginnen

Stammvokalwechsel i ➔ a ➔ o

Indikativ

Präsens
ich beginne
du beginnst
er beginnt
wir beginnen
ihr beginnt
sie beginnen

Perfekt
ich habe begonnen
du hast begonnen
er hat begonnen
wir haben begonnen
ihr habt begonnen
sie haben begonnen

Futur I
ich werde beginnen
du wirst beginnen
er wird beginnen
wir werden beginnen
ihr werdet beginnen
sie werden beginnen

Präteritum
ich begann
du begannst
er begann
wir begannen
ihr begannt
sie begannen

Plusquamperfekt
ich hatte begonnen
du hattest begonnen
er hatte begonnen
wir hatten begonnen
ihr hattet begonnen
sie hatten begonnen

Futur II
ich werde begonnen haben
du wirst begonnen haben
er wird begonnen haben
wir werden begonnen haben
ihr werdet begonnen haben
sie werden begonnen haben

Konjunktiv

Konjunktiv I
ich beginne
du beginnest
er beginne
wir beginnen
ihr beginnet
sie beginnen

Perfekt
ich habe begonnen
du habest begonnen
er habe begonnen
wir haben begonnen
ihr habet begonnen
sie haben begonnen

Futur I
ich werde beginnen
du werdest beginnen
er werde beginnen
wir werden beginnen
ihr werdet beginnen
sie werden beginnen

Konjunktiv II
ich begänne
du begännest
er begänne
wir begännen
ihr begännet
sie begännen

Plusquamperfekt
ich hätte begonnen
du hättest begonnen
er hätte begonnen
wir hätten begonnen
ihr hättet begonnen
sie hätten begonnen

Futur II
ich werde begonnen haben
du werdest begonnen haben
er werde begonnen haben
wir werden begonnen haben
ihr werdet begonnen haben
sie werden begonnen haben

Infinitiv

Perfekt
begonnen haben

Partizip

Partizip I
beginnend

Partizip II
begonnen

Imperativ

beginn(e)
beginnen wir
beginnt
beginnen Sie

beginnen

 Anwendungsbeispiele

Das Fußballspiel **beginnt** um 20 Uhr. *Das Fußballspiel **startet** um 20 Uhr.*
Er **beginnt** das Essen zu kochen. *Er **fängt an** das Essen zu kochen.*
Eine neue Zeit **beginnt**. *Eine neue Zeit **bricht an**.*
Die Geiger **beginnen** zu spielen. *Die Geiger **setzen ein**.*
Der Krieg zwischen den Volksgruppen **hat begonnen**. *Der Krieg zwischen den Volksgruppen **ist ausgebrochen**.*
Hinter dem Fluss **beginnt** das Naturschutzgebiet. *Hinter dem Fluss **kommt** das Naturschutzgebiet.*

 Witz

Herr Meier: „Warum beginnen Sie das Witzbuch von hinten zu lesen?"
Herr Schmidt: „Ganz einfach: Wer zuletzt lacht, lacht am besten!"

 Ähnliche Verben

anfangen
anbrechen
anlaufen
anpacken
ausbrechen
einsetzen
kommen
starten

 Aufgepasst!

Das Verb beginnen gehört zu den Verben mit nicht trennbaren Präfixen. Verben mit dem Präfix be- bilden das Partizip II ohne ge-!
Dies gilt auch für die nicht trennbaren Präfixe: emp-, er-, ent-, ge-, miss-, ver-, zer- etc.
In seltenen Fällen werden im Konjunktiv II auch die folgenden Formen verwendet: ich begönne, du begönnest etc.

 Tipps & Tricks

Folgende Verben werden wie beginnen konjugiert: gewinnen, spinnen und sinnen. Lernen Sie Verben mit dem gleichen Konjugationsmuster am besten zusammen.

Unregelmäßiges Verb

12 beißen

Stammvokalwechsel ei → i → i

Indikativ

Präsens
- ich beiße
- du beißt
- er beißt
- wir beißen
- ihr beißt
- sie beißen

Perfekt
- ich habe gebissen
- du hast gebissen
- er hat gebissen
- wir haben gebissen
- ihr habt gebissen
- sie haben gebissen

Futur I
- ich werde beißen
- du wirst beißen
- er wird beißen
- wir werden beißen
- ihr werdet beißen
- sie werden beißen

Präteritum
- ich biss
- du bissest
- er biss
- wir bissen
- ihr biss(e)t
- sie bissen

Plusquamperfekt
- ich hatte gebissen
- du hattest gebissen
- er hatte gebissen
- wir hatten gebissen
- ihr hattet gebissen
- sie hatten gebissen

Futur II
- ich werde gebissen haben
- du wirst gebissen haben
- er wird gebissen haben
- wir werden gebissen haben
- ihr werdet gebissen haben
- sie werden gebissen haben

Konjunktiv

Konjunktiv I
- ich beiße
- du beißest
- er beiße
- wir beißen
- ihr beißet
- sie beißen

Perfekt
- ich habe gebissen
- du habest gebissen
- er habe gebissen
- wir haben gebissen
- ihr habet gebissen
- sie haben gebissen

Futur I
- ich werde beißen
- du werdest beißen
- er werde beißen
- wir werden beißen
- ihr werdet beißen
- sie werden beißen

Konjunktiv II
- ich bisse
- du bissest
- er bisse
- wir bissen
- ihr bisset
- sie bissen

Plusquamperfekt
- ich hätte gebissen
- du hättest gebissen
- er hätte gebissen
- wir hätten gebissen
- ihr hättet gebissen
- sie hätten gebissen

Futur II
- ich werde gebissen haben
- du werdest gebissen haben
- er werde gebissen haben
- wir werden gebissen haben
- ihr werdet gebissen haben
- sie werden gebissen haben

Infinitiv

Perfekt
gebissen haben

Partizip

Partizip I
beißend

Partizip II
gebissen

Imperativ

beiß(e)
beißen wir
beißt
beißen Sie

beißen

Anwendungsbeispiele
Die alte Dame kann das harte Brot nicht mehr **beißen**. *Die alte Dame kann das harte Brot nicht mehr **kauen**.*
Der Hund **beißt** dem Briefträger ins Bein. *Der Hund **packt** den Briefträger mit den Zähnen.*
Das Gas **beißt** in den Augen. *Das Gas **brennt** in den Augen.*
Das rote T-Shirt **beißt sich mit** der rosa Hose. *Das rote T-Shirt **passt** nicht **zu** der rosa Hose.*
Während des Krieges hatten die Menschen **nichts zu beißen**. *Während des Krieges **hatten** die Menschen **nichts zu essen**.*
Ich **habe** mir **auf** die Zunge **gebissen**! *Ich **habe** meine Zunge mit den Zähnen verletzt.*

Redewendungen
in den sauren Apfel beißen *etw. Unangenehmes zwangsläufig tun*
ins Gras beißen *sterben*
auf Granit beißen *auf starken Widerstand stoßen*
sich auf die Zunge beißen *sich zwingen, etw. nicht zu äußern*

Ähnliche Verben
brennen	abbeißen
jucken	anbeißen
kauen	zerbeißen
knabbern	zubeißen

Aufgepasst!
Da man im Deutschen nach einem langen Vokal oder Doppelvokal (b**ei**ßen) -ß schreibt, nach einem kurzen Vokal (b**i**ss) aber -ss, kommt es im Präteritum, Konjunktiv II und Partizip II zu dem Konsonantenwechsel -ß zu -ss. Achten Sie auch auf das eingeschobene -e in der 2. Person Singular Präteritum.

Unregelmäßiges Verb

⑬ bitten

Stammvokalwechsel i → a → e

Indikativ

Präsens
- ich bitte
- du bittest
- er bittet
- wir bitten
- ihr bittet
- sie bitten

Perfekt
- ich habe gebeten
- du hast gebeten
- er hat gebeten
- wir haben gebeten
- ihr habt gebeten
- sie haben gebeten

Futur I
- ich werde bitten
- du wirst bitten
- er wird bitten
- wir werden bitten
- ihr werdet bitten
- sie werden bitten

Präteritum
- ich bat
- du batest
- er bat
- wir baten
- ihr batet
- sie baten

Plusquamperfekt
- ich hatte gebeten
- du hattest gebeten
- er hatte gebeten
- wir hatten gebeten
- ihr hattet gebeten
- sie hatten gebeten

Futur II
- ich werde gebeten haben
- du wirst gebeten haben
- er wird gebeten haben
- wir werden gebeten haben
- ihr werdet gebeten haben
- sie werden gebeten haben

Konjunktiv

Konjunktiv I
- ich bitte
- du bittest
- er bitte
- wir bitten
- ihr bittet
- sie bitten

Perfekt
- ich habe gebeten
- du habest gebeten
- er habe gebeten
- wir haben gebeten
- ihr habet gebeten
- sie haben gebeten

Futur I
- ich werde bitten
- du werdest bitten
- er werde bitten
- wir werden bitten
- ihr werdet bitten
- sie werden bitten

Konjunktiv II
- ich bäte
- du bätest
- er bäte
- wir bäten
- ihr bätet
- sie bäten

Plusquamperfekt
- ich hätte gebeten
- du hättest gebeten
- er hätte gebeten
- wir hätten gebeten
- ihr hättet gebeten
- sie hätten gebeten

Futur II
- ich werde gebeten haben
- du werdest gebeten haben
- er werde gebeten haben
- wir werden gebeten haben
- ihr werdet gebeten haben
- sie werden gebeten haben

Infinitiv

Perfekt
gebeten haben

Partizip

Partizip I
bittend

Partizip II
gebeten

Imperativ

bitte
bitten wir
bittet
bitten Sie

bitten

Anwendungsbeispiele
Sie **bittet** ihn, das Auto in die Werkstatt zu bringen. *Sie fordert ihn auf, das Auto in die Werkstatt zu bringen.*
Er **bittet** seine Schwester **um** einen Gefallen. *Er ersucht seine Schwester um einen Gefallen.*
Die Gastgeberin **bittet** ihre Gäste in den Saal. *Die Gastgeberin lädt ihre Gäste in den Saal ein.*
Ich **bitte** dich: Tu das nicht! *Ich beschwöre dich: Tu das nicht!*

Redewendungen
bitten und betteln *sehr intensiv flehen*
um die Hand der Tochter bitten *die Eltern ersuchen, ihre Tochter heiraten zu dürfen*
zur Kasse bitten *von jmdm. Geld verlangen*
ums Wort bitten *einen Redebeitrag leisten wollen*

Ähnliche Verben
(an)flehen   erbitten
auffordern   verbitten
bedrängen
beschwören
betteln
drängen
ersuchen
einladen
zu sich rufen

Aufgepasst!
Da sich der Stammvokal im Präteritum, Konjunktiv II und Partizip II von einem kurzem Vokal (bi**tt**en) zu einem langen Vokal (b**a**t, geb**e**ten) ändert, entfällt ein -t. Im Deutschen steht normalerweise nach einem langen Vokal kein Doppelkonsonant.

313

Unregelmäßiges Verb

14 bleiben

Stammvokalwechsel ei → ie → ie

Indikativ

Präsens
ich bleibe
du bleibst
er bleibt
wir bleiben
ihr bleibt
sie bleiben

Perfekt
ich bin geblieben
du bist geblieben
er ist geblieben
wir sind geblieben
ihr seid geblieben
sie sind geblieben

Futur I
ich werde bleiben
du wirst bleiben
er wird bleiben
wir werden bleiben
ihr werdet bleiben
sie werden bleiben

Präteritum
ich blieb
du bliebst
er blieb
wir blieben
ihr bliebt
sie blieben

Plusquamperfekt
ich war geblieben
du warst geblieben
er war geblieben
wir waren geblieben
ihr wart geblieben
sie waren geblieben

Futur II
ich werde geblieben sein
du wirst geblieben sein
er wird geblieben sein
wir werden geblieben sein
ihr werdet geblieben sein
sie werden geblieben sein

Konjunktiv

Konjunktiv I
ich bleibe
du bleibest
er bleibe
wir bleiben
ihr bleibet
sie bleiben

Perfekt
ich sei geblieben
du sei(e)st geblieben
er sei geblieben
wir seien geblieben
ihr sei(e)t geblieben
sie seien geblieben

Futur I
ich werde bleiben
du werdest bleiben
er werde bleiben
wir werden bleiben
ihr werdet bleiben
sie werden bleiben

Konjunktiv II
ich bliebe
du bliebest
er bliebe
wir blieben
ihr bliebet
sie blieben

Plusquamperfekt
ich wäre geblieben
du wär(e)st geblieben
er wäre geblieben
wir wären geblieben
ihr wär(e)t geblieben
sie wären geblieben

Futur II
ich werde geblieben sein
du werdest geblieben sein
er werde geblieben sein
wir werden geblieben sein
ihr werdet geblieben sein
sie werden geblieben sein

Infinitiv

Perfekt
geblieben sein

Partizip

Partizip I
bleibend

Partizip II
geblieben

Imperativ

bleib(e)
bleiben wir
bleibt
bleiben Sie

bleiben

 Anwendungsbeispiele

Er ging, aber sie **blieb**. *Er ging, aber sie ging nicht mit.*
Ich **bleibe** noch ein paar Tage in Hamburg. *Ich verweile noch ein paar Tage in Hamburg.*
Er **bleibt bei** seiner Entscheidung. *Er hält an seiner Entscheidung fest.*
Jetzt **bleibt** uns nur noch eine Möglichkeit. *Jetzt ist nur noch eine Möglichkeit übrig.*
Bei schlechtem Wetter **bleibt** das Freibad geschlossen. *Bei schlechtem Wetter ist das Freibad weiterhin geschlossen.*

 Redewendungen

am Ball bleiben *aktiv weitermachen*
am Leben bleiben *nicht sterben*
außen vor bleiben *nicht berücksichtigt werden*
bei der Wahrheit bleiben *nicht lügen*
bei der Sache bleiben *sich nicht ablenken lassen*
im Dunkeln bleiben *nicht bekannt werden*
im Gedächtnis/in Erinnerung bleiben *nicht vergessen werden*
sitzen bleiben *das Schuljahr wiederholen müssen*

 Ähnliche Verben

sich aufhalten	abbleiben
verweilen	aufbleiben
übrig sein	ausbleiben
beharren auf	überbleiben
behaupten	unterbleiben
festhalten an	verbleiben

 Aufgepasst!

Das Verb bleiben braucht zur Bildung des Perfekts und Plusquamperfekts das Hilfsverb sein.

 Tipps & Tricks

Wie bleiben werden sich entscheiden, scheinen, schreiben, schweigen und steigen konjugiert sowie viele Verben, die durch Präfixe von diesen Verben abgeleitet sind.

Unregelmäßiges Verb

15 brechen

Stammvokalwechsel e → a → o

Indikativ

Präsens
- ich breche
- du brichst
- er bricht
- wir brechen
- ihr brecht
- sie brechen

Perfekt
- ich habe gebrochen
- du hast gebrochen
- er hat gebrochen
- wir haben gebrochen
- ihr habt gebrochen
- sie haben gebrochen

Futur I
- ich werde brechen
- du wirst brechen
- er wird brechen
- wir werden brechen
- ihr werdet brechen
- sie werden brechen

Präteritum
- ich brach
- du brachst
- er brach
- wir brachen
- ihr bracht
- sie brachen

Plusquamperfekt
- ich hatte gebrochen
- du hattest gebrochen
- er hatte gebrochen
- wir hatten gebrochen
- ihr hattet gebrochen
- sie hatten gebrochen

Futur II
- ich werde gebrochen haben
- du wirst gebrochen haben
- er wird gebrochen haben
- wir werden gebrochen haben
- ihr werdet gebrochen haben
- sie werden gebrochen haben

Konjunktiv

Konjunktiv I
- ich breche
- du brechest
- er breche
- wir brechen
- ihr brechet
- sie brechen

Perfekt
- ich habe gebrochen
- du habest gebrochen
- er habe gebrochen
- wir haben gebrochen
- ihr habet gebrochen
- sie haben gebrochen

Futur I
- ich werde brechen
- du werdest brechen
- er werde brechen
- wir werden brechen
- ihr werdet brechen
- sie werden brechen

Konjunktiv II
- ich bräche
- du brächest
- er bräche
- wir brächen
- ihr brächet
- sie brächen

Plusquamperfekt
- ich hätte gebrochen
- du hättest gebrochen
- er hätte gebrochen
- wir hätten gebrochen
- ihr hättet gebrochen
- sie hätten gebrochen

Futur II
- ich werde gebrochen haben
- du werdest gebrochen haben
- er werde gebrochen haben
- wir werden gebrochen haben
- ihr werdet gebrochen haben
- sie werden gebrochen haben

Infinitiv

Perfekt
gebrochen haben

Partizip

Partizip I
brechend

Partizip II
gebrochen

Imperativ

brich
brechen wir
brecht
brechen Sie

brechen

 Anwendungsbeispiele

Beim Aufprall **brach** das Flugzeug in zwei Teile. *Beim Aufprall **barst** das Flugzeug in zwei Teile.*
Sie **hat sich** bei einem Unfall den Unterarm mehrfach **gebrochen**. *Ihr Unterarmknochen **zersplitterte** bei einem Unfall in mehrere Teile.*
Das kranke Kind **bricht** in der Nacht. *Das kranke Kind **übergibt sich** in der Nacht.*
Er **hat** den Vertrag **gebrochen**. *Er hat **sich nicht** mehr **an** den Vertrag **gehalten**.*
Sie **brach** ihr Versprechen. *Sie **hielt** sich **nicht an** ihr Versprechen.*

 Redewendungen

sich Bahn brechen *sich durchsetzen*
das/sein Schweigen brechen *schließlich doch über etw. sprechen*
sein Wort brechen *ein gegebenes Versprechen nicht einhalten*
einen Rekord brechen *einen bestehenden Rekord übertreffen*
etw. vom Zaun brechen *etw. provozieren*
jmdm. das Herz brechen *jmdm. großen Kummer bereiten*

 Ähnliche Verben

in die Brüche gehen
aufplatzen
zerstören
Schluss machen
sich übergeben
knicken
entzweigehen
bersten

aufbrechen
anbrechen
einbrechen
erbrechen
unterbrechen
verbrechen
zerbrechen

 Aufgepasst!

Achten Sie auf den Stammvokalwechsel im Präsens. Wie bei einigen anderen Verben mit dem Stammvokal -e- wird dieser nur in der 2. und 3. Person Singular zu -i-: ich br**e**che → du br**i**chst, er br**i**cht.

 Tipps & Tricks

Das Verb brechen hat viele Bedeutungen. Lernen Sie das Verb im Kontext und bilden Sie damit Sätze. Variieren Sie diese öfter. So prägen Sie sich die verschiedenen Bedeutungen besser ein.

> Unregelmäßiges Verb

⑯ bringen

Stammvokalwechsel i → a → a

Indikativ

Präsens
- ich bringe
- du bringst
- er bringt
- wir bringen
- ihr bringt
- sie bringen

Perfekt
- ich habe gebracht
- du hast gebracht
- er hat gebracht
- wir haben gebracht
- ihr habt gebracht
- sie haben gebracht

Futur I
- ich werde bringen
- du wirst bringen
- er wird bringen
- wir werden bringen
- ihr werdet bringen
- sie werden bringen

Präteritum
- ich brachte
- du brachtest
- er brachte
- wir brachten
- ihr brachtet
- sie brachten

Plusquamperfekt
- ich hatte gebracht
- du hattest gebracht
- er hatte gebracht
- wir hatten gebracht
- ihr hattet gebracht
- sie hatten gebracht

Futur II
- ich werde gebracht haben
- du wirst gebracht haben
- er wird gebracht haben
- wir werden gebracht haben
- ihr werdet gebracht haben
- sie werden gebracht haben

Konjunktiv

Konjunktiv I
- ich bringe
- du bringest
- er bringe
- wir bringen
- ihr bringet
- sie bringen

Perfekt
- ich habe gebracht
- du habest gebracht
- er habe gebracht
- wir haben gebracht
- ihr habet gebracht
- sie haben gebracht

Futur I
- ich werde bringen
- du werdest bringen
- er werde bringen
- wir werden bringen
- ihr werdet bringen
- sie werden bringen

Konjunktiv II
- ich brächte
- du brächtest
- er brächte
- wir brächten
- ihr brächtet
- sie brächten

Plusquamperfekt
- ich hätte gebracht
- du hättest gebracht
- er hätte gebracht
- wir hätten gebracht
- ihr hättet gebracht
- sie hätten gebracht

Futur II
- ich werde gebracht haben
- du werdest gebracht haben
- er werde gebracht haben
- wir werden gebracht haben
- ihr werdet gebracht haben
- sie werden gebracht haben

Infinitiv

Perfekt
gebracht haben

Partizip

Partizip I
bringend

Partizip II
gebracht

Imperativ

bring(e)
bringen wir
bringt
bringen Sie

bringen

 Anwendungsbeispiele

Er **bringt** das Geld zur Bank. Er *transportiert* das Geld zur Bank.
Sie **bringt** ihre Freundin zum Bahnhof. Sie *begleitet* ihre Freundin zum Bahnhof.
Er **bringt** ihr zum Hochzeitstag Blumen. Er *schenkt* ihr zum Hochzeitstag Blumen.
Der Verkauf ihrer Immobilien **hat** ihr einen hohen Gewinn **gebracht**. Der Verkauf ihrer Immobilien *hat* ihr einen hohen Gewinn *eingetragen*.

 Redewendungen

hinter sich bringen *etw. bewältigen*
mit sich bringen *zur Folge haben*
in Gefahr bringen *bewirken, dass jmd. in eine gefährliche Situation gerät*
etw. nicht über sich bringen *sich nicht entschließen können, etw. zu tun*
jmdn. auf hundertachtzig bringen *jmdn. sehr wütend machen*
jmdn. um etw. bringen *jmdm. etw. wegnehmen*

 Ähnliche Verben

liefern	einbringen
transportieren	verbringen
übergeben	überbringen
begleiten	vorbringen
abwerfen	unterbringen
eintragen	erbringen
veröffentlichen	

 Aufgepasst!

Das Verb bringen ist ein gemischtes Verb und zählt zu den unregelmäßigen Verben, da sich der Stammvokal ändert. Die Besonderheit der gemischten Verben liegt darin, dass sie im Präteritum regelmäßige Endungen haben und auch im Partizip II die regelmäßige Endung **-t** steht. Achten Sie bei diesem Verb auch auf die veränderte Schreibweise **-ng → -ch** nach dem Vokalwechsel: ich brin**g**e (Präsens) → ich bra**ch**te (Präteritum).

 Tipps & Tricks

Folgende Verben gehören wie bringen zu den gemischten Verben: brennen, denken, kennen, nennen, rennen, senden, wenden und wissen.

Unregelmäßiges Verb

⑰ denken

Stammvokalwechsel e → a → a

Indikativ

Präsens
ich denke
du denkst
er denkt
wir denken
ihr denkt
sie denken

Perfekt
ich habe gedacht
du hast gedacht
er hat gedacht
wir haben gedacht
ihr habt gedacht
sie haben gedacht

Futur I
ich werde denken
du wirst denken
er wird denken
wir werden denken
ihr werdet denken
sie werden denken

Präteritum
ich dachte
du dachtest
er dachte
wir dachten
ihr dachtet
sie dachten

Plusquamperfekt
ich hatte gedacht
du hattest gedacht
er hatte gedacht
wir hatten gedacht
ihr hattet gedacht
sie hatten gedacht

Futur II
ich werde gedacht haben
du wirst gedacht haben
er wird gedacht haben
wir werden gedacht haben
ihr werdet gedacht haben
sie werden gedacht haben

Konjunktiv

Konjunktiv I
ich denke
du denkest
er denke
wir denken
ihr denket
sie denken

Perfekt
ich habe gedacht
du habest gedacht
er habe gedacht
wir haben gedacht
ihr habet gedacht
sie haben gedacht

Futur I
ich werde denken
du werdest denken
er werde denken
wir werden denken
ihr werdet denken
sie werden denken

Konjunktiv II
ich dächte
du dächtest
er dächte
wir dächten
ihr dächtet
sie dächten

Plusquamperfekt
ich hätte gedacht
du hättest gedacht
er hätte gedacht
wir hätten gedacht
ihr hättet gedacht
sie hätten gedacht

Futur II
ich werde gedacht haben
du werdest gedacht haben
er werde gedacht haben
wir werden gedacht haben
ihr werdet gedacht haben
sie werden gedacht haben

Infinitiv

Perfekt
gedacht haben

Partizip

Partizip I
denkend

Partizip II
gedacht

Imperativ
denk(e)
denken wir
denkt
denken Sie

denken

 Anwendungsbeispiele
„Wie mache ich das bloß?", **dachte** er. „Wie mache ich das bloß?", *überlegte* er.
Was **denkst** du darüber? *Wie beurteilst du das?*
Ich **denke**, dass er nicht mehr kommt. *Ich vermute, dass er nicht mehr kommt.*
Das hätte ich **mir** ja **denken** können! *Das hätte ich ahnen müssen.*
Ich **habe** gerade **an** unsere Hochzeitsreise **gedacht**. *Ich habe mich gerade an unsere Hochzeitsreise erinnert.*
Wir müssen auch **an** die Kosten **denken**. *Wie müssen die Kosten berücksichtigen.*

 Redewendungen
Erstens kommt es anders, und zweitens als man denkt. *Man kann nicht vorhersehen, was passieren wird.*
Der Mensch denkt, Gott lenkt. *Menschliches Planen kann nicht vollkommen sein.*
Faulheit denkt scharf. *Der Faule sucht nach einem Weg, sein Ziel ohne Mühe zu erreichen.*

 Ähnliche Verben

überlegen	ausdenken
beurteilen	bedenken
bewerten	erdenken
ahnen	mitdenken
sich erinnern	nachdenken
berücksichtigen	überdenken
beabsichtigen	vordenken

 Aufgepasst!
Das Verb denken gehört wie bringen zu den gemischten Verben. Achten Sie auf die veränderte Schreibweise -nk → -ch nach dem Vokalwechsel:
Präsens: ich d**enk**e
Präteritum: ich d**ach**te

Modalverb

dürfen

Modalverb

Indikativ

Präsens
- ich darf
- du darfst
- er darf
- wir dürfen
- ihr dürft
- sie dürfen

Perfekt
- ich habe gedurft
- du hast gedurft
- er hat gedurft
- wir haben gedurft
- ihr habt gedurft
- sie haben gedurft

Futur I
- ich werde dürfen
- du wirst dürfen
- er wird dürfen
- wir werden dürfen
- ihr werdet dürfen
- sie werden dürfen

Präteritum
- ich durfte
- du durftest
- er durfte
- wir durften
- ihr durftet
- sie durften

Plusquamperfekt
- ich hatte gedurft
- du hattest gedurft
- er hatte gedurft
- wir hatten gedurft
- ihr hattet gedurft
- sie hatten gedurft

Futur II
- ich werde gedurft haben
- du wirst gedurft haben
- er wird gedurft haben
- wir werden gedurft haben
- ihr werdet gedurft haben
- sie werden gedurft haben

Konjunktiv

Konjunktiv I
- ich dürfe
- du dürfest
- er dürfe
- wir dürfen
- ihr dürfet
- sie dürfen

Perfekt
- ich habe gedurft
- du habest gedurft
- er habe gedurft
- wir haben gedurft
- ihr habet gedurft
- sie haben gedurft

Futur I
- ich werde dürfen
- du werdest dürfen
- er werde dürfen
- wir werden dürfen
- ihr werdet dürfen
- sie werden dürfen

Konjunktiv II
- ich dürfte
- du dürftest
- er dürfte
- wir dürften
- ihr dürftet
- sie dürften

Plusquamperfekt
- ich hätte gedurft
- du hättest gedurft
- er hätte gedurft
- wir hätten gedurft
- ihr hättet gedurft
- sie hätten gedurft

Futur II
- ich werde gedurft haben
- du werdest gedurft haben
- er werde gedurft haben
- wir werden gedurft haben
- ihr werdet gedurft haben
- sie werden gedurft haben

Infinitiv

Perfekt
gedurft haben

Partizip

Partizip I
dürfend

Partizip II
gedurft

Imperativ

–
–
–
–

dürfen

 Anwendungsbeispiele

Darf ich heute ein paar Minuten früher gehen? *Habe ich die Erlaubnis, heute ein paar Minuten früher zu gehen?*
Du **darfst** nicht traurig sein. *Sei nicht traurig.*
Das hättest du **nicht** tun **dürfen**. *Du hattest nicht das Recht, das zu tun.*
Darf ich annehmen, dass Sie mein Angebot akzeptieren? *Kann ich annehmen, dass Sie mein Angebot akzeptieren?*
Darf ich Sie bitten, mir zu folgen? *Würden Sie mir bitte folgen?*

 Redewendungen

sich nicht mehr sehen lassen dürfen *nicht mehr willkommen sein*
mit etw. nicht spaßen dürfen *etw. ernst nehmen, nicht unterschätzen*
nicht wahr sein dürfen (umgs.) *nicht zu fassen sein, unmöglich sein*

 Andere Verben

untersagen
verbieten
versagen
verwehren
verweigern
sich verbitten

 Gebrauch

Das Verb dürfen gehört zu den Modalverben. Diese beschreiben die Art und Weise, wie etwas geschieht, und verbinden sich meist mit einem Vollverb im Infinitiv, das am Ende des Satzes steht. Allgemein wird dürfen verwendet, wenn man eine Erlaubnis oder Berechtigung beschreibt. Demnach drückt die Verneinung mit nicht ein Verbot aus.
Außerdem kann man durch die Verwendung von dürfen Wünsche oder Bitten höflicher formulieren, wobei manchmal die Konjunktiv II-Form benutzt wird.
Dürfte ich Ihnen noch etwas Wein einschenken?

Unregelmäßiges Verb

 erwägen Stammvokalwechsel ä → o → o

Indikativ

Präsens		Perfekt			Futur I		
ich	erwäge	ich	habe	erwogen	ich	werde	erwägen
du	erwägst	du	hast	erwogen	du	wirst	erwägen
er	erwägt	er	hat	erwogen	er	wird	erwägen
wir	erwägen	wir	haben	erwogen	wir	werden	erwägen
ihr	erwägt	ihr	habt	erwogen	ihr	werdet	erwägen
sie	erwägen	sie	haben	erwogen	sie	werden	erwägen

Präteritum		Plusquamperfekt			Futur II			
ich	erwog	ich	hatte	erwogen	ich	werde	erwogen	haben
du	erwogst	du	hattest	erwogen	du	wirst	erwogen	haben
er	erwog	er	hatte	erwogen	er	wird	erwogen	haben
wir	erwogen	wir	hatten	erwogen	wir	werden	erwogen	haben
ihr	erwogt	ihr	hattet	erwogen	ihr	werdet	erwogen	haben
sie	erwogen	sie	hatten	erwogen	sie	werden	erwogen	haben

Konjunktiv

Konjunktiv I		Perfekt			Futur I		
ich	erwäge	ich	habe	erwogen	ich	werde	erwägen
du	erwägest	du	habest	erwogen	du	werdest	erwägen
er	erwäge	er	habe	erwogen	er	werde	erwägen
wir	erwägen	wir	haben	erwogen	wir	werden	erwägen
ihr	erwäget	ihr	habet	erwogen	ihr	werdet	erwägen
sie	erwägen	sie	haben	erwogen	sie	werden	erwägen

Konjunktiv II		Plusquamperfekt			Futur II			
ich	erwöge	ich	hätte	erwogen	ich	werde	erwogen	haben
du	erwögest	du	hättest	erwogen	du	werdest	erwogen	haben
er	erwöge	er	hätte	erwogen	er	werde	erwogen	haben
wir	erwögen	wir	hätten	erwogen	wir	werden	erwogen	haben
ihr	erwöget	ihr	hättet	erwogen	ihr	werdet	erwogen	haben
sie	erwögen	sie	hätten	erwogen	sie	werden	erwogen	haben

Infinitiv
Perfekt
erwogen haben

Partizip
Partizip I
erwägend

Partizip II
erwogen

Imperativ
erwäg(e)
erwägen wir
erwägt
erwägen Sie

erwägen

 Anwendungsbeispiele
Die Plattenfirmen **erwägen** Preiserhöhungen für Downloads. *Die Plattenfirmen denken über Preiserhöhungen für Downloads nach.*
Sie **erwog**, die neue Stelle anzunehmen. *Sie überlegte ernsthaft, die neue Stelle anzunehmen.*
Ich **erwäge**, ob ich mir ein neues Auto leisten kann. *Ich prüfe gründlich, ob ich mir ein neues Auto leisten kann.*
Bei der Parlamentssitzung **wurden** Gesetzesänderungen **erwogen**. *Bei der Parlamentssitzung wurden Gesetzesänderungen in Betracht gezogen.*

 Redewendungen
einen Vorschlag erwägen *über einen Vorschlag nachdenken*
einen Plan erwägen *einen Plan gründlich prüfen*
die Konsequenzen erwägen *die Konsequenzen in Betracht ziehen*
das Für und Wider einer Sache erwägen *das Für und Wider einer Sache bedenken*

 Ähnliche Verben
nachdenken über
bedenken
heranziehen
prüfen
überlegen
durchdenken
überschlafen

 Aufgepasst!
Das Verb erwägen ist das einzige Verb mit genau diesem Konjugationsmuster. Trotzdem ist dieses Verb nicht schwer zu konjugieren, denn außer dem Vokalwechsel von -ä zu -o gibt es keine weiteren Besonderheiten. Verben, die ein ähnliches Konjugationsmuster aufweisen, unterscheiden sich nur im Präsens und Konjunktiv I von erwägen und in diesen Formen ist das Verb erwägen regelmäßig.

 Tipps & Tricks
Lernen Sie das Verb erwägen zusammen mit den Verben des Konjugationsmusters schieben, biegen, fliegen, fliehen und wiegen (▷ Verb, 50).

325

> **Unregelmäßiges Verb**

 ## essen

Stammvokalwechsel e → a → e

Indikativ

Präsens
- ich esse
- du isst
- er isst
- wir essen
- ihr esst
- sie essen

Perfekt
- ich habe gegessen
- du hast gegessen
- er hat gegessen
- wir haben gegessen
- ihr habt gegessen
- sie haben gegessen

Futur I
- ich werde essen
- du wirst essen
- er wird essen
- wir werden essen
- ihr werdet essen
- sie werden essen

Präteritum
- ich aß
- du aßest
- er aß
- wir aßen
- ihr aß(e)t
- sie aßen

Plusquamperfekt
- ich hatte gegessen
- du hattest gegessen
- er hatte gegessen
- wir hatten gegessen
- ihr hattet gegessen
- sie hatten gegessen

Futur II
- ich werde gegessen haben
- du wirst gegessen haben
- er wird gegessen haben
- wir werden gegessen haben
- ihr werdet gegessen haben
- sie werden gegessen haben

Konjunktiv

Konjunktiv I
- ich esse
- du essest
- er esse
- wir essen
- ihr esset
- sie essen

Perfekt
- ich habe gegessen
- du habest gegessen
- er habe gegessen
- wir haben gegessen
- ihr habet gegessen
- sie haben gegessen

Futur I
- ich werde essen
- du werdest essen
- er werde essen
- wir werden essen
- ihr werdet essen
- sie werden essen

Konjunktiv II
- ich äße
- du äßest
- er äße
- wir äßen
- ihr äßet
- sie äßen

Plusquamperfekt
- ich hätte gegessen
- du hättest gegessen
- er hätte gegessen
- wir hätten gegessen
- ihr hättet gegessen
- sie hätten gegessen

Futur II
- ich werde gegessen haben
- du werdest gegessen haben
- er werde gegessen haben
- wir werden gegessen haben
- ihr werdet gegessen haben
- sie werden gegessen haben

Infinitiv

Perfekt
gegessen haben

Partizip

Partizip I
essend

Partizip II
gegessen

Imperativ

iss
essen wir
esst
essen Sie

essen

 Anwendungsbeispiele

Ich muss unbedingt etwas **essen,** mir ist ganz flau. *Ich muss mich unbedingt stärken, mir ist ganz flau.*
Er **isst** eine Currywurst. *Er nimmt eine Currywurst zu sich.*
Wir **aßen** gestern in einem Gourmetrestaurant. *Wir dinierten gestern in einem Gourmetrestaurant.*
Heute will ich mich so richtig satt **essen**. *Heute will ich so richtig schlemmen.*

 Redewendungen

wie ein Spatz essen *nur sehr wenig essen*
rückwärts essen *sich übergeben, erbrechen*
die Speisekarte rauf und runter essen *im Restaurant sehr viel verzehren*
mit Verstand essen *eine Speise im Bewusstsein ihrer Qualität genießen*

 Ähnliche Verben

sich ernähren mitessen
futtern (umgs.)
genießen
mampfen (umgs.)
speisen
verzehren
zu sich nehmen
dinieren
schlemmen
sich stärken
tafeln
naschen

 Aufgepasst!

Achten Sie darauf, dass beim Verb essen im Partizip II ein -g eingeschoben wird:
Ich habe gestern zu viel Schokolade ge**g**essen.

Unregelmäßiges Verb

fahren

Stammvokalwechsel a → u → a

Indikativ

Präsens
- ich fahre
- du fährst
- er fährt
- wir fahren
- ihr fahrt
- sie fahren

Perfekt
- ich bin gefahren
- du bist gefahren
- er ist gefahren
- wir sind gefahren
- ihr seid gefahren
- sie sind gefahren

Futur I
- ich werde fahren
- du wirst fahren
- er wird fahren
- wir werden fahren
- ihr werdet fahren
- sie werden fahren

Präteritum
- ich fuhr
- du fuhrst
- er fuhr
- wir fuhren
- ihr fuhrt
- sie fuhren

Plusquamperfekt
- ich war gefahren
- du warst gefahren
- er war gefahren
- wir waren gefahren
- ihr wart gefahren
- sie waren gefahren

Futur II
- ich werde gefahren sein
- du wirst gefahren sein
- er wird gefahren sein
- wir werden gefahren sein
- ihr werdet gefahren sein
- sie werden gefahren sein

Konjunktiv

Konjunktiv I
- ich fahre
- du fahrest
- er fahre
- wir fahren
- ihr fahret
- sie fahren

Perfekt
- ich sei gefahren
- du sei(e)st gefahren
- er sei gefahren
- wir seien gefahren
- ihr sei(e)t gefahren
- sie seien gefahren

Futur I
- ich werde fahren
- du werdest fahren
- er werde fahren
- wir werden fahren
- ihr werdet fahren
- sie werden fahren

Konjunktiv II
- ich führe
- du führest
- er führe
- wir führen
- ihr führet
- sie führen

Plusquamperfekt
- ich wäre gefahren
- du wär(e)st gefahren
- er wäre gefahren
- wir wären gefahren
- ihr wär(e)t gefahren
- sie wären gefahren

Futur II
- ich werde gefahren sein
- du werdest gefahren sein
- er werde gefahren sein
- wir werden gefahren sein
- ihr werdet gefahren sein
- sie werden gefahren sein

Infinitiv

Perfekt
gefahren sein

Partizip

Partizip I
fahrend

Partizip II
gefahren

Imperativ

fahr(e)
fahren wir
fahrt
fahren Sie

fahren

 Anwendungsbeispiele

Am Wochenende **fahre** ich zu meiner Schwester. *Am Wochenende reise ich zu meiner Schwester.*
Fahren Sie doch mit dem Fahrstuhl nach oben! *Begeben Sie sich doch mit dem Fahrstuhl nach oben!*
Die Ware **wird** mit dem Lkw zu den Geschäften **gefahren**. *Die Ware wird mit dem Lkw zu den Geschäften transportiert.*

 Redewendungen

fahren wie die Feuerwehr *sehr schnell fahren*
etw. fahren lassen *aufgeben, loslassen*
jmdm. in die Beine fahren *emotional stark berühren/erschrecken*
in die Höhe fahren *plötzlich und schnell aufstehen*
jmdn. über den Mund fahren *jmdn. zum Schweigen bringen*

 Ähnliche Verben

reisen	befahren
lenken	anfahren
steuern	losfahren
befördern	überfahren
transportieren	vorfahren
sich begeben	erfahren
reisen	entfahren
sich fortbewegen	verfahren
tuckern (umgs.)	nachfahren
kurven (umgs.)	mitfahren

 Aufgepasst!

Wenn das Verb fahren mit einer Akkusativergänzung verwendet wird, wird das Hilfsverb haben benutzt:
Er **hat** einen echten Lamborghini **gefahren**.

 Tipps & Tricks

Folgende Verben werden wie fahren konjugiert: graben, schlagen und tragen und die vielen Varianten dieser Verben, die es durch die Verbindung mit verschiedenen Präfixen gibt.

Unregelmäßiges Verb

 fangen

Stammvokalwechsel a → i → a

Indikativ

Präsens
ich fange
du fängst
er fängt
wir fangen
ihr fangt
sie fangen

Perfekt
ich habe gefangen
du hast gefangen
er hat gefangen
wir haben gefangen
ihr habt gefangen
sie haben gefangen

Futur I
ich werde fangen
du wirst fangen
er wird fangen
wir werden fangen
ihr werdet fangen
sie werden fangen

Präteritum
ich fing
du fingst
er fing
wir fingen
ihr fingt
sie fingen

Plusquamperfekt
ich hatte gefangen
du hattest gefangen
er hatte gefangen
wir hatten gefangen
ihr hattet gefangen
sie hatten gefangen

Futur II
ich werde gefangen haben
du wirst gefangen haben
er wird gefangen haben
wir werden gefangen haben
ihr werdet gefangen haben
sie werden gefangen haben

Konjunktiv

Konjunktiv I
ich fange
du fangest
er fange
wir fangen
ihr fanget
sie fangen

Perfekt
ich habe gefangen
du habest gefangen
er habe gefangen
wir haben gefangen
ihr habet gefangen
sie haben gefangen

Futur I
ich werde fangen
du werdest fangen
er werde fangen
wir werden fangen
ihr werdet fangen
sie werden fangen

Konjunktiv II
ich finge
du fingest
er finge
wir fingen
ihr finget
sie fingen

Plusquamperfekt
ich hätte gefangen
du hättest gefangen
er hätte gefangen
wir hätten gefangen
ihr hättet gefangen
sie hätten gefangen

Futur II
ich werde gefangen haben
du werdest gefangen haben
er werde gefangen haben
wir werden gefangen haben
ihr werdet gefangen haben
sie werden gefangen haben

Infinitiv

Perfekt
gefangen haben

Partizip

Partizip I
fangend

Partizip II
gefangen

Imperativ

fang(e)
fangen wir
fangt
fangen Sie

fangen

Anwendungsbeispiele
Er **hat** bisher noch jeden Ball **gefangen**. *Er hat bisher noch jeden Ball gekriegt.*
Inuit **fangen** Wale zum Essen und als Rohstoff. *Inuit jagen Wale zum Essen und als Rohstoff.*
Die Polizei **fing** die Täter nach einer langen Verfolgungsjagd. *Die Polizei fasste die Täter nach einer langen Verfolgungsjagd.*
Sie stolperte über den Ast, konnte sich aber gleich wieder **fangen**. *Sie stolperte über den Ast, kam aber gleich wieder ins Gleichgewicht.*

Redewendungen
Feuer fangen sich für etw. begeistern
sich in der eigenen Schlinge fangen beim Versuch anderen zu schaden, sich selbst Schaden zufügen
sich (wieder) fangen nach einer Niederlage, Enttäuschung wieder Fassung gewinnen

Ähnliche Verben
aufgreifen
(er)greifen
festnehmen
schnappen
verhaften
fassen
kriegen
packen

einfangen
empfangen
verfangen
auffangen
anfangen

Aufgepasst!
Achten Sie bei dem Verb fangen auf den Stammvokalwechsel im Präsens. Wie bei einigen anderen Verben mit dem Stammvokal -a wird dieser nur in der 2. und 3. Person Singular zu einem Umlaut:
ich fange → du fängst, er fängt

Unregelmäßiges Verb

23 finden

Stammvokalwechsel i → a → u

Indikativ

Präsens
ich finde
du findest
er findet
wir finden
ihr findet
sie finden

Perfekt
ich habe gefunden
du hast gefunden
er hat gefunden
wir haben gefunden
ihr habt gefunden
sie haben gefunden

Futur I
ich werde finden
du wirst finden
er wird finden
wir werden finden
ihr werdet finden
sie werden finden

Präteritum
ich fand
du fandest
er fand
wir fanden
ihr fandet
sie fanden

Plusquamperfekt
ich hatte gefunden
du hattest gefunden
er hatte gefunden
wir hatten gefunden
ihr hattet gefunden
sie hatten gefunden

Futur II
ich werde gefunden haben
du wirst gefunden haben
er wird gefunden haben
wir werden gefunden haben
ihr werdet gefunden haben
sie werden gefunden haben

Konjunktiv

Konjunktiv I
ich finde
du findest
er finde
wir finden
ihr findet
sie finden

Perfekt
ich habe gefunden
du habest gefunden
er habe gefunden
wir haben gefunden
ihr habet gefunden
sie haben gefunden

Futur I
ich werde finden
du werdest finden
er werde finden
wir werden finden
ihr werdet finden
sie werden finden

Konjunktiv II
ich fände
du fändest
er fände
wir fänden
ihr fändet
sie fänden

Plusquamperfekt
ich hätte gefunden
du hättest gefunden
er hätte gefunden
wir hätten gefunden
ihr hättet gefunden
sie hätten gefunden

Futur II
ich werde gefunden haben
du werdest gefunden haben
er werde gefunden haben
wir werden gefunden haben
ihr werdet gefunden haben
sie werden gefunden haben

Infinitiv

Perfekt
gefunden haben

Partizip

Partizip I
findend

Partizip II
gefunden

Imperativ

find(e)
finden wir
findet
finden Sie

finden

Anwendungsbeispiele
Ich **habe** endlich meine Kinderfotos **gefunden**. *Ich habe endlich meine Kinderfotos aufgestöbert.*
Er **fand** in der neuen Stadt schnell Freunde. *Er gewann in der neuen Stadt schnell Freunde.*
Sie **fanden** die Formel für ein längeres Leben. *Sie entdeckten die Formel für ein längeres Leben.*
Sie **findet**, dass alles gut organisiert ist. *Sie meint, dass alles gut organisiert ist.*

Redewendungen
den Tod finden *sterben*
reißenden Absatz finden *sich sehr gut verkaufen*
den richtigen Ton finden *sich in einer Situation angemessen äußern*

Ähnliche Verben
aufspüren	anfinden
aufstöbern	auffinden
auftauchen	befinden
entdecken	einfinden
ermitteln	empfinden
feststellen	erfinden
treffen auf	stattfinden
annehmen	vorfinden
denken	
glauben	
meinen	

Aufgepasst!
Bei dem Verb finden wird im Präsens bei der 2. Person Singular und Plural sowie bei der 3. Person Singular ein -e eingeschoben. Das gilt auch für die 2. Person Singular und Plural im Präteritum.

Unregelmäßiges Verb

24 fließen

Stammvokalwechsel ie → o → o

Indikativ

Präsens
- ich fließe
- du fließt
- er fließt
- wir fließen
- ihr fließt
- sie fließen

Perfekt
- ich bin geflossen
- du bist geflossen
- er ist geflossen
- wir sind geflossen
- ihr seid geflossen
- sie sind geflossen

Futur I
- ich werde fließen
- du wirst fließen
- er wird fließen
- wir werden fließen
- ihr werdet fließen
- sie werden fließen

Präteritum
- ich floss
- du flossest
- er floss
- wir flossen
- ihr floss(e)t
- sie flossen

Plusquamperfekt
- ich war geflossen
- du warst geflossen
- er war geflossen
- wir waren geflossen
- ihr wart geflossen
- sie waren geflossen

Futur II
- ich werde geflossen sein
- du wirst geflossen sein
- er wird geflossen sein
- wir werden geflossen sein
- ihr werdet geflossen sein
- sie werden geflossen sein

Konjunktiv

Konjunktiv I
- ich fließe
- du fließest
- er fließe
- wir fließen
- ihr fließet
- sie fließen

Perfekt
- ich sei geflossen
- du sei(e)st geflossen
- er sei geflossen
- wir seien geflossen
- ihr sei(e)t geflossen
- sie seien geflossen

Futur I
- ich werde fließen
- du werdest fließen
- er werde fließen
- wir werden fließen
- ihr werdet fließen
- sie werden fließen

Konjunktiv II
- ich flösse
- du flössest
- er flösse
- wir flössen
- ihr flösset
- sie flössen

Plusquamperfekt
- ich wäre geflossen
- du wär(e)st geflossen
- er wäre geflossen
- wir wären geflossen
- ihr wär(e)t geflossen
- sie wären geflossen

Futur II
- ich werde geflossen sein
- du werdest geflossen sein
- er werde geflossen sein
- wir werden geflossen sein
- ihr werdet geflossen sein
- sie werden geflossen sein

Infinitiv
Perfekt
geflossen sein

Partizip
Partizip I
fließend

Partizip II
geflossen

Imperativ
fließ(e)
fließen wir
fließt
fließen Sie

fließen

 Anwendungsbeispiele
Die Elbe **fließt** in die Nordsee. *Die Elbe strömt in die Nordsee.*
Die Milch **ist** über den ganzen Tisch **geflossen**. *Die Milch hat sich über den ganzen Tisch ergossen.*
Nach drei Stunden **floss** der Verkehr auf der A1 wieder ungehindert. *Nach drei Stunden bewegte sich der Verkehr auf der A1 wieder ungehindert.*
Die Informationen **fließen** still im Hintergrund. *Die Informationen sind still im Hintergrund im Umlauf.*

 Redewendungen
glatt/leicht von den Lippen fließen *sich bedenkenlos über etw. äußern*
in Strömen fließen *in großen Mengen ausgeschenkt werden*
in jmds. Tasche fließen *Gewinn machen*

 Ähnliche Verben

sich ergießen	ausfließen
laufen	einfließen
plätschern	verfließen
rinnen	zerfließen
sprudeln	
strömen	
tröpfeln	
tropfen	
(ein)münden	

 Aufgepasst!
Da man im Deutschen nach einem langen Vokal oder Doppelvokal (**fließen**) -ß schreibt, nach einem kurzen Vokal (**floss**) aber -ss, kommt es im Präteritum, Konjunktiv II und Partizip II zu dem Konsonantenwechsel -ß zu -ss. Achten Sie auch auf das eingeschobene -e in der 2. Person Singular Präteritum.

Unregelmäßiges Verb

gehen

Stammvokalwechsel e → i → a

Indikativ

Präsens
ich gehe
du gehst
er geht
wir gehen
ihr geht
sie gehen

Perfekt
ich bin gegangen
du bist gegangen
er ist gegangen
wir sind gegangen
ihr seid gegangen
sie sind gegangen

Futur I
ich werde gehen
du wirst gehen
er wird gehen
wir werden gehen
ihr werdet gehen
sie werden gehen

Präteritum
ich ging
du gingst
er ging
wir gingen
ihr gingt
sie gingen

Plusquamperfekt
ich war gegangen
du warst gegangen
er war gegangen
wir waren gegangen
ihr wart gegangen
sie waren gegangen

Futur II
ich werde gegangen sein
du wirst gegangen sein
er wird gegangen sein
wir werden gegangen sein
ihr werdet gegangen sein
sie werden gegangen sein

Konjunktiv

Konjunktiv I
ich gehe
du gehest
er gehe
wir gehen
ihr gehet
sie gehen

Perfekt
ich sei gegangen
du sei(e)st gegangen
er sei gegangen
wir seien gegangen
ihr sei(e)t gegangen
sie seien gegangen

Futur I
ich werde gehen
du werdest gehen
er werde gehen
wir werden gehen
ihr werdet gehen
sie werden gehen

Konjunktiv II
ich ginge
du gingest
er ginge
wir gingen
ihr ginget
sie gingen

Plusquamperfekt
ich wäre gegangen
du wär(e)st gegangen
er wäre gegangen
wir wären gegangen
ihr wär(e)t gegangen
sie wären gegangen

Futur II
ich werde gegangen sein
du werdest gegangen sein
er werde gegangen sein
wir werden gegangen sein
ihr werdet gegangen sein
sie werden gegangen sein

Infinitiv
Perfekt
gegangen sein

Partizip
Partizip I
gehend
Partizip II
gegangen

Imperativ
geh(e)
gehen wir
geht
gehen Sie

Anwendungsbeispiele

Sie **geht** auf die Goetheschule. *Sie **besucht** die Goetheschule.*
Nach der Arbeit **gingen** sie zusammen zur U-Bahn. *Nach der Arbeit **begaben** sie sich zusammen zur U-Bahn.*
Das Kleid **ging** ihr bis zu den Knien. *Das Kleid **reichte** ihr bis zu den Knien.*
In dem Vortrag **geht** es **um** Gefahrenprävention. *Der Vortrag **handelt von** Gefahrenprävention.*

Redewendungen

wie auf Eiern gehen *sehr vorsichtig gehen*
in sich gehen *über das eigene Verhalten nachdenken, um es zu ändern*
jmdn. gehen lassen *jmdn. in Ruhe lassen*
zur Neige gehen *bald zu Ende sein*
zu weit gehen *das akzeptable Maß überschreiten*

Ähnliche Verben

sich fortbewegen	angehen
laufen	ausgehen
sich begeben	begehen
geschehen	eingehen
verlaufen	ergehen
sich drehen	übergehen
sich handeln	vergehen
sich fühlen	zergehen

Gebrauch

Von dem Verb gehen lassen sich nicht nur besonders viele Kombinationen mit Präfixen ableiten, das Verb gehen hat selbst sehr viele verschiedene Bedeutungen und Anwendungsmöglichkeiten. So kann man z. B. mit gehen + Präposition + Substantiv ein anderes Verb umschreiben:
Der Prozess ist gestern zu Ende gegangen. *Der Prozess hat gestern geendet.*

Tipps & Tricks

Um die verschiedenen Bedeutungen von gehen zu lernen, schreiben Sie möglichst viele Beispielsätze auf. Sie können auch das Großwörterbuch Deutsch als Fremdsprache von Langenscheidt zu Hilfe nehmen.

26 greifen — Unregelmäßiges Verb

Stammvokalwechsel ei → i → i

Indikativ

Präsens
- ich greife
- du greifst
- er greift
- wir greifen
- ihr greift
- sie greifen

Perfekt
- ich habe gegriffen
- du hast gegriffen
- er hat gegriffen
- wir haben gegriffen
- ihr habt gegriffen
- sie haben gegriffen

Futur I
- ich werde greifen
- du wirst greifen
- er wird greifen
- wir werden greifen
- ihr werdet greifen
- sie werden greifen

Präteritum
- ich griff
- du griffst
- er griff
- wir griffen
- ihr grifft
- sie griffen

Plusquamperfekt
- ich hatte gegriffen
- du hattest gegriffen
- er hatte gegriffen
- wir hatten gegriffen
- ihr hattet gegriffen
- sie hatten gegriffen

Futur II
- ich werde gegriffen haben
- du wirst gegriffen haben
- er wird gegriffen haben
- wir werden gegriffen haben
- ihr werdet gegriffen haben
- sie werden gegriffen haben

Konjunktiv

Konjunktiv I
- ich greife
- du greifest
- er greife
- wir greifen
- ihr greifet
- sie greifen

Perfekt
- ich habe gegriffen
- du habest gegriffen
- er habe gegriffen
- wir haben gegriffen
- ihr habet gegriffen
- sie haben gegriffen

Futur I
- ich werde greifen
- du werdest greifen
- er werde greifen
- wir werden greifen
- ihr werdet greifen
- sie werden greifen

Konjunktiv II
- ich griffe
- du griffest
- er griffe
- wir griffen
- ihr griffet
- sie griffen

Plusquamperfekt
- ich hätte gegriffen
- du hättest gegriffen
- er hätte gegriffen
- wir hätten gegriffen
- ihr hättet gegriffen
- sie hätten gegriffen

Futur II
- ich werde gegriffen haben
- du werdest gegriffen haben
- er werde gegriffen haben
- wir werden gegriffen haben
- ihr werdet gegriffen haben
- sie werden gegriffen haben

Infinitiv

Perfekt
- gegriffen haben

Partizip

Partizip I
- greifend

Partizip II
- gegriffen

Imperativ

- greif(e)
- greifen wir
- greift
- greifen Sie

greifen

Anwendungsbeispiele
Er **griff** sie am Arm und hielt sie fest, bis die Polizei kam. *Er **packte** sie am Arm und hielt sie fest, bis die Polizei kam.*
Nach dem Essen **greift** sie **sich** ihr Lieblingsbuch und liest. *Nach dem Essen **nimmt** sie ihr Lieblingsbuch und liest.*
Die Maßnahmen der Regierung **haben** noch nicht **gegriffen**. *Die Maßnahmen der Regierung **sind** noch nicht **erfolgreich**.*

Redewendungen
um sich greifen *sich ausbreiten*
unter die Arme greifen *einer Person helfen*
zur Flasche greifen *meist aus Trauer, Frust viel Alkohol trinken*
mit Händen zu greifen sein *offensichtlich sein*
nach dem Mond greifen *Unmögliches verwirklichen wollen*
nach den Sternen greifen *unerreichbare Ziele haben*
sich an die Stirn greifen *unfassbar finden*
tief in die Tasche greifen *viel für etw. bezahlen*

Ähnliche Verben

anfassen	angreifen
erfassen	aufgreifen
erhaschen	begreifen
packen	ergreifen
sich nehmen	herausgreifen
fangen	übergreifen
festnehmen	vergreifen
verhaften	vorgreifen

Aufgepasst!
Im Präteritum, Konjunktiv II und Partizip II schreibt man **-ff**, da es im Deutschen nach einem kurzen Stammvokal fast immer zu einer Konsonantendopplung kommt.

Tipps & Tricks
Schreiben Sie die Verben der Wortfamilie greifen auf Karteikarten. Notieren Sie auf der Vorderseite den Infinitiv und die Zeit (z. B. Präteritum), auf der Rückseite alle Personen.

> Unregelmäßiges Verb

㉗ halten

Stammvokalwechsel a → ie → a

Indikativ

Präsens
ich halte
du hältst
er hält
wir halten
ihr haltet
sie halten

Perfekt
ich habe gehalten
du hast gehalten
er hat gehalten
wir haben gehalten
ihr habt gehalten
sie haben gehalten

Futur I
ich werde halten
du wirst halten
er wird halten
wir werden halten
ihr werdet halten
sie werden halten

Präteritum
ich hielt
du hielt(e)st
er hielt
wir hielten
ihr hieltet
sie hielten

Plusquamperfekt
ich hatte gehalten
du hattest gehalten
er hatte gehalten
wir hatten gehalten
ihr hattet gehalten
sie hatten gehalten

Futur II
ich werde gehalten haben
du wirst gehalten haben
er wird gehalten haben
wir werden gehalten haben
ihr werdet gehalten haben
sie werden gehalten haben

Konjunktiv

Konjunktiv I
ich halte
du haltest
er halte
wir halten
ihr haltet
sie halten

Perfekt
ich habe gehalten
du habest gehalten
er habe gehalten
wir haben gehalten
ihr habet gehalten
sie haben gehalten

Futur I
ich werde halten
du werdest halten
er werde halten
wir werden halten
ihr werdet halten
sie werden halten

Konjunktiv II
ich hielte
du hieltest
er hielte
wir hielten
ihr hieltet
sie hielten

Plusquamperfekt
ich hätte gehalten
du hättest gehalten
er hätte gehalten
wir hätten gehalten
ihr hättet gehalten
sie hätten gehalten

Futur II
ich werde gehalten haben
du werdest gehalten haben
er werde gehalten haben
wir werden gehalten haben
ihr werdet gehalten haben
sie werden gehalten haben

Infinitiv
Perfekt
gehalten haben

Partizip
Partizip I
haltend
Partizip II
gehalten

Imperativ
halt(e)
halten wir
haltet
halten Sie

halten

 Anwendungsbeispiele

Er **hielt** den Pokal in die Höhe. *Er hob den Pokal in die Höhe.*
Sie liefen Händchen **haltend** durch den Park. *Sie liefen, sich an den Händen fassend, durch den Park.*
Was **hält** dich noch hier? *Warum bleibst du noch hier?*
Das Gesetz war nicht mehr zu **halten**. *Das Gesetz war nicht mehr zu verteidigen.*
Wenn ihr mitmachen wollt, müsst ihr **euch an** die Regeln **halten**. *Wenn ihr mitmachen wollt, müsst ihr die Regeln befolgen.*

 Redewendungen

an sich halten *sich beherrschen*
auf sich halten *auf seinen guten Ruf/sein Aussehen bedacht sein*
jmdn. zum Narren halten *jmdn. täuschen, jmdm. einen Streich spielen*
jmdn. in Atem halten *jmdn. nicht zur Ruhe kommen lassen*

 Ähnliche Verben

anpacken	anhalten
erfassen	aushalten
sichern	behalten
stärken	beinhalten
bewahren	einhalten
verteidigen	erhalten
weiterführen	fernhalten
geben	innehalten
ausrichten	unterhalten
	verhalten

 Aufgepasst!

Achten Sie auf das eingeschobene **-e** in der 2. Person Plural im Präsens und Präteritum. In der 2. Person Singular Präteritum können Sie auch ein **-e** einschieben, so lässt sich das Verb besser aussprechen.

Regelmäßiges Verb

(28) han**de**ln

-deln → dle

Indikativ

Präsens
- ich han**d**le
- du handelst
- er handelt
- wir hande**l**n
- ihr handelt
- sie hande**l**n

Perfekt
- ich habe gehandelt
- du hast gehandelt
- er hat gehandelt
- wir haben gehandelt
- ihr habt gehandelt
- sie haben gehandelt

Futur I
- ich werde handeln
- du wirst handeln
- er wird handeln
- wir werden handeln
- ihr werdet handeln
- sie werden handeln

Präteritum
- ich handelte
- du handeltest
- er handelte
- wir handelten
- ihr handeltet
- sie handelten

Plusquamperfekt
- ich hatte gehandelt
- du hattest gehandelt
- er hatte gehandelt
- wir hatten gehandelt
- ihr hattet gehandelt
- sie hatten gehandelt

Futur II
- ich werde gehandelt haben
- du wirst gehandelt haben
- er wird gehandelt haben
- wir werden gehandelt haben
- ihr werdet gehandelt haben
- sie werden gehandelt haben

Konjunktiv

Konjunktiv I
- ich han**d**le
- du han**d**lest
- er han**d**le
- wir hande**l**n
- ihr han**d**let
- sie hande**l**n

Perfekt
- ich habe gehandelt
- du habest gehandelt
- er habe gehandelt
- wir haben gehandelt
- ihr habet gehandelt
- sie haben gehandelt

Futur I
- ich werde handeln
- du werdest handeln
- er werde handeln
- wir werden handeln
- ihr werdet handeln
- sie werden handeln

Konjunktiv II
- ich handelte
- du handeltest
- er handelte
- wir handelten
- ihr handeltet
- sie handelten

Plusquamperfekt
- ich hätte gehandelt
- du hättest gehandelt
- er hätte gehandelt
- wir hätten gehandelt
- ihr hättet gehandelt
- sie hätten gehandelt

Futur II
- ich werde gehandelt haben
- du werdest gehandelt haben
- er werde gehandelt haben
- wir werden gehandelt haben
- ihr werdet gehandelt haben
- sie werden gehandelt haben

Infinitiv

Perfekt
gehandelt haben

Partizip

Partizip I
handelnd

Partizip II
gehandelt

Imperativ

han**d**le
hande**l**n wir
handelt
hande**l**n Sie

handeln

 Anwendungsbeispiele

Er muss **handeln,** wenn er gewinnen will. *Er muss etwas **unternehmen**, wenn er gewinnen will.*
In dieser Situation **hat** die Leitung genau richtig **gehandelt**. *In dieser Situation hat die Leitung genau richtig **agiert**.*
Sie **handelt** mit französischem und italienischem Wein. *Sie **vertreibt** französischen und italienischen Wein.*
Das Buch **handelt von** Darwins Evolutionstheorie. *Das Buch **erörtert** Darwins Evolutionstheorie.*

 Redewendungen

von etw. handeln *etw. zum Thema haben*
mit Zitronen gehandelt haben *mit einem Unternehmen Pech gehabt haben*

 Ähnliche Verben

agieren
unternehmen
auftreten
sich benehmen
vermarkten
vertreiben
feilschen
beleuchten
erörtern

aushandeln
behandeln
einhandeln
verhandeln

 Aufgepasst!

Das Verb handeln ist ein regelmäßiges Verb. Allerdings wird bei Verben, die auf -eln oder -ern enden, das -e in der 1. Person Singular oft weggelassen: ich hand**le**. Auch in der 1. und 3. Person Plural fehlt das -e: wir hande**ln**, sie hande**ln**.
Dies gilt für das Präsens und den Konjunktiv I.

 Tipps & Tricks

Weitere regelmäßige Verben, die auf -eln oder -ern enden sind: sich erinnern, grübeln, klappern, lächeln, verwandeln, verwechseln, sich wundern, zaubern etc.

Unregelmäßiges Verb

 hängen

Stammvokalwechsel ä → i → a

Indikativ

Präsens
- ich hänge
- du hängst
- er hängt
- wir hängen
- ihr hängt
- sie hängen

Perfekt
- ich habe gehangen
- du hast gehangen
- er hat gehangen
- wir haben gehangen
- ihr habt gehangen
- sie haben gehangen

Futur I
- ich werde hängen
- du wirst hängen
- er wird hängen
- wir werden hängen
- ihr werdet hängen
- sie werden hängen

Präteritum
- ich hing
- du hingst
- er hing
- wir hingen
- ihr hingt
- sie hingen

Plusquamperfekt
- ich hatte gehangen
- du hattest gehangen
- er hatte gehangen
- wir hatten gehangen
- ihr hattet gehangen
- sie hatten gehangen

Futur II
- ich werde gehangen haben
- du wirst gehangen haben
- er wird gehangen haben
- wir werden gehangen haben
- ihr werdet gehangen haben
- sie werden gehangen haben

Konjunktiv

Konjunktiv I
- ich hänge
- du hängest
- er hänge
- wir hängen
- ihr hänget
- sie hängen

Perfekt
- ich habe gehangen
- du habest gehangen
- er habe gehangen
- wir haben gehangen
- ihr habet gehangen
- sie haben gehangen

Futur I
- ich werde hängen
- du werdest hängen
- er werde hängen
- wir werden hängen
- ihr werdet hängen
- sie werden hängen

Konjunktiv II
- ich hinge
- du hingest
- er hinge
- wir hingen
- ihr hinget
- sie hingen

Plusquamperfekt
- ich hätte gehangen
- du hättest gehangen
- er hätte gehangen
- wir hätten gehangen
- ihr hättet gehangen
- sie hätten gehangen

Futur II
- ich werde gehangen haben
- du werdest gehangen haben
- er werde gehangen haben
- wir werden gehangen haben
- ihr werdet gehangen haben
- sie werden gehangen haben

Infinitiv

Perfekt
gehangen haben

Partizip

Partizip I
hängend

Partizip II
gehangen

Imperativ

häng(e)
hängen wir
hängt
hängen Sie

hängen

 Anwendungsbeispiele

Dieses Bild **hängen** wir ins Wohnzimmer. *Dieses Bild bringen wir im Wohnzimmer an.*
Dein Mantel **hing** gestern noch an der Garderobe. *Dein Mantel war gestern noch an der Garderobe.*
Wir kommen später, denn wir **hängen** im Stau. *Wir kommen später, denn wir stecken im Stau fest.*
Ich **hänge** sehr **an** meinen Geschwistern. *Ich liebe meine Geschwister sehr.*

 Redewendungen

an die große Glocke hängen *in der Öffentlichkeit erzählen*
sein Fähnchen nach dem Wind hängen *sich der herrschenden Meinung anpassen*
an der Nadel hängen *von Injektionsdrogen abhängig sein*
an den Nagel hängen *nicht mehr weiter ausüben, aufgeben*

 Ähnliche Verben

anbringen	anhängen
befestigen	aufhängen
festmachen	aushängen
baumeln	festhängen
anhaften	verhängen
lieben	zuhängen

 Aufgepasst!

Das Verb hängen kann sowohl regelmäßig als auch unregelmäßig konjugiert werden. Wenn das Verb transitiv verwendet wird, ist es regelmäßig und beschreibt eine Aktion: **Sie hängte die Weihnachtskugeln an den Tannenbaum.**
Wird das Verb hängen intransitiv gebraucht, dann beschreibt es einen Zustand und ist unregelmäßig: **Die Weihnachtskugeln hingen am Tannenbaum.**
Das Verb hängen wird in Süddeutschland im Perfekt und Plusquamperfekt meist mit dem Hilfsverb sein gebildet.

Unregelmäßiges Verb

heben

Stammvokalwechsel e → o → o

Indikativ

Präsens
- ich hebe
- du hebst
- er hebt
- wir heben
- ihr hebt
- sie heben

Perfekt
- ich habe gehoben
- du hast gehoben
- er hat gehoben
- wir haben gehoben
- ihr habt gehoben
- sie haben gehoben

Futur I
- ich werde heben
- du wirst heben
- er wird heben
- wir werden heben
- ihr werdet heben
- sie werden heben

Präteritum
- ich hob
- du hobst
- er hob
- wir hoben
- ihr hobt
- sie hoben

Plusquamperfekt
- ich hatte gehoben
- du hattest gehoben
- er hatte gehoben
- wir hatten gehoben
- ihr hattet gehoben
- sie hatten gehoben

Futur II
- ich werde gehoben haben
- du wirst gehoben haben
- er wird gehoben haben
- wir werden gehoben haben
- ihr werdet gehoben haben
- sie werden gehoben haben

Konjunktiv

Konjunktiv I
- ich hebe
- du hebest
- er hebe
- wir heben
- ihr hebet
- sie heben

Perfekt
- ich habe gehoben
- du habest gehoben
- er habe gehoben
- wir haben gehoben
- ihr habet gehoben
- sie haben gehoben

Futur I
- ich werde heben
- du werdest heben
- er werde heben
- wir werden heben
- ihr werdet heben
- sie werden heben

Konjunktiv II
- ich höbe
- du höbest
- er höbe
- wir höben
- ihr höbet
- sie höben

Plusquamperfekt
- ich hätte gehoben
- du hättest gehoben
- er hätte gehoben
- wir hätten gehoben
- ihr hättet gehoben
- sie hätten gehoben

Futur II
- ich werde gehoben haben
- du werdest gehoben haben
- er werde gehoben haben
- wir werden gehoben haben
- ihr werdet gehoben haben
- sie werden gehoben haben

Infinitiv

Perfekt
gehoben haben

Partizip

Partizip I
hebend

Partizip II
gehoben

Imperativ

heb(e)
heben wir
hebt
heben Sie

heben

Anwendungsbeispiele

Zur Abstimmung **heben** Sie bitte die Hand. *Zur Abstimmung halten Sie bitte die Hand hoch.*
Er **hob** den Karton vom Tisch. *Er nahm den Karton vom Tisch.*
Mit seinem Auftritt **hat** er die Stimmung im Saal **gehoben**. *Mit seinem Auftritt hat er die Stimmung im Saal gesteigert.*
Das Wrack konnte nicht **gehoben werden**. *Das Wrack konnte nicht geborgen werden.*

Redewendungen

einen heben *etw. Alkoholisches trinken*
die Stimme heben *lauter sprechen*
aus den Angeln heben *aus dem Gleichgewicht bringen*
in den Himmel heben *besonders loben*
auf den Thron heben *einer Person eine erstrangige Stellung zusprechen*

Ähnliche Verben

hochziehen	abheben
liften	anheben
hochhalten	ausheben
hochnehmen	beheben
ausgraben	erheben
bergen	hochheben
aufwerten	verheben
begünstigen	
steigern	

Aufgepasst!

Für das Verb heben und seine Kombinationen mit Präfixen gibt es eine veraltete Form im Präteritum (**hub**) und im Konjunktiv II (**hübe**). Diese Formen müssen Sie nicht lernen, aber erkennen können, falls sie in einem Text einmal auftauchen.

Unregelmäßiges Verb

31 heißen

Stammvokalwechsel ei → ie → ei

Indikativ

Präsens
ich heiße
du heißt
er heißt
wir heißen
ihr heißt
sie heißen

Perfekt
ich habe geheißen
du hast geheißen
er hat geheißen
wir haben geheißen
ihr habt geheißen
sie haben geheißen

Futur I
ich werde heißen
du wirst heißen
er wird heißen
wir werden heißen
ihr werdet heißen
sie werden heißen

Präteritum
ich hieß
du hießest
er hieß
wir hießen
ihr hieß(e)t
sie hießen

Plusquamperfekt
ich hatte geheißen
du hattest geheißen
er hatte geheißen
wir hatten geheißen
ihr hattet geheißen
sie hatten geheißen

Futur II
ich werde geheißen haben
du wirst geheißen haben
er wird geheißen haben
wir werden geheißen haben
ihr werdet geheißen haben
sie werden geheißen haben

Konjunktiv

Konjunktiv I
ich heiße
du heißest
er heiße
wir heißen
ihr heißet
sie heißen

Perfekt
ich habe geheißen
du habest geheißen
er habe geheißen
wir haben geheißen
ihr habet geheißen
sie haben geheißen

Futur I
ich werde heißen
du werdest heißen
er werde heißen
wir werden heißen
ihr werdet heißen
sie werden heißen

Konjunktiv II
ich hieße
du hießest
er hieße
wir hießen
ihr hießet
sie hießen

Plusquamperfekt
ich hätte geheißen
du hättest geheißen
er hätte geheißen
wir hätten geheißen
ihr hättet geheißen
sie hätten geheißen

Futur II
ich werde geheißen haben
du werdest geheißen haben
er werde geheißen haben
wir werden geheißen haben
ihr werdet geheißen haben
sie werden geheißen haben

Infinitiv

Perfekt
geheißen haben

Partizip

Partizip I
heißend

Partizip II
geheißen

Imperativ

heiß(e)
heißen wir
heißt
heißen Sie

heißen

 Anwendungsbeispiele
Das Gericht **heißt** Labskaus. *Das Gericht **hat den Namen** Labskaus.*
„Freund" **heißt** im Japanischen „Tomodachi". *„Freund" **bedeutet** im Japanischen „Tomodachi".*
Man **hat** ihn **geheißen**, sofort den Raum zu verlassen. *Man **hat** ihm **befohlen**, sofort den Raum zu verlassen.*
In der Zeitung **heißt** es, sie sei unverletzt. *In der Zeitung **wird behauptet**, sie sei unverletzt.*
Gute Noten allein **heißen** gar nichts! *Gute Noten allein **besagen** gar nichts!*

 Redewendungen
jmdn. willkommen heißen *jmdn. begrüßen*

 Ähnliche Verben

(sich) nennen	gutheißen
ausgeben	verheißen
bezeichnen	
titulieren	
bedeuten	
besagen	
lauten	
auferlegen	
beauftragen	
befehlen	

 Aufgepasst!
Bei Verben, die wie heißen auf **-ßen** enden oder auf **-ssen, -sen, -xen** oder **-zen**, fällt bei der 2. Person Singular Präsens Indikativ das **-s** der Personalendung weg: du heiß + st → du heißt.
Achten Sie auch auf das eingeschobene **-e** in der 2. Person Singular Präteritum.

Unregelmäßiges Verb

32 helfen

Stammvokalwechsel e → a → o

Indikativ

Präsens
- ich helfe
- du hilfst
- er hilft
- wir helfen
- ihr helft
- sie helfen

Perfekt
- ich habe geholfen
- du hast geholfen
- er hat geholfen
- wir haben geholfen
- ihr habt geholfen
- sie haben geholfen

Futur I
- ich werde helfen
- du wirst helfen
- er wird helfen
- wir werden helfen
- ihr werdet helfen
- sie werden helfen

Präteritum
- ich half
- du halfst
- er half
- wir halfen
- ihr halft
- sie halfen

Plusquamperfekt
- ich hatte geholfen
- du hattest geholfen
- er hatte geholfen
- wir hatten geholfen
- ihr hattet geholfen
- sie hatten geholfen

Futur II
- ich werde geholfen haben
- du wirst geholfen haben
- er wird geholfen haben
- wir werden geholfen haben
- ihr werdet geholfen haben
- sie werden geholfen haben

Konjunktiv

Konjunktiv I
- ich helfe
- du helfest
- er helfe
- wir helfen
- ihr helfet
- sie helfen

Perfekt
- ich habe geholfen
- du habest geholfen
- er habe geholfen
- wir haben geholfen
- ihr habet geholfen
- sie haben geholfen

Futur I
- ich werde helfen
- du werdest helfen
- er werde helfen
- wir werden helfen
- ihr werdet helfen
- sie werden helfen

Konjunktiv II
- ich hülfe/hälfe
- du hülfest/hälfest
- er hülfe/hälfe
- wir hülfen/hälfen
- ihr hülfet/hälfet
- sie hülfen/hälfen

Plusquamperfekt
- ich hätte geholfen
- du hättest geholfen
- er hätte geholfen
- wir hätten geholfen
- ihr hättet geholfen
- sie hätten geholfen

Futur II
- ich werde geholfen haben
- du werdest geholfen haben
- er werde geholfen haben
- wir werden geholfen haben
- ihr werdet geholfen haben
- sie werden geholfen haben

Infinitiv

Perfekt
geholfen haben

Partizip

Partizip I
helfend

Partizip II
geholfen

Imperativ

hilf
helfen wir
helft
helfen Sie

helfen

 Anwendungsbeispiele

Seine Freunde **halfen** ihm beim Umzug. *Seine Freunde packten bei seinem Umzug mit an.*
Bei Erkältungen **hilft** ein Eukalyptusbad. *Bei Erkältungen tut ein Eukalyptusbad gut.*
Klagen **hat** noch nie **geholfen**. *Klagen hat noch nie genutzt.*

 Redewendungen

auf die Beine helfen *einer Person helfen, wieder aufzustehen, einen Tiefpunkt zu überwinden*
auf die Sprünge helfen *jmdn. durch Tipps, Hinweise unterstützen*
aus der Patsche helfen *eine Person aus einer schwierigen Situation befreien*
sich nicht zu raten noch zu helfen wissen *verzweifelt sein und keinen Ausweg kennen*

 Ähnliche Verben

anpacken	aufhelfen
assistieren	aushelfen
beistehen	behelfen
unterstützen	heraushelfen
guttun	hochhelfen
nutzen	mithelfen

 Aufgepasst!

Beim Verb helfen kommt es im Präsens Indikativ zu einem Stammvokalwechsel von -e zu -i bei der 2. und 3. Person Singular (▶ *Grammatik rund ums Verb,* **1.1.1**).
Der Konjunktiv II leitet sich vom Präteritum des Verbs ab. Beim Verb helfen wird die vom Präteritum abgeleitete Form hälfe allerdings seltener gebraucht. Meist wird hülfe verwendet oder insbesondere in der gesprochenen Sprache die würde-Form: Ich **würde** ihm aufräumen **helfen**.

Unregelmäßiges Verb

③ kommen

Stammvokalwechsel o → a → o

Indikativ

Präsens
ich komme
du kommst
er kommt
wir kommen
ihr kommt
sie kommen

Präteritum
ich kam
du kamst
er kam
wir kamen
ihr kamt
sie kamen

Perfekt
ich bin gekommen
du bist gekommen
er ist gekommen
wir sind gekommen
ihr seid gekommen
sie sind gekommen

Plusquamperfekt
ich war gekommen
du warst gekommen
er war gekommen
wir waren gekommen
ihr wart gekommen
sie waren gekommen

Futur I
ich werde kommen
du wirst kommen
er wird kommen
wir werden kommen
ihr werdet kommen
sie werden kommen

Futur II
ich werde gekommen sein
du wirst gekommen sein
er wird gekommen sein
wir werden gekommen sein
ihr werdet gekommen sein
sie werden gekommen sein

Konjunktiv

Konjunktiv I
ich komme
du kommest
er komme
wir kommen
ihr kommet
sie kommen

Konjunktiv II
ich käme
du käm(e)st
er käme
wir kämen
ihr käm(e)t
sie kämen

Perfekt
ich sei gekommen
du sei(e)st gekommen
er sei gekommen
wir seien gekommen
ihr sei(e)t gekommen
sie seien gekommen

Plusquamperfekt
ich wäre gekommen
du wär(e)st gekommen
er wäre gekommen
wir wären gekommen
ihr wär(e)t gekommen
sie wären gekommen

Futur I
ich werde kommen
du werdest kommen
er werde kommen
wir werden kommen
ihr werdet kommen
sie werden kommen

Futur II
ich werde gekommen sein
du werdest gekommen sein
er werde gekommen sein
wir werden gekommen sein
ihr werdet gekommen sein
sie werden gekommen sein

Infinitiv

Perfekt
gekommen sein

Partizip

Partizip I
kommend

Partizip II
gekommen

Imperativ

komm(e)
kommen wir
kommt
kommen Sie

kommen

 Anwendungsbeispiele

Können Sie bitte in mein Büro **kommen**? *Können Sie sich bitte in meinem Büro einfinden?*
Die Post **kam** gestern erst am Nachmittag. *Die Post traf gestern erst am Nachmittag ein.*
Bei Sonnenaufgang **kamen** die Kondore. *Bei Sonnenaufgang tauchten die Kondore auf.*
Durch eine Erbschaft **ist** er zu dieser Villa **gekommen**. *Durch eine Erbschaft hat er diese Villa gekriegt.*

 Redewendungen

wieder zu sich kommen *das Bewusstsein wiedererlangen*
jmdm. frech kommen *unverschämt werden*
zur Sprache kommen *etw. wird angesprochen*
zu Kräften kommen *wieder gesund werden*
an die Reihe kommen *der/das Nächste sein*

 Ähnliche Verben

sich einfinden	aufkommen
eintreffen	auskommen
antanzen (umgs.)	bekommen
erscheinen	beikommen
teilnehmen	durchkommen
aufsuchen	entkommen
besuchen	mitkommen
auftauchen	überkommen

 Aufgepasst!

Das Verb kommen wird im Präteritum und Konjunktiv II nur mit einem -m geschrieben, da der Stammvokal -a lang ausgesprochen wird. Nach einem langen Vokal steht normalerweise kein Doppelkonsonant.

 Tipps & Tricks

Denken Sie sich zu den vielen verschiedenen Bedeutungen und Redewendungen Situationen mit besonders lebendigen Bildern aus. Je lebendiger die visuellen Vorstellungen, desto größer ist der Lerneffekt!

> Modalverb

 können

Modalverb

Indikativ

Präsens
- ich kann
- du kannst
- er kann
- wir können
- ihr könnt
- sie können

Perfekt
- ich habe gekonnt
- du hast gekonnt
- er hat gekonnt
- wir haben gekonnt
- ihr habt gekonnt
- sie haben gekonnt

Futur I
- ich werde können
- du wirst können
- er wird können
- wir werden können
- ihr werdet können
- sie werden können

Präteritum
- ich konnte
- du konntest
- er konnte
- wir konnten
- ihr konntet
- sie konnten

Plusquamperfekt
- ich hatte gekonnt
- du hattest gekonnt
- er hatte gekonnt
- wir hatten gekonnt
- ihr hattet gekonnt
- sie hatten gekonnt

Futur II
- ich werde gekonnt haben
- du wirst gekonnt haben
- er wird gekonnt haben
- wir werden gekonnt haben
- ihr werdet gekonnt haben
- sie werden gekonnt haben

Konjunktiv

Konjunktiv I
- ich könne
- du könnest
- er könne
- wir können
- ihr könnet
- sie können

Perfekt
- ich habe gekonnt
- du habest gekonnt
- er habe gekonnt
- wir haben gekonnt
- ihr habet gekonnt
- sie haben gekonnt

Futur I
- ich werde können
- du werdest können
- er werde können
- wir werden können
- ihr werdet können
- sie werden können

Konjunktiv II
- ich könnte
- du könntest
- er könnte
- wir könnten
- ihr könntet
- sie könnten

Plusquamperfekt
- ich hätte gekonnt
- du hättest gekonnt
- er hätte gekonnt
- wir hätten gekonnt
- ihr hättet gekonnt
- sie hätten gekonnt

Futur II
- ich werde gekonnt haben
- du werdest gekonnt haben
- er werde gekonnt haben
- wir werden gekonnt haben
- ihr werdet gekonnt haben
- sie werden gekonnt haben

Infinitiv

Perfekt
gekonnt haben

Partizip

Partizip I
könnend

Partizip II
gekonnt

Imperativ

–
–
–
–

können

 Anwendungsbeispiele

Er **konnte** schon mit vier Jahren lesen und schreiben. *Er **vermochte** schon mit vier Jahren zu lesen und zu schreiben.*
Ich **kann** heute nicht kommen, weil ich krank bin. *Ich **bin nicht imstande** zu kommen, weil ich krank bin.*
Können wir dein neues Auto mal fahren? *Dürfen wir dein neues Auto mal fahren?*
Er hat alles aufgegessen, jetzt **kann** ich wieder einkaufen gehen! *Er hat alles aufgegessen, jetzt **muss** ich wieder einkaufen gehen.*
Das **hätte** auch dir passieren **können**! *Das **wäre** auch bei dir **möglich gewesen**!*

 Sprichwörter

Kannst du was, dann bist du was. *Wer Talent hat, erfährt Anerkennung und Respekt.*
Glaube kann Berge versetzen. *Wer an etwas glaubt, kann viel erreichen.*
Was du heute kannst besorgen, das verschiebe nicht auf morgen. *Man soll Dinge, die man erledigen muss, nicht vor sich herschieben.*

 Ähnliche Verben

vermögen
beherrschen
verstehen
draufhaben (umgs.)
dürfen
müssen

 Gebrauch

Das Verb **können** gehört wie **dürfen** (▷ Verb, ⑱) zu den Modalverben. In einigen wenigen Fällen wird es aber wie ein Vollverb verwendet. Dann steht im Perfekt und Plusquamperfekt das Partizip II **gekonnt** am Ende des Satzes: Ich **habe** das **gekonnt**. Ansonsten steht der Infinitiv: Er **hat** die Lieder nicht mehr hören **können**.

Unregelmäßiges Verb

㉟ laden

Stammvokalwechsel a → u → a

Indikativ

Präsens
ich lade
du lädst
er lädt
wir laden
ihr ladet
sie laden

Perfekt
ich habe geladen
du hast geladen
er hat geladen
wir haben geladen
ihr habt geladen
sie haben geladen

Futur I
ich werde laden
du wirst laden
er wird laden
wir werden laden
ihr werdet laden
sie werden laden

Präteritum
ich lud
du lud(e)st
er lud
wir luden
ihr ludet
sie luden

Plusquamperfekt
ich hatte geladen
du hattest geladen
er hatte geladen
wir hatten geladen
ihr hattet geladen
sie hatten geladen

Futur II
ich werde geladen haben
du wirst geladen haben
er wird geladen haben
wir werden geladen haben
ihr werdet geladen haben
sie werden geladen haben

Konjunktiv

Konjunktiv I
ich lade
du ladest
er lade
wir laden
ihr ladet
sie laden

Perfekt
ich habe geladen
du habest geladen
er habe geladen
wir haben geladen
ihr habet geladen
sie haben geladen

Futur I
ich werde laden
du werdest laden
er werde laden
wir werden laden
ihr werdet laden
sie werden laden

Konjunktiv II
ich lüde
du lüdest
er lüde
wir lüden
ihr lüdet
sie lüden

Plusquamperfekt
ich hätte geladen
du hättest geladen
er hätte geladen
wir hätten geladen
ihr hättet geladen
sie hätten geladen

Futur II
ich werde geladen haben
du werdest geladen haben
er werde geladen haben
wir werden geladen haben
ihr werdet geladen haben
sie werden geladen haben

Infinitiv

Perfekt
geladen haben

Partizip

Partizip I
ladend

Partizip II
geladen

Imperativ

lad(e)
laden wir
ladet
laden Sie

laden

 Anwendungsbeispiele

Wie viele Container kann dieses Schiff **laden**? *Wie viele Container kann dieses Schiff fassen?*
Das Obst **wurde** aus dem Transporter **geladen**. *Das Obst wurde aus dem Transporter geholt.*
Der Landwirt **lädt** den Zaun mit 14,4 Volt. *Der Landwirt elektrisiert den Zaun mit 14,4 Volt.*
Am folgenden Tag **wird** der Zeuge **geladen**. *Am folgenden Tag wird der Zeuge gerufen.*

 Redewendungen

sich etw. auf den Hals laden *Arbeit und Verantwortung auf sich nehmen*
sich den Teufel auf den Hals laden *sich großen Ärger einhandeln*
Schuld auf sich laden *schuldig werden*
Verantwortung auf sich laden *für etw. verantwortlich werden*

 Ähnliche Verben

unterbringen	abladen
verstauen	aufladen
aufnehmen	ausladen
fassen	beladen
befrachten	einladen
bepacken	entladen
elektrisieren	verladen
kommen lassen	(he)runterladen
rufen	hochladen

 Aufgepasst!

Bei dem Verb laden wird im Präsens und Präteritum Indikativ in der 2. Person Plural ein -e eingeschoben, jedoch nicht im Präsens in der 2. und 3. Person Singular: du **lädst**, er **lädt** (gesprochen wird nur -t).

> Unregelmäßiges Verb

36 lassen

Stammvokalwechsel a → ie → a

Indikativ

Präsens
ich lasse
du lässt
er lässt
wir lassen
ihr lasst
sie lassen

Perfekt
ich habe gelassen
du hast gelassen
er hat gelassen
wir haben gelassen
ihr habt gelassen
sie haben gelassen

Futur I
ich werde lassen
du wirst lassen
er wird lassen
wir werden lassen
ihr werdet lassen
sie werden lassen

Präteritum
ich ließ
du ließest
er ließ
wir ließen
ihr ließ(e)t
sie ließen

Plusquamperfekt
ich hatte gelassen
du hattest gelassen
er hatte gelassen
wir hatten gelassen
ihr hattet gelassen
sie hatten gelassen

Futur II
ich werde gelassen haben
du wirst gelassen haben
er wird gelassen haben
wir werden gelassen haben
ihr werdet gelassen haben
sie werden gelassen haben

Konjunktiv

Konjunktiv I
ich lasse
du lassest
er lasse
wir lassen
ihr lasset
sie lassen

Perfekt
ich habe gelassen
du habest gelassen
er habe gelassen
wir haben gelassen
ihr habet gelassen
sie haben gelassen

Futur I
ich werde lassen
du werdest lassen
er werde lassen
wir werden lassen
ihr werdet lassen
sie werden lassen

Konjunktiv II
ich ließe
du ließest
er ließe
wir ließen
ihr ließet
sie ließen

Plusquamperfekt
ich hätte gelassen
du hättest gelassen
er hätte gelassen
wir hätten gelassen
ihr hättet gelassen
sie hätten gelassen

Futur II
ich werde gelassen haben
du werdest gelassen haben
er werde gelassen haben
wir werden gelassen haben
ihr werdet gelassen haben
sie werden gelassen haben

Infinitiv
Perfekt
gelassen haben

Partizip
Partizip I
lassend
Partizip II
gelassen

Imperativ
lass(e)
lassen wir
lasst
lassen Sie

lassen

 Anwendungsbeispiele

Er **lässt** seinen Hund auf dem Sofa liegen. *Er erlaubt seinem Hund, auf dem Sofa zu liegen.*
Die Zuschauer **werden** erst kurz vor der Vorstellung in den Saal **gelassen**. *Den Zuschauern **wird** erst kurz vor der Vorstellung **gestattet**, den Saal zu betreten.*
Nach drei Niederlagen **ließ** er das Schachspielen. *Nach drei Niederlagen **hörte** er mit dem Schachspielen **auf**.*
Ich **habe** mir die Koffer aufs Zimmer bringen **lassen**. *Ich **habe** die Koffer **nicht selbst** aufs Zimmer gebracht.*
Mit einem Kellnermesser **lassen** sich Weinflaschen leicht öffnen. *Mit einem Kellnermesser **können** Weinflaschen leicht **geöffnet werden**.*

 Redewendungen

jmdm. etw. lassen müssen *jmdm. etw. zugestehen müssen*
es nicht lassen können *nicht aufhören, etw. Falsches zu tun*
etw. sein lassen *etw. nicht länger tun*
außer Acht lassen *nicht berücksichtigen*

 Ähnliche Verben

anordnen	ablassen
beauftragen	auslassen
bewirken	belassen
akzeptieren	einlassen
erlauben	entlassen
aufhören	ver(an)lassen
vergessen	zulassen
abgeben	zurücklassen

 Aufgepasst!

Da sich der Stammvokal im Präteritum, Konjunktiv II von einem kurzem Vokal (**lassen**) zu einem langen Vokal (**ließ**, **ließe**) ändert, schreibt man -ß.

Unregelmäßiges Verb

37 laufen

Stammvokalwechsel au → ie → au

Indikativ

Präsens
ich laufe
du läufst
er läuft
wir laufen
ihr lauft
sie laufen

Perfekt
ich bin gelaufen
du bist gelaufen
er ist gelaufen
wir sind gelaufen
ihr seid gelaufen
sie sind gelaufen

Futur I
ich werde laufen
du wirst laufen
er wird laufen
wir werden laufen
ihr werdet laufen
sie werden laufen

Präteritum
ich lief
du liefst
er lief
wir liefen
ihr lieft
sie liefen

Plusquamperfekt
ich war gelaufen
du warst gelaufen
er war gelaufen
wir waren gelaufen
ihr wart gelaufen
sie waren gelaufen

Futur II
ich werde gelaufen sein
du wirst gelaufen sein
er wird gelaufen sein
wir werden gelaufen sein
ihr werdet gelaufen sein
sie werden gelaufen sein

Konjunktiv

Konjunktiv I
ich laufe
du laufest
er laufe
wir laufen
ihr laufet
sie laufen

Perfekt
ich sei gelaufen
du sei(e)st gelaufen
er sei gelaufen
wir seien gelaufen
ihr sei(e)t gelaufen
sie seien gelaufen

Futur I
ich werde laufen
du werdest laufen
er werde laufen
wir werden laufen
ihr werdet laufen
sie werden laufen

Konjunktiv II
ich liefe
du liefest
er liefe
wir liefen
ihr liefet
sie liefen

Plusquamperfekt
ich wäre gelaufen
du wär(e)st gelaufen
er wäre gelaufen
wir wären gelaufen
ihr wär(e)t gelaufen
sie wären gelaufen

Futur II
ich werde gelaufen sein
du werdest gelaufen sein
er werde gelaufen sein
wir werden gelaufen sein
ihr werdet gelaufen sein
sie werden gelaufen sein

Infinitiv

Perfekt
gelaufen sein/haben

Partizip

Partizip I
laufend

Partizip II
gelaufen

Imperativ
lauf(e)
laufen wir
lauft
laufen Sie

laufen

 Anwendungsbeispiele

In diesen Schuhen kann ich nicht schnell **laufen**. *In diesen Schuhen kann ich nicht schnell **rennen**.*
Wollen wir **laufen** oder nehmen wir das Auto? *Wollen wir **zu Fuß gehen** oder nehmen wir das Auto?*
Läuft dein DVD-Player wieder? ***Funktioniert** dein DVD-Player wieder?*
Das Vorstellungsgespräch **ist** gut **gelaufen**. *Das Vorstellungsgespräch **ist** gut **vonstattengegangen**.*
Ihr Abo **lief** noch bis letzte Woche. *Ihr Abo **galt** noch bis letzte Woche.*
Ich möchte mal wissen, was da **läuft**. *Ich möchte mal wissen, was da **geschieht**.*

 Redewendungen

wie geschmiert laufen *sehr gut funktionieren*
jmdn. laufen lassen *jmdn. wieder freilassen*
jmdm. in die Arme laufen *jmdm. zufällig begegnen*

 Ähnliche Verben

eilen
rennen
(spazieren) gehen
funktionieren
sich erstrecken
geschehen
gelten

anlaufen
ablaufen
belaufen
entlaufen
fortlaufen
verlaufen
zurücklaufen

 Gebrauch

Wenn man beschreiben will, in welchen Zustand etwas oder eine Person während des Laufens gerät, wird im Perfekt und Plusquamperfekt das Hilfsverb haben verwendet:
Sie **hat** sich die Füße wund **gelaufen**.
Vor dem Wettkampf **hat** er sich warm **gelaufen**.

Unregelmäßiges Verb

38 leiden

Stammvokalwechsel ei → i → i

Indikativ

Präsens
ich leide
du leidest
er leidet
wir leiden
ihr leidet
sie leiden

Perfekt
ich habe gelitten
du hast gelitten
er hat gelitten
wir haben gelitten
ihr habt gelitten
sie haben gelitten

Futur I
ich werde leiden
du wirst leiden
er wird leiden
wir werden leiden
ihr werdet leiden
sie werden leiden

Präteritum
ich litt
du litt(e)st
er litt
wir litten
ihr littet
sie litten

Plusquamperfekt
ich hatte gelitten
du hattest gelitten
er hatte gelitten
wir hatten gelitten
ihr hattet gelitten
sie hatten gelitten

Futur II
ich werde gelitten haben
du wirst gelitten haben
er wird gelitten haben
wir werden gelitten haben
ihr werdet gelitten haben
sie werden gelitten haben

Konjunktiv

Konjunktiv I
ich leide
du leidest
er leide
wir leiden
ihr leidet
sie leiden

Perfekt
ich habe gelitten
du habest gelitten
er habe gelitten
wir haben gelitten
ihr habet gelitten
sie haben gelitten

Futur I
ich werde leiden
du werdest leiden
er werde leiden
wir werden leiden
ihr werdet leiden
sie werden leiden

Konjunktiv II
ich litte
du littest
er litte
wir litten
ihr littet
sie litten

Plusquamperfekt
ich hätte gelitten
du hättest gelitten
er hätte gelitten
wir hätten gelitten
ihr hättet gelitten
sie hätten gelitten

Futur II
ich werde gelitten haben
du werdest gelitten haben
er werde gelitten haben
wir werden gelitten haben
ihr werdet gelitten haben
sie werden gelitten haben

Infinitiv
Perfekt
gelitten haben

Partizip
Partizip I
leidend

Partizip II
gelitten

Imperativ
leide
leiden wir
leidet
leiden Sie

leiden

 Anwendungsbeispiele

Nachdem sie ihn verlassen hatte, **litt** er sehr. *Nachdem sie ihn verlassen hatte, machte er eine schwere Zeit durch.*
Die Pflanzen **haben** sehr stark unter der Trockenheit **gelitten**. *Die Pflanzen haben durch die Trockenheit Schaden genommen.*
Besonders Frauen **leiden an** Migräne. *Besonders Frauen plagen sich mit Migräne herum.*
Ich kann den Geruch von Lavendel nicht **leiden**. *Ich kann den Geruch von Lavendel nicht ertragen.*

 Redewendungen
(gut) leiden können *gern mögen*
leiden wie ein Hund *sehr stark leiden*
Hunger leiden *über längere Zeit sehr hungrig sein*
Aufschub leiden *Aufschub dulden*

 Ähnliche Verben

sich quälen
durchmachen
sich herumplagen
kranken an
darniederliegen
erdulden
ertragen

erleiden
bemitleiden

 Aufgepasst!

Im Präteritum, Konjunktiv II und Partizip II schreibt man **-tt**, da es im Deutschen nach einem kurzen Stammvokal fast immer zu einer Konsonantendopplung kommt. Da der Verbstamm auf **-d** endet, wird im Indikativ in der 2. und 3. Person Singular und in der 2. Person Plural im Präsens und Präteritum ein **-e** eingefügt.

Unregelmäßiges Verb

㊴ leihen

Stammvokalwechsel ei → ie → ie

Indikativ

Präsens
- ich leihe
- du leihst
- er leiht
- wir leihen
- ihr leiht
- sie leihen

Perfekt
- ich habe geliehen
- du hast geliehen
- er hat geliehen
- wir haben geliehen
- ihr habt geliehen
- sie haben geliehen

Futur I
- ich werde leihen
- du wirst leihen
- er wird leihen
- wir werden leihen
- ihr werdet leihen
- sie werden leihen

Präteritum
- ich lieh
- du liehst
- er lieh
- wir liehen
- ihr lieht
- sie liehen

Plusquamperfekt
- ich hatte geliehen
- du hattest geliehen
- er hatte geliehen
- wir hatten geliehen
- ihr hattet geliehen
- sie hatten geliehen

Futur II
- ich werde geliehen haben
- du wirst geliehen haben
- er wird geliehen haben
- wir werden geliehen haben
- ihr werdet geliehen haben
- sie werden geliehen haben

Konjunktiv

Konjunktiv I
- ich leihe
- du leihest
- er leihe
- wir leihen
- ihr leihet
- sie leihen

Perfekt
- ich habe geliehen
- du habest geliehen
- er habe geliehen
- wir haben geliehen
- ihr habet geliehen
- sie haben geliehen

Futur I
- ich werde leihen
- du werdest leihen
- er werde leihen
- wir werden leihen
- ihr werdet leihen
- sie werden leihen

Konjunktiv II
- ich liehe
- du liehest
- er liehe
- wir liehen
- ihr liehet
- sie liehen

Plusquamperfekt
- ich hätte geliehen
- du hättest geliehen
- er hätte geliehen
- wir hätten geliehen
- ihr hättet geliehen
- sie hätten geliehen

Futur II
- ich werde geliehen haben
- du werdest geliehen haben
- er werde geliehen haben
- wir werden geliehen haben
- ihr werdet geliehen haben
- sie werden geliehen haben

Infinitiv

Perfekt
geliehen haben

Partizip

Partizip I
leihend

Partizip II
geliehen

Imperativ

leih(e)
leihen wir
leiht
leihen Sie

leihen

 Anwendungsbeispiele
Mein Fahrrad ist kaputt. **Leihst** du mir deins? *Mein Fahrrad ist kaputt. Gibst du mir deins?*
Die Bank **lieh** ihnen 20.000 Euro. *Die Bank gewährte ihnen 20.000 Euro Kredit.*
Für den Campingurlaub **hat** sie **sich** ein gutes Zelt **geliehen**. *Für den Campingurlaub hat sie sich ein gutes Zelt geborgt.*

 Redewendungen
jmdm. sein Ohr leihen *jmdm. zuhören*
jmdm. Beistand leihen *jmdm. Beistand gewähren*

 Ähnliche Verben

aushelfen
auslegen
borgen
(heraus)geben
überlassen
pumpen (umgs.)
anbieten
bereitstellen
gewähren
offerieren

ausleihen
entleihen
verleihen

 Gebrauch
Im Deutschen wird das Verb leihen unabhängig davon gebraucht, ob man für das Leihen eine Gebühr bezahlt oder ob man etwas z. B. von einem Freund oder Bekannten borgt, der dafür kein Geld verlangt. In diesen Fällen ist das Verb leihen allerdings reflexiv:
Kann ich **mir** das Buch von dir **leihen**?
Nicht reflexiv ist das Verb in der Bedeutung *jmdm. mit etw. aushelfen*:
Er **lieh** ihr seine warme Jacke.

 Tipps & Tricks
Weitere Verben, die wie leihen konjugiert werden, sind: gedeihen und verzeihen sowie die Verben ausleihen, entleihen und verleihen.

365

Unregelmäßiges Verb

 lesen

Stammvokalwechsel e → a → e

Indikativ

Präsens
- ich lese
- du liest
- er liest
- wir lesen
- ihr lest
- sie lesen

Perfekt
- ich habe gelesen
- du hast gelesen
- er hat gelesen
- wir haben gelesen
- ihr habt gelesen
- sie haben gelesen

Futur I
- ich werde lesen
- du wirst lesen
- er wird lesen
- wir werden lesen
- ihr werdet lesen
- sie werden lesen

Präteritum
- ich las
- du lasest
- er las
- wir lasen
- ihr las(e)t
- sie lasen

Plusquamperfekt
- ich hatte gelesen
- du hattest gelesen
- er hatte gelesen
- wir hatten gelesen
- ihr hattet gelesen
- sie hatten gelesen

Futur II
- ich werde gelesen haben
- du wirst gelesen haben
- er wird gelesen haben
- wir werden gelesen haben
- ihr werdet gelesen haben
- sie werden gelesen haben

Konjunktiv

Konjunktiv I
- ich lese
- du lesest
- er lese
- wir lesen
- ihr leset
- sie lesen

Perfekt
- ich habe gelesen
- du habest gelesen
- er habe gelesen
- wir haben gelesen
- ihr habet gelesen
- sie haben gelesen

Futur I
- ich werde lesen
- du werdest lesen
- er werde lesen
- wir werden lesen
- ihr werdet lesen
- sie werden lesen

Konjunktiv II
- ich läse
- du läsest
- er läse
- wir läsen
- ihr läset
- sie läsen

Plusquamperfekt
- ich hätte gelesen
- du hättest gelesen
- er hätte gelesen
- wir hätten gelesen
- ihr hättet gelesen
- sie hätten gelesen

Futur II
- ich werde gelesen haben
- du werdest gelesen haben
- er werde gelesen haben
- wir werden gelesen haben
- ihr werdet gelesen haben
- sie werden gelesen haben

Infinitiv

Perfekt
- gelesen haben

Partizip

Partizip I
- lesend

Partizip II
- gelesen

Imperativ

- lies
- lesen wir
- lest
- lesen Sie

lesen

 Anwendungsbeispiele

Sie **liest** in der U-Bahn immer eine Zeitschrift. *Sie schmökert in der U-Bahn immer in einer Zeitschrift.*
Die Schüler **lesen** den Text mit verteilten Rollen. *Die Schüler tragen den Text mit verteilten Rollen vor.*
Letztes Semester **las** er als Gastprofessor an der Harvard Universität. *Letztes Semester lehrte er als Gastprofessor an der Harvard Universität.*
Zu dieser Jahreszeit **wird** der Wein **gelesen**. *Zu dieser Jahreszeit wird der Wein geerntet.*

 Redewendungen

Gedanken lesen können *wissen, was eine andere Person denkt*
jmdm. die Leviten lesen *jmdn. zurechtweisen, der sich falsch verhalten hat*
jmdm. aus der Hand lesen *jmdm. die Zukunft durch Betrachten der Handlinien vorhersagen*
zwischen den Zeilen lesen *auch verstehen, was nicht explizit geschrieben oder gesagt wurde*

 Ähnliche Verben

durcharbeiten	ablesen
entziffern	auflesen
schmökern	durchlesen
vortragen	mitlesen
lehren	verlesen
aufsammeln	vorlesen
ernten	

 Aufgepasst!

Im Indikativ entfällt in der 2. Person Singular Präsens das **-s** der Personalendung. Somit sind die Formen der 2. und 3. Person identisch: **du lie**st, **er lie**st. Achten Sie auch auf das eingeschobene **-e** in der 2. Person Singular Präteritum.

Unregelmäßiges Verb

41 liegen

Stammvokalwechsel ie → a → e

Indikativ

Präsens
ich liege
du liegst
er liegt
wir liegen
ihr liegt
sie liegen

Perfekt
ich habe gelegen
du hast gelegen
er hat gelegen
wir haben gelegen
ihr habt gelegen
sie haben gelegen

Futur I
ich werde liegen
du wirst liegen
er wird liegen
wir werden liegen
ihr werdet liegen
sie werden liegen

Präteritum
ich lag
du lagst
er lag
wir lagen
ihr lagt
sie lagen

Plusquamperfekt
ich hatte gelegen
du hattest gelegen
er hatte gelegen
wir hatten gelegen
ihr hattet gelegen
sie hatten gelegen

Futur II
ich werde gelegen haben
du wirst gelegen haben
er wird gelegen haben
wir werden gelegen haben
ihr werdet gelegen haben
sie werden gelegen haben

Konjunktiv

Konjunktiv I
ich liege
du liegest
er liege
wir liegen
ihr lieget
sie liegen

Perfekt
ich habe gelegen
du habest gelegen
er habe gelegen
wir haben gelegen
ihr habet gelegen
sie haben gelegen

Futur I
ich werde liegen
du werdest liegen
er werde liegen
wir werden liegen
ihr werdet liegen
sie werden liegen

Konjunktiv II
ich läge
du lägest
er läge
wir lägen
ihr läget
sie lägen

Plusquamperfekt
ich hätte gelegen
du hättest gelegen
er hätte gelegen
wir hätten gelegen
ihr hättet gelegen
sie hätten gelegen

Futur II
ich werde gelegen haben
du werdest gelegen haben
er werde gelegen haben
wir werden gelegen haben
ihr werdet gelegen haben
sie werden gelegen haben

Infinitiv

Perfekt
gelegen haben/sein

Partizip

Partizip I
liegend

Partizip II
gelegen

Imperativ

lieg(e)
liegen wir
liegt
liegen Sie

liegen

 Anwendungsbeispiele

Sie war krank und **lag** im Bett. *Sie war krank und **ruhte** im Bett.*
Hamburg und Dresden **liegen** an der Elbe. *Hamburg und Dresden **befinden sich** an der Elbe.*
Die Lüneburger Heide **liegt** zwischen Harburg und Celle. *Die Lüneburger Heide **erstreckt sich** von Harburg bis Celle.*
Klavier spielen **lag** ihm nicht, aber er spielte gern Geige. *Klavier spielen **gefiel** ihm nicht, aber er spielte gern Geige.*
Dass es uns hier so gut gefällt, **liegt an** der schönen Atmosphäre. *Dass es uns hier so gut gefällt, **kommt von** der schönen Atmosphäre.*

 Redewendungen

alles stehen und liegen lassen *eine Beschäftigung abrupt unterbrechen, weil plötzlich etw. Wichtigeres zu tun ist*
im Argen liegen *nicht in Ordnung sein*
auf der faulen Haut liegen *für eine gewisse Zeit sehr faul sein*
gut in der Zeit liegen *die zeitlichen Vorgaben einhalten, nicht spät dran sein*
sich in den Haaren liegen *Streit miteinander haben*

 Ähnliche Verben

ruhen	anliegen
sich befinden	aufliegen
sich erstrecken	beiliegen
kommen von	erliegen
behagen	unterliegen
entsprechen	vorliegen
gefallen	zurückliegen

 Aufgepasst!

In Süddeutschland, Österreich und der Schweiz wird das Verb liegen im Perfekt und Plusquamperfekt meist mit dem Hilfsverb sein gebildet.

Unregelmäßiges Verb

42 lügen

Stammvokalwechsel ü → o → o

Indikativ

Präsens
ich	lüge
du	lügst
er	lügt
wir	lügen
ihr	lügt
sie	lügen

Perfekt
ich	habe	gelogen
du	hast	gelogen
er	hat	gelogen
wir	haben	gelogen
ihr	habt	gelogen
sie	haben	gelogen

Futur I
ich	werde	lügen
du	wirst	lügen
er	wird	lügen
wir	werden	lügen
ihr	werdet	lügen
sie	werden	lügen

Präteritum
ich	log
du	logst
er	log
wir	logen
ihr	logt
sie	logen

Plusquamperfekt
ich	hatte	gelogen
du	hattest	gelogen
er	hatte	gelogen
wir	hatten	gelogen
ihr	hattet	gelogen
sie	hatten	gelogen

Futur II
ich	werde	gelogen	haben
du	wirst	gelogen	haben
er	wird	gelogen	haben
wir	werden	gelogen	haben
ihr	werdet	gelogen	haben
sie	werden	gelogen	haben

Konjunktiv

Konjunktiv I
ich	lüge
du	lügest
er	lüge
wir	lügen
ihr	lüget
sie	lügen

Perfekt
ich	habe	gelogen
du	habest	gelogen
er	habe	gelogen
wir	haben	gelogen
ihr	habet	gelogen
sie	haben	gelogen

Futur I
ich	werde	lügen
du	werdest	lügen
er	werde	lügen
wir	werden	lügen
ihr	werdet	lügen
sie	werden	lügen

Konjunktiv II
ich	löge
du	lögest
er	löge
wir	lögen
ihr	löget
sie	lögen

Plusquamperfekt
ich	hätte	gelogen
du	hättest	gelogen
er	hätte	gelogen
wir	hätten	gelogen
ihr	hättet	gelogen
sie	hätten	gelogen

Futur II
ich	werde	gelogen	haben
du	werdest	gelogen	haben
er	werde	gelogen	haben
wir	werden	gelogen	haben
ihr	werdet	gelogen	haben
sie	werden	gelogen	haben

Infinitiv

Perfekt

gelogen haben

Partizip

Partizip I

lügend

Partizip II

gelogen

Imperativ

lüg(e)
lügen wir
lügt
lügen Sie

lügen

 Anwendungsbeispiele

Das stimmt ja gar nicht, du **lügst**! *Das stimmt ja gar nicht, du **sagst nicht die Wahrheit**!*
Sie glaubt ihm nicht mehr, da er zu oft **gelogen hat**. *Sie glaubt ihm nicht mehr, da er zu oft **geschwindelt hat**.*
Er **log** vor Gericht. *Er **sagte** vor Gericht **die Unwahrheit**.*
Sie **hat gelogen**, als sie von dem unglaublichen Angebot sprach. *Sie **hat** dich **getäuscht**, als sie von dem unglaublichen Angebot sprach.*

 Redewendungen

jmdm. ins Gesicht lügen *jmdn. ganz frech anlügen*
wie gedruckt lügen *hemmungslos lügen*
das Blaue vom Himmel lügen *ohne Hemmungen lügen*
sich in die eigene Tasche lügen *sich etw. vormachen, sich selbst belügen*
jmdm. die Hucke volllügen *jmdn. gründlich anschwindeln*

 Ähnliche Verben

flunkern
schwindeln
täuschen
mogeln
schummeln
erdichten
verdrehen

anlügen
belügen
erlügen
vorlügen

 Gebrauch

Das Verb lügen ist intransitiv. Wenn man eine Person, der eine Lüge erzählt wird/wurde, als Akkusativergänzung hinzufügen möchte, verwendet man die Verben belügen oder anlügen. Diese Verben sind transitiv:
Der Student **hat** seinen Professor **angelogen**.
Du **hast** mich nach Strich und Faden **belogen**!

 Tipps & Tricks

Lernen Sie auch andere Verben mit dem gleichen Konjugationsmuster mit. Wie das Verb lügen werden auch anlügen, belügen, trügen und betrügen konjugiert.

Modalverb

43 mögen

Modalverb

Indikativ

Präsens
- ich mag
- du magst
- er mag
- wir mögen
- ihr mögt
- sie mögen

Perfekt
- ich habe gemocht
- du hast gemocht
- er hat gemocht
- wir haben gemocht
- ihr habt gemocht
- sie haben gemocht

Futur I
- ich werde mögen
- du wirst mögen
- er wird mögen
- wir werden mögen
- ihr werdet mögen
- sie werden mögen

Präteritum
- ich mochte
- du mochtest
- er mochte
- wir mochten
- ihr mochtet
- sie mochten

Plusquamperfekt
- ich hatte gemocht
- du hattest gemocht
- er hatte gemocht
- wir hatten gemocht
- ihr hattet gemocht
- sie hatten gemocht

Futur II
- ich werde gemocht haben
- du wirst gemocht haben
- er wird gemocht haben
- wir werden gemocht haben
- ihr werdet gemocht haben
- sie werden gemocht haben

Konjunktiv

Konjunktiv I
- ich möge
- du mögest
- er möge
- wir mögen
- ihr möget
- sie mögen

Perfekt
- ich habe gemocht
- du habest gemocht
- er habe gemocht
- wir haben gemocht
- ihr habet gemocht
- sie haben gemocht

Futur I
- ich werde mögen
- du werdest mögen
- er werde mögen
- wir werden mögen
- ihr werdet mögen
- sie werden mögen

Konjunktiv II
- ich möchte
- du möchtest
- er möchte
- wir möchten
- ihr möchtet
- sie möchten

Plusquamperfekt
- ich hätte gemocht
- du hättest gemocht
- er hätte gemocht
- wir hätten gemocht
- ihr hättet gemocht
- sie hätten gemocht

Futur II
- ich werde gemocht haben
- du werdest gemocht haben
- er werde gemocht haben
- wir werden gemocht haben
- ihr werdet gemocht haben
- sie werden gemocht haben

Infinitiv

Perfekt
- gemocht haben

Partizip

Partizip I
- mögend

Partizip II
- gemocht

Imperativ

- mögest du
- mögen wir
- mögt ihr
- mögen Sie

mögen

 Anwendungsbeispiele
Ich **möchte** heute in die Sauna gehen. *Ich will heute in die Sauna gehen.*
Es **mag** sein, dass er diesmal gewinnt. *Es ist möglich, dass er diesmal gewinnt.*
Die Jugendlichen **mögen** diesen Sänger sehr. *Die Jugendlichen schwärmen für diesen Sänger.*
Früher **mochte** sie keine klassische Musik. *Früher stand sie nicht auf klassische Musik.*

 Sprichwörter
bei etw. Mäuschen sein mögen *etw. heimlich beobachten/belauschen wollen*
(gut) leiden mögen *gern mögen, gern haben*
etw. nicht mit der Beißzange/Kneifzange anfassen mögen *etw. ekelig finden, stark ablehnen*

 Ähnliche Verben
sich begeistern   vermögen
gefallen
lieben
stehen auf (umgs.)
wollen

 Gebrauch
Das Verb mögen gehört zu den Modalverben ( Grammatik rund ums Verb, **1.3**).
Es kann aber auch als Vollverb verwendet werden. Als Modalverb steht im Perfekt und Präteritum der Infinitiv statt des Partizips:
Er hat den Film gern sehen **mögen.**
Als Vollverb steht im Perfekt und Plusquamperfekt das Partizip II:
Er hat Rinderroulade noch nie **gemocht.**
Insbesondere in der Verwendung als Modalverb wird statt des Präsens meist die Konjunktiv II-Form möchte und im Präteritum wollen verwendet.
Der Imperativ von mögen wird nur in der gehobenen Sprache verwendet.

Modalverb

 müssen *Modalverb*

Indikativ

Präsens
- ich muss
- du musst
- er muss
- wir müssen
- ihr müsst
- sie müssen

Perfekt
- ich habe gemusst
- du hast gemusst
- er hat gemusst
- wir haben gemusst
- ihr habt gemusst
- sie haben gemusst

Futur I
- ich werde müssen
- du wirst müssen
- er wird müssen
- wir werden müssen
- ihr werdet müssen
- sie werden müssen

Präteritum
- ich musste
- du musstest
- er musste
- wir mussten
- ihr musstet
- sie mussten

Plusquamperfekt
- ich hatte gemusst
- du hattest gemusst
- er hatte gemusst
- wir hatten gemusst
- ihr hattet gemusst
- sie hatten gemusst

Futur II
- ich werde gemusst haben
- du wirst gemusst haben
- er wird gemusst haben
- wir werden gemusst haben
- ihr werdet gemusst haben
- sie werden gemusst haben

Konjunktiv

Konjunktiv I
- ich müsse
- du müssest
- er müsse
- wir müssen
- ihr müsset
- sie müssen

Perfekt
- ich habe gemusst
- du habest gemusst
- er habe gemusst
- wir haben gemusst
- ihr habet gemusst
- sie haben gemusst

Futur I
- ich werde müssen
- du werdest müssen
- er werde müssen
- wir werden müssen
- ihr werdet müssen
- sie werden müssen

Konjunktiv II
- ich müsste
- du müsstest
- er müsste
- wir müssten
- ihr müsstet
- sie müssten

Plusquamperfekt
- ich hätte gemusst
- du hättest gemusst
- er hätte gemusst
- wir hätten gemusst
- ihr hättet gemusst
- sie hätten gemusst

Futur II
- ich werde gemusst haben
- du werdest gemusst haben
- er werde gemusst haben
- wir werden gemusst haben
- ihr werdet gemusst haben
- sie werden gemusst haben

Infinitiv

Perfekt
- gemusst haben

Partizip

Partizip I
- müssend

Partizip II
- gemusst

Imperativ

- –
- –
- –

müssen

 Anwendungsbeispiele

Sie **muss** 38 Stunden pro Woche arbeiten. *Sie ist verpflichtet*, 38 Stunden pro Woche zu arbeiten.
Sie **müssen** aber sehr gesund sein! *Ich nehme an*, dass Sie sehr gesund sind.
Er **müsste** eigentlich schon längst da sein. Er *sollte* eigentlich schon längst da sein.
Der Brief **muss** heute noch zur Post. *Es ist notwendig*, dass der Brief heute noch zur Post gebracht wird.

 Redewendungen

Lehrgeld zahlen müssen *durch Schaden lernen*
das Bett hüten müssen *wegen Krankheit im Bett bleiben müssen*
die Zeche bezahlen müssen *die Folgen tragen müssen*
sich warm anziehen müssen *sich auf etw. Unerfreuliches einstellen müssen*
passen müssen *aufgeben, die Antwort nicht kennen*
ausbaden müssen *für ein unangenehmes Ereignis die Folgen tragen müssen*

 Ähnliche Verben

sich gezwungen sehen
verpflichtet sein
sich verpflichtet fühlen

 Aufgepasst!

Das Verb müssen ist ein Modalverb und drückt eine Notwendigkeit, Aufforderung oder eine sichere Vermutung aus. Normalerweise steht es mit einem Infinitiv am Satzende. Es kann aber in einigen Fällen auch allein stehen. Dann verwendet man im Perfekt oder Plusquamperfekt das Partizip II gemusst:
Das Kind hat auf die Toilette **gemusst**.
Ansonsten steht das Modalverb im Infinitiv am Ende des Satzes: Ich habe noch einmal zurückgehen **müssen**.

Unregelmäßiges Verb

45 nennen

Stammvokalwechsel e → a → a

Indikativ

Präsens
ich nenne
du nennst
er nennt
wir nennen
ihr nennt
sie nennen

Perfekt
ich habe genannt
du hast genannt
er hat genannt
wir haben genannt
ihr habt genannt
sie haben genannt

Futur I
ich werde nennen
du wirst nennen
er wird nennen
wir werden nennen
ihr werdet nennen
sie werden nennen

Präteritum
ich nannte
du nanntest
er nannte
wir nannten
ihr nanntet
sie nannten

Plusquamperfekt
ich hatte genannt
du hattest genannt
er hatte genannt
wir hatten genannt
ihr hattet genannt
sie hatten genannt

Futur II
ich werde genannt haben
du wirst genannt haben
er wird genannt haben
wir werden genannt haben
ihr werdet genannt haben
sie werden genannt haben

Konjunktiv

Konjunktiv I
ich nenne
du nennest
er nenne
wir nennen
ihr nennet
sie nennen

Perfekt
ich habe genannt
du habest genannt
er habe genannt
wir haben genannt
ihr habet genannt
sie haben genannt

Futur I
ich werde nennen
du werdest nennen
er werde nennen
wir werden nennen
ihr werdet nennen
sie werden nennen

Konjunktiv II
ich nennte
du nenntest
er nennte
wir nennten
ihr nenntet
sie nennten

Plusquamperfekt
ich hätte genannt
du hättest genannt
er hätte genannt
wir hätten genannt
ihr hättet genannt
sie hätten genannt

Futur II
ich werde genannt haben
du werdest genannt haben
er werde genannt haben
wir werden genannt haben
ihr werdet genannt haben
sie werden genannt haben

Infinitiv

Perfekt
genannt haben

Partizip

Partizip I
nennend

Partizip II
genannt

Imperativ

nenn(e)
nennen wir
nennt
nennen Sie

nennen

 Anwendungsbeispiele

Sie **nannten** ihren Sohn nach seinem Großvater. *Sie gaben ihrem Sohn den Namen seines Großvaters.*
Der Täter wollte den Grund für den Überfall nicht **nennen**. *Der Täter wollte den Grund für den Überfall nicht angeben.*
Das Kind kann alle Spieler der Nationalmannschaft **nennen**. *Das Kind kann alle Spieler der Nationalmannschaft auflisten.*
Er **wurde** als möglicher Kandidat **genannt**. *Er wurde als möglicher Kandidat vorgeschlagen.*

 Redewendungen

etw./jmdn. sein Eigen nennen *etw. besitzen, über jmdn. verfügen*
Ross und Reiter nennen *die Namen von Personen öffentlich nennen*
das Kind beim Namen nennen *etw. ohne Beschönigung aussprechen*
die Dinge beim Namen nennen *sagen, wie etw. (Negatives) wirklich ist*

 Ähnliche Verben

rufen   benennen
heißen   ernennen
bezeichnen
anführen
angeben
auflisten
berufen
vorschlagen

 Aufgepasst!

Beim Verb nennen leitet sich die Konjunktiv II-Form nicht vom Präteritum ab, wie es normalerweise der Fall ist. Die Konjunktiv II-Form lautet nennte. Allerdings wird diese Form meist durch die würde-Form ersetzt: Wenn ich die Namen nicht nennen würde, bekäme ich Probleme.

 Tipps & Tricks

Folgende Verben werden nach dem gleichen Muster konjugiert: benennen, ernennen, kennen, brennen und Kombinationen dieser Verben mit Präfixen wie z. B. ausbrennen, verbrennen, erkennen, verkennen.

Unregelmäßiges Verb

46 raten

Stammvokalwechsel a → ie → a

Indikativ

Präsens
ich rate
du rätst
er rät
wir raten
ihr ratet
sie raten

Perfekt
ich habe geraten
du hast geraten
er hat geraten
wir haben geraten
ihr habt geraten
sie haben geraten

Futur I
ich werde raten
du wirst raten
er wird raten
wir werden raten
ihr werdet raten
sie werden raten

Präteritum
ich riet
du riet(e)st
er riet
wir rieten
ihr rietet
sie rieten

Plusquamperfekt
ich hatte geraten
du hattest geraten
er hatte geraten
wir hatten geraten
ihr hattet geraten
sie hatten geraten

Futur II
ich werde geraten haben
du wirst geraten haben
er wird geraten haben
wir werden geraten haben
ihr werdet geraten haben
sie werden geraten haben

Konjunktiv

Konjunktiv I
ich rate
du ratest
er rate
wir raten
ihr ratet
sie raten

Perfekt
ich habe geraten
du habest geraten
er habe geraten
wir haben geraten
ihr habet geraten
sie haben geraten

Futur I
ich werde raten
du werdest raten
er werde raten
wir werden raten
ihr werdet raten
sie werden raten

Konjunktiv II
ich riete
du rietest
er riete
wir rieten
ihr rietet
sie rieten

Plusquamperfekt
ich hätte geraten
du hättest geraten
er hätte geraten
wir hätten geraten
ihr hättet geraten
sie hätten geraten

Futur II
ich werde geraten haben
du werdest geraten haben
er werde geraten haben
wir werden geraten haben
ihr werdet geraten haben
sie werden geraten haben

Infinitiv

Perfekt
geraten haben

Partizip

Partizip I
ratend

Partizip II
geraten

Imperativ

rat(e)
raten wir
ratet
raten Sie

raten

 Anwendungsbeispiele
Der Lehrer **rät** seinen Schülern, regelmäßig Vokabeln zu lernen. *Der Lehrer empfiehlt seinen Schülern, regelmäßig Vokabeln zu lernen.*
Er **hat** mir zu einer Reise nach Griechenland **geraten**. *Er hat mir eine Reise nach Griechenland nahegelegt.*
Bei dem Spiel **wurde** viel **geraten**. *Bei dem Spiel wurde viel geschätzt.*
Super, das **hast** du richtig **geraten**! *Super, das hast du richtig aufgelöst!*

 Sprichwörter
Niemand ist klug genug, sich selbst zu raten. *Man soll nicht nur auf sich selbst, sondern auch auf den Rat anderer hören.*
Wem nicht zu raten ist, dem ist auch nicht zu helfen. *Wer von anderen keine Ratschläge annimmt, muss seine Probleme selber lösen.*
Die sich lassen sagen, denen mag man raten. *Wer Ratschläge gerne annimmt, bekommt auch welche.*

 Ähnliche Verben

anhalten	abraten
befürworten	anraten
einschärfen	beraten
empfehlen	erraten
schätzen	geraten
aufdecken	verraten
(auf)lösen	zuraten
herausfinden	

 Aufgepasst!
Das Verb raten hat einen Vokalwechsel im Präsens Indikativ in der 2. und 3. Person Singular und ein eingefügtes -e in der 2. Person Plural im Präsens und Präteritum, da der Verbstamm auf -ten endet.

> Unregelmäßiges Verb

 rufen

Stammvokalwechsel u → ie → u

Indikativ

Präsens
ich rufe
du rufst
er ruft
wir rufen
ihr ruft
sie rufen

Perfekt
ich habe gerufen
du hast gerufen
er hat gerufen
wir haben gerufen
ihr habt gerufen
sie haben gerufen

Futur I
ich werde rufen
du wirst rufen
er wird rufen
wir werden rufen
ihr werdet rufen
sie werden rufen

Präteritum
ich rief
du riefst
er rief
wir riefen
ihr rieft
sie riefen

Plusquamperfekt
ich hatte gerufen
du hattest gerufen
er hatte gerufen
wir hatten gerufen
ihr hattet gerufen
sie hatten gerufen

Futur II
ich werde gerufen haben
du wirst gerufen haben
er wird gerufen haben
wir werden gerufen haben
ihr werdet gerufen haben
sie werden gerufen haben

Konjunktiv

Konjunktiv I
ich rufe
du rufest
er rufe
wir rufen
ihr rufet
sie rufen

Perfekt
ich habe gerufen
du habest gerufen
er habe gerufen
wir haben gerufen
ihr habet gerufen
sie haben gerufen

Futur I
ich werde rufen
du werdest rufen
er werde rufen
wir werden rufen
ihr werdet rufen
sie werden rufen

Konjunktiv II
ich riefe
du riefest
er riefe
wir riefen
ihr riefet
sie riefen

Plusquamperfekt
ich hätte gerufen
du hättest gerufen
er hätte gerufen
wir hätten gerufen
ihr hättet gerufen
sie hätten gerufen

Futur II
ich werde gerufen haben
du werdest gerufen haben
er werde gerufen haben
wir werden gerufen haben
ihr werdet gerufen haben
sie werden gerufen haben

Infinitiv

Perfekt
gerufen haben

Partizip

Partizip I
rufend

Partizip II
gerufen

Imperativ
ruf(e)
rufen wir
ruft
rufen Sie

rufen

 Anwendungsbeispiele
Können Sie mir bitte ein Taxi **rufen**? *Können Sie mir bitte ein Taxi **bestellen**?*
„Gewonnen!", **rief** sie und strahlte über das ganze Gesicht. *„Gewonnen!", **schrie** sie und strahlte über das ganze Gesicht.*
Er heißt Karl-Heinz, aber alle **rufen** ihn Kalli. *Er heißt Karl-Heinz, aber alle **nennen** ihn Kalli.*
Es **wurde** immer wieder nach einer Zugabe **gerufen**. *Es **wurde** immer wieder nach einer Zugabe **verlangt**.*
Der Chef **rief** alle Mitarbeiter in sein Büro. *Der Chef **zitierte** alle Mitarbeiter in sein Büro.*

 Redewendungen
ins Leben rufen *etw. gründen*
auf den Plan rufen *zum Handeln herausfordern*
sich die Seele aus dem Leib rufen *sehr laut und lange rufen*
ins Gedächtnis rufen *bewusst machen, erinnern*

 Ähnliche Verben

schreien	anrufen
(an)fordern	aufrufen
verlangen	ausrufen
herbeordern	einberufen
auffordern	herbeirufen

 Aufgepasst!
Insbesondere in der gesprochenen Sprache werden die Konjunktiv II-Formen **er riefe**, **wir riefen** etc. durch die **würde**-Formen ersetzt. Dies gilt für die regelmäßigen und für die meisten unregelmäßigen Verben:
Wenn du mich nur **riefest**, käme ich sofort. (Schriftsprache)
Wenn du mich nur **rufen würdest**, würde ich sofort kommen. (mündlicher Sprachgebrauch)

Unregelmäßiges Verb

saugen

Stammvokalwechsel au → o → o

Indikativ

Präsens
ich sauge
du saugst
er saugt
wir saugen
ihr saugt
sie saugen

Perfekt
ich habe gesogen
du hast gesogen
er hat gesogen
wir haben gesogen
ihr habt gesogen
sie haben gesogen

Futur I
ich werde saugen
du wirst saugen
er wird saugen
wir werden saugen
ihr werdet saugen
sie werden saugen

Präteritum
ich sog/saugte
du sogst/saugtest
er sog/saugte
wir sogen/saugten
ihr sogt/saugtet
sie sogen/saugten

Plusquamperfekt
ich hatte gesogen
du hattest gesogen
er hatte gesogen
wir hatten gesogen
ihr hattet gesogen
sie hatten gesogen

Futur II
ich werde gesogen haben
du wirst gesogen haben
er wird gesogen haben
wir werden gesogen haben
ihr werdet gesogen haben
sie werden gesogen haben

Konjunktiv

Konjunktiv I
ich sauge
du saugest
er sauge
wir saugen
ihr sauget
sie saugen

Perfekt
ich habe gesogen
du habest gesogen
er habe gesogen
wir haben gesogen
ihr habet gesogen
sie haben gesogen

Futur I
ich werde saugen
du werdest saugen
er werde saugen
wir werden saugen
ihr werdet saugen
sie werden saugen

Konjunktiv II
ich söge
du sögest
er söge
wir sögen
ihr söget
sie sögen

Plusquamperfekt
ich hätte gesogen
du hättest gesogen
er hätte gesogen
wir hätten gesogen
ihr hättet gesogen
sie hätten gesogen

Futur II
ich werde gesogen haben
du werdest gesogen haben
er werde gesogen haben
wir werden gesogen haben
ihr werdet gesogen haben
sie werden gesogen haben

Infinitiv

Perfekt
gesogen haben

Partizip

Partizip I
saugend

Partizip II
gesogen/gesaugt

Imperativ
saug(e)
saugen wir
saugt
saugen Sie

saugen

 Anwendungsbeispiele

Das Baby **sog** kräftig am Schnuller. *Das Baby **nuckelte** kräftig am Schnuller.*
Der Junge **saugt** die Limonade durch den Strohhalm. *Der Junge **trinkt** die Limonade durch den Strohhalm.*
Wegen der Hunde **sauge** ich die Wohnung jeden Tag. *Wegen der Hunde **säubere** ich die Wohnung jeden Tag **mit dem Staubsauger**.*
Er **hat** sich die neusten Filme aus dem Internet **gesaugt**. *Er hat sich die neusten Filme aus dem Internet **heruntergeladen**.*
Die Wurzeln **saugen** Flüssigkeit aus dem Boden. *Die Wurzeln **absorbieren** Flüssigkeit aus dem Boden.*

 Redewendungen

sich etw. aus den Fingern saugen *einen Sachverhalt frei erfinden*
jmdm. das Mark aus den Knochen saugen *jmdn. hemmungslos ausbeuten*
an den Hungerpfoten saugen *Hunger leiden*

 Ähnliche Verben

einziehen
lutschen
nuckeln
in sich aufnehmen
in sich hineinziehen
absorbieren

absaugen
ansaugen
aufsaugen
einsaugen
staubsaugen

 Aufgepasst!

Das Verb saugen kann sowohl regelmäßig als auch unregelmäßig sein. Die regelmäßige Form muss verwendet werden, wenn das Verb saugen eine technische Bedeutung hat:
Der Filter **saugte** den Feinstaub aus der Luft.
In allen anderen Fällen kann die regelmäßige oder unregelmäßige Form stehen:
Das Mädchen **saugte/sog** an einem Lutscher.

Regelmäßiges Verb

 **schalten** — e-Einschub

Indikativ

Präsens
- ich schalte
- du schaltest
- er schaltet
- wir schalten
- ihr schaltet
- sie schalten

Perfekt
- ich habe geschaltet
- du hast geschaltet
- er hat geschaltet
- wir haben geschaltet
- ihr habt geschaltet
- sie haben geschaltet

Futur I
- ich werde schalten
- du wirst schalten
- er wird schalten
- wir werden schalten
- ihr werdet schalten
- sie werden schalten

Präteritum
- ich schaltete
- du schaltetest
- er schaltete
- wir schalteten
- ihr schaltetet
- sie schalteten

Plusquamperfekt
- ich hatte geschaltet
- du hattest geschaltet
- er hatte geschaltet
- wir hatten geschaltet
- ihr hattet geschaltet
- sie hatten geschaltet

Futur II
- ich werde geschaltet haben
- du wirst geschaltet haben
- er wird geschaltet haben
- wir werden geschaltet haben
- ihr werdet geschaltet haben
- sie werden geschaltet haben

Konjunktiv

Konjunktiv I
- ich schalte
- du schaltest
- er schalte
- wir schalten
- ihr schaltet
- sie schalten

Perfekt
- ich habe geschaltet
- du habest geschaltet
- er habe geschaltet
- wir haben geschaltet
- ihr habet geschaltet
- sie haben geschaltet

Futur I
- ich werde schalten
- du werdest schalten
- er werde schalten
- wir werden schalten
- ihr werdet schalten
- sie werden schalten

Konjunktiv II
- ich schaltete
- du schaltetest
- er schaltete
- wir schalteten
- ihr schaltetet
- sie schalteten

Plusquamperfekt
- ich hätte geschaltet
- du hättest geschaltet
- er hätte geschaltet
- wir hätten geschaltet
- ihr hättet geschaltet
- sie hätten geschaltet

Futur II
- ich werde geschaltet haben
- du werdest geschaltet haben
- er werde geschaltet haben
- wir werden geschaltet haben
- ihr werdet geschaltet haben
- sie werden geschaltet haben

Infinitiv

Perfekt
geschaltet haben

Partizip

Partizip I
schaltend

Partizip II
geschaltet

Imperativ

schalte
schalten wir
schaltet
schalten Sie

schalten

 Anwendungsbeispiele
Der Backofen **wird** auf Oberhitze **geschaltet**. *Der Backofen wird auf Oberhitze gestellt.*
Bergab musst du in einen höheren Gang **schalten**. *Bergab musst du einen höheren Gang einlegen.*
Die Ampel **schaltete** schon wieder auf Rot. *Die Ampel wechselte schon wieder zu Rot.*
Wir **schalten** zu unserem Korrespondenten nach Paris. *Wir übergeben an unseren Korrespondenten in Paris.*

 Redewendungen
auf Durchzug schalten *jmds. Worte ignorieren*
auf Sparflamme schalten *seinen Einsatz auf ein Minimum reduzieren*
auf stur schalten *stur werden*

 Ähnliche Verben

drehen	abschalten
stellen	anschalten
knipsen	ausschalten
einlegen	einschalten
zappen	vorschalten
übergeben	zuschalten
auffassen	zurückschalten
verstehen	

 Aufgepasst!
Bei Verben, die wie schalten auf -ten oder auf -den enden, und bei den meisten Verben auf -nen und -men, wird im Präsens Indikativ in der 2. und 3. Person Singular und in der 2. Person Plural ein -e eingefügt, bei den Verben auf -ten und -den geschieht dies auch in allen Personen im Präteritum.

Unregelmäßiges Verb

50 schieben

Stammvokalwechsel ie → o → o

Indikativ

Präsens
ich schiebe
du schiebst
er schiebt
wir schieben
ihr schiebt
sie schieben

Perfekt
ich habe geschoben
du hast geschoben
er hat geschoben
wir haben geschoben
ihr habt geschoben
sie haben geschoben

Futur I
ich werde schieben
du wirst schieben
er wird schieben
wir werden schieben
ihr werdet schieben
sie werden schieben

Präteritum
ich schob
du schobst
er schob
wir schoben
ihr schobt
sie schoben

Plusquamperfekt
ich hatte geschoben
du hattest geschoben
er hatte geschoben
wir hatten geschoben
ihr hattet geschoben
sie hatten geschoben

Futur II
ich werde geschoben haben
du wirst geschoben haben
er wird geschoben haben
wir werden geschoben haben
ihr werdet geschoben haben
sie werden geschoben haben

Konjunktiv

Konjunktiv I
ich schiebe
du schiebest
er schiebe
wir schieben
ihr schiebet
sie schieben

Perfekt
ich habe geschoben
du habest geschoben
er habe geschoben
wir haben geschoben
ihr habet geschoben
sie haben geschoben

Futur I
ich werde schieben
du werdest schieben
er werde schieben
wir werden schieben
ihr werdet schieben
sie werden schieben

Konjunktiv II
ich schöbe
du schöbest
er schöbe
wir schöben
ihr schöbet
sie schöben

Plusquamperfekt
ich hätte geschoben
du hättest geschoben
er hätte geschoben
wir hätten geschoben
ihr hättet geschoben
sie hätten geschoben

Futur II
ich werde geschoben haben
du werdest geschoben haben
er werde geschoben haben
wir werden geschoben haben
ihr werdet geschoben haben
sie werden geschoben haben

Infinitiv

Perfekt
geschoben haben

Partizip

Partizip I
schiebend

Partizip II
geschoben

Imperativ

schieb(e)
schieben wir
schiebt
schieben Sie

schieben

 Anwendungsbeispiele

Wir **schieben** den Tisch an die Wand. *Wir **rücken** den Tisch an die Wand.*
Die Menschenmasse **schob** ihn durch das Tor. *Die Menschenmasse **drängte** ihn durch das Tor.*
Er **hat** alle Vorwürfe von sich **geschoben**. *Er hat alle Vorwürfe von sich **gewiesen**.*
Sie **schiebt** immer alles auf mich. *Sie **lastet** immer alles mir **an**.*
Der Faden **wird** durch das Nadelöhr **geschoben**. *Der Faden wird durch das Nadelöhr **gesteckt**.*

 Redewendungen

auf die lange Bank schieben *die Erledigung einer unangenehmen Aufgabe hinauszögern*
Kohldampf schieben *großen Hunger haben*
jmdm. etw./die Schuld in die Schuhe schieben *jmdm. unberechtigt die Schuld geben*
eine ruhige Kugel schieben *sich nicht sonderlich anstrengen*

 Ähnliche Verben

(ab)rücken	abschieben
bewegen	anschieben
drängen	aufschieben
drücken	beiseiteschieben
stecken	unterschieben
anklagen	verschieben
beschuldigen	wegschieben

 Gebrauch

Das Verb schieben kann sowohl transitiv als auch intransitiv sein. Intransitiv verwendet ist das Verb schieben reflexiv:
Sie **schob** ihr Fahrrad den Hügel hinauf. (transitiv)
Eine Wolke **schob sich** vor den Mond. (intransitiv, reflexiv)

 Tipps & Tricks

Wie schieben werden konjugiert: biegen, fliegen und wiegen sowie die Kombinationen dieser Verben mit Präfixen, z. B. verbiegen, auffliegen, abwiegen; wiegen in der Bedeutung schaukeln ist aber regelmäßig.

Unregelmäßiges Verb

(51) **schinden** Stammvokalwechsel i → u → u

Indikativ

Präsens
- ich schinde
- du schindest
- er schindet
- wir schinden
- ihr schindet
- sie schinden

Perfekt
- ich habe geschunden
- du hast geschunden
- er hat geschunden
- wir haben geschunden
- ihr habt geschunden
- sie haben geschunden

Futur I
- ich werde schinden
- du wirst schinden
- er wird schinden
- wir werden schinden
- ihr werdet schinden
- sie werden schinden

Präteritum
- ich schund/schindete
- du schundest/schindetest
- er schund/schindete
- wir schunden/schindeten
- ihr schundet/schindetet
- sie schunden/schindeten

Plusquamperfekt
- ich hatte geschunden
- du hattest geschunden
- er hatte geschunden
- wir hatten geschunden
- ihr hattet geschunden
- sie hatten geschunden

Futur II
- ich werde geschunden haben
- du wirst geschunden haben
- er wird geschunden haben
- wir werden geschunden haben
- ihr werdet geschunden haben
- sie werden geschunden haben

Konjunktiv

Konjunktiv I
- ich schinde
- du schindest
- er schinde
- wir schinden
- ihr schindet
- sie schinden

Perfekt
- ich habe geschunden
- du habest geschunden
- er habe geschunden
- wir haben geschunden
- ihr habet geschunden
- sie haben geschunden

Futur I
- ich werde schinden
- du werdest schinden
- er werde schinden
- wir werden schinden
- ihr werdet schinden
- sie werden schinden

Konjunktiv II
- ich schünde/schindete
- du schündest/schindetest
- er schünde/schindete
- wir schünden/schindeten
- ihr schündet/schindetet
- sie schünden/schindeten

Plusquamperfekt
- ich hätte geschunden
- du hättest geschunden
- er hätte geschunden
- wir hätten geschunden
- ihr hättet geschunden
- sie hätten geschunden

Futur II
- ich werde geschunden haben
- du werdest geschunden haben
- er werde geschunden haben
- wir werden geschunden haben
- ihr werdet geschunden haben
- sie werden geschunden haben

Infinitiv

Perfekt
geschunden haben

Partizip

Partizip I
schindend

Partizip II
geschunden

Imperativ

schind(e)
schinden wir
schindet
schinden Sie

schinden

 Anwendungsbeispiele

Ich kann nicht mit ansehen, wie er seine Pferde **schindet**. *Ich kann nicht mit ansehen, wie er seine Pferde* **quält**.
Sie **wurden geschunden**, vertrieben und ermordet. *Sie wurden* **misshandelt**, *vertrieben und ermordet*.
Mit seinem Porsche konnte er bei ihr Eindruck **schinden**. *Mit seinem Porsche konnte er sich bei ihr Eindruck* **verschaffen**.
Für dieses Haus **haben** sie **sich** sehr **geschunden**. *Für dieses Haus* **haben** *sie sich sehr* **abgerackert**.

 Redewendungen

Eindruck schinden *mit allen Mitteln versuchen, jmdn. zu beeindrucken*
Mitleid schinden *mit allen Mitteln versuchen, Mitleid zu erwecken*
Zeit schinden *auf unfaire Weise versuchen, Zeit zu gewinnen*

 Ähnliche Verben

misshandeln   abschinden
quälen
erzielen
sich verschaffen
sich abmühen
sich abplagen

 Aufgepasst!

Beim Verb schinden kommen im Präteritum und im Konjunktiv II zwei Formen vor, nämlich einerseits schindete/schindete und andererseits die seltenere unregelmäßige Form schund/schünde. Für das Partizip II gibt es aber nur die unregelmäßige Form geschunden.
Da das Verb schinden auf -den endet, wird im Präsens Indikativ in der 2. und 3. Person Singular und der 2. Person Plural sowie bei den regelmäßigen Präteritumformen ein -e eingeschoben.

Unregelmäßiges Verb

52 schmelzen

Stammvokalwechsel e → o → o

Indikativ

Präsens
- ich schmelze
- du schmilzt
- er schmilzt
- wir schmelzen
- ihr schmelzt
- sie schmelzen

Perfekt
- ich bin geschmolzen
- du bist geschmolzen
- er ist geschmolzen
- wir sind geschmolzen
- ihr seid geschmolzen
- sie sind geschmolzen

Futur I
- ich werde schmelzen
- du wirst schmelzen
- er wird schmelzen
- wir werden schmelzen
- ihr werdet schmelzen
- sie werden schmelzen

Präteritum
- ich schmolz
- du schmolzest
- er schmolz
- wir schmolzen
- ihr schmolz(e)t
- sie schmolzen

Plusquamperfekt
- ich war geschmolzen
- du warst geschmolzen
- er war geschmolzen
- wir waren geschmolzen
- ihr wart geschmolzen
- sie waren geschmolzen

Futur II
- ich werde geschmolzen sein
- du wirst geschmolzen sein
- er wird geschmolzen sein
- wir werden geschmolzen sein
- ihr werdet geschmolzen sein
- sie werden geschmolzen sein

Konjunktiv

Konjunktiv I
- ich schmelze
- du schmelzest
- er schmelze
- wir schmelzen
- ihr schmelzet
- sie schmelzen

Perfekt
- ich sei geschmolzen
- du sei(e)st geschmolzen
- er sei geschmolzen
- wir seien geschmolzen
- ihr sei(e)t geschmolzen
- sie seien geschmolzen

Futur I
- ich werde schmelzen
- du werdest schmelzen
- er werde schmelzen
- wir werden schmelzen
- ihr werdet schmelzen
- sie werden schmelzen

Konjunktiv II
- ich schmölze
- du schmölzest
- er schmölze
- wir schmölzen
- ihr schmölzet
- sie schmölzen

Plusquamperfekt
- ich wäre geschmolzen
- du wär(e)st geschmolzen
- er wäre geschmolzen
- wir wären geschmolzen
- ihr wär(e)t geschmolzen
- sie wären geschmolzen

Futur II
- ich werde geschmolzen sein
- du werdest geschmolzen sein
- er werde geschmolzen sein
- wir werden geschmolzen sein
- ihr werdet geschmolzen sein
- sie werden geschmolzen sein

Infinitiv

Perfekt
geschmolzen sein

Partizip

Partizip I
schmelzend

Partizip II
geschmolzen

Imperativ

schmilz
schmelzen wir
schmelzt
schmelzen Sie

schmelzen

 Anwendungsbeispiele
Die Praline **schmilzt** auf der Zunge. *Die Praline zergeht auf der Zunge.*
Die Kinder bedauern, dass der Schnee so schnell **geschmolzen ist**. *Die Kinder bedauern, dass der Schnee so schnell weggetaut ist.*
Das Metall **wird geschmolzen** und dann weiterverarbeitet. *Das Metall wird verflüssigt und dann weiterverarbeitet.*
Hätten sie keine Maßnahmen ergriffen, **schmölze** ihr Gewinn jetzt dahin. *Hätten sie keine Maßnahmen ergriffen, würde sich ihr Gewinn jetzt verringern.*

 Redewendungen
schmelzen wie Butter/Schnee an der Sonne *schnell aufgebraucht werden*
jmdm. unter den Händen schmelzen *laufend weniger werden*

 Ähnliche Verben

sich auflösen	abschmelzen
(auf)tauen	einschmelzen
(weg)tauen	verschmelzen
zerfließen	zerschmelzen
zerrinnen	
zerlassen	
verflüssigen	
schrumpfen	
sich verringern	
zurückgehen	

 Aufgepasst!
Beim Verb schmelzen kommt es im Präsens Indikativ bei der 2. und 3. Person Singular zu einem Stammvokalwechsel von -e zu -i. Bei der 2. Person Singular fällt heutzutage das -s der Personalendung -st weg → **du schmilzt**. In älteren Texten ist aber noch die ursprüngliche Form **du schmelzest** zu finden.
In der 2. Person Singular Präteritum wird ein -e eingeschoben.

 Tipps & Tricks
Überlegen Sie, in welchen Situationen Sie ein Verb häufig benutzen, und bilden Sie Sätze, um sich die unregelmäßigen Formen zu merken:
Der Schnee **ist geschmolzen**.
Das Eis **schmilzt** in der Sonne.

Unregelmäßiges Verb

53 schreien

Stammvokalwechsel ei → ie → ie

Indikativ

Präsens
ich schreie
du schreist
er schreit
wir schreien
ihr schreit
sie schreien

Perfekt
ich habe geschrien
du hast geschrien
er hat geschrien
wir haben geschrien
ihr habt geschrien
sie haben geschrien

Futur I
ich werde schreien
du wirst schreien
er wird schreien
wir werden schreien
ihr werdet schreien
sie werden schreien

Präteritum
ich schrie
du schriest
er schrie
wir schrien
ihr schriet
sie schrien

Plusquamperfekt
ich hatte geschrien
du hattest geschrien
er hatte geschrien
wir hatten geschrien
ihr hattet geschrien
sie hatten geschrien

Futur II
ich werde geschrien haben
du wirst geschrien haben
er wird geschrien haben
wir werden geschrien haben
ihr werdet geschrien haben
sie werden geschrien haben

Konjunktiv

Konjunktiv I
ich schreie
du schreiest
er schreie
wir schreien
ihr schreiet
sie schreien

Perfekt
ich habe geschrien
du habest geschrien
er habe geschrien
wir haben geschrien
ihr habet geschrien
sie haben geschrien

Futur I
ich werde schreien
du werdest schreien
er werde schreien
wir werden schreien
ihr werdet schreien
sie werden schreien

Konjunktiv II
ich schriee
du schrieest
er schriee
wir schrieen
ihr schrieet
sie schrieen

Plusquamperfekt
ich hätte geschrien
du hättest geschrien
er hätte geschrien
wir hätten geschrien
ihr hättet geschrien
sie hätten geschrien

Futur II
ich werde geschrien haben
du werdest geschrien haben
er werde geschrien haben
wir werden geschrien haben
ihr werdet geschrien haben
sie werden geschrien haben

Infinitiv

Perfekt
geschrien haben

Partizip

Partizip I
schreiend

Partizip II
geschrien

Imperativ

schrei(e)
schreien wir
schreit
schreien Sie

schreien

 Anwendungsbeispiele

Das Baby **schrie vor** Hunger/Wut/Schmerzen. *Das Baby **brüllte vor** Hunger/Wut/Schmerzen.*
Sie **schrie** laut **aus** Angst vor der Spinne. *Sie **kreischte** laut **aus** Angst vor der Spinne.*
Auf der Straße **schrie** ein Mann **um** Hilfe. *Auf der Straße **rief** ein Mann **um** Hilfe.*
Die Webseite **schreit nach** einem neuen Design. *Die Webseite **braucht dringend** ein neues Design.*
Das Kind **schreit nach** seiner Mutter. *Das Kind **ruft** (laut) **nach** seiner Mutter.*
Der Witz war wirklich **zum Schreien**. *Der Witz war **sehr lustig**.*

 Redewendungen

schreien wie am Spieß *durchdringend und laut schreien*
sich die Kehle/Lunge/Seele aus dem Hals schreien *anhaltend und laut schreien*
sich heiser schreien *schreien, bis die Stimme versagt*
zum Himmel schreien *ungerecht sein*

 Ähnliche Verben

rufen	jmdn./sich anschreien
brüllen	aufschreien
grölen (umgs.)	losschreien
johlen	herumschreien
kreischen	etw. beschreien

 Aufgepasst!

Beim Verb schreien entfällt im Präteritum ein -e im Plural:
wir schrie + -en = schrieen → schrien.
Die Schreibweise mit zwei -e ist veraltet, auch wenn das zweite -e häufig noch ausgesprochen wird.
Ein weiteres Verb dieser Konjugation ist das Verb speien (veraltet für *spucken, sich übergeben*). Auch bei speien entfällt das -e im Präteritum Plural.

Unregelmäßiges Verb

 schwören

Stammvokalwechsel ö → o → o

Indikativ

Präsens
ich schwöre
du schwörst
er schwört
wir schwören
ihr schwört
sie schwören

Perfekt
ich habe geschworen
du hast geschworen
er hat geschworen
wir haben geschworen
ihr habt geschworen
sie haben geschworen

Futur I
ich werde schwören
du wirst schwören
er wird schwören
wir werden schwören
ihr werdet schwören
sie werden schwören

Präteritum
ich schwor
du schworst
er schwor
wir schworen
ihr schwort
sie schworen

Plusquamperfekt
ich hatte geschworen
du hattest geschworen
er hatte geschworen
wir hatten geschworen
ihr hattet geschworen
sie hatten geschworen

Futur II
ich werde geschworen haben
du wirst geschworen haben
er wird geschworen haben
wir werden geschworen haben
ihr werdet geschworen haben
sie werden geschworen haben

Konjunktiv

Konjunktiv I
ich schwöre
du schwörest
er schwöre
wir schwören
ihr schwöret
sie schwören

Perfekt
ich habe geschworen
du habest geschworen
er habe geschworen
wir haben geschworen
ihr habet geschworen
sie haben geschworen

Futur I
ich werde schwören
du werdest schwören
er werde schwören
wir werden schwören
ihr werdet schwören
sie werden schwören

Konjunktiv II
ich schwöre
du schwörest
er schwöre
wir schwören
ihr schwöret
sie schwören

Plusquamperfekt
ich hätte geschworen
du hättest geschworen
er hätte geschworen
wir hätten geschworen
ihr hättet geschworen
sie hätten geschworen

Futur II
ich werde geschworen haben
du werdest geschworen haben
er werde geschworen haben
wir werden geschworen haben
ihr werdet geschworen haben
sie werden geschworen haben

Infinitiv

Perfekt
geschworen haben

Partizip

Partizip I
schwörend

Partizip II
geschworen

Imperativ
schwör(e)
schwören wir
schwört
schwören Sie

schwören

 Anwendungsbeispiele
Vor Gericht **schwören** die Zeugen mit erhobener Hand. *Vor Gericht leisten die Zeugen mit erhobener Hand einen Eid.*
Sie **schworen**, dass sie zurückkommen würden. *Sie beteuerten, dass sie zurückkommen würden.*
Er hätte **schwören** können, dass sie es war. *Er hätte die Hand darauf geben können, dass sie es war.*
Sie **hat sich geschworen**, nie wieder so viel Alkohol zu trinken. *Sie hat sich entschlossen, nie wieder so viel Alkohol zu trinken.*

 Redewendungen
einen Eid schwören *vor Gericht geloben, dass man die Wahrheit sagt*
einen Meineid schwören *eine Lüge erzählen, obwohl man geschworen hat, dass man die Wahrheit sagt*
Stein und Bein schwören *etw. mit Nachdruck versichern*
tausend Eide schwören *sehr nachdrücklich versichern*

 Ähnliche Verben

beeiden	abschwören
geloben	beschwören
sich verpflichten	verschwören
beteuern	
versichern	
sich entschließen	
vorhaben	

 Aufgepasst!
Beim Verb schwören gibt es im Präteritum und Konjunktiv II zwei Formen. Beide Formen sind unregelmäßig: schwor/schwur im Präteritum bzw. schwöre/schwüre im Konjunktiv II. Die Formen schwur und schwüre werden heutzutage jedoch sehr selten gebraucht.

Unregelmäßiges Verb

sehen

Stammvokalwechsel e → a → e

Indikativ

Präsens
- ich sehe
- du siehst
- er sieht
- wir sehen
- ihr seht
- sie sehen

Perfekt
- ich habe gesehen
- du hast gesehen
- er hat gesehen
- wir haben gesehen
- ihr habt gesehen
- sie haben gesehen

Futur I
- ich werde sehen
- du wirst sehen
- er wird sehen
- wir werden sehen
- ihr werdet sehen
- sie werden sehen

Präteritum
- ich sah
- du sahst
- er sah
- wir sahen
- ihr saht
- sie sahen

Plusquamperfekt
- ich hatte gesehen
- du hattest gesehen
- er hatte gesehen
- wir hatten gesehen
- ihr hattet gesehen
- sie hatten gesehen

Futur II
- ich werde gesehen haben
- du wirst gesehen haben
- er wird gesehen haben
- wir werden gesehen haben
- ihr werdet gesehen haben
- sie werden gesehen haben

Konjunktiv

Konjunktiv I
- ich sehe
- du sehest
- er sehe
- wir sehen
- ihr sehet
- sie sehen

Perfekt
- ich habe gesehen
- du habest gesehen
- er habe gesehen
- wir haben gesehen
- ihr habet gesehen
- sie haben gesehen

Futur I
- ich werde sehen
- du werdest sehen
- er werde sehen
- wir werden sehen
- ihr werdet sehen
- sie werden sehen

Konjunktiv II
- ich sähe
- du sähest
- er sähe
- wir sähen
- ihr sähet
- sie sähen

Plusquamperfekt
- ich hätte gesehen
- du hättest gesehen
- er hätte gesehen
- wir hätten gesehen
- ihr hättet gesehen
- sie hätten gesehen

Futur II
- ich werde gesehen haben
- du werdest gesehen haben
- er werde gesehen haben
- wir werden gesehen haben
- ihr werdet gesehen haben
- sie werden gesehen haben

Infinitiv
Perfekt
gesehen haben

Partizip
Partizip I
sehend

Partizip II
gesehen

Imperativ
sieh
sehen wir
seht
sehen Sie

sehen

 Anwendungsbeispiele

Bei gutem Wetter kann man von hier aus das Meer **sehen**. *Bei gutem Wetter kann man von hier aus das Meer erblicken.*
Ich **habe** gestern deinen Vater **gesehen**! *Ich bin gestern deinem Vater begegnet.*
Du darfst das nicht so verbissen **sehen**. *Du darfst das nicht so verbissen nehmen.*
Wir müssen **sehen**, ob wir Zeit haben. *Wir müssen überlegen, ob wir Zeit haben.*
Er **sah** den Fehler sofort. *Er entdeckte den Fehler sofort.*

 Redewendungen

Gespenster sehen *sich etw. einbilden*
schwarzsehen *das Schlimmste befürchten*
Licht am Horizont sehen *Anzeichen für Besserung erkennen*
jmdm. in die Karten sehen *jmds. Plan durchschauen*
den Tatsachen ins Auge sehen *die Realität erkennen*
den Wald vor lauter Bäumen nicht sehen *das Offensichtliche nicht sehen*

 Ähnliche Verben

blicken	absehen
gucken (umgs.)	ansehen
schauen	aussehen
(be)merken	einsehen
wahrnehmen	fernsehen
erblicken	übersehen
entdecken	versehen
betrachten	vorsehen
überlegen	zusehen

 Aufgepasst!

Beim Verb sehen kommt es im Präsens Indikativ bei der 2. und 3. Person Singular zu einem Stammvokalwechsel von -e zu -ie → du **sie**hst, er **sie**ht. Hier wird das -h nicht ausgesprochen, bei allen anderen Formen wird es gesprochen.

Unregelmäßiges Verb

56 sieden

Stammvokalwechsel ie → o → o

Indikativ

Präsens
- ich siede
- du siedest
- er siedet
- wir sieden
- ihr siedet
- sie sieden

Perfekt
- ich habe gesotten
- du hast gesotten
- er hat gesotten
- wir haben gesotten
- ihr habt gesotten
- sie haben gesotten

Futur I
- ich werde sieden
- du wirst sieden
- er wird sieden
- wir werden sieden
- ihr werdet sieden
- sie werden sieden

Präteritum
- ich sott/siedete
- du sottest/siedetest
- er sott/siedete
- wir sotten/siedeten
- ihr sottet/siedetet
- sie sotten/siedeten

Plusquamperfekt
- ich hatte gesotten
- du hattest gesotten
- er hatte gesotten
- wir hatten gesotten
- ihr hattet gesotten
- sie hatten gesotten

Futur II
- ich werde gesotten haben
- du wirst gesotten haben
- er wird gesotten haben
- wir werden gesotten haben
- ihr werdet gesotten haben
- sie werden gesotten haben

Konjunktiv

Konjunktiv I
- ich siede
- du siedest
- er siede
- wir sieden
- ihr siedet
- sie sieden

Perfekt
- ich habe gesotten
- du habest gesotten
- er habe gesotten
- wir haben gesotten
- ihr habet gesotten
- sie haben gesotten

Futur I
- ich werde sieden
- du werdest sieden
- er werde sieden
- wir werden sieden
- ihr werdet sieden
- sie werden sieden

Konjunktiv II
- ich sötte
- du söttest
- er sötte
- wir sötten
- ihr söttet
- sie sötten

Plusquamperfekt
- ich hätte gesotten
- du hättest gesotten
- er hätte gesotten
- wir hätten gesotten
- ihr hättet gesotten
- sie hätten gesotten

Futur II
- ich werde gesotten haben
- du werdest gesotten haben
- er werde gesotten haben
- wir werden gesotten haben
- ihr werdet gesotten haben
- sie werden gesotten haben

Infinitiv

Perfekt
gesotten haben

Partizip

Partizip I
siedend

Partizip II
gesotten

Imperativ

sied(e)
sieden wir
siedet
sieden Sie

sieden

Anwendungsbeispiele
Sie hat das Wasser **sieden** lassen. *Sie hat das Wasser* **kochen** *lassen.*
Wasser **siedet** bei 100 °C. *Wasser* **kocht** *bei 100 °C.*
Der Fisch kann gebraten, **gesotten,** gedämpft oder gegrillt **werden.** *Der Fisch kann gebraten* **gegart,** *gedämpft oder gegrillt* **werden.**
Nach seiner Kündigung **siedete** er vor Wut. *Nach seiner Kündigung* **war** *er* **sehr zornig.**

Sprichwörter
Es/Er taugt weder zu sieden noch zu braten. *Es/Er ist zu nichts zu gebrauchen.*
Gesottenem Fisch hilft das Wasser nichts. *Dafür ist es jetzt zu spät.*

Ähnliche Verben
abbrühen   einsieden
brodeln
dünsten
köcheln
kochen
sprudeln
garen
simmern

Gebrauch
Heutzutage werden die unregelmäßigen Formen von sieden nur noch selten verwendet. Man benutzt diese Formen meist nur noch, wenn es um die Zubereitung von Speisen geht. Sieden bedeutet in diesem Zusammenhang, unfertige Speisen in reichlich Flüssigkeit gar zu kochen: **Er hat die Eier gesotten.** Aber auch hier wird häufiger das Verb kochen verwendet.
Wenn es aber um die fachsprachliche Verwendung, d. h. um die Verwandlung von Flüssigkeit zu Dampf geht, kommen nur noch die regelmäßigen Formen vor:
Essigsäure siedet bei 118 °C.

Tipps & Tricks
Lernen Sie die Konjugation von schwierigen Verben, indem Sie würfeln und je nach Augenzahl die Verbform der 1., 2. usw. Person Singular bzw. Plural nennen.

Unregelmäßiges Verb

57 singen

Stammvokalwechsel i → a → u

Indikativ

Präsens
- ich singe
- du singst
- er singt
- wir singen
- ihr singt
- sie singen

Perfekt
- ich habe gesungen
- du hast gesungen
- er hat gesungen
- wir haben gesungen
- ihr habt gesungen
- sie haben gesungen

Futur I
- ich werde singen
- du wirst singen
- er wird singen
- wir werden singen
- ihr werdet singen
- sie werden singen

Präteritum
- ich sang
- du sang(e)st
- er sang
- wir sangen
- ihr sang(e)t
- sie sangen

Plusquamperfekt
- ich hatte gesungen
- du hattest gesungen
- er hatte gesungen
- wir hatten gesungen
- ihr hattet gesungen
- sie hatten gesungen

Futur II
- ich werde gesungen haben
- du wirst gesungen haben
- er wird gesungen haben
- wir werden gesungen haben
- ihr werdet gesungen haben
- sie werden gesungen haben

Konjunktiv

Konjunktiv I
- ich singe
- du singest
- er singe
- wir singen
- ihr singet
- sie singen

Perfekt
- ich habe gesungen
- du habest gesungen
- er habe gesungen
- wir haben gesungen
- ihr habet gesungen
- sie haben gesungen

Futur I
- ich werde singen
- du werdest singen
- er werde singen
- wir werden singen
- ihr werdet singen
- sie werden singen

Konjunktiv II
- ich sänge
- du sängest
- er sänge
- wir sängen
- ihr sänget
- sie sängen

Plusquamperfekt
- ich hätte gesungen
- du hättest gesungen
- er hätte gesungen
- wir hätten gesungen
- ihr hättet gesungen
- sie hätten gesungen

Futur II
- ich werde gesungen haben
- du werdest gesungen haben
- er werde gesungen haben
- wir werden gesungen haben
- ihr werdet gesungen haben
- sie werden gesungen haben

Infinitiv

Perfekt
gesungen haben

Partizip

Partizip I
singend

Partizip II
gesungen

Imperativ

sing(e)
singen wir
singt
singen Sie

singen

 Anwendungsbeispiele

Die Kinder **sangen** in der Adventszeit viele Weihnachtslieder. *Die Kinder trällerten in der Adventszeit viele Weihnachtslieder.*
Die Vögel **singen** am Morgen sehr laut. *Die Vögel zwitschern am Morgen sehr laut.*
Das Kind **wurde** von seiner Mutter in den Schlaf **gesungen**. *Das Kind wurde von seiner Mutter in den Schlaf gesummt.*
Der Täter wurde gefasst, denn sein Komplize **hat gesungen**. *Der Täter wurde gefasst, denn sein Komplize hat gestanden.*

 Redewendungen

ein Loblied auf jmdn. singen *jmdn. vor anderen sehr loben*
von etw. ein Lied(chen) singen können *über etw. aus eigener unangenehmer Erfahrung berichten können*
die Engel im Himmel singen hören *sehr starke Schmerzen haben*
aus voller Lunge singen *sehr laut singen*

 Ähnliche Verben

jodeln	ansingen
trällern	besingen
pfeifen	einsingen
trillern	mitsingen
zwitschern	nachsingen
ausplaudern	vorsingen
verraten	
gestehen	

 Aufgepasst!

Beim Verb singen kann im Präteritum in der 2. Person Singular und Plural ein -e eingeschoben werden. Diese Formen finden sich häufig in Liedern und Gedichten. In der gesprochenen Sprache sind sie selten.

Modalverb

sollen

Modalverb

Indikativ

Präsens
- ich soll
- du sollst
- er soll
- wir sollen
- ihr sollt
- sie sollen

Perfekt
- ich habe gesollt
- du hast gesollt
- er hat gesollt
- wir haben gesollt
- ihr habt gesollt
- sie haben gesollt

Futur I
- ich werde sollen
- du wirst sollen
- er wird sollen
- wir werden sollen
- ihr werdet sollen
- sie werden sollen

Präteritum
- ich sollte
- du solltest
- er sollte
- wir sollten
- ihr solltet
- sie sollten

Plusquamperfekt
- ich hatte gesollt
- du hattest gesollt
- er hatte gesollt
- wir hatten gesollt
- ihr hattet gesollt
- sie hatten gesollt

Futur II
- ich werde gesollt haben
- du wirst gesollt haben
- er wird gesollt haben
- wir werden gesollt haben
- ihr werdet gesollt haben
- sie werden gesollt haben

Konjunktiv

Konjunktiv I
- ich solle
- du sollest
- er solle
- wir sollen
- ihr sollet
- sie sollen

Perfekt
- ich habe gesollt
- du habest gesollt
- er habe gesollt
- wir haben gesollt
- ihr habet gesollt
- sie haben gesollt

Futur I
- ich werde sollen
- du werdest sollen
- er werde sollen
- wir werden sollen
- ihr werdet sollen
- sie werden sollen

Konjunktiv II
- ich sollte
- du solltest
- er sollte
- wir sollten
- ihr solltet
- sie sollten

Plusquamperfekt
- ich hätte gesollt
- du hättest gesollt
- er hätte gesollt
- wir hätten gesollt
- ihr hättet gesollt
- sie hätten gesollt

Futur II
- ich werde gesollt haben
- du werdest gesollt haben
- er werde gesollt haben
- wir werden gesollt haben
- ihr werdet gesollt haben
- sie werden gesollt haben

Infinitiv

Perfekt
- gesollt haben

Partizip

Partizip I
- sollend

Partizip II
- gesollt

Imperativ
- –
- –
- –
- –

sollen

 Anwendungsbeispiele

Ich **soll** die Tabletten 3x täglich nehmen. *Ich muss die Tabletten 3x täglich nehmen.*
Sollen wir die Hausaufgaben für morgen gemeinsam machen? *Möchtest du, dass wir die Hausaufgaben für morgen gemeinsam machen?*
Du **solltest** häufiger zum Sport gehen. *Es wäre besser, wenn du häufiger zum Sport gingest.*
Er **soll** im Lotto gewonnen haben. *Ich habe gehört, dass er im Lotto gewonnen hat.*

 Sprichwörter

Einen alten Baum soll man nicht verpflanzen. *Einen alten Menschen soll man nicht aus seiner gewohnten Umgebung reißen.*
Reisende soll man nicht aufhalten. *Jemanden, der einen Ort verlassen will, soll man nicht zurückhalten.*
Man soll den Tag nicht vor dem Abend loben. *Von anfänglichem Erfolg/Glück soll man sich nicht in Sicherheit wiegen lassen.*

 Ähnliche Verben

müssen
mögen
wollen
können

 Gebrauch

Das Verb sollen gehört zu den Modalverben und verbindet sich mit einem Vollverb, das im Infinitiv am Ende des Satzes steht. Das Verb sollen wird verwendet, wenn man ausdrücken möchte, dass es um eine Verpflichtung oder Aufgabe geht, die oft von einer anderen Person auferlegt wurde. Mit sollen im Konjunktiv II drückt man einen irrealen Wunsch oder eine höfliche Aufforderung oder einen Ratschlag aus.

Unregelmäßiges Verb

59 stehen

Stammvokalwechsel e → a → a

Indikativ

Präsens
ich stehe
du stehst
er steht
wir stehen
ihr steht
sie stehen

Perfekt
ich habe gestanden
du hast gestanden
er hat gestanden
wir haben gestanden
ihr habt gestanden
sie haben gestanden

Futur I
ich werde stehen
du wirst stehen
er wird stehen
wir werden stehen
ihr werdet stehen
sie werden stehen

Präteritum
ich stand
du stand(e)st
er stand
wir standen
ihr standet
sie standen

Plusquamperfekt
ich hatte gestanden
du hattest gestanden
er hatte gestanden
wir hatten gestanden
ihr hattet gestanden
sie hatten gestanden

Futur II
ich werde gestanden haben
du wirst gestanden haben
er wird gestanden haben
wir werden gestanden haben
ihr werdet gestanden haben
sie werden gestanden haben

Konjunktiv

Konjunktiv I
ich stehe
du stehest
er stehe
wir stehen
ihr stehet
sie stehen

Perfekt
ich habe gestanden
du habest gestanden
er habe gestanden
wir haben gestanden
ihr habet gestanden
sie haben gestanden

Futur I
ich werde stehen
du werdest stehen
er werde stehen
wir werden stehen
ihr werdet stehen
sie werden stehen

Konjunktiv II
ich stünde/stände
du stündest/ständest
er stünde/stände
wir stünden/ständen
ihr stündet/ständet
sie stünden/ständen

Plusquamperfekt
ich hätte gestanden
du hättest gestanden
er hätte gestanden
wir hätten gestanden
ihr hättet gestanden
sie hätten gestanden

Futur II
ich werde gestanden haben
du werdest gestanden haben
er werde gestanden haben
wir werden gestanden haben
ihr werdet gestanden haben
sie werden gestanden haben

Infinitiv

Perfekt
gestanden haben/sein

Partizip

Partizip I
stehend

Partizip II
gestanden

Imperativ

steh(e)
stehen wir
steht
stehen Sie

stehen

 Anwendungsbeispiele

Das Buch, das du suchst, **steht** links im Regal. *Das Buch, das du suchst, befindet sich links im Regal.*
Was **steht** denn auf dem Plan? *Was ist denn auf dem Plan geschrieben?*
Bis November muss das Gebäude **stehen**. *Bis November muss das Gebäude fertig sein.*
Der Hut **stand** ihr sehr gut. *Der Hut passte gut zu ihr.*
Auf Mord **steht** die Höchststrafe. *Auf Mord gibt es die Höchststrafe.*
Er **hat** immer zu seinem Wort **gestanden**. *Er hat sich immer zu seinem Wort bekannt.*

 Redewendungen

bis hier/da oben stehen *etw. nicht mehr ertragen können*
auf dem Spiel stehen *in Gefahr sein*
im Vordergrund stehen *Priorität haben*
vor dem Nichts stehen *alles verloren haben*
sich die Beine in den Bauch stehen *sehr lange irgendwo warten müssen*

 Ähnliche Verben

lehnen	anstehen
sich aufhalten	aufstehen
sich befinden	ausstehen
sein	bestehen
aussetzen	beistehen
passen	vorstehen

 Aufgepasst!

In Süddeutschland, der Schweiz und Österreich wird das Perfekt und Plusquamperfekt von stehen mit dem Hilfsverb sein gebildet.
Im Konjunktiv II gibt es zwei Formen: er stünde/er stände. Allerdings ist die ältere Form er stünde gebräuchlicher.

 Tipps & Tricks

Von dem Verb stehen lassen sich viele Wörter ableiten, nicht nur Verben mit Präfixen. Lernen Sie in Wortfamilien: **Stand**, **Ver**stand, **Be**stand, **Steh**lampe, **Steh**empfang, **Steh**kragen usw.

Unregelmäßiges Verb

60 stoßen

Stammvokalwechsel o → ie → o

Indikativ

Präsens
- ich stoße
- du stößt
- er stößt
- wir stoßen
- ihr stoßt
- sie stoßen

Perfekt
- ich habe gestoßen
- du hast gestoßen
- er hat gestoßen
- wir haben gestoßen
- ihr habt gestoßen
- sie haben gestoßen

Futur I
- ich werde stoßen
- du wirst stoßen
- er wird stoßen
- wir werden stoßen
- ihr werdet stoßen
- sie werden stoßen

Präteritum
- ich stieß
- du stießest
- er stieß
- wir stießen
- ihr stieß(e)t
- sie stießen

Plusquamperfekt
- ich hatte gestoßen
- du hattest gestoßen
- er hatte gestoßen
- wir hatten gestoßen
- ihr hattet gestoßen
- sie hatten gestoßen

Futur II
- ich werde gestoßen haben
- du wirst gestoßen haben
- er wird gestoßen haben
- wir werden gestoßen haben
- ihr werdet gestoßen haben
- sie werden gestoßen haben

Konjunktiv

Konjunktiv I
- ich stoße
- du stoßest
- er stoße
- wir stoßen
- ihr stoßet
- sie stoßen

Perfekt
- ich habe gestoßen
- du habest gestoßen
- er habe gestoßen
- wir haben gestoßen
- ihr habet gestoßen
- sie haben gestoßen

Futur I
- ich werde stoßen
- du werdest stoßen
- er werde stoßen
- wir werden stoßen
- ihr werdet stoßen
- sie werden stoßen

Konjunktiv II
- ich stieße
- du stießest
- er stieße
- wir stießen
- ihr stießet
- sie stießen

Plusquamperfekt
- ich hätte gestoßen
- du hättest gestoßen
- er hätte gestoßen
- wir hätten gestoßen
- ihr hättet gestoßen
- sie hätten gestoßen

Futur II
- ich werde gestoßen haben
- du werdest gestoßen haben
- er werde gestoßen haben
- wir werden gestoßen haben
- ihr werdet gestoßen haben
- sie werden gestoßen haben

Infinitiv

Perfekt
gestoßen haben/sein

Partizip

Partizip I
stoßend

Partizip II
gestoßen

Imperativ

stoß(e)
stoßen wir
stoßt
stoßen Sie

stoßen

 Anwendungsbeispiele

Sie **ist** mit dem Fuß gegen das Tischbein **gestoßen**. *Sie ist mit dem Fuß gegen das Tischbein geprallt.*
Er **stieß** sie absichtlich in den Pool. *Er schubste sie absichtlich in den Pool.*
Ich **bin** zufällig auf dieses Antiquariat **gestoßen**. *Ich habe zufällig dieses Antiquariat entdeckt.*
Der Minister **stößt** mit seinem Vorhaben auf Widerstand. *Der Minister trifft mit seinem Vorhaben unerwartet auf Gegenwehr.*

 Redewendungen

an seine Grenzen stoßen *überfordert werden*
auf taube Ohren stoßen *ignoriert werden*
jmdm. vor den Kopf stoßen *jmdn. kränken, brüskieren, unhöflich behandeln*
jmdm. mit der Nase auf etw. stoßen *jmdn. deutlich auf etw. hinweisen*

 Ähnliche Verben

prallen	abstoßen
schlagen	anstoßen
antreffen	nachstoßen
begegnen	umstoßen
vorfinden	verstoßen
sich anschließen	vorstoßen

 Gebrauch

Wenn das Verb stoßen reflexiv oder mit einem direkten Akkusativobjekt gebraucht wird, wird das Perfekt und Plusquamperfekt mit dem Hilfsverb haben gebildet:
Ich **habe** mir den Kopf gestoßen.
Steht das Verb zusammen mit einem Präpositionalobjekt im Akkusativ (an, auf, gegen) verwendet man das Hilfsverb sein:
Ich **bin** mit dem Kopf gegen die Wand gestoßen.
Sie **ist** auf ein Problem gestoßen.

407

Unregelmäßiges Verb

61 treffen

Stammvokalwechsel e ➔ a ➔ o

Indikativ

Präsens
ich treffe
du triffst
er trifft
wir treffen
ihr trefft
sie treffen

Perfekt
ich habe getroffen
du hast getroffen
er hat getroffen
wir haben getroffen
ihr habt getroffen
sie haben getroffen

Futur I
ich werde treffen
du wirst treffen
er wird treffen
wir werden treffen
ihr werdet treffen
sie werden treffen

Präteritum
ich traf
du trafst
er traf
wir trafen
ihr traft
sie trafen

Plusquamperfekt
ich hatte getroffen
du hattest getroffen
er hatte getroffen
wir hatten getroffen
ihr hattet getroffen
sie hatten getroffen

Futur II
ich werde getroffen haben
du wirst getroffen haben
er wird getroffen haben
wir werden getroffen haben
ihr werdet getroffen haben
sie werden getroffen haben

Konjunktiv

Konjunktiv I
ich treffe
du treffest
er treffe
wir treffen
ihr treffet
sie treffen

Perfekt
ich habe getroffen
du habest getroffen
er habe getroffen
wir haben getroffen
ihr habet getroffen
sie haben getroffen

Futur I
ich werde treffen
du werdest treffen
er werde treffen
wir werden treffen
ihr werdet treffen
sie werden treffen

Konjunktiv II
ich träfe
du träfest
er träfe
wir träfen
ihr träfet
sie träfen

Plusquamperfekt
ich hätte getroffen
du hättest getroffen
er hätte getroffen
wir hätten getroffen
ihr hättet getroffen
sie hätten getroffen

Futur II
ich werde getroffen haben
du werdest getroffen haben
er werde getroffen haben
wir werden getroffen haben
ihr werdet getroffen haben
sie werden getroffen haben

Infinitiv
Perfekt
getroffen haben

Partizip
Partizip I
treffend

Partizip II
getroffen

Imperativ
triff
treffen wir
trefft
treffen Sie

treffen

 Anwendungsbeispiele
Er **hat** ihn mit dem Schläger am Kopf **getroffen**. *Er hat ihn mit dem Schläger an den Kopf geschlagen.*
Im Supermarkt **traf** sie ihren alten Schulfreund. *Im Supermarkt begegnete sie ihrem alten Schulfreund.*
Für den Umzug **sind** alle Vorkehrungen **getroffen worden**. *Für den Umzug sind alle Vorkehrungen beschlossen und durchgeführt worden.*
Die Nachricht **wird** ihn schwer **treffen**. *Die Nachricht wird ihn sehr schockieren.*

 Redewendungen
ins Schwarze treffen *das Richtige erkennen*
den Nagel auf den Kopf treffen *den Kernpunkt einer Sache in einer Äußerung prägnant erfassen*
jmdn. ins Herz treffen *jmdn. schmerzlich berühren*
Vorsorge treffen *für etw. Kommendes sorgen*
sich auf halbem Weg(e) treffen *sich auf einen Kompromiss einigen*

 Ähnliche Verben

auffinden	auftreffen
begegnen	betreffen
aufkommen	eintreffen
erfassen	übertreffen
schockieren	vortreffen
beschließen	zusammentreffen

 Aufgepasst!
Im Präsens Indikativ gibt es bei der 2. und 3. Person Singular einen Vokalwechsel von **-e** zu **-i**.
Da sich der Stammvokal im Präteritum und Konjunktiv II von einem kurzen Vokal (**treffen**) zu einem langen Vokal (**traf**, **träfe**) ändert, entfällt ein **-f**. Im Deutschen steht normalerweise nach einem langen Vokal kein Doppelkonsonant.

409

Unregelmäßiges Verb

 trinken

Stammvokalwechsel i → a → u

Indikativ

Präsens
ich trinke
du trinkst
er trinkt
wir trinken
ihr trinkt
sie trinken

Perfekt
ich habe getrunken
du hast getrunken
er hat getrunken
wir haben getrunken
ihr habt getrunken
sie haben getrunken

Futur I
ich werde trinken
du wirst trinken
er wird trinken
wir werden trinken
ihr werdet trinken
sie werden trinken

Präteritum
ich trank
du trankst
er trank
wir tranken
ihr trankt
sie tranken

Plusquamperfekt
ich hatte getrunken
du hattest getrunken
er hatte getrunken
wir hatten getrunken
ihr hattet getrunken
sie hatten getrunken

Futur II
ich werde getrunken haben
du wirst getrunken haben
er wird getrunken haben
wir werden getrunken haben
ihr werdet getrunken haben
sie werden getrunken haben

Konjunktiv

Konjunktiv I
ich trinke
du trinkest
er trinke
wir trinken
ihr trinket
sie trinken

Perfekt
ich habe getrunken
du habest getrunken
er habe getrunken
wir haben getrunken
ihr habet getrunken
sie haben getrunken

Futur I
ich werde trinken
du werdest trinken
er werde trinken
wir werden trinken
ihr werdet trinken
sie werden trinken

Konjunktiv II
ich tränke
du tränkest
er tränke
wir tränken
ihr tränket
sie tränken

Plusquamperfekt
ich hätte getrunken
du hättest getrunken
er hätte getrunken
wir hätten getrunken
ihr hättet getrunken
sie hätten getrunken

Futur II
ich werde getrunken haben
du werdest getrunken haben
er werde getrunken haben
wir werden getrunken haben
ihr werdet getrunken haben
sie werden getrunken haben

Infinitiv
Perfekt
getrunken haben

Partizip
Partizip I
trinkend

Partizip II
getrunken

Imperativ
trink(e)
trinken wir
trinkt
trinken Sie

trinken

 Anwendungsbeispiele

Sie **trinkt** gern grünen Tee. *Sie nimmt gern grünen Tee zu sich.*
Man muss die heiße Suppe langsam **trinken**. *Man muss die heiße Suppe langsam zu sich nehmen.*
Auf dem Schützenfest **wird** viel **getrunken**. *Auf dem Schützenfest wird viel gesoffen.*
Wir **haben** gestern **auf** unsere Freundschaft **getrunken**. *Wir haben gestern auf unsere Freundschaft angestoßen.*

 Redewendungen

auf ex trinken *das Glas in einem Zug leeren*
Brüderschaft trinken *die Duzfreundschaft mit einem Schluck Alkohol besiegeln*
einen trinken *etw. Alkoholisches trinken*
einen über den Durst trinken *zu viel Alkohol trinken*
Wasser predigen und Wein trinken *andere zu Genügsamkeit aufrufen, aber selber verschwenderisch leben*

 Ähnliche Verben

schlürfen
hinunterstürzen (umgs.)
hinunterspülen (umgs.)
saufen (umgs.)
bechern (umgs.)
wegkippen (umgs.)
zechen (umgs.)

austrinken
betrinken
ertrinken
mittrinken
wegtrinken

 Gebrauch

Das Verb trinken impliziert häufig, dass es sich um den Konsum von alkoholischen Getränken handelt. Der kontextlose Satz „Ich habe gestern viel getrunken" wird von den meisten Deutschen interpretiert als „Ich habe gestern viel Alkohol getrunken".

 Tipps & Tricks

Wie trinken werden auch folgende Verben konjugiert: gelingen, klingen, springen, stinken und zwingen. Bilden Sie Sätze mit den unregelmäßigen Formen:
Das Lied **klang** wunderbar.

Unregelmäßiges Verb

 tun Stammvokalwechsel u → a → a

Indikativ

Präsens
- ich tu(e)
- du tust
- er tut
- wir tun
- ihr tut
- sie tun

Perfekt
- ich habe getan
- du hast getan
- er hat getan
- wir haben getan
- ihr habt getan
- sie haben getan

Futur I
- ich werde tun
- du wirst tun
- er wird tun
- wir werden tun
- ihr werdet tun
- sie werden tun

Präteritum
- ich tat
- du tat(e)st
- er tat
- wir taten
- ihr tatet
- sie taten

Plusquamperfekt
- ich hatte getan
- du hattest getan
- er hatte getan
- wir hatten getan
- ihr hattet getan
- sie hatten getan

Futur II
- ich werde getan haben
- du wirst getan haben
- er wird getan haben
- wir werden getan haben
- ihr werdet getan haben
- sie werden getan haben

Konjunktiv

Konjunktiv I
- ich tue
- du tuest
- er tue
- wir tun
- ihr tuet
- sie tun

Perfekt
- ich habe getan
- du habest getan
- er habe getan
- wir haben getan
- ihr habet getan
- sie haben getan

Futur I
- ich werde tun
- du werdest tun
- er werde tun
- wir werden tun
- ihr werdet tun
- sie werden tun

Konjunktiv II
- ich täte
- du tätest
- er täte
- wir täten
- ihr tätet
- sie täten

Plusquamperfekt
- ich hätte getan
- du hättest getan
- er hätte getan
- wir hätten getan
- ihr hättet getan
- sie hätten getan

Futur II
- ich werde getan haben
- du werdest getan haben
- er werde getan haben
- wir werden getan haben
- ihr werdet getan haben
- sie werden getan haben

Infinitiv
Perfekt
getan haben

Partizip
Partizip I
tuend

Partizip II
getan

Imperativ
tu(e)
tun wir
tut
tun Sie

Anwendungsbeispiele

Das **haben** wir doch gerne **getan**. *Das **haben** wir doch gerne **gemacht**.*
Ich habe diese Woche noch viel zu **tun**. *Ich habe diese Woche noch viel zu erledigen.*
Die Regierung **tat** nichts **gegen** die Korruption. *Die Regierung **unternahm** nichts gegen die Korruption.*
Tu das Geschirr in den Geschirrspüler! *Räum das Geschirr in den Geschirrspüler!*
Der Hund **tut** dir nichts. *Der Hund **beißt** dich nicht.*

Redewendungen

nur so tun *sich verstellen*
einer Sache keinen Abbruch tun *etw. nicht beeinträchtigen*
Abbitte tun *um Verzeihung bitten*
mit etw. zu tun haben *mit etw. zusammenhängen, sich mit etw. befassen*
mit etw. nichts zu tun haben *für etw. nicht zuständig sein*

Ähnliche Verben

sich befassen
sich betätigen
machen
unternehmen
ausführen
verwirklichen
handeln
arbeiten

abtun
antun
vertun
wehtun

Aufgepasst!

Im Präteritum und im Konjunktiv II wird an den Stammvokal **-a** ein **-t** angehängt. Dadurch muss in der 2. Person Plural ein **-e** eingeschoben werden (**tatet**). In der 2. Person Singular kann ebenfalls ein **-e** eingeschoben werden. Das Verb (**tatest**) lässt sich dann leichter aussprechen.

Unregelmäßiges Verb

 **verlieren**   Stammvokalwechsel ie → o → o

Indikativ

Präsens
ich verliere
du verlierst
er verliert
wir verlieren
ihr verliert
sie verlieren

Perfekt
ich habe verloren
du hast verloren
er hat verloren
wir haben verloren
ihr habt verloren
sie haben verloren

Futur I
ich werde verlieren
du wirst verlieren
er wird verlieren
wir werden verlieren
ihr werdet verlieren
sie werden verlieren

Präteritum
ich verlor
du verlorst
er verlor
wir verloren
ihr verlort
sie verloren

Plusquamperfekt
ich hatte verloren
du hattest verloren
er hatte verloren
wir hatten verloren
ihr hattet verloren
sie hatten verloren

Futur II
ich werde verloren haben
du wirst verloren haben
er wird verloren haben
wir werden verloren haben
ihr werdet verloren haben
sie werden verloren haben

Konjunktiv

Konjunktiv I
ich verliere
du verlierest
er verliere
wir verlieren
ihr verlieret
sie verlieren

Perfekt
ich habe verloren
du habest verloren
er habe verloren
wir haben verloren
ihr habet verloren
sie haben verloren

Futur I
ich werde verlieren
du werdest verlieren
er werde verlieren
wir werden verlieren
ihr werdet verlieren
sie werden verlieren

Konjunktiv II
ich verlöre
du verlörest
er verlöre
wir verlören
ihr verlöret
sie verlören

Plusquamperfekt
ich hätte verloren
du hättest verloren
er hätte verloren
wir hätten verloren
ihr hättet verloren
sie hätten verloren

Futur II
ich werde verloren haben
du werdest verloren haben
er werde verloren haben
wir werden verloren haben
ihr werdet verloren haben
sie werden verloren haben

Infinitiv
Perfekt
verloren haben

Partizip
Partizip I
verlierend

Partizip II
verloren

Imperativ
verlier(e)
verlieren wir
verliert
verlieren Sie

verlieren

 Anwendungsbeispiele

Sie **hat** beim Joggen ihren Haustürschlüssel **verloren**. Sie *hat* beim Joggen ihren Haustürschlüssel irgendwo *fallen lassen*.
Wenn du die Wette **verlierst**, bekomme ich 10 € von dir. *Wenn du bei der Wette nicht gewinnst, bekomme ich 10 € von dir.*
Im Herbst **verlieren** die Bäume ihre Blätter. *Im Herbst* **werfen** *die Bäume ihre Blätter* **ab**.
Der Tennisweltmeister **verlor** nach 5 Sätzen. *Der Tennisweltmeister* **unterlag** *nach 5 Sätzen.*

 Redewendungen

den Faden verlieren *beim Sprechen vergessen, was man sagen wollte*
das Gesicht verlieren *sein Ansehen verlieren*
den Halt verlieren *die Kontrolle verlieren*
die Fassung verlieren *geschockt sein, sich nicht mehr unter Kontrolle haben*
kein Wort über etw. verlieren *etw. nicht erwähnen*

 Ähnliche Verben

verlegen
verschusseln (umgs.)
abwerfen
einbüßen
scheitern
unterliegen

 Aufgepasst!

Insbesondere in der gesprochenen Sprache wird die Konjunktiv II-Form er verlöre durch die würde-Form ersetzt. Dies gilt für die regelmäßigen Verben und für die meisten unregelmäßigen.
Mir ist, als **verlöre** ich den Verstand. (Schriftsprache)
Mir ist, als **würde** ich den Verstand **verlieren**. (mündlicher Sprachgebrauch)

Unregelmäßiges Verb

wachsen

Stammvokalwechsel a → u → a

Indikativ

Präsens
ich	wachse
du	wächst
er	wächst
wir	wachsen
ihr	wachst
sie	wachsen

Perfekt
ich	bin	gewachsen
du	bist	gewachsen
er	ist	gewachsen
wir	sind	gewachsen
ihr	seid	gewachsen
sie	sind	gewachsen

Futur I
ich	werde	wachsen
du	wirst	wachsen
er	wird	wachsen
wir	werden	wachsen
ihr	werdet	wachsen
sie	werden	wachsen

Präteritum
ich	wuchs
du	wuchst
er	wuchs
wir	wuchsen
ihr	wuchst
sie	wuchsen

Plusquamperfekt
ich	war	gewachsen
du	warst	gewachsen
er	war	gewachsen
wir	waren	gewachsen
ihr	wart	gewachsen
sie	waren	gewachsen

Futur II
ich	werde	gewachsen	sein
du	wirst	gewachsen	sein
er	wird	gewachsen	sein
wir	werden	gewachsen	sein
ihr	werdet	gewachsen	sein
sie	werden	gewachsen	sein

Konjunktiv

Konjunktiv I
ich	wachse
du	wachsest
er	wachse
wir	wachsen
ihr	wachset
sie	wachsen

Perfekt
ich	sei	gewachsen
du	sei(e)st	gewachsen
er	sei	gewachsen
wir	seien	gewachsen
ihr	sei(e)t	gewachsen
sie	seien	gewachsen

Futur I
ich	werde	wachsen
du	werdest	wachsen
er	werde	wachsen
wir	werden	wachsen
ihr	werdet	wachsen
sie	werden	wachsen

Konjunktiv II
ich	wüchse
du	wüchsest
er	wüchse
wir	wüchsen
ihr	wüchset
sie	wüchsen

Plusquamperfekt
ich	wäre	gewachsen
du	wär(e)st	gewachsen
er	wäre	gewachsen
wir	wären	gewachsen
ihr	wär(e)t	gewachsen
sie	wären	gewachsen

Futur II
ich	werde	gewachsen	sein
du	werdest	gewachsen	sein
er	werde	gewachsen	sein
wir	werden	gewachsen	sein
ihr	werdet	gewachsen	sein
sie	werden	gewachsen	sein

Infinitiv

Perfekt
gewachsen sein

Partizip

Partizip I
wachsend

Partizip II
gewachsen

Imperativ
wachs(e)
wachsen wir
wachst
wachsen Sie

wachsen

 Anwendungsbeispiele

Oh, deine Tochter **ist** aber ganz schön **gewachsen**! *Oh, deine Tochter ist aber ganz schön groß geworden.*
Auf diesem trockenen Boden **wächst** gar nichts. *Auf diesem trockenen Boden gedeiht gar nichts.*
Ihr Interesse am Buddhismus **ist** in den letzten Monaten **gewachsen**. *Ihr Interesse am Buddhismus hat sich in den letzten Monaten verstärkt.*
Die Wirtschaft **wächst** nicht mehr so stark. *Die Wirtschaft boomt nicht mehr.*

 Redewendungen

über den Kopf wachsen *etw. nicht mehr bewältigen können*
wie Pilze aus dem Boden wachsen *plötzlich in großer Anzahl auftreten*
an/mit seinen Aufgaben wachsen *sich mit jeder gelösten Aufgabe weiterentwickeln*

 Ähnliche Verben

anschwellen
ansteigen
sich ausbreiten
sich erhöhen
sich vermehren
sich verstärken
expandieren
gedeihen
sich entwickeln
boomen

anwachsen
aufwachsen
auswachsen
mitwachsen
verwachsen
zusammenwachsen
zuwachsen

 Aufgepasst!

Beim Verb wachsen kommt es im Präsens Indikativ in der 2. und 3. Person Singular zum Vokalwechsel von -a zu -ä. Da der Verbstamm im Präsens auf -s endet, entfällt in der 2. Person Singular Indikativ das -s der Personalendung -st (du wächst).

Unregelmäßiges Verb

66 wenden

Stammvokalwechsel e → a → a

Indikativ

Präsens
- ich wende
- du wendest
- er wendet
- wir wenden
- ihr wendet
- sie wenden

Perfekt
- ich habe gewandt
- du hast gewandt
- er hat gewandt
- wir haben gewandt
- ihr habt gewandt
- sie haben gewandt

Futur I
- ich werde wenden
- du wirst wenden
- er wird wenden
- wir werden wenden
- ihr werdet wenden
- sie werden wenden

Präteritum
- ich wandte
- du wandtest
- er wandte
- wir wandten
- ihr wandtet
- sie wandten

Plusquamperfekt
- ich hatte gewandt
- du hattest gewandt
- er hatte gewandt
- wir hatten gewandt
- ihr hattet gewandt
- sie hatten gewandt

Futur II
- ich werde gewandt haben
- du wirst gewandt haben
- er wird gewandt haben
- wir werden gewandt haben
- ihr werdet gewandt haben
- sie werden gewandt haben

Konjunktiv

Konjunktiv I
- ich wende
- du wendest
- er wende
- wir wenden
- ihr wendet
- sie wenden

Perfekt
- ich habe gewandt
- du habest gewandt
- er habe gewandt
- wir haben gewandt
- ihr habet gewandt
- sie haben gewandt

Futur I
- ich werde wenden
- du werdest wenden
- er werde wenden
- wir werden wenden
- ihr werdet wenden
- sie werden wenden

Konjunktiv II
- ich wendete
- du wendetest
- er wendete
- wir wendeten
- ihr wendetet
- sie wendeten

Plusquamperfekt
- ich hätte gewandt
- du hättest gewandt
- er hätte gewandt
- wir hätten gewandt
- ihr hättet gewandt
- sie hätten gewandt

Futur II
- ich werde gewandt haben
- du werdest gewandt haben
- er werde gewandt haben
- wir werden gewandt haben
- ihr werdet gewandt haben
- sie werden gewandt haben

Infinitiv

Perfekt
gewandt haben

Partizip

Partizip I
wendend

Partizip II
gewandt/gewendet

Imperativ

wend(e)
wenden wir
wendet
wenden Sie

wenden

 Anwendungsbeispiele

Neugierig **wendete** er den Brief und las weiter. *Neugierig drehte er den Brief um und las weiter.*
Hier sind wir falsch, wir müssen **wenden**. *Hier sind wir falsch, wir müssen umkehren.*
Wenden Sie **sich** an einen Anwalt. *Kontaktieren Sie einen Anwalt.*
Das Magazin **wendet sich** an junge Familien. *Das Magazin ist für junge Familien bestimmt.*

 Redewendungen
kein Auge von jmdm./etw. wenden *jmdn./etw. aufmerksam beobachten*
das Blatt wenden *die Situation verändern*

 Ähnliche Verben

(herum)drehen	abwenden
umkehren	anwenden
zurückfahren	bewenden
zurückgehen	entwenden
sich ändern	verwenden
sich wandeln	zuwenden
ansprechen	

 Aufgepasst!

Das Verb **wenden** kann sowohl regelmäßig als auch unregelmäßig konjugiert werden. Die regelmäßigen Formen werden verwendet, wenn das Verb die Bedeutung eines Richtungswechsels oder des Umdrehens hat.
Da der Verbstamm von **wenden** auf **-den** endet, wird im Präsens Indikativ in der 2. und 3. Person Singular und in der 2. Person Plural ein **-e** eingeschoben. Das gilt allerdings nicht für die unregelmäßigen Formen im Präteritum (**er wandte**). Hier wird das **-d** wie auch beim unregelmäßigen Partizip II (**gewandt**) nicht gesprochen.

 Tipps & Tricks

Lernen Sie das Verb **wenden** zusammen mit dem Verb **senden**. Dieses folgt dem gleichen Konjugationsmuster und kann auch regelmäßig (Bedeutung: **ausstrahlen**) und unregelmäßig (Bedeutung: **schicken**) konjugiert werden.

Unregelmäßiges Verb

werfen

Stammvokalwechsel e → a → o

Indikativ

Präsens
ich werfe
du wirfst
er wirft
wir werfen
ihr werft
sie werfen

Perfekt
ich habe geworfen
du hast geworfen
er hat geworfen
wir haben geworfen
ihr habt geworfen
sie haben geworfen

Futur I
ich werde werfen
du wirst werfen
er wird werfen
wir werden werfen
ihr werdet werfen
sie werden werfen

Präteritum
ich warf
du warfst
er warf
wir warfen
ihr warft
sie warfen

Plusquamperfekt
ich hatte geworfen
du hattest geworfen
er hatte geworfen
wir hatten geworfen
ihr hattet geworfen
sie hatten geworfen

Futur II
ich werde geworfen haben
du wirst geworfen haben
er wird geworfen haben
wir werden geworfen haben
ihr werdet geworfen haben
sie werden geworfen haben

Konjunktiv

Konjunktiv I
ich werfe
du werfest
er werfe
wir werfen
ihr werfet
sie werfen

Perfekt
ich habe geworfen
du habest geworfen
er habe geworfen
wir haben geworfen
ihr habet geworfen
sie haben geworfen

Futur I
ich werde werfen
du werdest werfen
er werde werfen
wir werden werfen
ihr werdet werfen
sie werden werfen

Konjunktiv II
ich würfe
du würfest
er würfe
wir würfen
ihr würfet
sie würfen

Plusquamperfekt
ich hätte geworfen
du hättest geworfen
er hätte geworfen
wir hätten geworfen
ihr hättet geworfen
sie hätten geworfen

Futur II
ich werde geworfen haben
du werdest geworfen haben
er werde geworfen haben
wir werden geworfen haben
ihr werdet geworfen haben
sie werden geworfen haben

Infinitiv

Perfekt
geworfen haben

Partizip

Partizip I
werfend

Partizip II
geworfen

Imperativ

wirf
werfen wir
werft
werfen Sie

werfen

 Anwendungsbeispiele

Wirf das bitte in den Müll! *Schmeiß das bitte in den Müll!*
Die Braut **warf** ihren Strauß in die Menge. *Die Braut schleuderte ihren Strauß in die Menge.*
Unsere Katze **hat** gestern drei Junge **geworfen**. *Unsere Katze hat gestern drei Junge geboren.*

 Redewendungen

ein Auge auf jmdn./etw. werfen *Gefallen an jmdm./etw. finden*
den ersten Stein werfen *einen Streit anfangen*
Perlen vor die Säue werfen *jmdm. etw. geben, was die Person nicht zu schätzen weiß*
etw. über den Haufen werfen *etw. vereiteln, verhindern*
sich in Schale werfen *sich chic, elegant kleiden*
jmdm. etw. an den Kopf werfen *jmdn. scharf kritisieren*
etw. über Bord werfen *z. B. Ideen, Überzeugungen aufgeben*

 Ähnliche Verben

ausstoßen	abwerfen
katapultieren	anwerfen
schießen	auswerfen
schleudern	einwerfen
stoßen	hinwerfen
schmeißen (umgs.)	vorwerfen
gebären	zuwerfen

 Aufgepasst!

Im Präsens Indikativ kommt es bei der 2. und 3. Person Singular zu einem Vokalwechsel von -e zu -i. Der Konjunktiv II von werfen leitet sich nicht vom Präteritum (er warf) ab, sondern lautet er würfe.

 Tipps & Tricks

Folgende Verben werden nach demselben Muster wie werfen konjugiert: bergen, verbergen, bewerben, werben, verderben und sterben.

Unregelmäßiges Verb

 wissen Stammvokalwechsel i → u → u

Indikativ

Präsens		Perfekt			Futur I		
ich	weiß	ich	habe	gewusst	ich	werde	wissen
du	weißt	du	hast	gewusst	du	wirst	wissen
er	weiß	er	hat	gewusst	er	wird	wissen
wir	wissen	wir	haben	gewusst	wir	werden	wissen
ihr	wisst	ihr	habt	gewusst	ihr	werdet	wissen
sie	wissen	sie	haben	gewusst	sie	werden	wissen

Präteritum		Plusquamperfekt			Futur II			
ich	wusste	ich	hatte	gewusst	ich	werde	gewusst	haben
du	wusstest	du	hattest	gewusst	du	wirst	gewusst	haben
er	wusste	er	hatte	gewusst	er	wird	gewusst	haben
wir	wussten	wir	hatten	gewusst	wir	werden	gewusst	haben
ihr	wusstet	ihr	hattet	gewusst	ihr	werdet	gewusst	haben
sie	wussten	sie	hatten	gewusst	sie	werden	gewusst	haben

Konjunktiv

Konjunktiv I		Perfekt			Futur I		
ich	wisse	ich	habe	gewusst	ich	werde	wissen
du	wissest	du	habest	gewusst	du	werdest	wissen
er	wisse	er	habe	gewusst	er	werde	wissen
wir	wissen	wir	haben	gewusst	wir	werden	wissen
ihr	wisset	ihr	habet	gewusst	ihr	werdet	wissen
sie	wissen	sie	haben	gewusst	sie	werden	wissen

Konjunktiv II		Plusquamperfekt			Futur II			
ich	wüsste	ich	hätte	gewusst	ich	werde	gewusst	haben
du	wüsstest	du	hättest	gewusst	du	werdest	gewusst	haben
er	wüsste	er	hätte	gewusst	er	werde	gewusst	haben
wir	wüssten	wir	hätten	gewusst	wir	werden	gewusst	haben
ihr	wüsstet	ihr	hättet	gewusst	ihr	werdet	gewusst	haben
sie	wüssten	sie	hätten	gewusst	sie	werden	gewusst	haben

Infinitiv

Perfekt
gewusst haben

Partizip

Partizip I
wissend

Partizip II
gewusst

Imperativ

wisse
wissen wir
wisst
wissen Sie

Anwendungsbeispiele
Er **weiß** alles über das Leben in der Wüste. *Er **kennt** sich mit dem Leben in der Wüste **aus**.*
Sie **wusste** alle Hauptstädte der Länder Europas. *Sie **kannte** alle Hauptstädte der Länder Europas.*
Ich **habe** nichts von deinen Plänen **gewusst**. *Ich **hatte** keine **Kenntnis** von deinen Plänen.*

Redewendungen
weder ein noch aus wissen *völlig ratlos sein*
aus dem Kopf wissen *auswendig wissen*
nichts mit sich anzufangen wissen *sich langweilen*
Bescheid wissen *Kenntnis von etw. haben*

Ähnliche Verben
sich auskennen
beherrschen
kennen
können
verstehen
vermögen

Aufgepasst!
Das Verb wissen wird wie ein Modalverb konjugiert, ist aber keins. Im Präsens Indikativ kommt es in der 1., 2. und 3. Person zu einem Vokalwechsel von einem kurzen -i zu einem langen -ei, deshalb wird der Doppelkonsonant -ss zu -ß.
Das Verb wissen gehört zu den gemischten Verben, d. h., die Formen im Präteritum und das Partizip II haben regelmäßige Endungen.
Vom Verb wissen kann kein Passiv gebildet werden.

Modalverb

 # wollen

Modalverb; Vokalwechsel im Präsens

Indikativ

Präsens
ich will
du willst
er will
wir wollen
ihr wollt
sie wollen

Perfekt
ich habe gewollt
du hast gewollt
er hat gewollt
wir haben gewollt
ihr habt gewollt
sie haben gewollt

Futur I
ich werde wollen
du wirst wollen
er wird wollen
wir werden wollen
ihr werdet wollen
sie werden wollen

Präteritum
ich wollte
du wolltest
er wollte
wir wollten
ihr wolltet
sie wollten

Plusquamperfekt
ich hatte gewollt
du hattest gewollt
er hatte gewollt
wir hatten gewollt
ihr hattet gewollt
sie hatten gewollt

Futur II
ich werde gewollt haben
du wirst gewollt haben
er wird gewollt haben
wir werden gewollt haben
ihr werdet gewollt haben
sie werden gewollt haben

Konjunktiv

Konjunktiv I
ich wolle
du wollest
er wolle
wir wollen
ihr wollet
sie wollen

Perfekt
ich habe gewollt
du habest gewollt
er habe gewollt
wir haben gewollt
ihr habet gewollt
sie haben gewollt

Futur I
ich werde wollen
du werdest wollen
er werde wollen
wir werden wollen
ihr werdet wollen
sie werden wollen

Konjunktiv II
ich wollte
du wolltest
er wollte
wir wollten
ihr wolltet
sie wollten

Plusquamperfekt
ich hätte gewollt
du hättest gewollt
er hätte gewollt
wir hätten gewollt
ihr hättet gewollt
sie hätten gewollt

Futur II
ich werde gewollt haben
du werdest gewollt haben
er werde gewollt haben
wir werden gewollt haben
ihr werdet gewollt haben
sie werden gewollt haben

Infinitiv

Perfekt
gewollt haben

Partizip

Partizip I
wollend

Partizip II
gewollt

Imperativ
–
–
–
–
–

wollen

 Anwendungsbeispiele

Was **willst** du in den Ferien machen? *Was hast du in den Ferien vor?*
Ich **wollte** Sie bitten, dies zu prüfen. *Würden Sie dies bitte prüfen?*
Diese Blume **will** viel Sonne. *Diese Blume braucht viel Sonne.*
Das **habe** ich nicht **gewollt**! *Das habe ich nicht beabsichtigt!*

 Redewendungen

jmdm. etw. wollen *jmdm. etw. antun wollen*
nicht in den Sinn wollen *nicht verstehen können*
jmdn. auf den Mond schießen wollen *sehr wütend auf jmdn. sein, ihn loswerden wollen*
jmdm. an den Kragen wollen *gegen jmdn. vorgehen wollen*
jmdm. etw. glauben machen wollen *jmdm. etw. einreden wollen*

 Ähnliche Verben

beabsichtigen
begehren
planen
sich vornehmen
vorhaben
anstreben
mögen
wünschen
brauchen

 Gebrauch

Das Verb wollen gehört zu den Modalverben. Man verwendet es, wenn man den Wunsch oder die Absicht hat, etwas zu tun: **Ich will nach Kanada auswandern.** Es wird auch verwendet, wenn man etwas bekommen möchte oder wünscht, dass ein anderer etwas Bestimmtes tut: **Ich will, dass du mich in Ruhe lässt.**

Unregelmäßiges Verb

70 ziehen

Stammvokalwechsel ie → o → o

Indikativ

Präsens
ich ziehe
du ziehst
er zieht
wir ziehen
ihr zieht
sie ziehen

Perfekt
ich habe gezogen
du hast gezogen
er hat gezogen
wir haben gezogen
ihr habt gezogen
sie haben gezogen

Futur I
ich werde ziehen
du wirst ziehen
er wird ziehen
wir werden ziehen
ihr werdet ziehen
sie werden ziehen

Präteritum
ich zog
du zogst
er zog
wir zogen
ihr zogt
sie zogen

Plusquamperfekt
ich hatte gezogen
du hattest gezogen
er hatte gezogen
wir hatten gezogen
ihr hattet gezogen
sie hatten gezogen

Futur II
ich werde gezogen haben
du wirst gezogen haben
er wird gezogen haben
wir werden gezogen haben
ihr werdet gezogen haben
sie werden gezogen haben

Konjunktiv

Konjunktiv I
ich ziehe
du ziehest
er ziehe
wir ziehen
ihr ziehet
sie ziehen

Perfekt
ich habe gezogen
du habest gezogen
er habe gezogen
wir haben gezogen
ihr habet gezogen
sie haben gezogen

Futur I
ich werde ziehen
du werdest ziehen
er werde ziehen
wir werden ziehen
ihr werdet ziehen
sie werden ziehen

Konjunktiv II
ich zöge
du zögest
er zöge
wir zögen
ihr zöget
sie zögen

Plusquamperfekt
ich hätte gezogen
du hättest gezogen
er hätte gezogen
wir hätten gezogen
ihr hättet gezogen
sie hätten gezogen

Futur II
ich werde gezogen haben
du werdest gezogen haben
er werde gezogen haben
wir werden gezogen haben
ihr werdet gezogen haben
sie werden gezogen haben

Infinitiv

Perfekt
gezogen haben

Partizip

Partizip I
ziehend

Partizip II
gezogen

Imperativ

zieh(e)
ziehen wir
zieht
ziehen Sie

ziehen

 Anwendungsbeispiele

Die Schneehunde **ziehen** den Schlitten über das Eis. *Die Schneehunde **bewegen** den Schlitten über das Eis **vorwärts**.*
Sie **zog** ihr Handy aus der Tasche. *Sie **nahm** ihr Handy aus der Tasche **heraus**.*
In diesem Gewächshaus **werden** die tropischen Pflanzen **gezogen**. *In diesem Gewächshaus **werden** die tropischen Pflanzen **gezüchtet**.*
Mach das Fenster zu, es **zieht**! *Mach das Fenster zu, hier **weht** kalte Luft!*
Die Vögel **ziehen** in Richtung Süden. *Die Vögel **begeben** sich in Richtung Süden.*

 Redewendungen

vor jmdm. den Hut ziehen *jmdn. bewundern*
den Kürzeren ziehen *verlieren, unterlegen sein*
sich in die Länge ziehen *länger dauern als erwartet*
sich aus der Affäre ziehen *sich aus der Verantwortung stehlen*
jmdn. zur Rechenschaft ziehen *jmdn. zur Verantwortung ziehen*
in Betracht ziehen *erwägen, berücksichtigen*
etw. nach sich ziehen *Folgen haben*

 Ähnliche Verben

schleifen	abziehen
schleppen	anziehen
zerren	aufziehen
herausnehmen	ausziehen
reißen	einziehen
züchten	umziehen
wehen	verziehen

 Aufgepasst!

Beim Verb ziehen kommt es im Präteritum, Konjunktiv II und Partizip II sowohl zu einem Vokalwechsel als auch zu einem Konsonantenwechsel (du z**ieh**st, du z**og**st, du z**ög**est, ge**zog**en). Der Stammvokal wird immer lang gesprochen.

Verben mit Präposition

Eine Reihe deutscher Verben wird mit einer bestimmten Präposition benutzt. Einige Verben ziehen immer dieselbe Präposition nach sich, andere werden hingegen in Verbindung mit verschiedenen Präpositionen verwendet. Im Folgenden haben wir für Sie die geläufigsten deutschen Verben mit Präposition aufgelistet.

(A) Akkusativ
(D) Dativ

- abhängen **von** (D) .... Der Erfolg des Geschäfts hängt vom Standort ab.
- achten **auf** (A) .... Achten sie auf Ihre Wertsachen.
- ändern **an** (D) .... An dieser Situation können wir nichts ändern.
- anfangen **mit** (D) .... Sie hat mit dem Klavierunterricht angefangen.
- ankommen **auf** (A) .... Das kommt auf das Wetter an.
- sich anpassen **an** (A) .... Du musst dich nicht an jeden Trend anpassen.
- anrufen **bei** (D) .... Hast du schon beim Arzt angerufen?
- antworten **auf** (A) .... Könntest du bitte auf meine Frage antworten?
- sich ärgern **über** (A) .... Klaus ärgert sich über seinen Kollegen.
- auffordern **zu** (D) .... Er forderte sie zum Tanz auf.
- aufhören **mit** (D) .... Sie hat mit dem Rauchen aufgehört.
- aufpassen **auf** (A) .... Ich muss auf meinen kleinen Bruder aufpassen.
- sich aufregen **über** (A) .... Reg dich nicht über die Nachbarn auf.
- ausgeben **für** (A) .... Sie gibt ihr ganzes Geld für DVDs aus.
- sich bedanken **bei** (D)/ **für** (A) .... Wir bedanken uns bei den Fans für ihre Treue.
- sich befassen **mit** (D) .... Der Artikel befasst sich mit dem Klimawandel.
- sich befreien **von** (D) .... Durch Meditation hat sie sich von dem Druck befreit.
- beginnen **mit** (D) .... Um acht Uhr beginnt er mit der Arbeit.
- beitragen **zu** (D) .... Vieles hat zu der Katastrophe beigetragen.
- sich beklagen **über** (A) .... Sie beklagt sich nie über die Arbeit.
- sich bemühen **um** (A) .... Ich habe mich um Anerkennung bemüht.
- berichten **über** (A) .... Es wurde ausgiebig über die Krise berichtet.
- berichten **von** (D) .... Ich habe dir doch von meinem Projekt berichtet.
- sich beschäftigen **mit** (D) .... Er beschäftigt sich mit den Finanzen.
- sich beschweren **über** (A) .... Der Nachbar beschwerte sich über den Lärm.
- bestehen **auf** (A) .... Ich bestehe darauf, dass du noch bleibst.
- bestehen **aus** (D) .... Die Prüfung besteht aus vier Teilen.
- sich beteiligen **an** (D) .... Beteiligst du dich an dem Geschenk?
- sich bewerben **um** (A) .... Sie bewarb sich um die Stelle als Chefköchin.

Verben mit Präposition

sich bewerben **bei** (D)	Er hat sich bei vielen Kanzleien beworben.
sich beziehen **auf** (A)	Ich beziehe mich auf Ihr letztes Schreiben.
bitten **um** (A)	Ich bitte um eine schnelle Rückmeldung.
▶ danken **für** (A)	Er bedankte sich für die vielen Glückwünsche.
denken **an** (A)	Ich habe den ganzen Tag an dich gedacht.
dienen **zu** (D)	Das Geld dient zur Verbesserung der Verpflegung.
diskutieren **über** (A)	Sie diskutieren immer über die Finanzlage.
▶ sich eignen **für** (A)	Diese Schuhe eignen sich gut für Wanderungen.
einladen **zu** (D)	Ich würde Sie gerne zu einem Glas Wein einladen.
sich einsetzen **für** (A)	Wir setzen uns für Ihre Interessen ein!
sich engagieren **für** (A)	Sie engagieren sich für einen guten Zweck.
sich entscheiden **für** (A)	Er hat sich für die Stelle entschieden.
sich entschuldigen **für** (A)	Wir entschuldigen uns für die Verspätung.
sich entschuldigen **bei** (D)	Ich muss mich bei meiner Freundin entschuldigen.
erfahren **von** (D)	Er hat von dem Unglück noch nichts erfahren.
sich erholen **von** (D)	Bei uns können Sie sich von Ihrem Stress erholen.
sich erinnern **an** (A)	Ich glaube, sie erinnert sich nicht mehr an mich.
erkennen **an** (D)	Woran erkennt man, ob der Diamant echt ist?
erkranken **an** (D)	Er ist an Parkinson erkrankt.
sich erkundigen **nach** (D)	Sie erkundigte sich nach günstigen Wohnungen.
erschrecken **vor** (D)	Er hat sich vor einer Katze erschreckt.
erzählen **von** (D)	Sie hat sie ganze Zeit nur von ihrem Freund erzählt.
experimentieren **mit** (D)	Der Forscher experimentiert mit Ratten und Mäusen.
▶ fehlen **an** (D)	Ihnen fehlt es an Glaubwürdigkeit.
fragen **nach** (D)	Die Polizei hat nach dir gefragt.
sich freuen **auf** (A)	Wir freuen uns auf deinen Besuch.
sich freuen **über** (A)	Sie hat sich sehr über die Kette gefreut.
führen **zu** (D)	Das führt wieder zu einem Streit.
sich fürchten **vor** (D)	Peter fürchtet sich vor Schlangen.
▶ garantieren **für** (A)	Wir garantieren für Ihre Sicherheit.
gehen **um** (A)	In dem Buch geht es um den interreligiösen Dialog.
gehören **zu** (D)	Das Ehepaar gehört zu einer Sekte.
geraten **in** (A)	Wie bist du nur in diese Situation geraten?
sich gewöhnen **an** (A)	Er hat sich schnell an die neuen Verhältnisse gewöhnt.
glauben **an** (A)	Sie glauben an die Wirkung von Edelsteinen.
gratulieren **zu** (D)	Wir gratulieren zur bestandenen Prüfung.
▶ halten **für** (A)	Er hält sich selbst für einen Star.

Verben mit Präposition

halten **von** (D)	Was hältst du von dem neuen Lehrer?
sich halten **an** (A)	Jeder muss sich an die Regeln halten.
sich handeln **um** (A)	Es handelt sich um ein teures Unikat.
hinweisen **auf** (A)	Er wurde auf die Gefahren hingewiesen.
hoffen **auf** (A)	Die Landwirte hoffen auf eine gute Ernte.
▶ informieren **über** (A)	Wir müssen uns über die Details informieren.
sich interessieren **für** (A)	Er interessiert sich für Motorräder.
sich irren **in** (D)	In dieser Sache irrst du dich.
▶ kämpfen **gegen** (A)	Am Samstag kämpft er gegen den Weltmeister.
kämpfen **mit** (D)	Jetzt haben wir mit den Folgen zu kämpfen.
kämpfen **um** (A)	Sie kämpfen vor Gericht um das Sorgerecht.
klagen **gegen** (A)	Du solltest gegen die Firma klagen.
klagen **über** (A)	Immer klagt sie über Kopfschmerzen.
sich konzentrieren **auf** (A)	Ich muss mich auf die Arbeit konzentrieren.
sich kümmern **um** (A)	Kannst du dich um die Gäste kümmern?
▶ lachen **über** (A)	Keiner hat über den Witz gelacht.
leiden **an** (D)	Sie litt sehr an Migräne.
leiden **unter** (D)	Er leidet sehr unter der Einsamkeit.
liegen **an** (D)	Das liegt an deiner Faulheit, nicht am Lehrer.
▶ nachdenken **über** (A)	Darüber muss ich erst nachdenken.
neigen **zu** (D)	Er neigt zu Gewaltausbrüchen.
▶ passen **zu** (D)	Der Rock passt gut zu deiner Bluse.
protestieren **gegen** (A)	Sie protestieren gegen das neue Gesetz.
▶ sich rächen **an** (D)	Er wird sich an ihr rächen wollen.
raten **zu** (D)	Da kann ich nur zur Geduld raten.
reagieren **auf** (A)	Wie hat sie auf den Antrag reagiert?
rechnen **mit** (D)	Wir rechnen jeden Tag mit einer Zusage.
reden **über** (A)	Sie will mit dem Chef über eine Gehaltserhöhung reden.
sich richten **nach** (D)	Ich richte mich ganz nach dir.
riechen **nach** (D)	Es riecht hier lecker nach frischen Brötchen.
▶ schmecken **nach** (D)	Die Soße schmeckt sehr nach Ingwer.
schreiben **an** (A)	Lisa schreibt an den Weihnachtsmann.
schreiben **an** (D)	Sie schreibt an ihrem neuen Buch.
schützen **vor** (D)	Vitamin C schützt vor Erkältungen.
sich sehnen **nach** (D)	Er sehnt sich danach, seine Familie wiederzusehen.
sorgen **für** (A)	Sie sorgt für ihren kranken Mann.
sich sorgen **um** (A)	Sie sorgt sich um ihre Gesundheit.
sprechen **mit** (D)	Könnte ich bitte mit Ihrem Vorgesetzen sprechen?
sprechen **über** (A)	Wir müssen mal über deine Schulnoten sprechen.

Verben mit Präposition

sprechen **von** (D)	*Er spricht nur noch von ihr.*
staunen **über** (A)	*Das Kleinkind staunt über den Schnee.*
sterben **an** (D)	*Sie starb an Malaria.*
sterben **für** (A)	*Sie sind bereit, für ihren Glauben zu sterben.*
streiten **um** (A)	*Wir haben uns um das letzte Stück Kuchen gestritten.*
sich streiten **über** (A)	*Müsst ihr euch immer über Politik streiten?*
sich streiten **mit** (D)	*Ich habe mich gestern mit meiner Mutter gestritten.*
▸ teilnehmen **an** (D)	*An dem Seminar nehmen 20 Personen teil.*
telefonieren **mit** (D)	*Hast du schon mit Gitti telefoniert?*
träumen **von** (D)	*Sie träumen von Frieden und Freiheit.*
▸ überreden **zu** (D)	*Er hat mich zu diesem Ausflug überredet.*
▸ sich verabschieden **von** (D)	*Wir müssen uns leider von euch verabschieden.*
verbinden **mit** (D)	*Was verbindest du mit dem Begriff „Heimat"?*
vergleichen **mit** (D)	*Man kann Äpfel nicht mit Birnen vergleichen.*
sich verlassen **auf** (A)	*Wir haben uns auf die Prognosen verlassen.*
sich verlieben **in** (A)	*Er hat sich in seine Nachbarin verliebt.*
verstoßen **gegen** (A)	*Was du machst, verstößt gegen die Vorschriften.*
vertrauen **auf** (A)	*Wir müssen auf bessere Zeiten vertrauen.*
sich verwandeln **in** (A)	*Der Fluss verwandelte sich in einen reißenden Strom.*
verzichten **auf** (A)	*Dieses Jahr müssen wir auf Urlaub verzichten.*
sich vorbereiten **auf** (A)	*Paul hat sich gut auf die Prüfung vorbereitet.*
▸ warnen **vor** (D)	*Niemand hat vor den Risiken gewarnt.*
warten **auf** (A)	*Wartet nicht auf mich.*
sich wehren **gegen** (A)	*Ich muss mich gegen diesen Angriff wehren.*
sich wenden **an** (A)	*Wenden Sie sich an die Verbraucherzentrale.*
sich wundern **über** (A)	*Sie wunderte sich über seine Verschlossenheit.*
werben **für** (A)	*Künstler werben für Völkerverständigung.*
▸ zählen **zu** (D)	*Er zählt zu den Besten aus seinem Jahrgang.*
zweifeln **an** (D)	*Sie begannen, am System zu zweifeln.*

Alphabetische Verbliste

Hier haben wir für Sie die wichtigsten deutschen Verben alphabetisch aufgelistet. Die rechts angeführten Nummern stellen Konjugationsnummern dar. Auf den Seiten der einzelnen Konjugationstabellen finden Sie diese Nummern wieder. Jene Verben, die hier im Folgenden den jeweiligen Konjugationsnummern zugewiesen sind, werden nach genau diesem Muster konjugiert. Manchen Verben sind auch zwei Konjugationsnummern zugeteilt. Die hervorgehobenen Verben sind als vollständige Konjugationstabellen im Buch abgedruckt.

Die trennbaren Verben sind durch · gekennzeichnet.
~~ge~~ bedeutet: Das Partizip II wird ohne ge- gebildet.

A

Verb	Nr.	Verb	Nr.	Verb	Nr.
ab·arbeiten	4/49	ab·liefern	4/28	**an·eignen (sich)**	8
ab·bauen	4	ab·machen	4	an·fangen	22
ab·beißen	12	ab·melden (sich)	4/49	an·fassen	4/31
ab·bekommen, ~~ge~~	33	ab·nehmen	5	an·gehen	25
ab·bezahlen, ~~ge~~	4	ab·raten	46	an·greifen	26
ab·biegen	50	ab·rechnen	4/49	ängstigen (sich)	4
ab·bilden	4/49	ab·reisen	4/31	**an·haben**	2
ab·brechen	15	ab·sagen	4	an·halten	27
ab·brennen	45	ab·schaffen	4	an·hören	4
ab·bringen	16	ab·schalten (sich)	4/49	an·klagen	4
ab·drucken	4	ab·stammen	4	an·klopfen	4
ab·fahren	21	ab·steigen	14	an·kommen	33
ab·fangen	22	ab·stellen	4	an·machen	4
ab·finden	23	ab·stimmen	4	an·melden (sich)	4/49
ab·fließen	24	ab·stoßen (sich)	60	an·nehmen	5
ab·fragen	4	ab·stürzen	4/31	an·probieren, ~~ge~~	4
ab·gewöhnen (sich), ~~ge~~	4	ab·trocknen (sich)	4/49	an·reden	4/49
ab·handeln	28	ab·warten	4/49	an·richten	4/49
ab·hängen	29	ab·waschen	65	an·rufen	47
ab·heben	30	ab·wechseln (sich)	4/28	an·schaffen (sich)	4
ab·helfen	32	ab·zahlen	4	an·schalten	4/49
ab·holen	4	ab·ziehen	70	an·schauen	4
ab·hören	4	achten	4/49	an·schließen (sich)	24
ab·kaufen	4	ahnen	4	an·schnallen (sich)	4
ab·kürzen	4/31	amüsieren (sich), ~~ge~~	4	an·sehen	55
ab·laufen	37	analysieren, ~~ge~~	4	an·sprechen	15
ab·lehnen	4	an·bauen	4	an·stehen	59
ab·lenken	4	an·binden	23	an·steigen	14
		ändern (sich)	4/28	an·stellen	4

Alphabetische Verbliste

an·stoßen	60	auf·tauen	4	aus·wechseln	4/28
an·strengen (sich)	4	auf·wachen	4	aus·wirken (sich)	4
an·treffen	61	auf·wachsen	65	aus·zeichnen (sich)	4/49
an·tun (sich)	63	auf·wecken	4	aus·ziehen (sich)	70
antworten	4/49	auf·ziehen	70	**B**	
an·wenden	49/66	aus·bilden	4/49	baden	4/49
an·ziehen (sich)	70	aus·bleiben	14	bauen	4
an·zünden	4/49	aus·breiten (sich)	4/49	beabsichtigen, ge	4
arbeiten	4/49	aus·denken (sich)	17	beachten, ge	4/49
ärgern (sich)	4/28	aus·drücken (sich)	4	beanspruchen, ge	4
atmen	4/49	auseinandersetzen (sich)	4/31	beantragen, ge	4
auf·bauen (sich)	4	aus·füllen	4	beantworten, ge	4/49
auf·bewahren, ge	4	aus·gehen	25	bearbeiten, ge	4/49
auf·brechen	15	aus·gleichen (sich)	26	beatmen, ge	4/49
auf·fangen	22	aus·halten	27	bedanken (sich), ge	4
auf·fordern	4/28	aus·kennen (sich)	45	bedauern, ge	4/28
auf·führen	4	aus·lachen	4	bedecken, ge	4
auf·haben	2	aus·laufen	37	bedenken, ge	17
auf·halten (sich)	27	aus·leihen	39	bedeuten, ge	4/49
auf·hängen	29	aus·liefern	4/28	bedienen (sich), ge	4
auf·heben	30	aus·lösen	4/31	bedingen, ge	4
auf·hören	6	aus·machen	4	bedrängen, ge	4
auf·legen	4	aus·nutzen	4/31	bedrohen, ge	4
auf·lösen (sich)	4/31	aus·packen	4	bedrücken, ge	4
auf·machen	4	aus·rechnen	4/49	beeilen, sich, ge	4
auf·nehmen	5	aus·reichen	4	beeindrucken, ge	4
auf·passen	4/31	aus·richten	4/49	beeinflussen, ge	4/31
auf·räumen	4	**aus·ruhen (sich)**	7	beeinträchtigen, ge	4
auf·regen (sich)	4	aus·schalten	4/49	beenden, ge	4/49
auf·richten (sich)	4/49	aus·schließen	24	befähigen, ge	4
auf·rufen	47	aus·sehen	55	befassen (sich), ge	4/31
auf·schieben	50	aus·sprechen	15	befestigen, ge	4
auf·schlagen	21	aus·steigen	14	befinden (sich), ge	23
auf·schließen	24	aus·stellen	4	befolgen, ge	4
auf·schreiben	14	aus·stoßen	60	befreien (sich), ge	4
auf·setzen (sich)	4/31	aus·suchen (sich)	4	befürchten, ge	4/49
auf·stehen	59	aus·teilen	4	begegnen (sich), ge	4/49
auf·steigen	14	aus·tragen	21	begehen, ge	25
auf·stellen	4	aus·üben	4	begeistern (sich), ge	4/28
auf·stoßen	60	aus·wählen	4	**beginnen**, ge	11
auf·suchen	4			begleiten, ge	4/49

433

Alphabetische Verbliste

begnügen (sich), ge — 4	bereiten, ge — 4/49	betreuen, ge — 4
begreifen, ge — 26	bereuen, ge — 4	betrügen, ge — 42
begründen, ge — 4/49	bergen — 15	beugen (sich) — 4
begrüßen, ge — 4/31	berichten, ge — 4/49	beunruhigen (sich), ge — 4
behalten, ge — 27	berichtigen, ge — 4	beurteilen, ge — 4
behandeln, ge — 4/28	bersten — 15	bevorzugen, ge — 4
behaupten, ge — 4/49	berücksichtigen, ge — 4	bewachen, ge — 4
beherrschen (sich), ge — 4	berufen (sich), ge — 47	bewähren (sich), ge — 4
behindern, ge — 4/28	beruhigen (sich), ge — 4	bewahren, ge — 4
behüten, ge — 4/49	berühren, ge — 4	bewältigen, ge — 4
bei·bringen — 16	besagen, ge — 4	bewegen (sich), ge — 4
beichten — 4/49	beschädigen, ge — 4	beweisen, ge — 53
beinhalten, ge — 4/49	beschäftigen (sich), ge — 4	bewerben (sich), ge — 67
beißen — 12	beschimpfen, ge — 4	bewirken, ge — 4
bei·stehen — 59	beschleunigen (sich), ge — 4	bewohnen, ge — 4
bei·tragen — 21	beschließen, ge — 24	bewölken (sich), ge — 4
bekämpfen, ge — 4	beschmutzen (sich), ge — 4/31	bewundern, ge — 4/28
bekehren, ge — 4	beschränken (sich), ge — 4	bezahlen, ge — 4
bekennen, ge — 45	beschreiben, ge — 14	bezeichnen, ge — 4/49
beklagen (sich), ge — 4	beschuldigen, ge — 4	beziehen (sich), ge — 70
bekommen, ge — 33	beschützen, ge — 4/31	bezweifeln, ge — 4/28
beladen, ge — 35	beschweren (sich), ge — 4	bezwingen, ge — 62
belagern, ge — 4/28	beseitigen, ge — 4	biegen (sich) — 50
belasten, ge — 4/49	besetzen, ge — 4/31	bilden — 4/49
belästigen, ge — 4	besichtigen, ge — 4	binden (sich) — 23
beleidigen, ge — 4	besiegen, ge — 4	**bitten** — 13
bellen — 4	besorgen (sich etw.), ge — 4	**bleiben** — 14
belohnen (sich), ge — 4	besprechen, ge — 15	bleichen — 4
bemerken, ge — 4	bessern (sich) — 4/28	blenden — 4/49
bemitleiden, ge — 4/49	bestätigen (sich), ge — 4	blicken — 4
bemühen (sich), ge — 4	bestehen, ge — 59	blitzen — 4/31
benachrichtigen, ge — 4	bestellen, ge — 4	blockieren, ge — 4
benehmen (sich), ge — 5	bestimmen, ge — 4	blühen — 4
beneiden, ge — 4/49	bestrafen, ge — 4	bluten — 4/49
benennen, ge — 45	besuchen, ge — 4	bohren — 4
benötigen, ge — 4	beteiligen (sich), ge — 4	borgen — 4
benutzen, ge — 4/31	beten — 4/49	braten — 46
beobachten, ge — 4/49	betrachten (sich), ge — 4/49	brauchen — 4/9
bepacken, ge — 4	betragen, ge — 21	**brechen (sich)** — 15
beraten, ge — 46	betreffen, ge — 61	bremsen — 4/31
berechtigen, ge — 4		brennen — 45

Alphabetische Verbliste

bringen	(16)	drehen (sich)	(4)	ein·fügen	(4)
bröckeln	(4)/(28)	dringen	(62)	ein·führen	(4)
brüllen	(4)	drohen	(4)	ein·gehen	(25)
buchen	(4)	drucken	(4)	ein·greifen	(26)
buchstabieren, ge	(4)	drücken	(4)	ein·halten	(27)
bücken (sich)	(4)	duften	(4)/(49)	ein·handeln	(28)
bügeln	(4)/(28)	dulden	(4)/(49)	ein·hängen	(29)
bürsten	(4)/(49)	durchbrechen, ge	(15)	einher·gehen	(25)
büßen	(4)/(31)	durch·brechen	(15)	einigen (sich)	(4)
C		durch·bringen	(16)	ein·kaufen	(4)
campen	(4)	durcheinanderbringen	(16)	ein·kehren	(4)
charakterisieren, ge	(4)	durchfahren, ge	(21)	ein·kleiden	(4)/(28)
D		durch·fahren	(21)	ein·laden	(35)
da sein	(1)	durch·fallen	(27)	ein·lassen	(36)
dabei sein	(1)	durch·halten	(27)	ein·leben (sich)	(4)
daher·kommen	(33)	durch·kommen	(33)	ein·leiten	(4)/(49)
da·lassen	(36)	durch·lassen	(36)	ein·leuchten	(4)/(49)
dämmen	(4)	durch·laufen	(37)	ein·mischen (sich)	(4)
dämmern	(4)/(28)	durch·lesen	(40)	ein·nehmen	(5)
dämpfen	(4)	durchschauen, ge	(4)	ein·packen	(4)
danken	(4)	durch·schauen	(4)	ein·reden (sich)	(4)/(49)
daran·gehen	(25)	durch·sehen	(55)	ein·reisen	(4)/(31)
dar·legen	(4)	durch·setzen (sich)	(4)/(31)	ein·richten	(4)/(49)
dar·stellen (sich)	(4)	durchsetzten, ge	(4)	ein·sammeln	(4)/(28)
dauern	(4)/(28)	durch·streichen	(26)	ein·schalten (sich)	(49)
davon·kommen	(33)	durchsuchen, ge	(4)	ein·schieben	(50)
dazu·gehören	(4)	durch·suchen	(4)	ein·schlagen	(21)
dazwischen·kommen	(33)	*dürfen*	(18)	ein·schließen (sich)	(24)
decken	(4)	duschen (sich)	(4)	ein·schränken (sich)	(4)
dehnen (sich)	(4)	**E**		ein·sehen	(55)
demonstrieren, ge	(4)	ehren	(4)	ein·setzen (sich)	(4)/(31)
denken	(17)	eignen (sich)	(4)/(8)	ein·stecken	(4)
deuten	(4)/(49)	ein·arbeiten (sich)	(4)/(49)	ein·steigen	(14)
dichten	(4)/(49)	ein·atmen	(4)/(49)	ein·stellen (sich)	(4)
dienen	(4)	ein·behalten	(27)	ein·stürzen	(4)/(31)
diktieren, ge	(4)	ein·bilden (sich)	(4)/(49)	ein·tauschen	(4)
diskutieren, ge	(4)	ein·brechen	(15)	ein·teilen	(4)
donnern	(4)/(28)	ein·bringen	(16)	ein·tragen (sich)	(21)
drängen	(4)	ein·dringen	(62)	ein·treffen	(61)
dran·kommen	(33)	ein·fahren	(21)	ein·wandern	(4)/(28)
		ein·frieren	(64)	ein·wenden	(4)/(49)

435

Alphabetische Verbliste

ein·werfen	67	ergänzen, ge	4/31	erwidern, ge	4/28
ein·willigen	4	ergehen, ge	25	erzählen, ge	4
ein·zahlen	4	erhalten, ge	27	erzeugen, ge	4
ein·ziehen	70	erhöhen (sich), ge	4	erziehen, ge	70
ekeln (sich)	4/28	erholen (sich), ge	4	erzielen, ge	4
empfangen, ge	22	erinnern (sich), ge	4/28	erzwingen, ge	62
empfinden, ge	23	erkälten (sich), ge	4/49	**essen**	20
empören (sich), ge	4	erkennen, ge	45	existieren, ge	4
enden	4/49	erklären, ge	4		
entdecken, ge	4	erkundigen (sich), ge	4	**F**	
entfernen (sich), ge	4	erlassen, ge	36	**fahren**	21
entführen, ge	4	erlauben (sich), ge	4	fälschen	4
enthalten (sich), ge	27	erleben, ge	4	falten	4/49
entlassen, ge	36	erledigen (sich), ge	4	**fangen**	22
entlaufen, ge	37	erleichtern, ge	4/28	fassen	4/31
entleihen, ge	39	erlernen, ge	4	fasten	4/49
entmutigen, ge	4	ermahnen, ge	4	faulenzen	4/31
entnehmen, ge	5	ermöglichen, ge	4	faxen	4/31
entrichten, ge	4/49	ermüden, ge	4/49	fegen	4
entschädigen, ge	4	ermutigen, ge	4	fehlen	4
entscheiden (sich), ge	14/49	ernähren (sich), ge	4	fehl·schlagen	21
entschließen (sich), ge	24	erneuern (sich), ge	4/28	feiern	4/28
entschuldigen (sich), ge	4	ernten	4/49	fern·sehen	55
entspannen (sich), ge	4	eröffnen, ge	4/49	fertigen	4
entsprechen, ge	15	erraten, ge	46	fest·halten (sich)	27
entstehen, ge	59	erreichen, ge	4	festigen (sich)	4
enttäuschen, ge	4	errichten, ge	4/49	fest·legen (sich)	4
entwerfen, ge	67	erschallen, ge	4	fest·machen	4
entwickeln (sich), ge	4/28	erscheinen, ge	14	fest·nehmen	5
erarbeiten, ge	4/49	ersetzen, ge	4/31	fest·stellen	4
erbauen, ge	4	ersparen (sich), ge	4	filmen	4
erben	4	erstatten, ge	4/49	**finden (sich)**	23
erblicken, ge	4	erstaunen, ge	4	fischen	4
ereignen (sich), ge	4/8	ersticken, ge	4	flattern	4/28
erfahren, ge	21	erstrecken (sich), ge	4	flehen	4
erfinden, ge	23	erteilen, ge	4	flicken	4
erfordern, ge	4/28	ertragen, ge	21	fliegen	50
erforschen, ge	4	ertrinken, ge	62	fliehen	50
erfrieren, ge	64	erwägen, ge	19	**fließen**	24
erfüllen (sich), ge	4	erwarten, ge	4/49	fluchen	4
		erweitern (sich), ge	4/28	flüchten (sich)	4/49
				flüstern	4/28

Alphabetische Verbliste

folgen	(4)	*gestalten*, ~~ge~~	(4)/(49)	*heben*	(30)
folgern	(4)/(28)	*gestatten (sich)*, ~~ge~~	(4)/(28)	*heilen*	(4)
fördern	(4)/(28)	*gestehen*, ~~ge~~	(59)	*heim·kehren*	(4)
fordern	(4)/(28)	*gewähren*, ~~ge~~	(4)	*heiraten*	(4)/(49)
formen	(4)	*gewinnen*, ~~ge~~	(11)	**heißen**	(31)
forschen	(4)	*gewöhnen (sich)*, ~~ge~~	(4)	*heizen*	(4)/(31)
fort·führen	(4)	*gießen*	(24)	**helfen**	(32)
fort·pflanzen (sich)	(4)/(31)	*glänzen*	(4)	*hemmen*	(4)
fort·setzen (sich)	(4)/(31)	*glätten (sich)*	(4)/(49)	*heraus·fordern*	(4)/(28)
fotografieren, ~~ge~~	(4)	*glauben*	(4)	*herrschen*	(4)
fragen (sich)	(4)	*gleichen (sich)*	(26)	*her·stellen*	(4)
frei·lassen	(36)	*gleich·stellen*	(4)	*herum·gehen*	(25)
fressen	(20)	*gleich·tun*	(63)	*herum·treiben (sich)*	(14)
freuen (sich)	(4)	*gliedern (sich)*	(4)/(28)	*hervor·bringen*	(16)
frieren	(64)	*glücken*	(4)	*hervor·rufen*	(47)
frühstücken	(4)	*glühen*	(4)	*hetzen*	(4)/(31)
fügen (sich)	(4)	*graben*	(21)	*heucheln*	(4)/(28)
fühlen (sich)	(4)	*gratulieren*, ~~ge~~	(4)	*heulen*	(4)
führen	(4)	**greifen**	(26)	*hinaus·werfen*	(67)
füllen	(4)	*grenzen*	(4)/(31)	*hinaus·zögern*	(4)/(28)
funktionieren, ~~ge~~	(4)	*grollen*	(4)	*hindern*	(4)/(28)
fürchten (sich)	(4)/(49)	*grübeln*	(4)/(28)	*hinein·legen*	(4)
füttern	(4)/(28)	*gründen*	(4)/(49)	*hin·führen*	(4)
		grünen	(4)	*hin·halten*	(27)
G		*grüßen (sich)*	(4)/(31)	*hinken*	(4)
gähnen	(4)	*gucken*	(4)	*hin·legen*	(4)
garantieren, ~~ge~~	(4)	*gurgeln*	(4)/(28)	*hin·setzen (sich)*	(4)/(31)
gebrauchen, ~~ge~~	(4)	*guttun*	(63)	*hintergehen*, ~~ge~~	(25)
gedeihen, ~~ge~~	(39)	*gut·heißen*	(31)	*hinterlassen*, ~~ge~~	(36)
gefährden, ~~ge~~	(4)/(49)			*hin·weisen*	(53)
gehen	(25)	**H**		*hoch·heben*	(30)
gehorchen, ~~ge~~	(4)	**haben**	(2)	*hocken*	(4)
gehören, ~~ge~~	(4)	*haften*	(4)/(49)	*hoffen*	(4)
geizen	(4)/(31)	*hageln*	(4)/(28)	*holen (sich)*	(4)
gelangen, ~~ge~~	(4)	**halten (sich)**	(27)	*hopsen*	(4)/(31)
geleiten, ~~ge~~	(4)/(49)	*hämmern*	(4)/(28)	*horchen*	(4)
gelingen, ~~ge~~	(62)	**handeln (sich)**	(28)	*hören*	(4)
genehmigen (sich), ~~ge~~	(4)	*handhaben*	(4)	*hungern*	(4)/(28)
genießen, ~~ge~~	(24)	**hängen**	(29)	*hupen*	(4)
genügen, ~~ge~~	(4)	*hassen*	(4)/(31)	*hüpfen*	(4)
geraten, ~~ge~~	(46)	*hasten*	(4)/(49)	*husten*	(4)/(49)
geschehen, ~~ge~~	(55)	*häufen (sich)*	(4)		

437

Alphabetische Verbliste

hüten (sich) ④/㊾

I
ignorieren, ge ④
impfen ④
importieren, ge ④
informieren (sich), ge ④
inne·haben ②
inne·halten ㉗
inne·wohnen ④
integrieren (sich), ge ④
interessieren (sich), ge ④
interviewen, ge ④
irre·führen ④
irren (sich) ④

J
jagen ④
jammern ④/㉘
jubeln ④/㉘
jucken ④

K
kämmen (sich) ④
kämpfen ④
kassieren, ge ④
kauen ④
kauern ④/㉘
kaufen ④
kehren ④
keimen ④
kennenlernen (sich) ④
kennen ㊺
kennzeichnen ④/㊾
kichern ④/㉘
kippen ④
klagen ④
klappen ④
klappern ④/㉘
klären (sich) ④
klauen ④
kleben ④
kleiden ④/㊾

klemmen ④
klettern ④/㉘
klicken ④
klingeln ④/㉘
klopfen ④
knabbern ④/㉘
knallen ④
kneifen ㉖
kneten ④/㊾
knicken ④
knien ④
knistern ④/㉘
knoten ④/㊾
knüpfen ④
kochen ④
kommandieren, ge ④
kommen ㉝
können ㉞
kontrollieren (sich), ge ④
konzentrieren (sich), ge ④
kopieren, ge ④
korrigieren (sich), ge ④
kosten ④/㊾
krachen ④
krähen ④
kränken ④
kratzen (sich) ④/㉛
kreisen ④/㉛
kreuzen (sich) ④/㉛
kriegen ④
krümmen (sich) ④
kühlen ④
kümmern (sich) ④/㉘
kündigen ④
kürzen ④/㉛
küssen (sich) ④/㉛

L
lächeln ④/㉘
lachen ④
laden ㉟
lagern ④/㉘

lähmen ④
landen ④/㊾
langweilen (sich) ④
lassen ㊱
lauern ④/㉘
laufen ㊲
lauschen ④
lauten ④/㊾
läuten ④/㊾
leben ④
lecken (sich) ④
leeren ④
legen (sich) ④
lehnen (sich) ④
lehren ④
leidtun ㊻
leiden ㊳
leihen (sich) ㊴
leisten (sich) ④/㊾
leiten ④/㊾
lenken ④
lernen ④
lesen ㊵
leuchten ④/㊾
lieben ④
liefern ④/㉘
liegen ㊶
lindern ④/㉘
loben ④
locken ④
lohnen (sich) ④
löschen ④
lösen (sich) ④/㉛
los·lassen ㊱
lüften ④/㊾
lügen ㊷
lutschen ④

M
machen ④
mähen ④
mahnen ④

438

Alphabetische Verbliste

malen	4	müssen	44	**P**	
mangeln	4/28	mutmaßen	4/31	paaren (sich)	4
markieren, ge	4			pachten	4/49
marschieren, ge	4	**N**		packen	4
maskieren (sich), ge	4	nach·ahmen	4	parken	4
mäßigen (sich)	4	nach·bestellen, ge	4	passen	4/31
meckern	4/28	nach·denken	17	passieren, ge	4
meiden	14/49	nach·forschen	4	pfeifen	26
meinen	4	nach·fragen	4	pflanzen	4/31
meistern	4/28	nach·gehen	25	pflastern	4/28
melden (sich)	4/49	nach·holen	4	pflegen (sich)	4
merken (sich)	4	nach·lassen	36	pflücken	4
messen (sich)	20	nach·schlagen	21	pfuschen	4
mieten	4/49	nach·lesen	40	pilgern	4/28
mildern	4/28	nach·sagen	4	plagen (sich)	4
mindern	4/28	nach·sehen	55	planen	4
mischen	4	nach·weisen	53	plappern	4/28
missachten, ge	4/49	nagen	4	platzen	4/31
missbrauchen, ge	4	nähen	4	plündern	4/28
missen	4/31	nähern (sich)	4/28	prahlen	4
misshandeln, ge	28	**nehmen**	5	präsentieren (sich), ge	4
misslingen, ge	62	neigen (sich)	4	predigen	4
misstrauen, ge	4	**nennen**	45	pressen	4/31
missverstehen, ge	59	nicken	4	proben	4
mit·arbeiten	4/49	nieder·lassen (sich)	36	probieren, ge	4
mit·hören	4	niesen	4/31	produzieren, ge	4
mit·bringen	16	nippen	4	protestieren, ge	4
mit·kommen	33	nörgeln	4/28	prüfen	4
mit·nehmen	5	notieren, ge	4	prügeln (sich)	4/28
mit·reißen	12	nötigen	4	pumpen	4
mit·spielen	4	nummerieren, ge	4	pusten	4/49
mit·teilen (sich)	4	nützen	4/31	putzen (sich)	4/31
mit·wirken	4				
mixen	4/31	**O**		**Q**	
mogeln	4/28	öffnen (sich)	4/49	quälen (sich)	4
mögen	43	ölen	4	qualmen	4
morden	4/49	operieren, ge	4	quatschen	4
mühen (sich)	4	opfern, ge	4/28	quetschen (sich)	4
münden	4/49	ordnen	4/49	quietschen	4
murmeln	4/28	organisieren, ge	4		
murren	4	orientieren (sich), ge	4	**R**	
				rächen (sich)	4

439

Alphabetische Verbliste

Rad fahren	(21)	rück·fragen	(4)	schleichen	(26)
ragen	(4)	rudern	(4)/(28)	schleifen	(4)/(26)
rahmen	(4)	rufen	(47)	schlendern	(4)/(28)
rasen	(4)/(31)	ruhen	(4)	schleudern	(4)/(28)
rasieren (sich), ge	(4)	rühren (sich)	(4)	schließen (sich)	(24)
rasten	(4)/(49)	rutschen	(4)	schlingen	(62)
raten	(46)	rütteln	(4)/(28)	schluchzen	(4)/(31)
rauben	(4)	**S**		schlucken	(4)
rauchen	(4)	säen	(4)	schlüpfen	(4)
räumen	(4)	sägen	(4)	schmähen	(4)
rauschen	(4)	sagen	(4)	schmälern	(4)/(28)
reagieren, ge	(4)	sammeln	(4)/(28)	schmecken	(4)
rechnen	(4)/(49)	sättigen	(4)	schmeicheln	(4)/(28)
rechtfertigen (sich), ge	(4)	säubern	(4)/(28)	schmeißen (sich)	(12)
reden	(4)/(49)	saugen	(48)	**schmelzen**	(52)
regeln	(4)/(28)	säumen	(4)	schmerzen	(4)/(31)
regen (sich)	(4)	schaden (sich)	(4)/(49)	schmieden	(4)/(49)
regieren, ge	(4)	schälen	(4)	schminken (sich)	(4)
regnen	(4)/(49)	**schalten**	(4)/(49)	schmücken (sich)	(4)
reiben (sich)	(14)	schämen (sich)	(4)	schmuggeln	(4)/(28)
reichen	(4)	schärfen	(4)	schmunzeln	(4)/(28)
reifen	(4)	schauen	(4)	schnallen	(4)
reinigen	(4)	schaufeln	(4)/(28)	schnüren	(4)
reisen	(4)/(31)	schaukeln	(4)/(28)	schnarchen	(4)
reißen	(12)	scheiden	(14)/(49)	schneiden (sich)	(38)
reiten	(38)	scheinen	(14)	schneidern	(4)/(28)
reizen	(4)/(31)	scheitern	(4)/(28)	schneien	(4)
rennen	(45)	schellen	(4)	schnitzen	(4)/(31)
reparieren, ge	(4)	schenken	(4)	schnuppern	(4)/(28)
reservieren, ge	(4)	scherzen	(4)/(31)	schonen (sich)	(4)
resultieren, ge	(4)	scheuen (sich)	(4)	schrauben	(4)
retten (sich)	(4)/(49)	schicken	(4)	schreiben	(14)
richten	(4)/(49)	**schieben**	(50)	**schreien**	(53)
riechen	(64)	schießen	(24)	schreiten	(38)
ringen	(62)	schildern	(4)/(28)	schubsen	(4)/(31)
riskieren, ge	(4)	schimmeln	(4)/(28)	schulden	(4)/(49)
rodeln	(4)/(28)	schimpfen	(4)	schütteln (sich)	(4)/(28)
rollen	(4)	**schinden**	(51)	schütten	(4)/(49)
rosten	(4)/(49)	schlachten	(4)/(49)	schützen (sich)	(4)/(31)
rösten	(4)/(49)	schlagen (sich)	(10)/(21)	schwächen	(4)
rücken	(4)	schlängeln (sich)	(4)/(28)	schwanken	(4)

Alphabetische Verbliste

schwatzen	4/31	sprengen	4	streiten (sich)	38
schweben	4	sprießen	24	streuen	4
schweigen	14	springen	62	strömen	4
schwenken	4	spritzen	4/31	studieren, ge	4
schwimmen	11	spucken	4	stürmen	4
schwindeln	4/28	spülen	4	stürzen (sich)	4/31
schwinden	23	spüren	4	suchen	4
schwingen (sich)	62	stammen	4	sündigen	4
schwitzen	4/31	stärken (sich)	4	süßen	4/31
schwören	54	starren	4		
segeln	4/28	starten	4/49	**T**	
segnen	4/49	statt·finden	23	tadeln	4/28
sehen	55	staunen	4	tanken	4
sehnen (sich)	4	stechen	15	tanzen	4/31
sein	1	stecken	4	tarnen (sich)	4
senken (sich)	4	**stehen**	59	tauchen	4
servieren, ge	4	stehen bleiben	14	tauen	4
setzen (sich)	4/31	steigen	14	tauschen	4
seufzen	4/31	steigern (sich)	4/28	täuschen (sich)	4
sichern	4/28	stellen (sich)	4	teilen (sich)	4
sieben	4	sterben	67	teil·nehmen	5
sieden	56	steuern	4/28	telefonieren, ge	4
siegen	4	stieben	50	testen	4/49
singen	57	stiften	4/49	tippen	4
sinken	23	still·legen	4	toben	4
sinnen	11	stimmen	4	tönen (sich)	4
sollen	58	stinken	62	töten	4/49
sonnen (sich)	4	stocken	4	tot·schlagen	21
sorgen (sich)	4	stöhnen	4	tragen (sich)	21
sparen	4	stolpern	4/28	trainieren, ge	4
spaßen	4/31	stopfen	4	trampeln	4/28
spazieren gehen	25	stoppen	4	tränken	4
speien	53	stören	4	transportieren, ge	4
speisen	4/31	**stoßen (sich)**	60	trauen (sich)	4
spenden	4/49	strafen	4	träumen	4
sperren (sich)	4	strahlen	4	**treffen (sich)**	61
spielen	4	streben	4	treiben	14
spinnen	11	strecken (sich)	4	trennen (sich)	4
spitzen	4/31	streichen	26	**trinken**	62
spotten	4/49	streifen	4	trocknen	4/49
sprechen	15	streiken	4	trödeln	4/28
				trommeln	4/28

Alphabetische Verbliste

tropfen	4	überwinden (sich), ge	23	verärgern, ge	4/28
trösten (sich)	4/49	überzeugen (sich), ge	4	verbergen, ge	67
trotzen	4/31	umarmen (sich), ge	4	verbessern (sich), ge	4/28
trügen	42	um·bringen (sich)	16	verbeugen (sich), ge	4
tummeln (sich)	4/28	um·drehen (sich)	4	verbinden, ge	23
tun	63	umfassen, ge	4/31	verbitten (sich), ge	13
turnen	4	um·gehen	25	verblühen, ge	4
		umgehen, ge	25	verbluten, ge	4/49
U		um·graben	21	verbrauchen ge	4
übel nehmen	5	um·kehren	4	verbrechen, ge	15
üben (sich)	4	um·kommen	33	verbrennen (sich), ge	45
überanstrengen (sich), ge	4	um·rühren	4	verbringen, ge	16
überarbeiten (sich), ge	4/49	um·schalten	4/49	verdächtigen, ge	4
		um·steigen	14	verdanken, ge	4
überdenken, ge	17	um·stoßen	60	verderben, ge	67
überfahren, ge	21	um·tauschen	4	verdienen, ge	4
überfliegen, ge	50	um·ziehen (sich)	70	verdrießen, ge	24
überfordern, ge	4/28	unterbrechen, ge	15	verehren, ge	4
übergehen, ge	25	unterdrücken, ge	4	vereinbaren, ge	4
überholen, ge	4	unter·gehen	25	vereinfachen, ge	4
überleben, ge	4	unterhalten (sich), ge	27	verfilmen, ge	4
überlegen (sich), ge	4	unternehmen, ge	5	verfluchen, ge	4
übernachten, ge	4/49	unterrichten, ge	4/49	verfolgen, ge	4
übernehmen (sich), ge	5	untersagen, ge	4	verführen, ge	4
überprüfen, ge	4	unterschätzen, ge	4/31	vergessen, ge	20
überqueren, ge	4	unterscheiden (sich), ge	14/49	vergewissern (sich), ge	4/28
überraschen, ge	4	unterschlagen, ge	21	vergleichen (sich), ge	26
überreden, ge	4/49	unterschreiben, ge	14	vergrößern (sich), ge	4/28
überschätzen (sich), ge	4/31	unterstreichen, ge	26	verhaften, ge	4/49
überschneiden (sich), ge	38	unterstützen, ge	4/31	verhalten (sich), ge	27
überschwemmen, ge	4	untersuchen, ge	4	verhandeln, ge	4/28
übersehen, ge	55	unter·tauchen	4	verhindern, ge	4/28
über·setzen	4/31	urteilen	4	verhören (sich), ge	4
übersetzen, ge	4/31			verhungern, ge	4/28
überstehen, ge	59	**V**		verirren (sich), ge	4
übersteigen, ge	14	verabreden (sich), ge	4/49	verkaufen (sich), ge	4
übertragen, ge	21	verabscheuen, ge	4	verkleiden (sich), ge	4/49
übertreiben, ge	14	verachten (sich), ge	4/49	verkürzen (sich), ge	4/31
überwachen, ge	4	verändern (sich), ge	4/28	verlangen, ge	4
überweisen, ge	53	verantworten (sich), ge	4/49	verlängern (sich), ge	4/28

Alphabetische Verbliste

verleihen, ge (39)	vertrauen, ge (4)	wecken (4)
verletzen (sich), ge (4)/(31)	verursachen, ge (4)	weg·fahren (21)
verleugnen, ge (4)/(49)	verurteilen, ge (4)	weg·laufen (37)
verlieben (sich), ge (4)	verwandeln (sich), ge (4)/(28)	weg·werfen (67)
verlieren (sich), ge (64)	verwechseln, ge (4)/(28)	wehren (sich) (4)
verloben (sich), ge (4)	verweisen, ge (53)	wehtun (sich) (63)
verloren gehen (25)	verwenden, ge (4)	weichen (26)
vermehren (sich), ge (4)	verwirklichen (sich), ge (4)	weigern (sich) (4)/(28)
vermieten, ge (4)/(49)	verwirren, ge (4)	weinen (4)
vermögen, ge (43)	verwöhnen (sich), ge (4)	weisen (53)
vermuten, ge (4)/(49)	verzaubern, ge (4)/(28)	weiter·gehen (25)
vernachlässigen, ge (4)	verzeihen (sich), ge (39)	welken (4)
vernichten, ge (4)/(49)	verzichten, ge (4)/(49)	**wenden (sich)** (4)/(66)
veröffentlichen, ge (4)	verzögern (sich), ge (4)/(28)	werben (67)
verpacken, ge (4)	verzweifeln, ge (4)/(28)	**werden** (3)
verpassen, ge (4)/(31)	vollenden, ge (4)/(49)	**werfen** (67)
verraten (sich), ge (46)	voraus·sagen (4)	wetten (4)/(49)
verreisen, ge (4)/(31)	vor·bereiten (sich), ge (4)/(49)	wickeln (4)/(28)
versammeln (sich), ge (4)/(28)	vor·beugen (sich) (4)	widerlegen, ge (4)
verschenken, ge (4)	vor·finden (23)	widersetzen (sich), ge (4)/(31)
verschlechtern (sich), ge (4)/(28)	vor·gehen (25)	widersprechen (sich), ge (15)
verschlimmern (sich), ge (4)/(28)	vor·haben (2)	wiederholen (sich), ge (4)
verschlucken (sich), ge (4)	vor·kommen (33)	wiedersehen (sich) (55)
verschreiben (sich), ge (14)	vor·nehmen (sich) (5)	wiegen (50)
verschweigen, ge (14)	vor·schlagen (21)	winden (sich) (23)
verschwinden, ge (23)	vor·stellen (sich) (4)	winken (4)
verschwören (sich), ge (54)	vor·tragen (21)	wirken (4)
versichern (sich), ge (4)/(28)	vor·ziehen (70)	wischen (4)
versöhnen (sich), ge (4)		**wissen** (68)
verspäten, sich, ge (4)/(49)	**W**	wohnen (4)
versprechen (sich), ge (15)	wachen (4)	**wollen** (69)
verstärken (sich), ge (4)	**wachsen** (65)	wringen (62)
verstecken (sich), ge (4)	wagen (4)	wuchern (4)/(28)
verstehen (sich), ge (59)	wählen (4)	wundern (sich) (4)/(28)
versuchen, ge (4)	wahr·nehmen (5)	wünschen (sich) (4)
verteidigen (sich), ge (4)	wandern (4)/(28)	
verteilen (sich), ge (4)	wärmen (sich) (4)	**Z**
vertragen, ge (21)	warnen (4)	zahlen (4)
	warten (4)/(49)	zählen (4)
	waschen (sich) (65)	zanken (sich) (4)
	wechseln (4)/(28)	zaubern (4)/(28)

Alphabetische Verbliste

zeichnen	④/㊽	zu·hören	④	zusammen·gehören	④
zeigen (sich)	④	zu·lassen	㊱	zusammen·kommen	㉝
zerbrechen, ~~ge~~	⑮	zu·machen	④	zusammen·legen	④
zerkleinern, ~~ge~~	④/㉘	zu·muten (sich)	④/㊾	zusammen·setzen	
zerreißen (sich), ~~ge~~	⑫	zünden	④/㊾	(sich)	④/㉛
zerren	④	zu·nehmen	⑤	zusammen·stoßen	㊿
zerstören, ~~ge~~	④	zurecht·kommen	㉝	zu·schauen	④
zeugen	④	zurück·fahren	㉑	zu·sichern	④/㉘
ziehen	⑰	zurück·laufen	㊲	zu·stimmen	④
zielen	④	zurück·legen	④	zu·trauen (sich)	④
zittern	④/㉘	zurück·verlangen, ~~ge~~	④	zu·treffen	㊶
zögern	④/㉘	zurück·ziehen (sich)	⑰	zuwider·handeln	④/㉘
zu·bereiten, ~~ge~~	④/㊾	zu·sagen	④	zweifeln	④/㉘
züchten	④/㊾	zusammen·arbeiten	④/㊾	zwingen (sich)	㉒
zu·fügen (sich)	④	zusammen·fassen	④/㉛		

Digitale Wörterbücher

- als Apps für iOS und Android
- für PC und Mac als Download
- für E-Reader
- und als Web-Anwendung

www.langenscheidt.de/digital